# 语法化与语法研究

## （十二）

吴福祥　杨永龙　陈练军　主编

商務印書館
创于1897　The Commercial Press

**图书在版编目（CIP）数据**

语法化与语法研究．十二 / 吴福祥，杨永龙，陈练军主编．--北京：商务印书馆，2025．--ISBN 978-7-100-25262-1

Ⅰ．H14-53

中国国家版本馆CIP数据核字第2025W71380号



YǓFǍHUÀ YǓ YǓFǍ YÁNJIŪ

**语法化与语法研究**

（十二）

吴福祥　杨永龙　陈练军　主编

商　务　印　书　馆　出　版

（北京王府井大街36号　邮政编码100710）

商　务　印　书　馆　发　行

北京虎彩文化传播有限公司印刷

ISBN 978-7-100-25262-1

2025年7月第1版　　　　开本850×1168　1/32

2025年7月北京第1次印刷　　印张15¾

定价：88.00元

# 语法化与语法研究（十二）
# 编委会

# 目　　录

# 汉语接触性感知动词初探

## ——以语义及历时演变为进路

〔法〕贝罗贝 〔德〕魏婷兰 周兮吟

（法国国家科学研究中心 法国社会科学高等研究院）

## 1 引言

人类感知觉一直是众多交叉学科共同关注的焦点之一，20世纪80年代以来，与感知觉相对应的感知动词在类型学和认知语言学领域愈加被重视。感知动词（verbs of perception）大致关乎五种感觉，分别是视觉、听觉、嗅觉、味觉和触觉。具体又可分为远距离感知（distant perception）和近距离接触性感知（proximal perception），前者包括视、听、嗅觉，后者则有味、触觉。也有观点认为嗅觉其实也是近距离感知（陈嘉映，2022），因为我们嗅到或闻到的，是某物散发出来的已经切近鼻腔的特定分子，而不是可能尚不在眼前的某物本身。当然，在更宽泛的意义上，这五种感觉都可看作是接触性感知，就连视觉也需要光抵达、接触到视网膜，听觉需要音波抵达、接触到耳膜。

2012年欧洲语言学会（Societas Linguistica Europaea）第45届年会（SLE-45）以来，已有不少关于感知动词的语言学研究

（Paradis, 2012），然而其中大部分关注的是以视、听觉为典型的远距离感知，近距离接触性感知的研究几近阙如（Evans & Wilkins, 2000；Levinson & Majid, 2014; Majid & Levinson, 2011; Viberg, 1983, 2001; Shimunek, 2006）。本文拟对汉语近距离接触性感知动词展开初步探索，以语义及历史演变为进路，试图追溯并分析味、触觉的感知义是如何最终落在"尝"和"摸"这两个感知动词上的。诚然，我们专注于感知系统的接触性感知的部分，但对其所从出处的感知系统的全貌，亦不能忽视。

## 2 感知的等级

人类的感知是一个错综复杂的系统，各感官并非总是独立运作，而是常常协作。"统觉""联觉"或曰"通感"（synesthesia）一直是心理学、神经科学和哲学关心的主题，汉语中也有诸如望梅止渴、画饼充饥等成语。但我们总不免分而论之，甚至区分所谓远距离感知与近距离感知，尤其是在自然语言的领域里，则主要是应分析与澄清的需要。

Viberg（1983）考察了约 50 种语言中的感知动词，并依相应的专属词项出现的早晚及其语义和语用向其他感官感知的扩展性，大致排出五种感知的次序等级：视觉 > 听觉 > 触觉 > 嗅觉和味觉。高等级的感觉动词，如视觉和听觉感知动词出现得相对较早，嗅、味、触觉类则相对较晚，语义和语用上，高位的感知动词有时可以涵盖部分低位感知动词。

这一观察似乎颇具人类学共性，汉语的情况也类似。比如，相对低位的嗅觉感知动词"闻"就是从相对高位的听觉感知的动词本义“听”演变而来。依循上述排序，相对高位的视觉感知的动词“见”也延伸出“听到”的意思，如“见说”和“见话”（此两例都是“听说”义）。处在高位的“看”，宽泛地说，也常可取代相对低位的其他感官动词。比如：

（1）不知道我这道菜好吃不好吃，你来看看。

很明显，适当语境下，这里的“看”甚至包含“吃”或“尝”的意思。

（2）这是一架老钢琴，你帮我看看它的声音怎么样。

此处的“看”包含“听”或“通过‘听’来评断”的意思。

不仅如此，看和听，尤其是看，相对于嗅、味、触觉似乎具有感官优势，其感知动词的用法常常通过语义延伸，从感知范畴扩展到理知范畴，具有了“理解”的意思——一般性的或整体性的对事物与事态的认识。

（3）这件事，你怎么看？

此处的“看”，显然不是视觉意义上的看，而是理解、判断、评述。下例中的“观”也是如此，不是字面上的观看，而是理解。

（4）我们的观点不同。

在西方哲学的传统里，“看”或“观”已经与“思”近乎重叠，“思”常被说成心灵或灵魂的看（奥古斯丁，2015）。普罗提诺所谈及的“静观”（contemplation）既是沉思又是凝视（普罗提诺，2017）。

超出“视觉”感知范畴抵达理知范畴的“看”或“见”的用例比比皆是，如“看人下菜碟儿”“看破（红尘）”“看不起”“看（见）风使舵”“见机行事”，不一而足。

“听”也有类似的语义和语用，尽管远不如“看”那样普遍，比如：

（5）你从她这句话里听出了什么？

显然，这里的“听”不是听觉意义上的听或听到，而是理解、分辨（听出）言外之意、弦外之音。说一个孩子乖巧“听话”，也是如此，所谓“听话听音”。当然，我们也不难找到嗅、尝、触觉词在这个方向上的拓展用法，但它们多是典型的隐喻，因此其语义重心或根基仍然落在感官知觉的范畴。

（6）尝尽苦头。

即使是隐喻，尝尽的仍然是“苦”这种味道。

（7）她隐隐嗅出危机。

我们可以在这里补上“的味道”——嗅出的仍然是一种“味道”。

（8）摸出门道。

此处，似乎仍然是用形象的摸索活动和更加形象的空间关系（门与道）来作为素材，去指涉“窍门”“技巧”或“个中微妙”。

但严格说来，在语言中，充分进入理知范畴的，只有视觉感知——“看”：

（a）你看看，你看看，他怎么能这么做！

“看”同时覆盖感知域和理知域。

（b）你听听，你听听，他怎么能这么做！

此句有触及理知域的可能，比如，听人介绍某人做的糟心事，并做出评断。

（c）你闻闻，你闻闻，他怎么能这么做！

在感知域可以成立，比如“他把房间弄得又脏又臭”，但此“闻”义并未进入理知域。

（d）你尝尝，你尝尝，他怎么能这么做！

仅在感知域成立，比如“他胡乱做了一道菜”，但此“尝”未进入理知域。

（e）你摸摸，你摸摸，他怎么能这么做！

仅在感知域成立，如“他做出的物件很粗糙”，但此“摸”也丝毫没有触及理知域。

相较于听觉动词，“看”“见”这样的视觉动词的语法灵活性更高，至少在汉语里是如此。比如，“看”还能被语法化为动词后的助词，可理解为“建议”或“尝试”的语用标记，或者是“尝试”与“评断”兼备的双重语用标记（既然“看”仍然保留着“理解”的延伸义）：

（9）你不妨说说看。

（10）你先弹一曲，我听听看。

（11）我们先试一试看。

另一个视觉感知动词“见”也发展出完成体标记（或结果标记，在词汇层面可做“终结体［telicity］标记”）和被动标记的功能。“听见”和“看见”无外乎“听到”与“看到”。被动用法如下例：

（12）……欲予秦，秦城恐不可得，徒见欺……（《史记·廉颇蔺相如列传》）

（13）……［计见亲而不计］见弃……（《管子·中匡》）

类似的用法仍然活跃于日常表达中的还有“见笑”，不一而足。

为什么这个等级次序中高位感知动词较之低位感知动词更具语法化的潜能？概而论之，还是语用的深度和广度：更早在自然语言中被编码（encoded），换言之更早出现，相较于晚出现的感官动词，自然获得更多、更长久的语用“淬炼”；与人类劳动和社会实践紧密相关的感知觉里，视觉无疑是最重要的，与之对应的感知动词自然会收获更多精细的、多领域的（感知、理知、日常、专属等）语用“经历”，语义延伸、由实转虚的机会也更多。

不得不说，在目前的次序等级里，处于相对低位的触觉，可能是被误解、误判了。上例“摸出门道”，以及我们常说的“摸清底细”“摸清（实际）情况”，已经明显超出单纯围绕感觉素材、感觉内容展开的隐喻，而抵达对感觉对象本身的理解、思索和评断了。就此而言，它已经与次序等级顶端的视觉词十分近似。后文探讨接触性感知动词时，会尝试略微展开我们的分析。

以 Viberg 的感官等级序列为线索，在语义和语法化等方面略有针对性地扼要考察了感知动词这个复杂的系统之后，我们将聚焦于接触性感知动词（味、触觉）。

## 3　接触性感知动词

味觉与触觉是典型的接触性感知，在语言层面，有许多共性，但又各自有其复杂性，尤其是触觉。

味觉感知主要指味蕾受到直接的化学刺激而产生的酸、甜、苦、辣、咸等感觉，但也常与口腔内其他感知紧密关联，如对形状、质地和温度等方面的感知。触觉或触压觉则不仅有相对而言被动的表层肤触觉（cutaneous perception），还有更加复杂的与探察和运动相关的“本体感知”（proprioception）或“运动感知”（kinesthetic perception）。在英、法等西方语言里，后两者常借一古希腊词 ἅπτομαι（*haptomai*）统称为“haptic”感知。此

"haptic"在心理学、美学、认知科学、人工智能等不同领域常有不尽相同的所指，尚无恰切、稳定的汉译，有时勉为其难将它译为"触-压觉"。

汉语语言学对味、触觉感知，尤其是其感知动词的研究较少。现代汉语中，它们的基本表达是"尝"和"摸"这两个动词。

（14）他们尝了面包。

（15）轻轻地摸果子看看是否熟了。

然而，有趣的是，在现代汉语口语中，这些动词较少以单字出现（否定式除外），而常有其他成分紧随其后，并且如上文所述，常有隐喻义。关于这一点，我们将在历时考察的近代汉语时期尝试做出解释。

（16）我们已经尝到了自由的甜头。

（17）作为女性，在这家公司，她已经摸到天花板了。

此两例中的"到"实际起到的是结果标记的作用或由之带来的"经验"义指涉，而非与"尝""摸"组合成全新的感知动词。表否定的副词"不"能将其分开来，也佐证其单音节形态仍有独立发挥作用的空间：

（18）这甜头，他是尝不到的了。

（19）弯下腰来，他也摸不到脚尖。

总的说来，从上古汉语到当代汉语，这两类感知动词的用法大体表现出从单字独用，到与助词或标记结合使用以及采取其他特殊表达式的转变，比如：尝（摸）$_{[动]}$>尝（摸）$_{[动]}$+结果标记（[可表结果或状态的]方向标记），以及"V一V""VV"表达式。我们即将看到，这一转变其实主要开始于近代汉语，而在上古和中古汉语时期几乎见不到（有关历史分期，见 Peyraube,

2017）。而且，很可能正是通过这样的组合型用法，凭借一些标记词项的限定，感知动词的感知本义才得以从复杂程度不尽相同的多义网络中剥离出来。另一个值得关注的历时特征是多义性：味、触觉虽处 Viberg 感知觉模态等级的低位，但味、触觉动词，尤其是味觉动词“尝”在汉语文化中的重要性，使它们在日常语用中不断延伸出相互紧密关联的多义用法。

## 4 上古汉语（公元前 11 世纪—公元前 2 世纪）

### 4.1 “尝”

表味觉义的“尝”在早期古代汉语（公元前 11 世纪—公元前 6 世纪）和晚期古代汉语（公元前 5 世纪—公元前 2 世纪）中并不罕见。但细读之下，仍然可以分辨出哪些“尝”仍然混合着其他意思，哪些“尝”才更可能是纯粹表达味觉感知的用法。也即，今天大家普遍承认的味觉感知动词“尝”，虽然在上古汉语中已经出现，但它明确界分的“味觉感知义”是否已经在语用中充分呈现并稳定下来，值得商榷。

（20）君赐食必正席先尝之。（《论语·乡党》）

孔子遵循礼仪、怀着敬意去“品尝”国君赐予的食物。此处是表味觉义的“尝”。

但细读之下，我们不难发现，更精确的理解或许是“少量地吃”“吃一点儿”。两个意思不仅不矛盾，而且很契合：“量”这个维度上的“少”是味觉上的“尝”的一个核心的“语义条件”（semantic condition），因为，“量”一旦大了，便主要是“吃”，是“饱腹”的意义，而离“品鉴味道”的意思远了。就此而言，或许，语义光谱相对较窄、较精细的“品尝”义，尚未从语义光谱更宽的“吃”和“享用”中彻底分离出来。

（21）君子有酒，酌言尝之。（《诗经·小雅·瓠叶》）

同样，此处的“尝”也多半有“品味”美酒之意，但它同样可解为“饮”或更宽泛的“享用”。如此一来，感知义仍然无间地蕴含于其他语义中，不得充分而独立的凸显。

（22）尝之而甘于口……（《荀子·荣辱》）

紧接其后是句法上严格对仗的“食之而安于体”，所以此句中的“尝”不大可能是雷同于“食”的“吃/使……吃”或“享用”义，而更多是味觉意义上的尝味道。当然，按刚才提出的“品尝”尚未从“享用”中完全分离的假设，此处也可以解读为，“少量地吃”一点儿，口中就有甘甜的感觉。

（23）食不敢先尝，必取其绪。（《庄子·山木》）

这里，“食”与“尝”同在，但却不能与上例类比并将“尝”解为尝味道。上例是严格对仗的“尝”与“食”，而此句里的“食”是“话题”——“谈到吃饭这件事情”或“到了该进食的时候”。所以，此处的“尝”其实应该是“吃”义：太公任向孔子介绍不死的方法时提到的那种叫做“意怠”的鸟，到了进食的时候，它不敢先吃，总是等别的鸟吃过之后，再吃剩下的。

（24）晏子入门，三让，升阶，用三献焉；嗛酒尝膳，再拜，告餍而出。（《晏子春秋·外篇》）

此处的“尝”也更可能是“吃”或“享用”的意思，而不是非“品鉴味道”不可，因为最后一句里，晏子说自己吃饱了之后才离去。如果只是品尝，很难“吃饱”（餍）。而且，景公已经接受了晏子的教诲，晏子没必要只品鉴一下就傲慢地告餍而出。

下例中的两个“尝”，其中一个亦是“尝膳”，这个“尝”也取“吃”义，另一个“尝”则是为了确知食物是否安全的“尝试”（试验）或“试吃”。当然，只要是“试吃”，多少会“尝到味道”，因此多少也蕴含“尝味”义。但也仍只是蕴含，味觉义尚未凸显。

（25）公将尝膳，姬曰：“所由远，使人尝之。”（《吕氏春秋·上德》）

第一个“尝”的主语是献公，献公正要“吃/享用”太子献上的食物（已经被丽姬换成了毒食），而不是正要“尝味道”；第二个“尝”的直接主语是仆人——丽姬拦住献公，提醒说，食物是从远方送来的，可能不安全，得让仆人先“试吃”。这个“试吃”义的“尝”当然多多少少包含一点“尝味道”的意思。结果仆人尝（试）后即死；喂狗，狗也死了。

（26）若君赐之食，则君祭，先饭，遍尝膳，饮而俟；君命之食，然后食。（《仪礼·士相见礼》）

还是“尝膳”，但此处是为国君“试吃”所有食物，当然，也蕴含味觉义的“品尝”。

（27）天子乃以彘尝麦，先荐寝庙。（《逸周书·月令解》）

既可以理解为天子要就着猪肉“品尝”新麦，也可说是“享用”（吃）新麦。类似的例子，《逸周书》中还有一些。

值得注意的是，上古汉语中的“尝”已有“尝试”的意思：

（28）我虽不敏，请尝试之。（《孟子·梁惠王上》）

其实，在上述例（24）中，我们已经指出“尝”可解为“试吃”。其中的“尝试”义是显豁的。更加明确的味觉意义的“尝”，我们能找到用例：

（29）[神农]尝百草之滋味、水泉之甘苦，令民所知避就……（《淮南子·神农氏》）

此“尝”，字面上已言之凿凿就是尝滋味、尝甘苦。但从其教导民众的目的来看，“尝试”（或试验）各种草木、水源对身体的作用这层意思也是蕴含其中的。

我们试图充分举例并细致分析，以揭示出这样一个事实：在上古汉语中，尽管能找到不少“尝”的用例，但很难说它们都明确且纯粹地只表味觉感知义，也即，严格说来，“尝”的感知动词义可能尚未获得独立的表达。

此外，在多义性方面，基于以上数例，我们合理假设，这里可能涉及语义范围的演变，它大致分为三个阶段：享用（美食）>少量地食用（尝试吃某食物）>尝试做某事。然而，我们同时也将看到这个多义网络里，纯粹的感知义仍然较模糊。

第一个演变是通过引入“量”的范畴而产生的语义窄化：美食美味总是相对稀有的，于是，在语用中，享用美味的“量”的因素愈加彰显，“尝”便自然有了更具体的、相对窄化的“少量食用”的意味。“少量”的这一限定又与“尝试”（尤其是大量用例都是“尝试”某种食物）的实际情况相符：所谓“尝试”，通常是少量试吃。

第二个演变可能涉及语义扩展或泛化：从具体的“吃”“食”领域里的“尝试”泛化到一般实践活动的方方面面。

为什么是“尝”，而不是“吃”义的“享”“食”“啖”“餔”等，更适合展开这样的语义演变呢？从相关用例出发，并不难理解。“尝”与“吃”的语义域虽然大有重叠，但二者的核心语义有所不同，“吃”更多关联着“饥饿”和“饱腹”这样的基本生理欲求，而“尝”更多关联着“尝试”“试验”“判断”“验证”这样由“感”到“知”的努力。

在此基础上，不难理解“尝”如何从“尝试”义中逐渐获得“经验”“经历”“体验”等动词义。这里涉及的可能是语用推理或转喻。有必要强调的是，由于味觉经验的弥漫性、沉浸式的特点，延伸出的“经验”义也更典型地指涉内在“体验”，而非外部“经历”（关于此二者的语义区分，见陈嘉映，2007）。

（30）险阻艰难，备尝之矣。（《左传·僖公二十八年》）

然后，“尝”又从动词义的“经验”中进一步获得副词义“曾经”：

（31）俎豆之事，则尝闻之矣。（《论语·卫灵公》）

如此一来，完整的语义演变的路径或许是：享用（美食）[动]>少量食用（试吃某食物）[动]>尝试（做某事）[动]>经验（经历/体验）[动]>［副词］曾经[副]。王继红、陈前瑞（2014）所描绘的路径略有不同，不拟详述。正如上文数次提及的假设，严格说来，纯粹的味觉品鉴的用法在上古时期可能尚未彻底从“食用”“享用”义中分离出来，这也部分地解释了为什么这一时期“曾经”义的副词用例反而远多于“品尝”义。

4.2 “摸”

表“触摸”义的“摸”字并未见于上古汉语文献中，它的首次出现不会早于中古早期（公元2—6世纪），甚至要等到中古晚期（公元7—14世纪）。一些字典引用《后汉书》（约公元445年），或可算一例：

（32）……以手摸其文而读之……（《后汉书·蔡邕传》）

到了曹娥碑，已是夜晚，只能用手在碑文上摸索着辨读。确是触觉义的“摸”。

上古汉语时期，似乎并没有其他动词可表“触摸”义。尽管许多双语词典将“触”译作“to touch”（触摸），其用例也在晚期上古汉语文献中多次出现，但在这一时期主要表“联系”义，从未具备“触摸”的基本含义。之后，双音节化为“触摸”“触觉”或“触到”，才获得今天所说接触性感知的“触摸”义。另有“抚”字，其义近似“触摸”：

（33）公抚管仲之手曰：“仲父何见？”（《庄子·达生》）

打猎时，桓公以为自己看见鬼，心神恍惚地按住身旁管仲的手问他看见什么没有。仔细分析上下文后，此处的“抚”并非单纯的“接触”“触摸”义，而是由于恐惧而下意识地“按住”甚至“握住”以求得镇定。简言之，此处，触觉意义上的“触摸”既不是目的，也不是实际发生的行动，而是不可分地内含于具有更明确效用的“按”“握”等手部动作里。

（34）一人举踶马，其一人从后而循之，三抚其尻而马不踶。（《韩非子·说林下》）

此处“抚”确是触摸义。

据《说文解字》，揗（古同“循”）也有“抚”义。“扪”或许可算“摸”的近义词。早在《诗经》中已有用例，但广泛出现则要等到《史记》（中古早期，约公元前1世纪）：

（35）莫扪朕舌，言不可逝矣。（《诗经·大雅·抑》）

仔细品读后，此处的“扪”实际上仍然是“按住”“握住”“拴住”（舌头）使人不能说话的意思，并非“摸”或“触摸”。当然，正如例（32），“接触到”“触摸到”（舌头）作为“按”“握”或“拴”的前提之一，内含于其中。

（36）汉王伤胸，乃扪足曰："虏中吾指！"（《史记·高祖本纪》）

此处"扪"有"抚摸"义，但是内含于更具有实际效用的"按"或"握"之中。胸部中箭后，汉王按握住脚，佯装只是脚受了伤。

"摸"也常写作"摹"或"摩"，有"用手探察""摸黑行走"或"摸索行事"等义，关涉到上文提及的较复杂的"本体感知"或"运动感知"。

简言之，上古汉语时期的几乎专司"触摸"义的词，以及一些可能的近义词，细品之后，都与同时期的"尝"有类似的状况：单纯感知觉意义上的"触摸"，可能尚未从更具实践意义的其他诸多动词中分离出来。文末，我们将尝试结合其他视角，对二者一并做出解释。

## 5　中古汉语（公元前 2 世纪—公元 14 世纪）

### 5.1　"尝"

中古汉语时期，包括前期中古（公元前 2 世纪—公元 6 世纪）以及后期中古（公元 7—14 世纪），单字独用的味觉品尝义的"尝"仍不算常见，但其用例较之上古汉语时期更多。

（37）邀我尝春酒。（杜甫，《遭田父泥饮美严中丞》）

（38）酒是葡萄酒，先合主人尝。（《敦煌变文》，1181）

（39）这肉熟了你尝看。（《老乞大》，39.3）

如果说例（36）与（37）仍然体现出"品尝"义与"享用"义或"试吃"义不可分的状态的话，那么例（38）则明确将

"尝"当做一种提供判断的味觉手段("尝",而后说出看法),因而将味觉义的"尝"从其多义网络中剥离出来了。尽管如此,将其朝更一般的"(尝)试"义解读,仍然说得通:"看"略微虚化为动词后的助词,作"建议"或"尝试"标记。足见"尝"的味觉义可以多么深刻地融入诸多相关的动词语用中,而无须形单影只地现身。

5.2 "摸"

同时期,"触摸"义的单字独用的"摸"也仅发现一例。

(40)渔翁之味万无迭,也不想李白摸月……(《朴通事谚解》,362/2)

此处,李白去摸的是映在水中的月影,确是"触摸"义。但,仍可作它解,如"伸手去够",这便是关涉运动感知的探察、摸索活动。

简而言之,"尝"和"摸"作为明确的味、触觉感知动词的用法,在这一时期仍然不够明朗,用例很少。

## 6 近代汉语(公元15—18世纪)

6.1 "尝"

中古汉语时期,接触性感知动词"尝"和"摸"还未出现与助词或标记连用的情况(不排除极个别特例)。到近代汉语时期,才逐渐有用例。

"尝"开始与一些助词或标记连用:

(41)我尝了一尝,倒有味儿。(《红楼梦》第43回)

一个有趣的现象是,与单字独用时的"尝"相比,无论是

“尝一尝”这个结构，还是它的第一个“尝”与完成体标记“了”的结合，都更加凸显出“尝”的味觉感知义。无须后半句里的“有味儿”作佐证，“尝了一尝”也无疑是取感知义的。

除了“尝一尝”，“尝”直接与完成体标记“了”的组合更常见，《醒世恒言》（1626年）与《西游记》（16世纪）中便有例证：

（42）却只是他尝了甜头。（《醒世恒言》第13卷）

另有“尝”与“着”的用例值得一辨：

（43）两个人尝着甜头。（《金瓶梅词话》第82回，1610）

此例中，“尝”后紧跟着的“着”并不是进行体标记，而是类似“到”的结果补语。与上例一样，这番组合，相较于单字独用的“尝”，更加凸显“尝”的感知义，而非其他“享用”“尝试”等义。感知义的凸显，也使向隐喻义的延伸显得格外自然。

红楼梦里还有14个叠用的例子，即“尝尝”，比如：

（44）宝玉笑道：“什么冷香丸？这么好闻！好姐姐，给我一丸尝尝呢。”（《红楼梦》第8回）

仅仅一丸而已，只是尝尝味道，量多了，就是吃甚至吃饱了。不排除宝玉心里真正想的是“吃”冷香丸，但在语言层面表达出来的，确实是“品尝品尝”冷香丸的味道而已。与上述几例一样，此句中叠用的“尝尝”较单字的“尝”，更明确地具有了味觉感知义。

为何“V一V”和“VV”等叠用表达式能使“尝”的感知义脱颖而出，原因可能是多方面的，此处仅提出两点。一来，这两种叠用形式都引入了时间维度，具体而言是“短时性”，即动作能即刻完成。这便一定程度将“尝”的感知活动义与其他更复杂的活动（尝试、吃 / 食用、经历 / 经受 / 体验）区别开来。

二来，叠用还引入了活动的能量维度，具体而言是“小动量”（small momentum）甚至“微动量负荷”（micro-momentum load）的。这又进一步限缩了“尝”在语用中的多义性，能小动量实现的活动，大概只剩下感知义的“尝”和“品尝”了。关于汉语动词叠用的研究，已有不少（如张赪，2000），我们仅撷取有助于澄清本文用例的部分。

与完成体标记“了”或结果补语“着”“到”的连用，能凸显感知义，其道理也是类似的。它们在一定程度上限制、规定了前面的动词“尝”，使“尝”的非感知义隐入背景、感知义凸显于前景。如果还能同时结合叠用，正如例（41）中的“尝了一尝”，则凸显感知义的效果更甚。这两种策略在下文“摸”的用例中有类似效果。

此外，近代汉语中，还有“品”可作味觉义感知动词。“品”常以“品酒”“品茶”出现，显然与味觉感知直接相关。不过，“品”也有“品鉴”“评断”的意思，而且“品酒”“品茶”显然不仅包括味觉，还有嗅觉、视觉，甚至听觉和触觉。广泛关联的语义网络对于我们单独分析某一类感知造成麻烦，但这恰恰印证了感知动词以及感知觉是多么深刻而相互渗透地浸润到语言实践的方方面面。“品”的语义演变轨迹大致可概括为：（事物）的种类$_{[名]}$> 等级$_{[名]}$> 评鉴$_{[动]}$> 感知义品尝$_{[动]}$。

6.2 “摸”

与“尝”一样，“摸”也开始与助词或标记结伴出现，叠词“摸摸”的用例也不算少，且这些新形态都起到凸显感知义的作用。

（45）舒手被里，摸见他还没脱衣裳。（《金瓶梅词话》

第 38 回）

紧随“摸”后的“见”是结果补语，“摸见”相当于“摸到”。但是，因为此表结果的“见”是从“看见”义动词“见”转变而来，相较于“到”更多出一层理知范畴的“知晓”的意思，所以，“摸见”可以更具体地理解为“通过‘摸’而获知”。重要的是，与“见”组合使用后，“摸”的感知义也更加凸显。

（46）妇人摸见他阳物什大，庆亦摸其牝户。（《金瓶梅词话》第 69 回）

此句中，“摸见”与“摸”同时出现，前者是“通过‘摸’而获知”，后者只是“摸”。如果将“摸见”也看作是“词”而不是“短语”的话，“摸见”是“终结体”（telic）的词，即“终结动词”[+telic]，而“摸”是“无终结体”的词，即“无终结动词”[-telic]。不过，这里的感知动词仍然是“摸”，而不是“摸见”。换另一个参照系来看，“摸”仍停留在“活动”的范畴，而“摸见”（摸到）指涉经由感知“活动”而形成了“经验”或“看法”。

“摸摸”叠用至少出现在《西游记》《红楼梦》《金瓶梅》和《儒林外史》中。

（47）行者道：“你是摸摸看，可有刀痕”？（《西游记》第 46 回）

（48）“……你伸手摸摸，他身上还热哩！”（《金瓶梅》第 59 回）

（49）“……你先摸摸你腔子上几个脑袋瓜子！”（《红楼梦》第 67 回）

（50）他吃了一惊，摸摸头上，不见了孝帽子。（《儒林

外史》第12回）

这些用例较之单字独用的“摸”，都更加凸显感知义。即使在隐喻用例中也不例外，感知义显得更加形象、生动。

（51）我这几天总没有摸摸书本儿。（《红楼梦》第110回）

多日未读书，书本儿连摸都没有摸过。感知本义充分凸显的情况下，隐喻义顺理成章。

“摸一摸”的用例虽然不多，但都是颇为生动的感知义用法：

（52）好大圣，耳中摸一摸，拔出一个绣花针儿道……（《西游记》第56回）

（53）“这个膀子若长在林姑娘身上，或者还得摸一摸；偏长在他身上，正是恨我没福！”（《红楼梦》第28回）

方才对“V一V”“VV”表达式，以及体标记“了”、结果补语“到”等与“尝”的组合的分析，在此都同样适用于“摸”，都能凸显感知义用法，不再赘述。

## 7 分析与论述

当代汉语中常见的趋向补语与“尝”“摸”结合形成“尝起来”“摸上去”“摸起来”等表达式，也能起到剥离、凸显感知义的效果。其机制应类似于上文对各组合式的分析，即在范畴特征性方面对相关动词加以规定和限制。具体而言，这类趋向补语，尽管经常在引申义上被使用，但它们在字面上就引入了空间属性。这一限定不同程度地阻碍了感知动词所具有的非感知义和部分引申义的直接表达，使感知义率先得以凸显。简而言之，就是味、触觉感知动词“尝”“摸”的纯粹感知义，需要通过一定的词法或句法手段，才得以从各自的多义网络中剥离出来。

处在 Viberg 感知动词等级序列高位的视、听觉动词，似乎就不存在这样的问题。视、听觉，尤其是视觉，作为远距离的、与感知对象相对离间的感知方式，其客观性与可公度性显著，在实践活动中至关重要，于是更早获得与之相应的感知动词，并稳定下来。不仅如此，其感知本义在语言中获得编码后，进一步经由语义延伸、引申、隐喻和语法化等途径，深刻地进入构词、句法、语义、语用网络的方方面面。

相较而言，边界清晰的纯粹感知觉意义上的味、触觉动词在语言中很晚才获得编码。本文对汉语味、触觉动词“尝”与“摸”的历时梳理亦契合此论断。不仅如此，特别值得注意的是，味、触觉都是沉浸式的：感知主体与感知对象相互“沉浸”其中，触觉尤甚。具体说来，与视、听等高位感知觉不同，触觉的感知是双向的，我们不仅感知被触及的对象，比如一个凸起的按钮，同时也感知触及对象的我们自己的相关身体部位，比如按按钮的手指。而且，这两个方向上的感知是不可分割的，它们共同参与构成了触觉——按按钮的感觉。视觉可以感知进入视域的对象，但不会去感知视网膜等眼球内的视器；听觉会感知到听阈范围内的声响，但不会去感知耳膜、听小骨等耳内听觉构造本身。

综上，我们提出假设，与视觉义动词不同，纯粹的味、触觉感知义，一开始并没有专门的词去表达它们。但这并不是说味、触觉的感知经验尚不存在，它们当然存在，只不过，它们一直内含于表达其他综合形态的活动的语词中。比如，“尝”内含或相互包含于“吃”（享 / 食 / 啖 / 饷等）的活动中，“摸”内含于在实践中功能性更突出的“执”（拿）、“握”、“击”、“扪”、“搓”、“捏”、“掐”、“抚”、“摩/磨”等许多动作或活动中。相应地，在语言层面，最初较少找到与“吃/享用/试吃”义彻底分离的单纯的“品尝”，也较少发现与各种更复杂的活动相分离的单纯的触觉意义的“摸”。相反，视、听觉，尤其是视觉，其客观性与可公度性在集体语言实践中不可或缺，更早获得与之相应的感知动词，并稳定下来。

此外，前文提及的本体感知或运动感知，虽常在触觉框架下讨论，但所涉及的是至为复杂的多感觉系统的联动。运动中的手眼协调，音乐活动中的手耳协调，声乐中要求的听觉与多声腔感知觉的联动，如此等等的诸多人类实践活动都需同时动用身体的各项内、外感知觉。在自然语言中，较难找到与之严密匹配的感知动词，而是多用看似触觉系、实则是综合了各感官官能的“感觉”或“觉得”这样的词。

由前庭系统（内耳）、视觉系统（眼睛）与身体的本体感知系统联合司职的“平衡觉”（equilibrioception），当然也属本体感知，但并不能放在我们一般认定的触觉框架中讨论。它同样因为其构成的复杂性，而较难在自然语言中获得专属的动词编码。具体而言，较之味、触觉，本体感知或运动感知更加深刻地渗透在几乎所有身体活动之中，而且它们常常在感觉阈限以下运作，也即不进入意识感觉中。因此，也不可能有专属的所谓的本体感知动词。

在汉语里，同样只能用最宽泛的感觉词，如“感觉”“觉得”来承担。

（54）我感觉头晕。

（55）我当时觉得身子突然往下坠。

当然，与其他许多语言一样，“感觉”“觉得”“觉着”这类最笼统、最一般的感觉词的用法，早已从感知范畴延展到理知范畴。

（56）我觉着这事儿悬得很。

“直觉”这个词字面上看似乎是一种极为纯粹的感知，其实，更多在理知范畴或更确切地说是在非感知觉领域使用。恰恰是那些无法基于感官感觉去理解的事情，我们才诉诸直觉。（Zhou, 2023）

（57）看着他的眼睛，我直觉到他在撒谎。

最后，我们想提请注意，位于 Viberg 感知模态等级低位的味、触觉，在汉语语言、文化与思想领域都具有不亚于等级高位的视、听觉。汉语中明确界分的味觉感知动词虽然较晚才稳定下来，但汉语里的味觉词汇极其丰富，语用也跨越诸多领域，与诸西方语言的味觉语汇有大不同（陈嘉映，2022），甚至有学者从中阐发出具有汉语特色的中国味觉哲学（贡华南，2018）。触觉，则如上文略有提及的，与感知模态等级顶端的视觉有重要相通处。比如，在获得感知对象的“实存”的证据方面，触觉甚至可能胜过视觉：我们摸到某物后所获得的关于它的“实在”感（形状、质地、温度等），绝不亚于通过“看见”所带来的实在感（样子、远近、颜色等）。这也解释了为什么上文中“摸”的好些日常语言用例中（“摸出门道”“摸清底细”等），有相当确切的从感知范畴延展到理知范畴的用法。而这在同样处于低位的嗅、味觉那里是极其罕见、几乎不可能的。这些颇具汉语语言特色的论题有待更深入的多视角、多进路探究。

## 8 结语

本文聚焦接触性感知动词，立足细腻的语义分析，尝试在历时层面追索感知模态等级低位的味、触觉的感知动词“尝”和“摸”的感知义，是如何最终获得相对确切的表达的。这个问题意识背后是本文的一个较强的假设：“尝”和“摸”在当代汉语中所具有的典型的、清晰界定的“感知义”，并不是从来自有的，它们长期与其他范畴的诸多用法边界模糊地共存，没有独立自足的身份。

上古汉语时期，大部分“尝”的用例都可以做多解，明确而纯粹的感知义尚未在语词层面从其他语义范畴中分离出来，唯有少数个例在句中特别注明味觉关联词，如“滋味”“甘甜”等，才能辅助确认“尝”的感知义用法。“摸”则并没有用例，而且，在对其可能的近义词进行简要考察后，发现确切表达“触摸”感知义的情况也很少。

中古汉语时期，为数不多的“尝”的用例仍未令人信服地分离出感知义，“摸”更是只有一例，无论是否为感知义，都毫无代表性。

直到近代汉语时期，“尝”和“摸”才发展出一些特定的组合表达式，尤其是叠用式“V 一 V”“VV”，以及与一些完成体标记和结果状语的连用。它们通过引入各种范畴规定和限制，如短时性、微动量负荷及各种时体特征，从彼此紧密关联的各语义范畴中分离出相对独立的、清晰界分的感知义。

但客观地说，通过类似的词法或句法手段可能还不足以将味、触觉的感知义彻底剥离并固定下来。现实中，或需外力配合，比如，西方现代科学，尤其是心理学和生理学等学科的引介与翻译，迫使汉语选出相应的词来翻译、解释许多西方术语。而后，这些词携带着相对清晰的翻译义渗透进日常语言里，并使一些特定的、清晰划分的义项，如某特定感官或感知系统的感知义，逐渐稳定在相应的词上。

本文聚焦味、触觉感知动词，但同样重视其在所从出处的整个人类感知觉系统中的位置，并相信，唯如此，才能更真切而全面地理解特定感知觉动词的多元用法及其背后的道理。

**参考文献**

〔古罗马〕奥古斯丁　2015 《忏悔录》，周士良译，北京：商务印书馆。

陈嘉映　2007 《哲学科学常识》，北京：东方出版社。

陈嘉映　2022 《感知 · 理知 · 自我认知》，北京：北京日报出版社。

贡华南　2018 《味觉思想》，北京：生活 · 读书 · 新知三联书店。

〔古罗马〕普罗提诺　2017 《九章集》，崔峰、应明译，上海：上海三联书店。

张　赪　2000 《现代汉语“V一V”式和“VV”式的来源》，《语言教学与研究》第 4 期。

Evans, N. & D. Wilkins 2000 In the mind's ear: The semantic extensions of perception verbs in Australian languages. *Language* 76 (3): 546—592.

Levinson, S. C. & A. Majid 2014 Differential Ineffability and the Senses. *Mind and Language* 29. 407—427.

Majid, A. & S. C. Levinson 2011 The senses in language and culture. *Senses and Society* 6 (1): 5—18.

Paradis, C. & R. Caballero 2012 Sensory Perceptions in Language and Cognition, Abstract from SLE, Stockholm, Sweden.

Peyraube, A. 2017 Periodization. In R. Sybesma (ed.), *Encyclopedia of Chinese Language and Linguistics* vol. 3: 346—349.

Shimunek, A. 2006 Toward a Typology of the Mongolian Perception Verbs. *Monggolhak* (Mongolian studies) 20: 43—71.

Viberg, Åke 1983 The Verbs of perception: A typological study. *Linguistics* 21: 123—162.

Viberg, Åke 2001 Lexical typology: Verbs of perception. In M. Haspelmath, E. König, W. Oesterreicher & W. Raible (eds.), *Language Typology and Language Universals: An International Handbook*, Vol. 2: 1294—1309. Berlin: De Gruyter.

Wang, Jihong & Qianrui Chen 2014 From attempt to experiential: The grammaticalisation of "chang" and its typological significance. *Linguistic Sciences* 13 (5): 472—484.

Wiebusch, T. 2017 Basic verbs of perception in Chinese. Paper presented to Journées de linguistique – Asie Orientale XXX, Paris.

Zhou, Xiyin 2023 *Philosopher en chinois*. Paris: Hémisphères.

# “真的”的词汇化、语法化及主观化的形式验证

陈昌来　郝璐杰

（上海师范大学对外汉语学院）

## 1　引言

“真的”是现代汉语中常用的副词，张斌（2001：715）指出“真的”表示“对事物或情况的确认，含有要求别人相信的意思”。学界关于“真的”的研究主要分历时与共时两方面。在历时研究方面，厉霁隽（2003）首先对“真的”的词汇化和语法化做了分析，认为元末明初时开始出现“真”和“的”连用的例子，“真的”属于“的”字结构；由于“真的”经常用在“……是真的”的判断结构中，当主语部分省略时，“是真的”便单独成句；又由于“是”也经常省略，使得“真的”可以单独成句。陈颖（2010）与厉文的观点大致相同，但进一步论证了“是真的”中“是”省略的原因，认为是“的”作为语气词的成熟使得“是真 / 的”重新分析为“是 / 真的”，由此导致了“是”的省略。按照厉文和陈文的分析，“真的”在独立成分“是真的”中省略“是”以后，“真的”便成为独立成分或话语标记。但这一分析

与“真的”的实际演变情况不符，历时语料表明“真的”词汇化以后首先充当的是状语，随后才发展为话语标记，这种从状语到话语标记的发展路径也更符合多数语气副词词汇化和语法化的路径。可见，“真的”的词汇化与语法化路径仍有待理清。

在共时研究方面，颜红菊（2006）、方清明（2012）、葛锴桢（2018）探讨了“真的”的语义和功能，张文贤和谢海金（2018）、彭婺（2020）、刘晨阳（2021）探讨了“真的”作为话语标记的功能。周韧（2022）和石定栩（2022）探讨了“真的”的语篇结构。不少文献指出“真的”具有主观化的倾向，但缺乏具体的形式标准验证。其实这也是当前涉及主观化研究的文献中普遍存在的问题。正如 Traugott（2022: 202）所指出的，如何量化主观化和交互主观化仍值得探讨。鉴于此，本文主要探讨三个问题：

i.“真的”更合理的词汇化过程是什么？

ii. 如何依照形式标准衡量“真的”的主观化？

iii.“真的”的主观化体现在哪些方面？

## 2 “真的”的词汇化

“真”和“的”连用在宋代就开始出现，“的”在宋代还写作“底”。“真底”是“的”字短语，主要充当定语或宾语，例如：

（1）吾儒则只是一个真底道理，他也说我这个是真实底道理……（宋·《朱子语类》卷一百二十六）

（2）上下两轮月，若个是真底。（宋·杨万里《夏夜玩月》）

例（1）中“真底”充当定语，例（2）中“真底”充当宾语。

“真的”在明代使用频率增加，经常用于“是”字判断句中做宾语。例如：

（3）长老道：“这个吸魂瓶儿不是真的了。”（明·罗懋登《三宝太监西洋记》第二十九回）

（4）妈妈道：“汉子休胡说！我只有一个儿子，那得两个？”赵再理道：“儿是真的……”（明·冯梦龙《警世通言》第三十六卷）

例（3）（4）中，主语由名词性成分充当，“真的”与主语构成等同关系。但在少数例子中，主语则是由谓词性成分充当，例如：

（5）却是徐德家里实实没了人，奸情又招是真的。（明·凌濛初《二刻拍案惊奇》卷三十八）

（6）大尹再三不决，猛省思量：“有告札文凭是真的。”（明·冯梦龙《警世通言》第三十六卷）

例（5）（6）中“是”字判断句的主语都是谓词性成分，此时“真的”并非与主语构成等同关系，而是构成诠释关系，用于对主语的内涵进行说明（石毓智，2005），即表示主语所表述的事件是真实发生过的。

实际上，当“是”字判断句的主语是谓词性成分时，“是”后多数用“真”。这是由于“真的”的主要功能是转指名词性成分，在判断句中表达等同关系是其无标记的用法。而“真”是形容词，表达诠释关系是其无标记的用法。例如：

（7）程朝奉道：“小人喜欢他妻子，要营勾他是真。他已自许允请小人吃酒了，小人为甚么反要杀他……”（明·凌濛初《二刻拍案惊奇》卷二十八）

（8）郭总兵见事体原不重大，求抚是真，传下令去，叫人马退二十里下营。（明末清初·西周生《醒世姻缘传》第九十九回）

因此在“是”字判断句中，“真”与“真的”形成互补的关系：当主语是名词性成分时，主要用“真的”；当主语是谓词性成分时，主要用“真”。但发展到清代这种互补关系被打破了，“真的”也常常用于主语是谓词性成分的句子当中，例如：

（9）彩云道：“呀，我真忘死了！陈大人帮我的忙，替我想法，容我到这里住，我该谢陈大人是真的。”（清·曾朴《孽海花》第三十二回）

（10）他见你打官司，这事情[①]是真的了，他一定不好再来逼你。（清·李宝嘉《官场现形记》第九回）

从表1可以看到“真”与“真的”所判断的对象在明清两个时期的变化。

**表1　明清“真”与“真的”的判断关系**

| | 真 | | 真的 | |
|---|---|---|---|---|
| | 等同关系 | 诠释关系 | 等同关系 | 诠释关系 |
| 明代 | 12（12.12%） | 87（87.88%） | 68（80%） | 17（20%） |
| 清代 | 4（3.85%） | 100（96.15%） | 41（29.93%） | 96（70.07%） |

如表1所示，明清两代，“真”在“是”字判断句中都是以诠释关系为主，即主要由谓词性词语充当主语。但“真的”在明代以表达等同关系为主，在清代则以表达诠释关系为主。

这种变化表明“真的”逐渐与“真”的功能趋同，同时在双音节韵律结构的驱动下，“真”与“的”的关系愈发紧密，“真的”重新分析为形容词。清末“真的”的句法位置进一步扩展到状语，另外还找到一例为话语标记，可以认为此时“真的”已经完成了词汇化，例如：

（11）王道台道：“吃了烟要戒是说说的，真的要戒，为什么不早戒……”（清·李宝嘉《官场现形记》第十一回）

（12）王太和自己还是心里顿想；“老道所说的七岁丧父，九岁丧母，十六岁犯驿马星，真的说赛神仙，未到先知其实。”（清·郭小亭《济公全传》第一百五十八回）

（13）“……老帅叫你起的那个稿子，今儿早上还催过两遍，你交代上去没有？”刁迈彭亦故作一惊道：“真的！我忘记了！我们同走，回来再来。”（清·李宝嘉《官场现形记》第四十八回）

“真的”做话语标记比做副词的句法辖域更大，语法化程度更深。若按照厉霁隽（2003）和陈颖（2010）的观点，认为“真的”词汇化以后便是话语标记，则难以解释作为话语标记的“真的”又是如何变成了副词。因此我们推测“真的”先演变为副词，而后成为话语标记。

现代的语料中，“真的”充当话语标记的例子更多，这是“真的”进一步语法化的结果。例如：

（14）“他们全到了山上，很念你的好处！真的！”（老舍《上任》）

（15）他还是恨日本人，真的，但是不象从前那样一提日本人便咬牙，便想逃出北平去当兵了。（老舍《四世同堂》）

“真的”词汇化的机制是它在“是”字判断句中发生了重新分析。由于“是”字判断句的主语扩展为谓词性成分，使得“真的”从“的”字短语重新分析为形容词。双音节韵律结构的类推作用和“真”对“真的”的趋同影响是“真的”词汇化的动因。“真的”词汇化以后发生了语法化，使其能够充当状语和话语标记。

“真的”由“的”字短语重新分析为词并非孤例，“真个”在历时发展中也经历了类似的变化。“个”本为量词，在唐代演变为结构助词（曹广顺，1994）。“真个”可以做定语或状语，例如：

（16）老翁真个似童儿，汲水埋盆作小池。（唐·韩愈《盆池五首·其一》）

（17）曰：“向上还有事也无？”师曰：“当面蹉过。”曰：“真个作家。”师曰：“白日鬼迷人。”（宋《五灯会元》卷十九）

例（16）“真个”做状语，例（17）“真个”做定语。

随着“真个”使用频率的增加，加上双音节韵律结构的类推，“真个”完成了词汇化。[②]根据刘冬青（2010）的统计，到清代“真个”已经演变为副词，基本只充当状语。

## 3 “真的”主观化的形式标准与语义表现

### 3.1 语义的主观化与语用的主观化

主观化（subjectification）如 Traugott（1995）所说：“指的是一个语用规约化为语义的过程，在这个过程中，意义越来越多地基于说话者对命题的主观信念状态 / 态度。”从 Traugott 对“主观化”的定义中可以看出，她所认为的主观化不是语用的主观化，而是已经被编码成语义的主观化。Traugott 分析的主观化案例也基本是已经规约化的“语义主观化”，如道义情态演变为认识情态、“while”从表示时间变为表示让步连接、“be going to”从表示物理移动到表示较近的未来时间，同时含有认识情态义等等（Traugott，1995，2010等）。但一个语言成分的语法化从语用隐含义的出现到隐含义被固化为语义是一个语境上连续的过程，我们认为分析主观化不能只关注这种语义的主观化，也要关注在同一个阶段内，主观性是如何累积的，即关注语用的主观化。

关注语用的主观化也有利于将主观化与构式化理论结合。Traugott 和 Trousdale（2013：20—30）将构式演变分为构式化（constructionalization）和构式变化（constructional changes）。构式化指的是构式的形式和意义都发生了变化，形成新的形式-意义对；构式变化则是形式或意义的某一方发生了变化，而另一方未变。Traugott（2022：51）将构式变化重新定义为“构式化之前或之后语境使用的变化”，构式演变遵循着前构式变化→构式化→后构式变化的演变路径。Traugott 和 Trousdale 认为在后构式变化中存在语境的扩展，而语用的主观化往往也伴随着语境的扩展，主要涉及意义的变化，如此便可将语用的主观化与后构式变化相对应。

以“真的”为例，作为副词的“真的”在发展过程中虽然形式未发生变化（主要做状语），但意义却由于语境的扩展而发生了变化，同时伴随着主观性的增强，这是构式变化也是语用主观化。而“真的”从副词变为话语标记，其句法位置移动到了句外，语义上也出现了人际互动的功能，因此为构式化，③ 也是语义主观化。由于“真的”的语用主观化未涉及明显的形式的变化，因此需要通过观测语境来衡量其主观化。

3.2 “真的”主观化的形式标准与验证

Scheibman（2002：166—167）归纳了八种表达主观性的结构和功能成分：

a. 第一人称单数

b. 现在时（即过去时不出现）

c. 情态成分（尤其和实义动词共现）

d. 认知动词

e. 非特指或无指的主语（如事件-状态-话语[④]、通指）

f. 形容词谓语句中的形容词

g. 名词谓语句中，基于言者等同性认识的名词短语之间的识别关系

h. 强化词和情态副词

根据以上语言成分在“真的”所在语境中出现的次数可以评估“真的”的主观性程度，对比“真的”在不同时期的主观性程度即可勾勒出其主观化的趋势。由于“真的”很少修饰名词谓语句，因此排除标准 g；又由于“真的”自身已经是情态副词，因此排除 h；a 和 e 都涉及主语的构成，因此可以合并；b、c、d 都涉及谓语表达的非现实性，也可以合并；另外，“真的”充当话语标记时具有交互主观性，因此可以将充当话语标记也看作主观性的标准。由此，我们提出以下四项测量“真的”主观化的标准：

A. 主语由第一人称、第二人称[⑤]、非特指或无指的成分充当

B. 谓语具有非现实性[⑥]（包括情态动词、认知动词、未发生的事件）

C. 谓语由形容词或形容词性短语充当

D. 自身为话语标记

同时符合的标准越多，表明“真的”所在语境的主观性越强，⑦同时符合 A、B、D 的例子如：

（18）这年月，我们都不该多铺张，真的！（老舍《四世同堂》）

（19）中国人应当练太极拳，真的。（老舍《丁》）

例（18）的主语为第一人称“我们”，助动词“不该”表示道义情态，具有非现实性，“真的”自身为话语标记。例（19）的主语为通指成分“中国人”，助动词“应当”表示道义情态，“真的”自身为话语标记。

同时符合 A、C、D 的例子如：

（20）“老二！真的，你和二妹一同逃出去也不错；学校的事你不是要辞吗？”（老舍《四世同堂》）

（21）“你不是捉弄我，我很高兴，真的，很高兴。”（王朔《浮出海面》）

例（20）主语为第二人称“你”，谓语中心“不错”是形容词，“真的”为话语标记。例（21）主语为第一人称“我”，谓语中心“高兴”是形容词，“真的”为话语标记。

在探讨“真的”在清末、现代和当代三个不同时期的主观性程度时，我们选取了具有代表性的语料进行分析。清末时期的语料来源于北京大学的 CCL 语料库，现代语料则选自老舍的小说和戏剧作品，而当代语料则取自王朔的小说。通过对这些语料的细致统计和分析，我们得到了如下的统计结果，详见表 2。

表 2 “真的”在不同时期主观性的表现

| | A | B | C | D |
|---|---|---|---|---|
| 清末 | 6/31（19.35%） | 1/31（3.23%） | 1/31（3.23%） | 1/31（3.23%） |
| 现代 | 44/180（24.45%） | 28/180（15.56%） | 3/180（1.67%） | 86/180（47.78%） |
| 当代 | 111/153（72.55%） | 40/153（26.14%） | 5/153（3.27%） | 54/153（35.29%） |

从表 2 可以看出，主观性特征 A 和 B 所占比例从清末到当代呈逐渐上升趋势。特征 C 占比一直较少，这主要是由于修饰形容词或形容词性短语的功能一般由“真”承担，方清明（2012）指出“真”为程度副词，而“真的”不是。特征 D 在现代和当代语料中所占的比例明显高于清末。由此可以证明，“真的”在演变的过程中呈现出了主观化的趋势。

3.3 “真的”主观化的语义表现

特征 B 与 D 是变化最为明显的两项，表明“真的”的主观化体现在两种功能上：一是强调认识立场；二是人际互动。

当“真的”的辖域内出现情态动词、认知动词，或谓语部分表达祈使义时，“真的”所修饰的事件为非现实事件，“真的”主要强调言者的认识立场，此时其主观性较强。例如：

（22）“你别嫁人，真的别嫁，这世上的活人没一个配得上你的……”（王朔《痴人》）

（23）“真的不吃了，我晚上还有事，走了。”（王朔《浮出海面》）

（24）我真的相信方枪枪有很大缺陷，不是他们说的那种好孩子……（王朔《看上去很美》）

（25）我真的以为那是王眉了，但由于如上的原因，我最终认定是自己看错了人。（王朔《空中小姐》）

例（22）"真的"所修饰的谓语表达了道义情态；例（23）"真的"所修饰的谓语表达了意愿情态；例（24）（25）"真的"后面使用了认知动词。这些谓语表示的事件均具有非现实性，因此"真的"不在于强调事件的真实性，而是强调言者的认识立场。这种认识立场包括了言者的道德评价、个人愿望、认知信念等多个层面，反映了言者对于所讨论话题的深层次态度和情感。通过这种方式，"真的"在交际中发挥了强化言者立场、引导听者认知和情感反应的作用，从而促进了更有效的沟通和理解。

当"真的"充当话语标记时，主要具有人际互动的功能，交互主观性较强。Traugott（2003）认为："交互主观性是说 / 写者对听 / 读者的'自我'予以关注的明确性表达，这不仅是一种认识意义上的关注（关注他们对所说内容的态度），更是一种社会意义上的关注（关注他们与社会立场和身份相关的"面子"或"形象需求"）。""真的"的人际互动功能体现在两方面：一是言者使用"真的"表现自身态度的真诚性；二是言者使用"真的"表达对对方话语的认可。例如：

（26）"其实我倒觉得你原来那个女朋友挺好，你干吗和人家吹呀。真的，你干吗找个搞文艺的？"（王朔《浮出海面》）

（27）"您看我的玉娥，还学会了卖菜，不简单！"卫母："真的！您就说，小四儿的妈硬学了两夜怎么剔肉片子，这股子劲儿简直叫我……"（老舍《女店员》）

例（26）言者用"真的"表现自己询问的态度很真诚，希望得到对方真实的回答。真诚性是建立信任关系的基础，有助于加强听者对言者话语的信任感。例（27）卫母用“真的”对对方的话语内容表示赞同和认可，表现出与对方认识立场的一致性。这可以表达对听者情感和观点的共鸣和理解，有助于加深双方的情感联系，促进更为亲密和和谐的人际关系。

## 4 结语

本文主要从词汇化、主观化两个方面对“真的”进行了论述。主观化是语法化过程中体现出的特点，主要表现在语法化的早期阶段，这一点在“真的”的演变上体现得尤为明显。“真的”在清末开始用作状语，可以看作其词汇化完成的标志，也可以看作语法化的开始，其发展为话语标记则是进一步的语法化。通过四条测量主观性的标准，我们验证了“真的”的语法化过程的确伴随着主观化，主要体现为强调认识立场与表达人际互动。

### 附 注

① 当判断句的主语是“事情”“这话”这类名词时，其代表的是事件，属于谓词性成分，因此仍然构成诠释关系。

② 唐贤清（2003）认为：“从唐代‘真个’‘早个’等开始出现，就主要作状语，并且，‘个’在音节上义紧紧依附于‘真’和‘早’，其中的‘个’应看作副词词尾。”香坂顺一（1992：104）认为“真个”的“个”与“的”相当，《水浒》以后到现代汉语的发展过程中，可以看出以“～个”与“～的”而形成南方话与北方话的对立。

③ 关于“构式”的范围，本文与 Traugott 和 Trousdale（2013）所持的构式观相同，将词也看作构式。

④ 事件–状态（event-state）通常由动词性成分或形容词性成分充

当；话语（discourse）包括一些元语言成分和篇章中用于回指的话语。具体可参看 Scheibman（2002：40—43）。

⑤ Scheibman（2002：114—115）指出第二人称也具有主观性："对于第一人称和第二人称单数主语，我们发现其与具有主观和语用意义的词汇搭配非常频繁，特别是与认知动词的搭配。"

⑥ 这里不包括用于疑问句、条件句、否定句和内嵌句中的"真的"，这些语境下"真的"主要表达概念义。试比较"我觉得他真的生气了"和"我真的觉得他生气了"，前一句"真的"内嵌于"觉得"的宾语从句中，表达概念义，与"假的"相对；后一句"真的"的评注范围包括了认知义动词"觉得"，主观性较强。

⑦ B、C 两个标准不能同时在一个句子中出现。

## 参考文献

曹广顺　1994《说助词"个"》，《古汉语研究》第 4 期。

陈　颖　2010《"真的"的虚化》，《语言研究》第 4 期。

方清明　2012《再论"真"与"真的"的语法意义与语用功能》，《汉语学习》第 5 期。

葛锴桢　2018《"真的"的立场表达及其语体特点》，《殷都学刊》第 3 期。

厉霁隽　2003《"真"和"真的"论析——句法、语义、语用功能及其语法化过程和机制分析》，上海师范大学硕士学位论文。

刘晨阳　2021《互动交际中"真的"的话语标记功能》，《辞书研究》第 1 期。

刘冬青　2010《北京话"真"类语气副词的历时嬗变（1750—1950）》，《中州大学学报》第 6 期。

彭　婺　2020《自然口语中"真的"话语标记功能的浮现》，《湖北文理学院学报》第 9 期。

石定栩　2022《"确实、真的、实在"的多维度辨析——语义、句法、语篇和汉语语法分析》，《中国语文》第 5 期。

石毓智　2005《论判断、焦点、强调与对比之关系——"是"的语法功能和使用条件》，《语言研究》第 4 期。

唐贤清　2003《“真个”构成的副体结构的语义表达功能》，《长沙电力学院学报（社会科学版）》第3期。
〔日〕香坂顺一　1992《水浒词汇研究（虚词部分）》，台北：文津出版社。
颜红菊　2006《话语标记的主观性和语法化——从“真的”的主观性和语法化谈起》，《湖南科技大学学报（社会科学版）》第6期。
张　斌　2001《现代汉语虚词词典》，北京：商务印书馆。
张文贤、谢海金　2018《面向对外汉语教学的“真”“真的”的对比分析》，《国际汉语教育》（中英文）第1期。
周　韧　2022《汉语副词语义分析中的概率特征——以一组确认义副词的辨析为例》，《汉语学报》第3期。
Scheibman, J. 2002 *Point of View And Grammar: Structural Patterns of Subjectivity in American English Conversation*. Amsterdam: John Benjamins.
Traugott, E. C. 1995 Subjectification in grammaticalisation. In Dieter Stein & Susan Wright (eds.), *Subjectivity and Subjectivisation. Linguistic Perspectives*. Cambridge: Cambridge University Press.
Traugott, E. C. 2003 From subjectification to intersubjectification. In Raymond Hickey (ed.), *Motives for Language Change*. Cambridge: Cambridge University Press.
Traugott, E. C. 2010 (Inter) subjectivity and (inter) subjectification: A reassessment. In Kristin Davidse, Lieven Vandelanotte & Hubert Cuyckens (eds.), *Subjectification, Intersubjectification and Grammaticalization*. Berlin: Mouton de Gruyter.
Traugott, E C. 2022 *Discourse Structuring Markers in English: A Historical Constructionalist Perspective on Pragmatics*. Amsterdam: John Benjamins.
Traugott, E. C. & G. Trousdale 2013 *Constructionalization and Constructional Changes*. Oxford: Oxford University Press.

# 伴随–并列演化圈 *

陈健荣

（香港树仁大学中国语言文学系）

## 1 伴随介词–并列连词的语义地图

### 1.1 背景

一词多义是普遍存在的语言现象，过往被视为偶然，是语言经济性的一种体现。随着跨语言研究渐趋发达，我们发现：即便是两个无发生学关系或无接触关系的语言，仍能出现同一种一词多义的现象。以并列连词为例，Stassen（2000）发现不少语言使用同一形式负载伴随（Comitative）和名词并列（Noun Phrase Coordination）两种功能。这些语言被称为 with- 语言。根据《世界语言结构地图集》（WALS）的数据库，在目前调查到的 234 种语言中，就有 103 种是 with- 语言。这类语言遍布世界各地、各种语系，可见巧合的机会不大。张敏（2015：9）认为，“某个语

* 文章乃本人博士论文 Chan（2020）之部分成果。田野调查部分获得香港科技大学张敏教授主持的香港特区政府研究资助局项目“The Postverbal Constraint across Chinese Dialects（GRF641913）”资助。本文初稿曾于第四届语言类型学国际学术研讨会发表，得到刘丹青等与会专家惠赐建议。其后又得张敏、姚玉敏、孙景涛、吴福祥提供宝贵意见。在此一并致谢。文中若有错漏概由笔者负责。

法形式若具有多重意义 / 用法，而这些意义 / 用法在不同语言里一再出现以同一个形式负载的现象，则其间的关联绝非偶然，应是有系统的，普遍的，可能反映了人类语言在概念层面的一些共性”。因此，研究一词多义的普遍性，能揭示人类认知与语言形成的关系。其中，以语义地图研究最具代表性。

“语义地图模型”是表征跨语言的语法形式-语法意义关联模式的差异与共性的一种有效分析工具（参考张敏，2015：9）。语义地图反映出概念与概念之间关系的远近。继 Stassen（2000）发现了并列与伴随的密切关系后，Haspelmath（2003）将伴随-并列的简单连接扩展为图 1 所示语义地图：

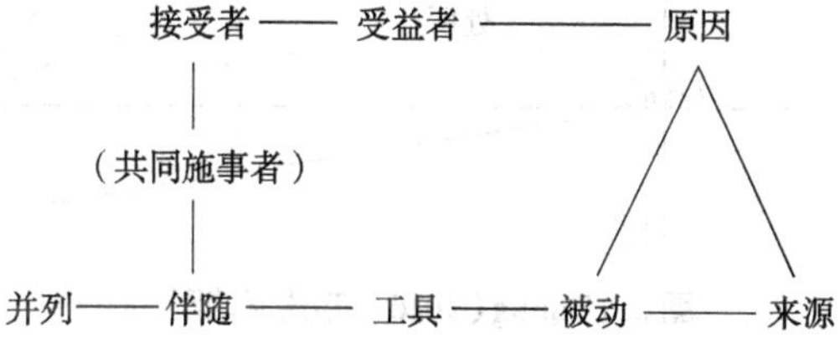


**图 1　Haspelmath（2003）的语义地图**

扩大后的语义地图，节点（node）更多，比 Stassen（2000）的单线链条优胜的地方在于，这个语义地图具有预测性：以［并列-伴随-工具］为例，由于［并列］与［工具］之间并无连接，我们就能预测，如果某语言的某成分兼具［工具］和［并列］功能，那么就必然兼具［伴随］功能。

1.2　共同施事者的隐现

值得注意的是：［伴随］邻接［共同施事者］这一功能。根据 Haspelmath（2003：228），共同施事者与施事者一起主动参与事件。但是，由于没有足够证据支持［伴随-共同施事者-接受者］这一链条，［共同施事者］这一节点只能加上括号。其后，潘秋平、王毓淑（2011）等引入汉语方言的语料，对 Haspelmath（2003）进行扩展，仍然保留共同施事者这个节点。直到 Zhang（2016）将之剔除，见图 2：

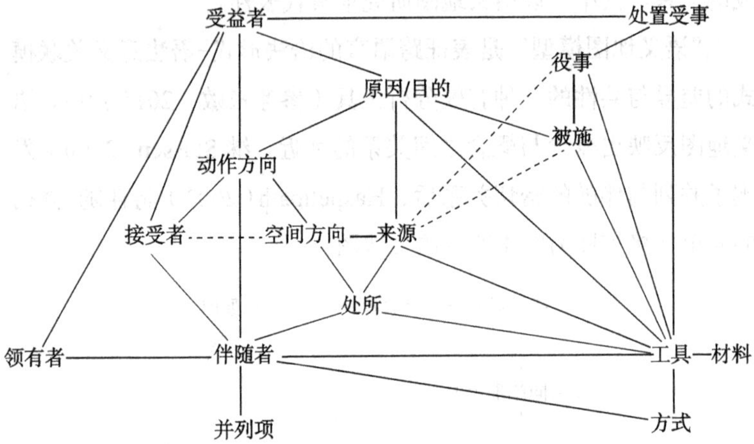


**图 2　Zhang（2016）的语义地图**

那么，到底［共同施事者］这一节点应否出现在语义地图上呢？如果出现，应该放在什么位置？另外，［共同施事者］与［伴随者］两个节点应该如何区分？这些都是需要解决的问题。

1.3　共同受事者的引入

我们又注意到，前人受印欧语影响，习以为常地认为［共同施事］与［共同受事］必然同形，以英语为例：

（1）I drink coffee with John.（我跟约翰喝咖啡。）

（2）I drink coffee with milk.（我喝加了牛奶的咖啡。/#我喝咖啡跟牛奶。/*我跟牛奶喝咖啡。）

英语的伴随介词 with 兼具共同施事和共同受事两种功能。with 在

（1）引介共同施事者“约翰”，在（2）则引介共同受事者“牛奶”。根据我们的调查，这种共同施/受事同形的情况在印欧语中颇为普遍。但是也有不少语言是共同施/受事不同形的。例如，英语的 with 表面上对应于汉语的“跟”，但是“跟”只有共同施事的功能，并不能引介共同受事者。因此，（1）的汉语翻译可以用“跟”，（2）则不行。如果按照汉语典型伴随格的语序，伴随介词短语必须置于动词之前，但是“*我跟牛奶喝咖啡”是不合法的。如果把介词短语置于动词后，句子虽然符合语法，但是“# 我喝咖啡跟牛奶”的意思是“我既喝咖啡，亦喝牛奶”，喝的是两种饮料。要准确表达（2）英语的意思，汉语只能用其他策略，例如“我喝加了牛奶的咖啡/我喝牛奶咖啡”等。

然而，[共同受事]在语义地图中应置于什么位置，与哪些节点关系较远，哪些节点关系密切？共同施/受事同形与不同形的情况在世界语言中有多普遍？这些问题目前尚未得到足够的讨论。

1.4　并列功能的细分

除了伴随节点外，[并列]节点也有需要解决的问题。Haspelmath（2003）、Zhang（2016）语义地图只列出[并列]节点，而潘秋平、王毓淑（2011）则将[并列]细分为[名词并列]与[动词并列]：

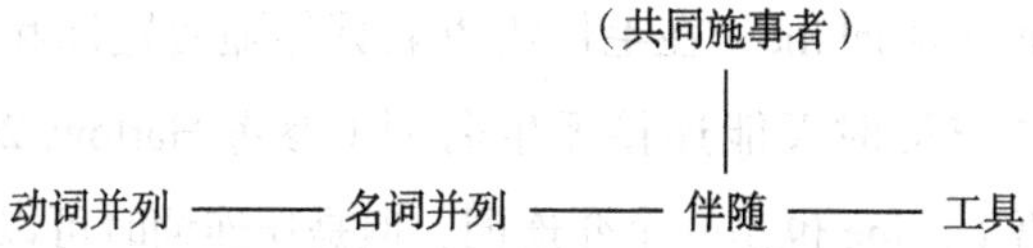


**图 3　潘秋平、王毓淑（2011）的语义地图（选段）**

潘秋平、王毓淑（2011）的语义地图较前人优胜之处，在于区分动词并列和名词并列。图 3 反映出并列连词中，名词并列与伴随的关系最为密切。因此，如果某语言某成分兼具动词并列和伴随功能，那么就一定兼具名词并列功能（例如汉语“和、跟”）。但是，如果某成分只有名词并列和伴随功能，则不一定兼有动词并列的功能（例如广东罗定粤语的 /na$^{55}$/，参考陈健荣，2018：55）。

将［并列］节点细分为［动词并列］和［名词并列］固然有可取之处，但是也有学者将［名词并列］进一步细分为［有生（名词）并列］与［无生（名词）并列］。陈健荣（2018）和 Chan（2020，2025）的跨语言调查中，就发现伴随标记可以透过两种途径虚化为并列标记：（一）如果介词短语与主语相邻，伴随标记就很可能先虚化为［有生并列］标记，其后才进一步虚化，能够连接所有名词。汉语方言的大部分介连词皆是如此，例如陈健荣（2018）发现罗定、封开、郁南三处粤语的介连词 /na$^{55}$/ 的多功能现象不完全一致。虽然都可作伴随介词（仅引介共同施事者），但是罗定的 /na$^{55}$/ 作连词时只能连接有生名词。封开的 /na$^{55}$/ 只能连接名词（不受有生度限制），不能连接动词。而郁南的 /na$^{55}$/ 则可连接所有名词和动词。从而构拟出 /na$^{55}$/ 的语法化路径［伴随介词（引介共同施事者）> 有生并列 > 无生并列 > 动词并列］。（二）如果介词短语与直接宾语相邻，伴随标记就很可能先虚化为［无生并列］标记，其后才进一步虚化，能够连接所有名词。例如大洋洲语言的介连词 me，在毛伊语里兼具伴随后置词和并列连词的功能，作连词时仅能连接无生名词（参考 Harlow, 2007）。在 Nêlêmwa 语里，me 也是一个介连词，但是作连词时可以连接无生名词和有生名词（专有名词除外）（参考 Bril, 2004）。Iaai 语的 me 作连词时能连接所有名词，对有生度没有限制（参考 Moyse-Faurie & Lynch, 2004）。不过值得注意的是，虽然毛伊语和 Iaai 语的 me

作连词时可以引介共同施/受事者，但是 Nêlêmwa 语的 me 则仅能引介共同受事者。因此，大洋洲语言的介连词 me 的语法化路径可以构拟为［伴随介词（引介共同受事者）> 无生并列 > 有生并列］。

既然［有生并列］与［无生并列］对语法化研究有着重要意义，我们也应考虑将［有/无生并列］节点引入语义地图中。由于目前的语言地图研究尚未作此考虑，名词并列有无需要进一步细分，细分后［有/无生并列］节点与周边的节点应该如何系联？这些问题都有待解答。

## 2　伴随–并列演化圈

本文主张将传统［伴随–并列］的单线链条修改为伴随–并列演化圈，见图 4：

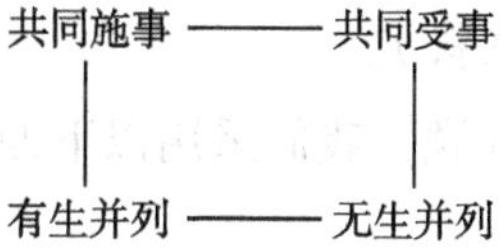


**图 4　伴随–并列演化圈**

具体而言：我们把传统语义地图的［伴随］节点分为［共同施事］与［共同受事］两个节点，又将［名词并列］节点分为［有生并列］与［无生并列］两个节点。在修改的语义地图中，此四项节点形成回路。

所谓［共同施事］，就是指该语言形式引介共同施事者，与主语/施事者均为谓语事件的施事者。［共同受事］，就是指该语言形式引介共同受事者，与直接宾语/受事者均为谓语事件的受事者。在句法上，两者同属伴随介词，与宾语组成介词短语。至于［有生并列］和［无生并列］，就是指该语言形式充当并列连词，前者仅能连接有生名词，后者仅能连接无生名词。

我们观察到一些语言的［共同施事］与［有生并列］难以区分（例如汉语），也有一些语言的［共同受事］与［无生并列］难以区分（例如印度 Telugu 语（笔者调查））：

（3）张三跟李四到上海去。

（4）Naaku [paalu-tho] coffee kaavaly.（我要加了牛奶的咖啡。/ 我要牛奶和咖啡。）

例句（3）反映汉语的虚词"跟"在一些情况下既可分析为伴随介词（张三和李四一起到上海去），亦可分析为有生并列连词（张三和李四都分别到上海去）。例句（4）乃印度 Telugu 语的例子，虚词 tho 在一些情况下既可分析为伴随后置词（我要加了牛奶的咖啡，只有一杯饮料），又可分析为无生并列连词（我要牛奶和咖啡，一共两杯饮料）。

为了避免以上的问题，我们采用以下四个测试句 ① 来判断某语言的某形式的功能：

（5）John did not drink coffee with Peter. / 张三没有跟李四一起喝咖啡。

（6）John drinks coffee with milk. / 张三喝牛奶咖啡。（只有一杯饮料）

（7）John and Peter are tired. / 张三和李四都累了。

（8）John likes coffee and milk. / 张三喜欢咖啡和牛奶。（一共两种饮料）

以上四个测试句分别用以判定某形式是否具有［共同施事］、［共同受事］、［有生并列］、［无生并列］四项功能。（5）中采用否定句，以便与［有生并列］区分。因为［共同施事］句中，两个施事者的真值可以不同（例如（5）中张三不喝咖啡，但李四喝咖啡[②]），但［有生并列］则不可以。在田野调查中，我们邀请发音人明确交代（6）和（8）中张三喝的/喜欢的是一杯饮料还是两杯饮料，如果只是一杯饮料，则该形式为［共同受事］，两杯则是［无生并列］。另外，［有生并列］的测试方面，句（7）也是刻意选用形容词谓语句，这样在语义上就能排除该形式被理解为［共同施事］的可能了。除了以上的测试句外，我们也利用并列结构限制（Coordinate Structure Constraint，参考 Ross, 1967；杨萌萌、胡建华，2018 等），将［伴随］与［并列］功能区分开来。

以香港粤语"孖"/ma$^{55}$/为例：

（9）张三唔孖李四一齐饮咖啡。（张三不跟李四一起喝咖啡。）

（10）*张三孖牛奶饮咖啡。/

*张三饮咖啡孖牛奶。（张三喝加了牛奶的咖啡。）

（11）*张三孖李四都攰喇。（张三和李四都累了。）

（12）*张三中意咖啡孖牛奶。（张三喜欢咖啡和牛奶。）

由于（9）合法而（10、11、12）不可说，可见"孖"具有伴随介词的功能，仅可引介共同施事者。但不具有并列连词的功能，也不能作介词引介共同受事者。此外，由于（9）中主语"张三"和介词短语"孖李四"被否定词"唔"隔开，违反并列结构限制，从句法上也能证明"孖"是介词而非连词。

又以老挝语（笔者调查）为例：

（13）a. khony　mak　sa　kab　mak nav.

　　我　喜欢　茶　跟　柠檬

‘我喜欢加了柠檬的茶。/我喜欢茶，也喜欢柠檬。’

b. kab　mak nav,　khony　mak　sa.

跟　柠檬　　我　　喜欢　茶

‘我喜欢加了柠檬的茶。/*我喜欢茶，也喜欢柠檬。’

老挝语 kab 作伴随介词时，与宾语 mak nav ‘柠檬’ 结合为介宾短语，既可与直接宾语相邻（13a），也可以前移至句首（13b），句子的意思是“我喜欢加了柠檬的茶”。而 kab 作连词时，句子的意思就是“我喜欢茶，也喜欢柠檬”。Kab 必须与并列项 sa ‘茶’ 和 mak nav ‘柠檬’ 相邻，不能违反并列结构限制。因此（13b）不能表“我喜欢茶，也喜欢柠檬”义。

## 3　调查与资料分析

为证实伴随–并列演化圈具有跨语言普遍性，而非偶发现象或区域特征，我们力求搜集来自不同语系、不同地域的语言材料。本文优先依据田野调查中获得的一手材料，但亦引用了一些参考文献（例如介连词研究文章、参考语法书、语言教材等）。这些文献仅属辅助性质，只能说明某语言具备某功能，不能断定不具备某功能（除非明确交代）。

我们于 2015 至 2018 年进行大规模的田野调查，在 214 个汉语方言点，以及 40 个非汉语语言点采集一手语料。又搜集 254 个汉语方言点，以及 102 个非汉语语言点的参考文献。调查范围包含但不限于六大语系③（亚非语系、南岛语系、印欧语系、尼日尔–刚果语系、汉藏语系、跨新几内亚语系）中有代表性的语言。搜集介连词形式共 1415 个。

由于我们采用张敏（2015：23）提出的“自下而上”（Bottom-up）模式，先从汉语方言入手，“逐步扩展到一片、一区的方言乃至全国的方言”，其后将汉藏语以及世界其他语言纳入考察的范围，因此汉语方言调查点相对较多。这样的做法有两个好处：（一）先从我们熟悉的母语入手，其后再引入非汉语的数据作验证，所得的蕴涵性的规律会比较准确。（二）西方类型学家多视汉语（以及其方言）为相对同质的系统（例如：WALS 的跨语言数据库仅收入汉语、粤语、吴语等 10 个点），其实汉语内部的情况颇为复杂，本文使用“自下而上”模式，正好可以利用丰富的汉语语料，填补前人研究的空缺。

表 1 列出各语言 / 方言介连词的多功能情况④：

**表 1　各语言 / 方言⑤介连词的多功能情况**

| | 共同施事 | 共同受事 | 有生并列 | 无生并列 |
|---|---|---|---|---|
| 南岛语系：Loniu 语（ma）（Hamel, 1985）、Balantak 语（tia）（van den Berg & Busenitz, 2012）、Toqabaqita 语（bia/bii）（Bril, 2011）<br>壮侗语系：泰语（Læa）、老挝语（kab）<br>突厥语系：乌兹别克语（bilan）（Azimova, 2010）、维吾尔语（bilen）<br>印欧语系：Sindhi 语（kaghad）、Sinhala 语（saha/har）（Siriwardena, 2001）、Sadri 语（ao）<br>南亚语系：Khadia 语（ro）<br>汉藏语系：龙山土家语（$ta^{51}$ $xa^{0}$）、<br>缅甸语（nɛ′）（Jenny and Hnin Tun, 2016）、林布语（nu）（van Driem, 1987）、 | + | + | + | + |

（续表）

| | 共同施事 | 共同受事 | 有生并列 | 无生并列 |
|---|---|---|---|---|
| 欧托－曼格语系：Ocotepec Mixtec 语（xǘn）（Alexander, 1988）、Jamiltepec Mixtec 语（chīhín）（Johnson, 1988）<br>尼日尔－刚果语系：Shona 语（na′、ne′、no′）（Brauner, 1995）、Wolof 语（ag）（Ka, 2001）<br>Cochimí-Yuman 语系：Walapai 语（-m）（Givon, 2001）<br>亚非语系：埃及语（MN）（Reintges, 2004）、豪萨语（dà）（Smirnova, 1982）<br>犹他－阿兹特克语系：Nahuatl 语（wan）<br>其他：日语（to）、海地克里奥尔语（avèk / ak）、Sranan 克里奥尔语（naaga/nanga）（Sebba, 1987）、Saramaccan 克里奥尔语（ku）（McWhorter & Good, 2012） | | | | |
| 跨新几内亚语系：印度尼西亚 Bahasa 语（dengan）<br>尼日尔－刚果语系：Bikele 语（baane）、Babungo 语（ghɔ）（Schaub, 1985） | + | + | + | － |
| 印欧语系：英语（with）、德语（mit）、法语（avec）、丹麦语（med）、意大利语、西班牙语（con）、葡萄牙语（com）、Hrvatski（Croatian）语（sa）、Chennai 印地语（ke-saath）、伊朗 Farsi 语（ba）<br>汉藏语系：香港粤语（跟）<br>乌拉尔语系：匈牙利语（vel）<br>南岛语系：马来语（dengan）、Num ee 语（ngê）（Bril, 2011）<br>达罗毗荼语系：Telugu 语（to）、塔米尔语（utan）<br>其他：海地克里奥尔语（ak） | + | + | － | － |

（续表）

| | 共同施事 | 共同受事 | 有生并列 | 无生并列 |
|---|---|---|---|---|
| 汉藏语系：湖南吉首（ȵia⁵⁵）、湖南常德安乡（两个）、香港粤语（孖）<br>壮侗语系：老挝语（noa）<br>印欧语系：Chennai 印地语（se） | + | − | − | − |
| 汉藏语系：江苏常熟（搭仔）、甘肃庆阳、兰州皋兰（和）<br>南岛语系：Nêlêmwa 语（xa）（Bril, 2011）<br>其他：海地克里奥尔语（epi） | − | − | − | + |
| 尼日尔-刚果语系：Swahili 语（kwa）<br>印欧语系：Farsi 语（hmrah）<br>汉藏语系：湖南常德、黄冈、甘肃会宁等（配） | − | + | − | − |
| 达罗毗荼语系：塔米尔语（um）<br>汉藏语系：湖南岳阳（拉葛）、贵州毕节（和） | − | − | + | − |
| 印欧语系：英语（and）、法语（et）、德语（und）、葡萄牙语（e）、西班牙语（y）、丹麦语（og）、意大利语（e）、Hrvatski（Croatian）语（i）、Chennai 印地语（aur）、伊朗 Farsi 语（wa）<br>汉藏语系：梅州兴宁客语（$taʔ^2$ $kaʔ^3$）、吴语绍兴（嘞）、苏州（搭仔）、云南玉溪（挨、搭）、甘肃会宁、定西（和）、安徽宿州、宁国（和）、江西南昌（同）、江西赣州（捞）、<br>广东阳江粤语（共）<br>南岛语系：Tagalog 语（at）、马来语（dan）、宿雾语（og）<br>达罗毗荼语系：Telugu 语（Mariyu）、塔米尔语（matum）<br>突厥语系：维吾尔语（hem / we） | − | − | + | + |

（续表）

| | 共同施事 | 共同受事 | 有生并列 | 无生并列 |
|---|---|---|---|---|
| 乌拉尔语系：匈牙利语（ès）<br>其他：日语（mo） | | | | |
| 南岛语系：Nêlêmwa 语（me）（Bril, 2004）<br>南亚语系：越南语（và）<br>壮侗语系：老挝语（lae）<br>尼日尔–刚果语系：Bikele 语（nə） | − | + | + | + |
| 汉藏语系：汉语以及大部分汉语方言（跟、和）、缅甸 Chin 语（net）<br>尼日尔–刚果语系：Swahili 语（na）<br>其他：韩语（hago、（g）wa） | + | − | + | + |
| 汉藏语系：甘肃陇南、荆州西南官话（两个）、封开罗董（na[55]）、连州星子（tɐŋ[31] tsha[35]）、上海海门（thəʔ[44] dəʔ[22]）、云南昆明（挨的）<br>南岛语系：Takia 语（da）（Bril, 2011；Ross, 2004）<br>其他：韩语（ilang） | + | − | + | − |
| 南岛语系：毛伊语（me）、Mwotlap 语（mi）（Moyse-Faurie & Lynch, 2004）<br>达罗毗荼语系：Telugu 语（tho）<br>南亚语系：越南语（cùng/với/cùng với）<br>壮侗语系：南邦府泰语（kab） | + | + | − | + |
| Chapacuran 语系：Wari 语（pain）（Everett & Kern, 1997）<br>南岛语系：排湾语（katua）（Tang, 2011）、Falan-gaw 南部阿眉语（atu）（曾思奇，1991） | − | + | − | + |
| 未找到 | + | − | − | + |
| 未找到 | − | + | + | − |

# 4 伴随–并列演化圈带来的贡献

## 4.1 强预测力

在我们的语言库中，并未发现只兼具［共同受事］与［有生并列］的情况，亦并未发现只兼具［共同施事］和［无生并列］的情况。换言之，在伴随–并列演化圈中，并不存在对角相连（见图 5 虚线部分）的现象：

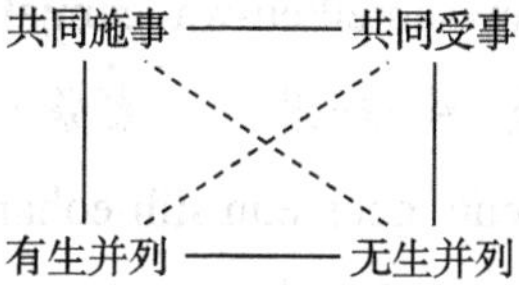


**图 5 伴随–并列演化圈关系图**

准此，我们可以得出两条具有普适性、无例外的规律：

（一）只要某形式同时具有［共同施事］与［无生并列］的功能，就必然兼具［有生并列］或者［共同受事］的功能（因为从左上到右下的连接并不存在）；

（二）如果某形式同时具有［共同受事］与［有生并列］的功能，就必然兼具［无生并列］或者［共同施事］的功能（因为从右上到左下的连接并不存在）。

## 4.2 共同施事型语言与共同受事型语言

确立伴随–并列演化圈后，我们还可以进一步探讨伴随介词是如何衍生出并列连词功能的。

伴随–并列演化圈的四个连接中，横向连接（共同施事 ←→ 共同受事 / 有生并列 ←→ 无生并列）并非语法化，而是单纯的类推过程，因此演变方向是双向的。一个语言形式可以从［共同施事］的功能发展出［共同受事］的功能，反之亦然。同理，一个仅能连接有生名词的并列连词，也可以演变成能够连接无生名词的连词，反之亦然。

例如韩语 gwa/wa 虽然不具备共同受事的功能，但是较为年轻的发音人（20—30 岁）会认为以下句子合法，得出“我不喜欢吃‘牛排配薯条’这一道菜”的解读，此句也可理解为“既不喜欢吃牛排，亦不喜欢吃薯条”：

（14）Na-neun seuteikeu-wa gamjatwigim-eul hamkke
我–主格 牛排–跟 薯条–宾格 一起
meogneun geos-eun silh-eohanda.
吃 不喜欢
‘我不喜欢吃［牛排配薯条］。/ 我不喜欢吃牛排，也不喜欢吃薯条。’

而较为年长的发音人（60+）则只认为此句的“牛排”和“薯条”是两道不同的菜。可见韩语的 gwa/wa 正在衍生出［共同受事］的功能。虽然 gwa/wa 兼具［有生并列］、［无生并列］和［共同施事］三种功能，我们认为 gwa/wa 的［共同受事］功能是从［共同施事］直接演化而来的。理由是：（一）根据语法化单向性原则，并列连词不容易逆向演化为伴随介词；（二）根据我们的数据库，并未找到只具有［有生并列］和［共同受事］的情况；（三）目前我们只找到从［共同受事］虚化为［无生并列］的情况，尚未找到逆向演化的语言。

韩语的例子属于［共同施事 > 共同受事］，不过反向演化［共同受事 > 共同施事］也是有可能的。我们虽然尚未找到直接证据，但是在同属壮侗语系且有地域接触关系的泰语和老挝语中发现一些线索。泰语的介连词 læ 兼有演化圈中四项功能，但是老挝语的 læ 则缺乏［共同施事］的功能。由于并列连词不易发展出伴随介词的功能，我们就可以推断：læ 经历了［共同受事 > 共同施事］的演化路径。

从［有生并列］到［无生并列］，前人多有讨论。由于篇幅有限，本文只举一例：陈健荣（2020）发现湖北、湖南、甘肃、青海地区介连词“两个/俩”的多功能现象存在方言差异，见表2：

**表 2　汉语方言介连词“两个/俩”的功能矩阵**

| | 共同施事 | 有生并列 | 无生并列 |
|---|---|---|---|
| 湖南（华容、安乡） | + | – | – |
| 湖北（荆州）、青海（西宁）、湖南（吉首、古丈） | + | + | – |
| 湖北（应城、恩施咸丰、天门、岳口）、湖南（岳阳、三合、常德汉寿）、青海（西宁）、甘肃（武都、定西） | + | + | + |

由此可见：“两个/俩”从［共同施事］开始虚化，先获得［有生并列］功能，其后再获得［无生并列］功能。

不仅［有生并列］可以发展出［无生并列］，反向演化亦可：例如江苏常熟方言“搭仔”只能连接无生名词，且多为宾语。如果连接有生名词的并列结构是句子的宾语，或者连接无生名词的并列结构是句子的主语，则仅仅勉强可以接受。而在主语位置连接有生名词则完全不可接受。但是苏州方言的“搭仔”则可连接所有名词。注意两处的“搭仔”都不作共同施事/共同受事。换言之，一个语言形式可以从［无生并列］演化出［有生并列］的功能。

但是，纵向连接则是单向的，根据语法化单向性原则，演变的方向多是从实到虚的（尽管有少数例外，参考吴福祥，2017）。在伴随-并列演化圈中，总是从介词（共同施事或共同受事）虚化为并列连词（有生/无生并列）。具体来说，世界语言的伴随介词有两种路径可以虚化为并列连词：

第一种路径：从伴随介词（共同施事）虚化为［有生并列］，其后进一步获得［无生并列］的功能（本文称这类语言为"共同施事型语言"，参考下图实线箭头）。

第二种路径：从伴随介词（共同受事）虚化为无生并列，其后进一步获得有生并列的功能（本文称这类语言为"共同受事型语言"，参考图6虚线箭头）。

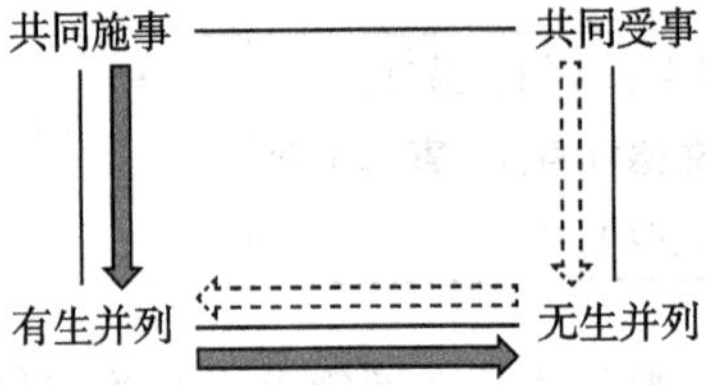


**图6　伴随-并列演化圈与介连词语法化路径**

共同施事型语言与共同受事型语言属于With-语言的次类。在我们调查到的166种With-语言中，共同施事型语言有96种，共同受事型语言共有54种。[⑥] 本文的调查有以下几个亮点：（一）Stassen（2000）等确立的With-语言仅103种，我们在前人数据库的基础上进行了扩充，并且引入了汉语方言的语料。（二）本文首次提出将With-语言分为两个次类，两类语言约占半数，且遍布多个语系、多个地域，两类语言均有类型学研究价值。（三）我们首次对［伴随介词 > 并列连词］的语法化机制提出修正，特别是共同受事型语言的虚化路径，更是前人所忽略的。（四）我们更发现，With- 语言的分类与典型语序有关：如果介宾短语与主语相邻，该语言就很可能属于共同施事型语言；如果介宾短语与直接宾语相邻，该语言就很可能属于共同受事型语言。[⑦] 目前此规律尚未找到确切反例。

共同施事型语言的例子有：[⑧]

南岛语系：Acehnese 语（Stassen, 2008）、萨摩亚语（Moyse-Faurie & Lynch, 2004）、赛德克语（张永利，2000）、Katripul Puyuma 语（Teng, 2011）、Saisiyat 语（Zeitoun et al, 2011）、Nanwang Puyuma 语（Tang, 2011）、Niucan 语（Lichtenberk, 2000）。

跨新几内亚语系：Bahasa 语（笔者调查）、Amele 语（Stirling, 1993；Roberts, 1988）。

尼日尔-刚果语系：Akan 语（Amfo, 2010）、Babungo 语（Schaub, 1985）、Ewe 语（Lord, 1989）、Bikele 语（笔者调查）。

犹他-阿兹特克语系：Chemehuevi 语（Press, 1979）、Nahuatl 语（笔者调查）。

通古斯语系：Even 语（Malchukov, 1995）。

阿拉瓦克语系：Goajiro 语（Álvarez, 2005）。

Je-Tupi-Carib 语系：Kaingang 语（Stassen, 2008）、Hixkaryana 语（Derbyshire, 1985）。

汉藏语系：傈僳语（中国科学院，1959）、汉语及汉语方言（笔者调查）、纳苏语（高华年，1958）、玛曲藏语（周毛草，2003）、Lushai 语（王志敬，1994）、梁河阿昌语（时建，

2009）、湘西矮寨苗语（余金枝，2011）、畲语（毛宗武、蒙朝吉，1986；游文良，2002）、吉卫、阳孟苗语（杨再彪，2004）、邦多拉祜语（李春风，2014）、巴哼语（毛宗武、李云兵，1997）、广东连南油岭八排瑶语（巢宗祺，1990）、白语（云南省地方志编纂委员会，1989）、怒语（云南省地方志编纂委员会，1989）、东干语（林涛，2007）。

南亚语系：德昂语（陈相木等，1986）、昆格语（蒋光友、时建，2016）。

玛雅语系：Tzotzil 语（Palancar, 2012）、K'ichee' 语（Palancar, 2012）。

印欧语系：Chilean 西班牙语（Palancar, 2012）、波兰语（笔者调查）、俄罗斯语（笔者调查）、Slovene 语（Priestly, 1993）、捷克语（Short, 1993a）、Slovak 语（Short, 1993b）、Sorbian 语（Stone, 1993）、乌克兰语（笔者调查）、Sindhi 语（笔者调查）。

壮侗语系：泰语（笔者调查）、居都仡佬语（康忠德，2011）、燕齐壮语（韦景云等，2011）、布依语（云南省地方志编纂委员会，1989）、临高语（刘剑三，2009）。

Macro-Chibchan 语系：Miskito 语（Stassen, 2008）。

亚非语系：Margi 语（Palancar, 2012）。

图皮语系：Urubú-Kaapor 语（Derbyshire & Pullum, 1986）。

突厥语系：Yakut 语（Stassen, 2008）。

Siouan 语系：Assiniboine 语（Stassen, 2008）。

其他：Haida 语（Stassen, 2008）、Kol 语（Henson, 2007）。

由于汉语的伴随格介宾短语与主语相邻，汉语及其方言属于共同施事型语言。根据我们的调查，一些汉语方言的介连词连接名词时，对名词的有生度有限制，往往只能连接有生度高的名词。例如：秦陇片西峰的“连”、湖北荆州的“两个”、甘肃会宁的“跟”、湖南岳阳的“啦葛”、江西南昌的“同到”、云南昆明的“搭的、挨的”、广东云浮罗定的/na[55]/、恩平大槐的“捞”等。暂时尚未找到一个倾向连接有生度低的并列连词。值得一提的是：虽然上海吴语的“搭子”和“嘞”倾向连接有生度低的名词，但是“搭子”和“嘞”并不具备伴随介词的功能，因此很可能是从其他机制衍生的（参考 Chan, 2020），并非本文论点的反例。

共同受事型语言的例子如下：

克丘亚语系：Imbabura 克丘亚语（Cole, 1982）

汉藏语系：龙山土家语（笔者调查）、缅甸语（Jenny and Hnin Tu, 2016）、林布语（van Driem, 1987）、仙岛语（戴庆厦等，2005）、双柏/凉山彝语（丁椿寿，1991；小门典夫，2006）、阿坝藏族羌语（孙宏开，1981；黄布凡、周发成，2006）、扎巴语（龚群虎，2007）、仓洛门巴语（张济川，1986）。

欧托-曼格语系：Chatino 语（Sierra Occidental）（Pride, 1965）、Penoles Mixtec 语（Stassen, 2008）、Pipil 语（Campbell, 1985）、Jamiltepec Mixtec 语（Johnson, 1988）、Ocotepec Mixtec 语（Alexander, 1988）、Silacayoapan Mixtec 语（Shields, 1988）。

南岛语系：Bouman 斐济语（Dixon, 1988）、Banggai 语（van den Berg & Busenitz, 2012）、Batak 语（Karo）（Woollams, 1996）、

Chamorro 语（Topping, 1973）、Loniu 语（Hamel, 1985）、毛伊语（Harlow, 2007）、Manam 语（Lichtenberk, 1983）、Palauan 语（Josephs, 1990）、Rotuman 语（Moyse-Faurie & Lynch, 2004）、Nêlêmwa 语（Bril, 2011）、Toradja 语（Stassen, 2008）、Lamaholot 语（Nagaya, 2011）、Toqabaqita 语（Bril, 2004）、Nyelâyu 语（Bril, 2004）、Zuanga 语（Bril, 2011）。

亚非语系：Coptic 语（Reintges, 2004）、Berber 语（Stassen, 2008）、Khasi 语（Rabel, 1961）。

尼罗-撒哈拉语系：Bari 语（Cohen, 2000）、Dinka 语（Blench, 2005）、Turkana 语（Dimmendaal, 1983）。

Je-Tupi-Carib 语系：Carib 语（Courtz, 2008）、Canela-Krahô 语（Popjes，Jack & Popjes, 1986）。

尼日尔-刚果语系：CiLuba 语（Kabuta, 2003）、Luganda 语（Givon, 2001）、Moore 语（Faso, 2006）、Sango 语（Stassen, 2008）、Shona 语（Brauner, 1995）、Swahili 语（笔者调查）、Wolof 语（Ka, 2001）、Zulu 语（Mbeje, 2005）。

达罗毗荼语系：Telugu 语（笔者调查）。

玛雅语系：Jakaltek 语（Craig, 1977）、Tzutujil 语（Dayley, 1985）。

纳-德内语系：纳瓦霍语（Perkins, 1978）。

南亚语系：Sedang 语（Smith, 1979）、云南沧源佤族语（云南省地方志编纂委员会，1989）、越南语（笔者调查）、Khadia 语（笔者调查）、高棉语（Smyth & Tran, 1995）。

突厥语系：维吾尔语（笔者调查）、乌兹别克语（Stassen, 2008）。

印欧语系：Sadri 语（笔者调查）、Sinhala 语（Siriwardena, 2001）。

壮侗语系：布央语（李锦芳，1999）、老挝语（笔者调查）。

其他：海地克里奥尔语（笔者调查）、Sranan 克里奥尔语（Sebba, 1987）、Walapai 语（Givon, 2001）、Kriyol 语（Kihm, 1994；Hassamal, 2016）、韩语（笔者调查）。

以越南语为例。越南语有两类介连词，第一类（包括 cùng、cùng với 以及 với）兼有［共同施事、共同受事、无生并列（仅限宾语位置）］。第二类介连词（và）兼有［共同受事、无生并列、有生并列（主宾语均可）］，见表 3。

（15）Tôi sống cùng / cùng với / với / *và Mary.
我 住 和 玛莉
'我和玛莉一起住。'

（16）John *cùng / *cùng với / *với / và Peter như nhau.
约翰 和 彼得 一样
'约翰和彼得一样。'

（17）Peter có 3 anh-em trai *cùng / *cùng với / *với / và
彼得 有 三个兄弟 和
2chị-em gái.
两个姐妹
'彼得有三个兄弟和两个姐妹。'

（18）Tôi thích cà phê cùng / cùng với / với / và sữa.
我 喜欢 咖啡 和 牛奶
'我喜欢咖啡和牛奶。/ 我喜欢加了牛奶的咖啡。'

（19）Nho *cùng / *cùng với / *với / và táo đều có
葡萄 和 苹果 都是
giá 22 đôla.
价值 22 块钱
‘葡萄和苹果都是 22 块钱。’

**表 3 越南语介连词功能矩阵**

| | 共同施事 | 共同受事 | 无生名词并列 | 有生名词并列 | 动词并列 / 形容词并列 | 句子并列 |
|---|---|---|---|---|---|---|
| cùng（với） | + | + | +（宾语）<br>+/−（主语） | − | − | − |
| với | + | + | +（宾语）<br>+/−（主语） | − | +/− | − |
| và | − | + | + | + | + | + |

按照传统看法，世界语言只能从［共同施事］直接虚化为［有生并列］，就很难解释为何越南语的第二类介连词可以虚化为并列连词。也无法解释为何越南语中，第一类介连词组成的无生并列结构只能充当宾语。引入本文提倡的共同施事 / 受事二分论，这一切都能得到解释：由于越南语的典型语序为 SVO[PO]，介词短语与直接宾语（而非主语）相邻，因此引介共同受事者的伴随介词较容易被重新分析为并列连词。相比之下：如果伴随介词引介的是共同施事者，由于介词短语不与主语相邻，因此难以被重新分析为并列连词。从语序来看，虚化发生的位置正好就在宾语位置，所以第一类介连词倾向连接无生名词，形成的并列结构倾向为宾语。第二类介连词的虚化程度较深，因此消除了对名词有生度以及主宾语的限制，甚至可以连接动词。

又以毛伊语为例：由于毛伊语的典型语序为VSO[PO]，介宾短语与直接宾语相邻，毛伊语属于共同受事型语言。根据Bauer（2001：127），毛伊语的介连词me主要用于连接无生名词。但是年轻的母语者开始采用me连接有生名词。诸如（20）的句子，年轻人会说，但是年长的母语者会视为不合语法。

（20）Moohio tonu te taakuta me ngaa neehi,
知道 确切 定冠-医生 和 复数-护士
kaaore ia e ora.
不 他 康复
'医生和护士们确切知道，他不会康复了。'

4.3 与［动词并列］的关系

在确立了伴随–并列演化圈后，我们还需要研究演化圈与其他已有节点应该如何连接。由于本文篇幅有限，我们在此只举一例。潘秋平、王毓淑（2011）的语义地图将［名词并列］与［动词并列］连接起来，而我们则发现：［动词并列］只与［无生并列］直接相邻，不能直接跟［有生并列］联系起来。参考图7：

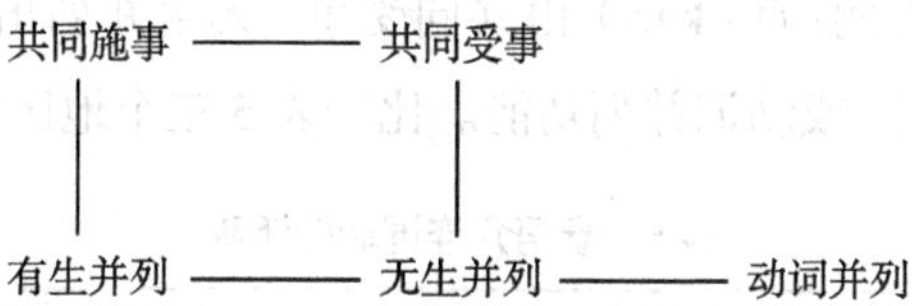


图7 伴随–并列演化圈与动词并列的连接图

可见：（一）如果某语言的某形式兼具［有生并列］与［动词并列］功能，我们就能预测该形式必然兼具［无生动词］功能。（二）某语言的某形式可以只兼备［无生并列］和［动词并列］功能，无需兼具［有生并列］功能（例如越南语）。（三）前人（例如 Payne, 1985）认为［名词并列］可以衍生出［动词并列］功能，而我们则发现只有［无生并列］才可以演化为［动词并列］，［有生并列］不能直接演化出［动词并列］的功能，见表 4。⑨

**表 4　有生名词 / 无生名词 / 动词并列功能矩阵**

| | 有生名词并列 | 无生名词并列 | 动词并列 |
|---|---|---|---|
| 越南语（và）<br>泰卢固语（mariyu）<br>印度尼西亚语（dan）<br>斯瓦希里语（na）<br>印地语（aur）<br>伊朗语（wa） | + | + | + |
| 甘肃庆阳官话（和）<br>海地克里奥尔语（epi）<br>常熟吴语（搭仔） | − | + | + |
| 老挝语（kab）<br>龙山土家语（nie）<br>韩语（gwa/wa） | + | + | − |
| 未找到 | + | − | + |

以泰语为例：กับ（kab）由共同受事 / 无生并列出发，演化出有生并列，与 / 或动词并列功能。比较表 5 三个地区的泰语：

**表 5　泰语介连词功能矩阵**

| | 共同施 / 受事 | 无生并列 | 有生并列 | 动词 / 句子并列 |
|---|---|---|---|---|
| 南邦府 | + | + | − | + |
| 安纳乍伦府 | + | + | + | − |
| 曼谷 | + | + | + | + |

假设三地的 kab 同源，我们可以推断 kab 的连词功能是从［共同受事］（而非［共同施事］）的功能虚化而来的。理由为：

（一）泰语的典型语序为 SVO［PO］，kab 引介共同施事者的时候，介词短语不与主语相邻，而是与直接宾语相邻。根据陈健荣（2018）的语序共性，kab 要从介词虚化为连词，就要从共同受事功能出发，虚化为并列连词时倾向连接无生名词。（二）如果 kab 是从［共同施事］功能出现虚化，按照伴随-并列演化圈，kab 充当连词时应倾向连接有生名词。可是南邦府泰语 kab 仅能连接无生名词，不能连接有生名词。

确定泰语 kab 的演化路径为［共同受事 > 无生并列］后，我们还可以观察到三地的介连词 kab 有着不同的后续发展：南邦府的 kab 进一步演化出［动词 / 句子并列］功能；安纳乍伦府的 kab 则往另一方向演变，获得［有生并列］的功能；曼谷的 kab 同时沿着两个方向演变，既能连接有生名词，又能连接动词 / 句子。

又以越南语为例。并列连词 với 仅能连接无生名词，无［有生并列］功能。但年轻母语者开始接受［动词 / 形容词并列］功能：

（21）?Peter　mang　mắt kính　với　mặc　áo khoát　đen.
彼得　戴　眼镜　和　穿　外套　黑色
‘彼得戴着眼镜，穿着黑色外套。’

（22）?Peter　thì　cao　với　gầy.
彼得　是　高　和　瘦
‘彼得又高又瘦。’

与越南语 với 相似，毛伊语介连词 me 虽然只能连接无生名词，但是 Harlow（2007：160）发现年轻人开始接受 me 连接动词的用法。年长的母语者会认为下句不合语法，但是年轻人则认为是合法的：

（23）?Ka　kata　rātou　me　ka　ūmere.
　　过去时　笑　他们　和　过去时　叫
　　'他们又笑又叫。'

泰语、越南语、毛伊语等例子反映了［动词并列］与［无生并列］有着密切关系。一个语言形式即使具备［有生并列］的功能，如果不能连接无生名词，就难以获得［动词并列］功能。

## 5　余论

本文透过跨语言研究，将语义地图中［伴随］和［并列］两个节点扩展为［共同施事］、［共同受事］、［有生并列］、［无生并列］四个节点，所组成的语义脉络就是我们所提出的伴随–并列演化圈。并进一步提出世界语言从伴随介词虚化为并列连词的两大途径：［共同施事 > 有生并列 > 无生并列］以及［共同受事 > 无生并列 > 有生并列］。前者见于共同施事型语言，其介宾短语往往与主语相邻；后者见于共同受事型语言，其介宾短语往往与直接宾语相邻。此外，我们亦发现［有生并列］必须先演化为［无生并列］，其后方可衍生出［动词并列］的功能。事实上，更有一些语言经历了［无生并列 > 动词并列］的演变，但始终不能连接［有生名词］。

我们在回顾前人文献时，发现大部分语法调查均未报道［共同受事］的功能，因此调查难度甚大。希望可以通过本文，提升学界对此节点的关注。另外，诸如工具格、领属格等节点，都与伴随者功能直接相连（参考 Zhang, 2016 等）。引入伴随–并列演化圈后，［共同施事 / 受事］应该如何与这些旁格节点联系起来呢？有待进一步的调查。

最后还需要补充两点：首先，本文虽然将［名词并列］的功能二分为［有生并列］和［无生并列］，然而，从无生到有生其实是一个渐变的序列。以南岛语系的 me 为例，见表 6：按照本文的分类，南岛语大部分语言均属于共同受事型语言，其介连词 me 都经历着［无生并列 > 有生并列］的演变过程。如果从连接项的有生度来看，毛伊语的 me 只能连接有生度低的名词；Iaai 语的 me 则对有生度完全没有限制；而 Nêlêmwa 语的 me 则可连接所有无生名词，以及非专有名词的有生名词。又如江苏常熟（笔者调查）介连词"搭子"只作并列连词，无伴随介词功能。作连词时多连接动宾、无生宾语。其次是无生主语和有生宾语。有生主语仅能勉强接受，但是如果连接项中包含第一人称代词"我"，则完全不能接受（注意第一人称代词的有生度是最高的）。从南岛语系和江苏常熟方言的介连词使用限制来看，将来的研究有需要将［有生并列 / 无生并列］两个节点进一步细分，方能确切掌握语言演变的过程。

**表 6　南岛语系介连词 me 的功能矩阵**

| | 有生并列（代词、专有名词） | 有生并列（其他有生名词） | 无生并列 | 共同受事 | 共同施事 |
|---|---|---|---|---|---|
| 毛伊语（Harlow, 2007） | – | – | + | + | + |
| Nêlêmwa 语（Bril, 2004） | – | + | + | + | – |
| Iaai 语（Moyse-Faurie & Lynch, 2004） | + | + | + | + | + |

另外，我们也注意到有少部分语言兼有共同施事型与共同受事型特征。例如陈健荣、向华武（2022）就发现龙山土家语有

nie 和 taxa 两种并列连词，前者与共同受事型语言的连词类似，后者则与共同施事型语言类似。这种“混合型”现象如何出现？土家语又是否为偶然个案？有待后续研究论证。

## 附 注

① 本文的田野调查中，一律采用英语和汉语为例句。发音人提供答案后，调查员亦会重复查问句子意思，以免误判词类 / 功能。

② 部分语言中，（5）的意思是“李四不喝咖啡，张三喝咖啡”。原因待查，但只要“张三喝咖啡”和“李四喝咖啡”的真值不同，即可证明该形式具有［共同施事］的功能而非［有生并列］。

③ 按照 Ethnologue 的分类。

④ 由于篇幅有限，此处仅列出最具代表性的语言作例子。

⑤ 本文所列语言 / 方言材料均为笔者调查所得，如属前人研究则会列出文献来源。

⑥ 另外有 16 种语言采用其他机制（主要是重迭机制，例如日语）使伴随介词获得并列连词的功能，参考 Chan（2020）。

⑦ 一些语言的介宾短语同时与主语和直接宾语相邻（例如语序为 S［OP］OV 的维吾尔语；介宾短语语序灵活的赛德克语等（参考 Lee, 2011），这些语言有可能成为共同施事型语言，亦有可能成为共同受事型语言。

⑧ 篇幅所限，此处略去共同施事型语言和共同受事型语言引用来源。完整文献列表悉见于 Chan（2020）。

⑨ 析取连词也有类似倾向（参考 Li，2025）。

## 参考文献

陈健荣　2018 《论并列连词语法化的条件》，《当代语言学》第 1 期。
陈健荣　2020 《汉语方言介连词“两个”的产生》，《当代语言学》第 1 期。
陈健荣、向华武　2022 《龙山土家语的并列连词 nie 与 taxa》，《民族语文》第 2 期。
翟　赟　2015 《从语义地图模型看“和”义词的功能》，见李小凡、张敏、郭锐等著《汉语多功能语法形式的语义地图研究》，北京：商务印书馆。
刘丹青 2003 《语序类型学与介词理论》，北京：商务印书馆。
潘秋平、王毓淑 2011 《从语义地图看〈左传〉中的“以”》，见《语言学论丛》（第四十三辑），北京：商务印书馆。
吴福祥 2003 《汉语伴随介词语法化的类型学研究——兼论 SVO 型语言中伴随介词的两种演化模式》，《中国语文》第 1 期。
杨萌萌、胡建华 2018 《“和”的句法》，《语言教学与研究》第 3 期。
张 敏 2015 《“语义地图模型”：原理、操作及在汉语多功能语法形式研究中的运用》，见李小凡、张敏、郭锐等著《汉语多功能语法形式的语义地图研究》，北京：商务印书馆。
Bauer, W. 2001 *Maori: Descriptive Grammars*. Abingdon: Routledge.
Bril, Isabelle 2004 Coordination strategies and inclusory constructions in New Caledonian and other Oceanic languages. In Martin Haspelmath (ed.), *Coordinating Constructions*, 499—534. Amsterdam: John Benjamins.
Chan, Kin Wing Kevin 2020 *Coordinating Conjunction in Sinitic Languages and Beyond: Towards a New Typology*. Doctoral dissertation. The Hong Kong University of Science and Technology, Hong Kong.
Chan, Kin Wing Kevin 2025 *Coordinating Conjunctions in Sinitic Languages*. Singapore: Springer Nature.
Dryer, Matthew S. & Martin Haspelmath. The world atlas of language structures online (WALS). Leipzig: Max Planck Institute for Evolutionary Anthropology. Accessed July 1, 2020, http://wals.info.
Eberhard, David M., Gary F. Simons & Charles D. Fennig 2020 *Ethnologue: Languages of the World.* Twenty-third edition (Online version). Dallas, Texas: SIL International. Accessed Nov 22, 2020, http://www.ethnologue.com.
Harlow, Ray 2007 *Māori: A Linguistic Introduction*. Cambridge / New York: Cambridge.
Haspelmath, M. 2003 The geometry of grammatical meaning: Semantic maps and cross-linguistic comparison. In M. Tomasello (ed.), *The New Psy-*

*chology of Language*, vol. 2, 211—43. New York: Lawrence Erlbaum Associates.

Heine, Bernd and Tania Kuteva［2002］2012 *World Lexicon of Grammaticalization*（《语法化的世界词库》，龙海平、谷峰、肖小平译，洪波、谷峰注译，北京：世界图书出版公司。）.

Lee, Amy Pei-jung 2011 Comitative and Coordinate Constructions in Truku Seediq. *Language and Linguistics* 12.1: 49—75.

Li, Xinyi 2025 *Exploring Disjunctions in Chinese: A Comprehensive Analysis of Disjunctions, Usage, and Historical Development.* Doctoral dissertation. The Hong Kong University of Science and Technology, Hong Kong.

Moyse-Faurie, Claire & John Lynch 2004 Coordination in Oceanic languages and Proto Oceanic. In Martin Haspelmath (ed.), *Coordinating Constructions*, 445—497. Amsterdam / Philadelphia: John Benjamins.

Payne, John R. 1985 Complex phrases and complex sentences. In Timothy Shopen (ed.), *Language Typology and Syntactic Description, Vol. 2: Complex Constructions*, 3—41. Cambridge: Cambridge University Press.

Ross, John Robert 1967 *Constraints on Variables in Syntax*. Doctoral dissertation, Massachusetts Institute of Technology, Massachusetts.

Stassen, Leon 2000 AND-Languages and WITH-Languages. *Linguistic Typology* 4: 1—54.

Stassen, Leon 2008 Noun phrase conjunction: The coordinative and the comitative strategy. In Frans Plank (ed.), *Noun Phrase Structure in the Languages of Europe*. Berlin / New York: Mouton De Gruyter.

Traugott, C. E. 1986 On the origins of 'and' and 'but' connectives in English. *Studies in Language* 10: 137—150.

Zhang, M. 2016 A revised semantic map of oblique roles and its implications for comparative and diachronic studies of Chinese syntax. *Bulletin of Chinese Linguistics* 9: 1—25.

# 现代汉语的新兴副词“怒”及其语法化

程亚恒

（九江学院文学院）

## 1 引言

“怒”是古今汉语中都比较常用的一个多义词。不过，“怒”的意义从古至今也发生了一定的变化。先秦两汉时期，“怒”有“生气”“谴责”“奋力”“威怒”“强健”“逾越”等多种意义。[①] 但到了现代汉语中，“怒”常见的意义则主要有两个。《现代汉语词典》中“怒”字条共有两个义项：一个是动词，意思是“愤怒”，如“恼怒”“发怒”“恼羞成怒”；另一个是形容词，形容气势很盛，如“怒涛”“怒号”“怒放”。（2016：963）

值得注意的是，现代汉语的网络用语中，“怒”还出现了一种新兴的用法。与之相应，“怒”也衍生出了一种新的意义，这种新兴的“怒”在意义上跟《现代汉语词典》列出的两个义项都不相同。举例来说，如：

（1）一直以来不怎么喝啤酒，去年接触了精酿啤酒以后怒喜欢，个人喜欢精酿的ale啤酒，pale ale和ipa是目前最喜欢的。（https://www.douban.com/group/topic/46376683/?_

i=7585082aGosB6R）

（2）我怒爱吃玉米！！尤其是烤的！！！（http://bbs.tianya.cn/post-no11-165373-1.shtml）

（3）仅售1849元，三星32吋1080p电视怒便宜!（https://tv.zol.com.cn/380/3808792_all.html）

从意义上看，例（1）—（3）中的“怒”很显然都不可能是“愤怒”的意思，而且把它们全部解释成“形容气势很盛”也不大合适。尤其是例（3），句中“怒”所修饰的成分既不是动词，也不是名词，而是一个形容词，这显然不再是《现代汉语词典》中的“怒”所具有的功能。

可见，“怒”在现代汉语网络用语以及口语性较强的网络小说中已经衍生出了一种新的意义，出现了一种新的用法。那么，究竟该如何认识这种新兴的“怒”呢？它的性质是什么？它又是怎么来的呢？这是本文拟着重探讨的问题。

为行文方便，我们姑且把表示“愤怒”的“怒”记作“$怒_1$”，把“形容气势很盛”的“怒”记作“$怒_2$”，把网络用语中诸如例（1）—（3）的新兴词语“怒”记作“$怒_3$”。

## 2 “$怒_3$”的意义、特点、功能与性质

### 2.1 “$怒_3$”的意义

依据语境，新兴词语“$怒_3$”的意思并不难理解：它相当于现代汉语的“极”“极度”“十分”“非常”“超级”等程度副词，表达的是“程度很高”的意思。例（1）的“怒喜欢”，实际上就是“极其/非常/超级喜欢”的意思；例（2）的“怒爱吃玉米”

就是“极其 / 非常 / 超级爱吃玉米”的意思；例（3）的“怒便宜”也就是“极其 / 非常 / 超级便宜”的意思。

除了以上三例外，表“高程度”义的“怒$_3$”在现代汉语网络用语中还有很多，不妨多看几个例子。如：

（4）——有一个女生，一直缠着我，还不知道从哪里搞到我的 QQ，我不想理她该怎么办。

——我和你的情况一样，怒讨厌她的话就拉黑或当面说清。（https://wenda.so.com/q/1463576296725691）[2]

（5）最近捏月饼正上瘾，大五仁，怒好吃，比外面好吃一百倍～（https://www.xiachufang.com/dish/111677730/）

（6）大家听莫文蔚的《黑雨》了吗？特好听～太好听了～～怒好听啊～～～（http://bbs.tianya.cn/post-39-561491-1.shtml）

（7）打听个事儿哈，这雷克萨斯，四年之后的保养是不是怒贵？（https://zhidao.baidu.com/question/988593387327908419.html）

（8）——男生比较容易 get 到鹧鸪哨的帅。

——女生也被 get 到了，真是怒帅怒帅的。（https://www.douban.com/group/topic/167175894/?_i=7737119aGosB6R）

（9）裘小龙的侦探小说写得真的好傻……《红英之死》怒难看，当时在三折书店买了后，读了几章就看出凶手了，所以搬离学校时故意拉（落）在宿舍里。（https://www.douban.com/group/topic/2732447/?_i=8094432aGosB6R）

（10）她上周五又找到工作又上班了。哥在此祝你工作愉快。她这次在总政剪电视剧，工时自由安排。来个多选：A. 工作不愉快，公司2个月内辞她……D. 工作怒愉快，干了好多年（巨没可能）。（https://www.douban.com/group/topic/3171224/?_i=7913301aGosB6R）

（11）但我觉得女性不必因为别人……就压抑自己的美。应该怒漂亮！怒漂亮的。（https://www.douban.com/note/610790715/?_i=7554165aGosB6R）

（12）很久没来他家了，以前崇文门店三天两头打卡，怒爱他家的冷泡茶，特别是黑美人活性炭，虽然喝完满嘴黑，但是味道真的赞。（https://www.dianping.com/review/714903015?source=m_jump）

依据语境，以上各例划线部分的“怒”都可以解释成“极”“极度”“十分”“非常”“超级”，它们跟例（1）—（3）的“怒”意义完全相同，也属于地地道道的“怒$_3$”无疑。因此我们可以断定，现代汉语的网络用语中，“怒$_3$”是一个专门用来表达“高程度”义的新兴词语。

2.2 “怒$_3$”的特点与功能

考察“怒$_3$”的特点与功能，可以从句法分布、组合能力、句法功能三个方面进行。

首先，从分布情况看，“怒$_3$”在句中的位置比较单一，它只能前置于所修饰的心理动词或形容词，而不能后附于心理动词或形容词（至少我们目前还没有发现这种用例），所以它在位置上具有鲜明的前置性特点。上例（1）—（12）中，“怒”出现形容词前面的有8例，包括例（3）及例（5）—（11）等；出现在心理动词前面有4例，包括例（1）（2）（4）（12）等。

其次，就组合能力而言，怒$_3$只能修饰心理动词或形容词，而不能修饰名词和一般的动作、状态动词，修饰名词和一般动作、状态动词的“怒”都不属于怒$_3$。上例（1）—（12）中的“怒”皆然。更重要的是，“怒$_3$”只能出现在肯定句中，它既不受否定词“不”修饰，也不修饰“不V”“不A”等否定性的动词、形容词短语。

最后，从句法功能角度分析，怒$_3$只能在句中充当状语，而且是语义单一的程度状语，上例（1）—（12）中的“怒”均是如此。所以我们说，怒$_3$的句法功能具有单一性，即唯状性。

2.3 “怒$_3$”的性质

表“高程度”义的“怒”究竟是什么性质的词语呢？是动词？形容词？还是其他？这个问题必须弄清楚。

从所修饰的对象来看，“高程度”义的“怒”经常修饰心理动词或形容词，所以它具有典型的副词特征。不仅如此，“高程度”义的“怒”经常出现在谓词性成分之前，是对该谓词性成分“高程度”的描述，具有特征鲜明的唯状性。如上例（9）的“怒”是从程度上描述“难看”的感觉体验；例（10）的“怒”是从程度上描述“愉快”的身心感受；例（11）的“怒”是从程度上描述“漂亮”的视觉审美特征。可见，“高程度”义的“怒”是从程度上修饰身心感受或状态特征的，它是一个典型的高程度副词。从出现位置来看，副词“怒”只出现在被修饰成分之前，而不出现在被修饰成分之后（至少我们目前还没有发现用例）。也就是说，副词“怒”通常只在句中充当程度状语，而不充当程度补语，具有典型的“唯状性”特征。总之，我们认为“高程度”义的“怒”是一个只能充当状语的高程度副词。

那么，唯状性高程度副词“怒”是怎么来的呢？它衍生的机制和动因又是什么？这是我们接下来要探讨的问题。

## 3 副词“怒”的语法化过程

“怒”的语法功能是随着它的语义变化而变化的。重新分析的结果可以把连动结构“怒 Vp”中的“怒”理解成 Vp 的修饰成分。出现语境的不同，进一步导致了“怒”的语义和句法地位变化，并最终语法化为一个成熟的副词了。

“怒”的本义是生气。《说文·心部》：“怒，恚也。从心，奴声。”可见，“怒”本来是一个自动词，它表达的是一种情感变化或状态。文献中“怒”用作自动词的情况比比皆是。例如：

（13）将子无怒，秋以为期。（《诗经·卫风·氓》）

（14）公怒，归之，未绝之也。（《左传·僖公三年》）

（15）邵公曰：“昔吾骤谏王，王不从，是以及此难。今杀王子，王其以我为怼而怒乎？夫事君者，险而不怼，怨而不怒，况事王乎？”（《国语·周语》）

上古汉语中，动词“怒”也可以和其他动词一起组成“怒 Vp”或“怒而 Vp”式连动结构。例如：

（16）周公楚恶惠、襄之逼也，且与伯与争政，不胜，怒而出。（《左传·成公十一年》）

（17）燕、赵闻之，怒绝之，王亦绝之，是中山孤，孤何得无废。（《战国策·中山策》）

（18）宋王因怒而诎杀之。又使人往视齐寇，使者报如前，宋王又怒诎杀之。如此者三。（《吕氏春秋·壅塞》）

（19）成子怒曰："多陵人者不在，知伯其能久乎！"（《左传·哀公二十七年》）

在"怒Vp"结构中，"怒"通常表达Vp的原因，而Vp则是因"怒"而采取的行动，它们在句法层面结合不很紧密，经常可以用"而"字连接。从语义上来说，"怒Vp"通常可以理解成"怒而Vp"，也就是"因为生气而Vp"的意思。但"因为生气而Vp"实际上也就是"带着怒气Vp"的意思，所以"怒"和Vp之间在语义上就具有了轻重关系的理解。如上例（16），"怒"和"出"本来在句法层面是并列关系，这一点只需与例（14）做一比较就可以看出。但随着我们把"怒而出"理解成"带着怒气离开""愤怒地离开"的意思，"怒"的句法地位和功能就发生了变化：原本并列的动词性成分"怒"和"出"之间就被解读为偏正关系了，"怒"就被解读成了"出"的修饰成分。例（19）中，"怒曰"的偏正关系更为明显。

"怒"本来是表达人的情感的动词，当"怒"用于描写不具有情感特征的事物时，"怒"的"生气""愤怒"义就开始弱化了。这种情况下，我们通常需要借助拟人化的修辞手段来理解动词"怒"的意义。例如：

（20）春雨日时，草木怒生。（《庄子·外物》）

（21）百病怒起，乱难时至。（《吕氏春秋·情欲》）

（22）激石云洄，澴波怒溢。（《水经注·河水四》）

以上三例的"怒"都是拟人化的表达，都属于怒$_2$。例（20）的"怒生"是说"草木"像愤怒了一样生长，例（21）的"怒起"是说"百病"像愤怒了一样生出，例（22）的"怒溢"是说"澴波"像愤怒了一样涌出。这种描写非情感事物的"怒"，由于它所处的“Np+ 怒 +Vp”格式是一个修辞构式，所以“怒”的意义也随之发生了变化。这里的三个“怒”都可以理解为“像充满怒气一样气势高涨”“像怒气冲冲一样势头强劲”。显然，这种情况下的“怒”已经开始脱离“愤怒（负面情绪充盈）”的意义，进而表达一种状态饱满、气势高涨的意义，其修饰功能进一步增强，从属地位更加明显，状语的句法角色也更加显赫。

当“怒”出现在一些与“生气”“愤怒”语义有所冲突的语境中时，动词“怒”的意义就失去了借助拟人化的修辞手段来理解的语境义。这种情况下，“怒”的“状态饱满、气势高涨”义就更加明显了。例如：

（23）怒赞英雄机长之后，这个问题必须搞清楚！（https://www.sohu.com/a/231673238_99923255）

（24）俺真的好喜欢这首歌！！怒推怒推！（https://s.weibo.com/weibo?q=%E6%80%92%E5%96%9C%E6%AC%A2&Refer=index）

（25）马云荣获福布斯终身成就奖，阿里怒发10亿红包庆贺。（https://www.toutiao.com/article/6750602948792812043/）

（26）范迪克怒捧三叉戟：他们使我变得更强！（https://sports.qq.com/a/20180416/012358.htm）

以上各例中的“怒”均与“生气”“愤怒”义无关，相反，这些“怒”甚至还带有喜悦的感情色彩。所谓“怒赞”，其实就是“极力赞赏”“奋力赞美”的意思，“怒推”就是“极力推荐”“奋力推荐”的意思，“怒发”可以理解成“奋力派发”“不可阻挡地派发”，“怒捧”是“盛赞”“极力夸赞”的意思。

当“怒”出现在“爱”“喜欢”等心理动词之前时，就有了重新分析成“高程度”义副词的语境，这时“怒”的语义又发生了进一步的变化。例如：

（27）云母屏风烛影深……我怒喜欢这首。（https://wenda.so.com/q/1385402489060478）

（28）我也怒爱吃凉虾啊！（http://bbs.tianya.cn/post-no11-86931-1.shtml）

所谓“怒爱”“怒喜欢”，就是“无法阻挡地爱”“无法阻挡地喜欢”。因为“无法阻挡”的气势是一种极度高涨的气势，所以它又可以隐喻“高度、极度”的高程度义。因此，例（27）（28）的“怒爱”“怒喜欢”从另一个方面说就是“极度、非常爱 / 喜欢”的意思。

当“怒”后面出现的不再是动词而是形容词时，“怒”的意义进一步发生变化，此时“怒”已经成为一个比较成熟的程度副词了。例如：

（29）用电锅来卤鸡翅，怒好吃又方便。（https://www.jucanw.com/jccp/14204.html）

（30）呵呵，虽然那些风车幼稚的可以，但是公园里卖的风车都怒可爱哦！（https://www.douban.com/group/topic/1054471/?_i=7552468aGosB6R）

（31）张宽怒漂亮！（https://www.douyin.com/video/6817795117630524679）

例（29）的“怒好吃”就是“极其好吃”“非常好吃”，例（30）的“怒可爱”就是“极其可爱”，例（31）的“怒漂亮”就是“极其漂亮”。显然，这里的“怒”已经可以理解成高程度义副词“$怒_3$”了。

不过，“怒”语法化为程度副词后，它的“气势强盛”“气势不可阻挡”的意义并没有完全消失。“怒＋形容词（记作A）”固然表示“极其/非常A”的意思，但同时也隐含了“什么也阻挡不了的A”的意思。拿例（29）来说，“怒好吃”就隐含了“什么也阻挡不了的好吃”的意味，例（30）的“怒可爱”也隐含了“什么也阻挡不了的可爱”的意味。例（31）的“怒漂亮”亦然。

可见，“怒”的意义与功能是随着出现环境的不同而发生了变化的，副词“怒”（怒$_3$）的产生与语法化的某些机制密切相关。

## 4 副词“怒”语法化的机制与动因

上文已经说过，句法环境的变化是程度副词“怒”衍生的重要条件。但句法环境只是提供了副词“怒”语法化的基础，句法环境并非语法化的机制，也不是语法化的动因。程度副词“怒”语法化的机制和动因是什么呢？这是我们接下来要探讨的问题。

### 4.1 副词“怒”语法化的机制

副词“怒”的语法化过程可以分为两个阶段，每个阶段的语法化机制又有所相同。副词“怒”的语法化机制包括重新分析和认知隐喻两种。

#### 4.1.1 重新分析

从怒$_1$到怒$_2$的演变过程中，语法化的重新分析和认知隐喻机制都发挥了重要的作用。“怒”语法化的起点是处于并列式连动结构“怒Vp”中的动词怒$_1$，如上例（17）（19）及例（18）中的后一个“怒”。由于处于并列式连动结构“怒Vp”中的“怒”（怒$_1$）和Vp之间的结构不十分紧密，它们之间经常可以被连词“而”隔开，所以“怒 Vp”在“怒而 Vp”结构的影响下也经常被重新分析成偏正式连动结构。这样，怒$_1$的语法地位就发生了变化：从与 Vp 并列的成分重新分析成了 Vp 的修饰成分，从充当并列谓语重新分析成了修饰性状语。

### 4.1.2 认知隐喻

隐喻是人们认知世界的一种思维方式，也是人们描述世界的一种表达方式。人们认识世界的过程中，总会通过联想的方式描述身边的事物。如用“阳光”描述性格开朗、积极向上，用“生机勃勃”描述斗志昂扬、精力旺盛，用“瘫痪”描述一个机构的运转状况，用“潜水”描述一个人在群体中的存在状态，用“摸鱼”描述一个人的工作状态，用“炒鱿鱼”来描述被辞退或解雇，用“穿帮”来描述真相显露，等等。正如 George Lakoff 和 Mark Johnson（2015）所说，隐喻不仅是语言中词汇的问题，还是人类思维的重要手段，它直接参与人类的认知过程，是人类生存的基本方式。从“怒$_1$”到“怒$_3$”的演变过程中，隐喻作为一种认知机制起到了极其重要的作用。

首先，当我们赋予自然界中草木花石等事物以生命时，“怒”也可以表达草木花石等事物的负面情感了。这样，“怒”的一种隐喻意义就产生了。充当修饰性状语的“怒$_1$”表示一种负面情绪的充盈，故而可以隐喻“情绪饱满”“气势高涨”。这样，表示“气势很盛”的怒$_2$就出现了。怒$_2$的出现时间较早，至迟在战国时期已有用例。现代汉语尤其是网络用语中，怒$_2$的使用更为频繁。例如：

（32）传辛选去年带货怒赚 100 亿，自营撑起东方甄选，交个朋友亚历山大。（https://new.qq.com/rain/a/20230828A02D4700/）

（33）1998年总决赛十佳球：乔丹晃倒拉塞尔怒捧奖杯。（https://sports.qq.com/a/20140603/006775.htm）

（34）比亚迪怒售300万辆！中国汽车行业全面崛起的冲锋号！（https://www.bilibili.com/video/BV1eY411o7Th/）

（35）乔丹系列之梦一队，怒摘奥运金牌对喷魔术师，一雪前耻打响NBA。（https://haokan.baidu.com/v?vid=13721628339407396238）

上例的“怒赚”就是势不可挡地赚取，“怒捧”就是势不可挡地捧起，“怒售”就是势不可挡地卖出，“怒摘”就是势不可挡地摘取。显然，这些“怒”在句中表达的都是“气势强盛”的意思，它们都属于怒$_2$无疑。

“气势强盛”表示气势上涨到了较高的程度，故而它又可以隐喻“高程度”意义。这样，表高程度义的怒$_3$就出现了。除了上例（27）—（31）外，还有很多例子。如：

（36）目标是“发现奇葩好音乐，分享极品好音乐”，为听众介绍那些怒好听、怒特别的，触动心扉、过耳不忘的好歌曲。（https://music.163.com/#/dj?id=410002）

（37）据说亵渎很好看～去看了几段觉得怒无聊。（https://bbs.gotvg.com/thread-1641689-1-1.html）

（38）这次能合作一首自己很满意的词，再开心不过了！卡卡录歌后期也怒给力……（http://5sing.kugou.com/yc/2718923.html）

（39）我……就是开机车的，出去方便，坐公车绕来绕（去）怒麻烦。（https://www.douban.com/explore/）

（40）高速收费：姑娘一头能撞碎玻璃？网友怒心疼

3 秒，这回头真的大了。（https://haokan.baidu.com/v?vid=7902385472359733504）

（41）张宝宝出生的时候，大家都说她是个有福的娃，父母宠爱，祖父怒溺爱，造成了她眼高于顶的个性。（https://www.jjwxc.net/onebook.php?novelid=2891491）

（42）终于终于啃完这怒厚的两本，对打基础很实用的工具书。（https://book.douban.com/subject/1089410/）

（43）工作环境不错，同事相处融洽，领导管理有方，公司待遇不错，只要怒有才，公司绝不会亏待你，相信你去亚信肯定会有很好的前途。（https://www.kanzhun.com/firm/interview/1n1y09o～.html）

显然，上例（36）—（43）的“怒”表达的都是“高程度”的意义，它们在句中充当的也都是状语成分。可见，这些句子中的“怒”都是典型的“怒$_3$”，即一个十分成熟的“高程度”义副词。

4.2 副词“怒”语法化的动因

网络语言中，新词新语的最大特点就是新奇，是语用者为了追求耳目一新的表达效果而精心设计的词语。从这个角度来说，我们可以认为追求新奇表达效果是副词“怒”产生的重要动因。当然，如果只是某一个网友偶然使用一两次，副词“怒”还只是零星的、不成系统的个别现象，这时的副词“怒”还是不够成熟的。而“怒＋心理动词 / 形容词”模因的不断复制和传播则成了副词“怒”在语言中迅速传播的强大驱动力。

模因是一种传递人类文化的复制因子。就像基因能通过精子和卵子从一个个体传到另一个个体一样，模因能通过模仿、复制从一个大脑跳到另一个大脑。任何一个信息，只要能够通过模仿而得以复制、传播，就可以被称为“模因”。（李捷、何自然，2010）任何一种模因的复制和传播都需经过同化、记忆、表达、传播四个阶段。“怒＋形容词”模因是“怒＋心理动词”模因在复制和传播过程中出现的一个扩展变体，是中心语为形容词的“怒＋X”结构模式。“怒＋形容词”结构作为一种语言模因，具有较强的生命力，在广大网友的大量复制和不断传播下，副词“怒”的修饰成分变得越来越广泛，其使用频率也变得越来越高。这样，一个成熟的高程度义副词“怒”就在语言模因的推动下产生了。

因此我们认为，副词“怒”语法化的初始动因是追求新奇表达效果的个性语用目的，而促使副词“怒”彻底语法化的动因则是语言模因的群体性活动结果。

## 5　结语

语法化是人类认识和分析语言演变的一种重要理论。语法化现象是各种语言中普遍存在的语言现象。现代汉语的很多副词都经历了不同程度的语法化过程，高程度义副词“怒”只是这众多副词中的一个新生词而已。副词“怒”来源于动词“怒”，它经历了极其漫长的语法化过程。“怒”由动词语法化为“副词”的过程中，重新分析和认知隐喻的机制起到了至关重要的作用。

副词“怒”目前流行的区域主要是网络平台，包括各种网站的帖子标题和各类贴吧中的会话用语，它还没有进入普通话的口语和书面语中。至于副词“怒”最终能否进入普通话的交际用语中，则是无法预测的。

## 附　注

① 详参《汉语大字典》第二版第 2282 页“怒”字条，此不赘。

② 原贴“她”作“他”、“清”作“请”，均误，本文引用时径改。

## 参考文献


程亚恒　2013 《“比 x 还 X”构式的衍生机制与动因》,《汉语学习》第 1 期。

汉语大字典编辑委员会　1988 《汉语大字典》(第四卷)，武汉：湖北辞书出版社。

〔美〕乔治·莱考夫、马克·约翰逊　2015 《我们赖以生存的隐喻》，何文忠译，杭州：浙江大学出版社。

李　捷、何自然　2010 《汉语教学的模因论探讨》,《语言教学与研究》第 5 期。

石毓智、李　讷　2001 《汉语语法化的历程》，北京：北京大学出版社。

〔东汉〕许慎撰,〔清〕段玉裁注　1988 《说文解字注》，上海：上海古籍出版社。

张谊生　2000 《现代汉语副词研究》，上海：学林出版社。

中国社会科学院语言研究所词典编辑室编　2016 《现代汉语词典》(第 7 版)，北京：商务印书馆。

Lakoff, George & Mark Johnson 1980 *Metaphors We Live By*. Chicago and London: University of Chicago Prees.

# 趋向动词"拢""拢来""拢去"的演变*

崔山佳

（浙江财经大学人文与传播学院）

## 1　引言

普通话的趋向动词，张斌《现代汉语描写语法》（2010：102）有一张"单纯趋向动词和复合趋向动词的构成关系"表：

| | 上 | 下 | 进 | 出 | 回 | 过 | 开 | 起 |
|---|---|---|---|---|---|---|---|---|
| 来 | 上来 | 下来 | 进来 | 出来 | 回来 | 过来 | 开来 | 起来 |
| 去 | 上去 | 下去 | 进去 | 出去 | 回去 | 过去 | 开去 | X X |

普通话没有"起去"，但明清白话文献与一些方言有。查"中国知网"，有关趋向动词"起去"有31篇论文。其中邢福义先生至少有6篇论文谈到"起去"。其实，还有一些趋向动词明清白话文献就有，有些方言和普通话延续了下来，如"拢""拢来""拢去"就是如此，但很少有人提及它们，梁银峰《汉语趋向动词的语法化》（2007）、胡晓慧《汉语趋向动词语法化问题研

*　本文为国家社科基金重大项目"晚明以来吴语白话文献语法研究及数据库建设"（21&ZD301）阶段性成果。

究》（2012）、刘芳《趋向动词演变举要》（2015）从历时角度研究趋向动词，但都未见“拢”“拢来”“拢去”，蔡瑱《类型学视野下汉语趋向范畴的跨方言比较——基于“起”组趋向词的专题研究》（2014）是从跨方言角度研究“起”组趋向动词，也未见“拢”“拢来”“拢去”。

## 2 明清白话文献中的“拢”“拢来”“拢去”

“拢”“拢来”“拢去”作为趋向动词至迟明代已有，例如：

（1）医人华佗道：“若要此疾毒消，可立一铜柱，上置铁环，将臂膊穿将过去，用索拴牢，割开皮肉，去骨三分，除却箭毒，却用油线缝拢，处用敷药贴了，内用长托之剂，不过半月，可以平复如初。……”（施耐庵《水浒传》第110回）

（2）智深两条桌脚，着地卷将来，众僧早两下合拢来。（《水浒传》第4回）

（3）两个斗不到十合，林冲卖个破绽，放一丈青两口刀砍入来，林冲把蛇矛逼个住，两口刀逼斜了，赶拢去，轻舒猿臂，款扭狼腰，把一丈青只一拽，活挟过马来。（《水浒传》第48回）

但有的辞书及语言学者不清楚“拢”“拢来”“拢去”可作趋向动词，常有误解，有的连著名辞书也未收，有的把不同的“拢”并列在一起。《汉语大词典》收“拢”，义项一是：“聚合在一起；到一块儿。”例如：

（4）聿经始于洛沫，拢万川乎巴梁。（晋·郭璞《江赋》）

（5）这等说起来，神仙也讲不拢，劝你不要思量。

（清·李渔《凤求凰·阻兵》）

（6）芸看见觉民进来，连忙站起，拢手对他拜了拜。（巴金《秋》三）

看例（5），“讲不拢”中的“拢”应该是趋向动词，与另外两例的“拢”是一般动词不同，不能放在一起为同一义项。《汉语大词典》未收“拢来”“拢去”。

《汉语大字典（第二版）》收“拢”，义项五是：“靠近。”例如：

（7）当有镇上居民及近村几个农夫都走拢来观看。（《水浒全传》第90回）

（8）黛玉便拢上来要抓他，口内笑说：“你越发疯了！”（《红楼梦》第57回）

（9）他马上跳下车子，走拢柳村。

看例句，例（7）“走拢来”中的“拢来”，例（9）“走拢”中的“拢”，都是趋向动词，例（8）的“拢”是一般动词，而且后面还带趋向动词“上来”，也不能放在一起为同一个义项。同时，例（7）是“拢来”，却当作“拢”来处理，也是不妥的，因为“V拢”与“V拢来”不同，前者是单纯趋向动词，后者是复合趋向动词。

蒋宗福的《四川方言词语考释》（2002：479）收“拢来”：“靠过来；聚合起来。”例如：

（10）那店小二那里敢过来，连那正要买肉的主顾，也不敢拢来。（《水浒传》第3回）

（11）众家人听得家长声唤，都走拢来看时，过迁已自去得好远。（《醒世恒言》卷17）

（12）庙中左右壁厢，俱伏有甲士，一齐拢来，将石厚绑缚。（《东周列国志》第6回）

（13）差人依旧寻见了前日的乡约地保，要了甘结，寻了三四片破席，拼得拢来，将尸裹了。（《醒世姻缘传》第13回）

（14）好兄弟你拢来姐有话谈，回家去须当要苦读圣贤。（《跻春台》卷3）

上面5例中的"拢来"并非是同一个意思，而是有区别的。例（11）和例（13）中的"拢来"不是"靠过来；聚合起来"义，而是已经语法化为趋向动词，作趋向补语，前面分别有动词"走"和"拼"，例（13）"拼得拢来"中的"得"是补语标记，是"V得拢来"，其他3例的"拢来"是一般动词。

一些学位论文在谈及"拢"等时也存在一些问题。

明清白话文献中的"拢""拢来""拢去"使用频率不同，"拢去"用例较少。除了白话小说、戏曲外，清末传教士文献也有"V拢""V拢来"，这是当时、当地口语的真实反映，但未见"拢去"。（崔山佳，2024：209—217）

## 3 现代方言中的"拢""拢来""拢去"

吴语分布范围最广，其他方言也有一些分布。盛益民《吴语绍兴（柯桥）方言参考语法》（2021：176）列有一张趋向动词表，有"拢""拢来""拢去""开""开来""开去"，认为两组趋向动词最基本的趋向用法分别是表示从外围靠拢参照物这个中心点和从参照物这个中心点往外散开。普通话没有对应于"拢"的趋向补语，需要用“往中间”等介词短语。施俊（2021：455）也有义乌话趋向补语表，有“V 拢”“V 拢来”“V 拢去”。

宁波方言使用频率较高，形式多样。如：

V 拢：小人子孔头还呒没合拢。

V 带拢：小朋友团团圈圈坐带拢听老师讲故事。

V 勿拢：账对勿拢，呒数要吃赔账的嚯。

VV 拢：窗帘布敛敛拢。

V 拢来：闷声大发财，元宝奔拢来。

V 带拢来：倷两人门关带拢来的讲啥小货闲话啦？

V 拢去：门轻轻叫介关拢去。

“VV 拢”是动词重叠带趋向补语，宁波方言常用，另如“走走过去”“爬爬上来”等。

其他吴语也有，如：绍兴、柯桥、新昌，杭州、富阳，桐乡，义乌，温州、苍南等。上海方言也有，游汝杰（2014：361）说到趋向动词，其中有“拢”：“‘拢’表示动作趋向中心的方向，常与‘来’结合起来使用。”如“并拢、收拢、碰拢来、加拢来、聚拢来、收拢来、合拢来、合勿拢、拉拢来、拉得拢、拉勿拢”。据北京大学现代汉语语料库（CCL），现当代吴语区作家如鲁迅、茅盾、郁达夫、俞平伯、夏衍、苏青、陈学昭、金庸、高阳、亦舒、叶圣陶、钱钟书、陶晶孙、高晓声、王安忆等作家的作品中都有“V 拢”等。

其他方言也有，如贵州赤水方言有“并拢”（陈遵平，2012：284）、桐梓方言有“抵拢”“围拢”（蓝卡佳，2012：85，197）、绥阳有“抵拢”（姚丽娟等，2012：85），云南通海方言有“柄柄拢”（杨锦，2008：67），成都方言有“V 拢”“V 拢来”（江凝紫，2023：91，93），这些都是西南官话。另湖南益阳有“V拢”“V拢来”“V拢去”（夏俐萍，2020：301；2023：262），是湘语，江西安远（龙布）有“V拢”“V拢来”（叶雁鹏，2023：297，302），是客家话。

废名（冯文炳）是湖北黄梅人，其作品中也有“V拢来”“V拢”，如：挨拢来（《阿妹》）、围拢来（《桃园》《桥·钥匙》）、牵拢来（《金银花》）、收拢（《茶铺》）。

张天翼湖南省湘乡县东山乡双泉村人，生于南京，其作品中也有，如：归不拢（《包氏父子》）、拖拢来（《清明时节》）、关拢（《砥柱》）、围拢来（《老虎问题》（寓言））、折拢（《老虎问题续篇》（寓言））。

柯理思在《汉语方言位移表达研究》（2023：3）一书的“序”中指出：“另外中部、东南部方言的趋向补语系统往往具备一对表示聚散方向的补语‘开’和‘拢’（见于西南官话、吴、湘、客家，粤方言用‘埋’，闽东罗源用来源于名词性的‘兜’和‘边’，但潮阳话却没有）。”

据北京大学现代汉语语料库（CCL），除吴语区作家外，也有不少非吴语区作家的作品中有“V拢”等。如老舍、沙汀、巴金、何其芳、罗广斌、马识途、叶紫、周立波、丁玲、琼瑶、林徽因、冰心、欧阳山、叶蔚林、靳以、冯德英、曲波、雪克、刘流、李晓明、铁凝、姚雪垠、知侠、白桦、杜鹏程、马峰、张贤亮、权延赤、陈世旭、刘醒龙、毕淑敏等。这些作家既有南方人，又有北方人，分布范围较广。这些作家的籍贯或出生地有北京、四川、湖南、福建、广东、天津、山东、河北、河南、陕西、山西、江苏、内蒙古、江西、湖北、新疆。我们在陕西作家陈忠实的《白鹿原》中也看到用例。虽然这些作家的作品中有“V拢”等用例，有的可能并非作家自己家乡方言的真实反映，可能有其他原因，但趋向动词“拢”等有一定的方言分布则是可以肯定的。甚至连《人民日报》、新华社新闻报道、1994年报刊精选、《市场报》、《读书》、《读者》(合订本)等都有。还有大量的翻译作品中有“V拢”等，其翻译者的方言背景较复杂。

李荣主编的《现代汉语方言大词典》(2002)收“拢”，有下列方言点：

南京方言点的注释是：“从不同方向聚集起来。”如“大家都围拢过来看”“把地下的乱东西都收收拢”。看例句，此“拢”应该是趋向动词，“收收拢”也是“VV拢”，但词典未作说明。另如“围拢过来”的“围拢”已经词汇化为词了，“拢”是构词语素，而且“围拢”后面带有趋向动词“过来”，更证明“围拢”已是一个动词。

成都方言点义项有三：①合上。如“他笑得嘴巴都合不拢了”。②到(达)。如“我们黑了晚上才拢成都”“走拢了再说”。③靠近。如“你走拢点儿才看得到”。义项①例句中“合不拢”的“拢”应该是趋向动词，注释为“合上”不确。义项②例句中“走拢了”的“拢”也应该是趋向动词，解释为“到(达)”，也不确。义项③例句中“走拢点儿”的“拢”也应该是趋向动词，解释为“靠近”，也不确。

上海方言点“拢”义项有三，相关义项是：①合上。如“嘴脗拢”。《现代汉语词典》(第7版，2016，下同)收“脗”，即“吻”，义项有三，其二是动词：“用嘴唇接触人或物，表示喜爱：亲～。”③放在动词后，表示聚拢，向内。如“缩拢”。看例句，这两个义项的“拢”其实就是趋向动词，但词典未作说明。

温州方言点“拢”义项有三：① 表示动作有结果。如“逮门关拢”“笑爻嘴阿合不拢”。② 达到一定的目的。如“我想逮渠两个人讲讲拢使两人重归于好”“冇屋宕，两夫妻阿走不拢不能一起过夫妻生活”。③ 集中。如“逮粪扫扫拢”“逮大家人叫拢照集体照”。看例句，“关拢”“合不拢”“讲讲拢”“走不拢”“扫扫拢”“叫拢”中的“拢”应该都是趋向动词。其中“讲讲拢”“扫扫拢”也是“VV拢”，但词典未作说明。宁波奉化方言有“走拢”，义为“一起过夫妻生活”，与温州方言的“走不拢”去掉“不”义同。

金华方言点“拢”的注释是：“间隔小，挨得近。”如“靠拢”“园园放得拢拢点儿，省地方点儿”。看例句，“靠拢”的“拢”也应该是趋向动词，但词典未作说明。

奇怪的是，宁波方言有众多“V拢”等的用例，但宁波方言点却未收“拢”等（作者为汤珍珠等）。朱彰年等《宁波方言词典》（1996）也未收“拢”等。

许宝华、宫田一郎主编的《汉语方言大词典》（修订本，2020）未立“拢”的趋向动词义项，未收“拢去”。收“拢来”，义项有二，但未见趋向动词义项。

关于“来”“去”“上来”如何定性？张斌（2010：102）指出：“值得注意的是，趋向动词除了在动词之后充当趋向补语的成分，还可以直接用作有趋向义的动词。‘他来了’中的‘来’是述语，‘他跑来了’中的‘来’是趋向补语；‘他上楼了’中的‘上’是述语，‘他爬上楼了’中的‘上’是趋向补语；‘他上来了’中的‘上来’是述语；‘他跳上来了’中的‘上来’是趋向补语。”看来，张斌（2010：102）也认为两个“来”“上”“上来”都是趋向动词，但一作述语，一作趋向补语。

我们认同《现代汉语词典》的做法。收“进来”（jìn//·lái），是动词：“从外面到里面来：你～，咱们俩好好儿谈谈心|门开着，谁都进得来；门一关，谁也进不来。”又收“进来”（//·jìn//·lái），是动词：“趋向动词。用在动词后，表示到里面来：烟冲～了|他从街上跑～|窗户没糊好，风吹得～|我刚看见从外面走进一个人来。”《现代汉语词典》这样安排词条十分正确，两个“进来”不同，一是位移动词，实义动词，一是趋向动词，已经语法化了。两个“进去”“出来”“出去”“过来”“过去”“回来”“回去”“上来”“上去”“下来”“下去”“开去”“起来”也作相同处理，一是“动词”，一是“趋向动词”。前者我们觉得可以称为“位移动词”。“拢”“拢来”“拢去”也应该如此处理才对。即一作一般动词处理，是位移动词，一作趋向动词处理。

赵元任可能是最早提到“拢”是趋向动词的语言学家，赵元任《中国话的文法》（1979：212）认为趋向补语有4个类型：（1）来、去。（2）上、下、进、出、起、回、过、开、拢。（3）二合补语，即2型之后继以1型。（4）表移动的动词，只能单用，不能跟1型结合，如“倒”。赵元任（1979：214）说到“拢”，属于2型：（动）拢岸，属南方官话。（补）靠拢（共产党）。赵元任（1979：215）说到“拢来”，属于3型：“复合的趋向补语”：聚拢来、靠拢来。并认为“拢来”不做动词用。没有*“拢去”。其实，不论是明清白话文献，还是现代方言，是有“拢去”的，只是使用频率最低而已，赵元任（1979：215）有疏漏。

## 4 “V拢”的词汇化

时至今日，有不少“V拢”已经词汇化，《现代汉语词典》收不少“V拢”：

**并拢**：“合拢：两脚～|～翅膀。”

**凑拢**：“朝一个地点靠近：大伙儿～一点儿，商量一下明天的工作。”

**归拢**：“把分散着的东西聚集到一起：～农具|把桌上的书～～。”

**合拢**：“合到一起；闭合：～书本|心里焦急烦躁，到半夜也合不拢眼。”

**聚拢**：“聚集。”

**靠拢**：“挨近；靠近：大家～一点儿。”

**拉拢**：“为对自己有利，用手段使别人靠拢到自己方面来：～人|～感情。”

**圈拢**：①“团结；使不分散：～志趣相投的一块儿干。”②“拉拢：他受坏人～，干了不该干的事。”

**收拢**：义项有二，其一是：“把散开的聚集起来；合拢：～队伍。”其二是：“收买拉拢：～人心。”

**围拢**：“从四周向某个地方聚拢：队员们～在教练身边听取指导。”

可见，“并拢”“凑拢”“归拢”“合拢”“聚拢”“靠拢”“拉拢”“圈拢”“收拢”“围拢”等已词汇化，全是动词，多可带宾语，也可写成“V不拢”，如“合不拢”。有的“V拢”词汇化时间更早。《汉语大词典》（卷三，1989：160）收“合拢”，义项有四：

①包围；围拢。例如：

（15）智深两条桌脚着地卷将来，众僧早两下合拢来。（《水浒传》第4回）

（16）镇子就在大江和江汉合拢成的柳叶形小岛上。（刘兆林《雪国热闹镇》）

②合在一起；闭合。例如：

（17）阿祥一气又铲了十几铲，觉得热了，把铲柄横在膝头，伸开两个手掌来，扑的吐上一口唾沫，就合拢了两个手掌摩擦着。（茅盾《右第二章》三）

（18）我军经过连续急行军是很疲倦的，尤其是各级指挥员因通夜未眠，两个眼皮常常不自觉地合拢来。（程世才《包坐之战》）

③收拢；汇集。例如：

（19）翻到最后一张了，丈夫把原稿合拢放在膝头上。（茅盾《无题》三）

（20）所有上述种种情形合拢起来，于是不免易起革命党人怀疑德人及德国之心。（中国近代史资料丛刊《辛亥革命·辛亥革命与列强态度》）

④谓双方的意见、态度相同一致。例如：

（21）钱谷老夫子一看，事情不会合拢，也就搭讪着出去，不来干预这事。（《官场现形记》第41回）

《汉语大词典》（卷三，1989：652）收“围拢”：“从四周向某点聚拢；围绕靠拢。”例如：

（22）车夫们听见了，一齐拉着围拢来，问他到什么地

方。（叶圣陶《潘先生在难中》）

（23）师长和周仆坐在战士的背包上，大家围拢着他们，散乱地坐着。（魏巍《东方》第5部第2章）

《汉语大词典》（卷五，1990：379）收“归拢”：“把零散的东西归并、聚拢在一起。”例如：

（24）成日家我叫你们查一查，都归拢一处，你们白不听，就随手混撂。（《红楼梦》第77回）

（25）马上动手归拢东西。（杨朔《十年》）

《汉语大词典》（卷五，1990：1440）收“凑拢”：“聚合；凑集。”例如：

（26）却不防一声炮响，桥下伏兵齐出，几处凑拢，赶杀前来。（《儒林外史》第43回）

（27）各地摆起团练酒，凑拢“白布”打“金钱”。（《天地会诗歌选·金钱会十月歌》）

（28）他的棺材钱还是我们大伙卖裤子凑拢起来的。（碧野《没有花的春天》第10章）

《汉语大词典》（卷六，1990：501）收“拉拢”，义项有三：

① 设法使别人站到自己一边来。例如：

（29）那都是门客们借着这个事讨老爷的喜欢，往后好拉拢的意思。（《红楼梦》第90回）

（30）对其亲日的方面，是加以打击和孤立的政策，对其动摇的方面，是加以拉拢和争取的政策。（毛泽东《论政策》）

（31）我们在团结人，坏人也在拉拢人。（浩然《艳阳天》第96章）

② 关闭。例如：

（32）车子开着，查过了票，茶房张罗过去了，家树拉拢房门，一人正自出神。（张恨水《啼笑因缘》第9回）

（33）他拉拢窗帷，慢慢地走回到书桌前面。（巴金《罗伯斯庇尔的秘密》）

③ 靠拢。例如：

（34）那是一个诗最发达的时期，也是诗与生活拉拢得最紧的一个时期。（闻一多《文学的历史动向》）

《汉语大词典》（卷八，1991：683）收“聚拢”：“聚在一起。”例如：

（35）街上人听得宅里闹吵，也聚拢来。围住大门外闲看。（《古今小说·沈小霞相会出师表》）

（36）他注意到天空的黑云渐渐地聚拢了。（巴金《家》二八）

（37）到了集市附近，人们聚拢到一起，就更加热闹喧哗了。（浩然《艳阳天》第17章）

《汉语大词典》（卷十一，1993：787）收“靠拢”，义项有二：

① 挨近；贴近。例如：

（38）道静的心稍微安静一点，不自觉地靠拢了他们。（杨沫《青春之歌》第1部第15章）

② 亲近。例如：

（39）没有财产的，在能劳动的时候不靠拢孩子，到了不中用的时候，累着了谁，谁没有好气。（赵树理《三里湾·国庆前夕》）

据上面的例子来看，最早清初已经有“V拢”词汇化了，如《儒林外史》的“凑拢”、《红楼梦》的“归拢”“拉拢”。

仔细看上面的例句，《汉语大词典》也有几个例句不准确。如例（15）、例（18）的“合拢来”、例（22）的“围拢来”、例（35）的“聚拢来”，这些不是“V拢”，而是“V拢来”。“拢”与“拢来”除前者是单纯趋向动词、后者是复合趋向动词外，还有一个重要的区别是，“V拢”有词汇化的可能，但“V拢来”不能。

同时，不同的“V拢”，其词汇化的时间不同，上面词条中的例子，有的有清代白话文献，也有现当代作品，有的只有现当代作品。

贵州赤水方言有“并拢”，桐梓方言有“围拢”，《现代汉语词典》已收，桐梓方言、绥阳方言有“抵拢”，《汉语大词典》《现代汉语词典》未收，《汉语方言大词典》收“抵拢”，方言全是西南官话，有3个义项：

① 靠近；挨近。例如：

（40）天黑看不清楚，抵拢了才晓得是任老三。（四川成都）

（41）这柴些表多数堆得抵拢门坎了，哪个怎么走路嘛？（贵州沿河）

② 到了（某一时候，某一地点）。例如：

（42）你硬是要抵拢六点才走嗦？（四川成都）

（43）快啰！再二十多里就抵拢成都西门啦！（李劼人《大波》第二卷）

③ 到尽头；到终点。方言点为四川成都。例如：

（44）你对直去，抵拢倒右手，走过挂长灯笼的悦来店就看得见了。（克非《春潮急》一）

（45）家住牛市口，抵拢倒拐，一问便知。（1983年第6期《龙门阵》）

宁波方言的“和拢”“靠拢”“并拢”等也已词汇化了。

还有，例句中作家的籍贯等的分布范围也较广，除前面提到过的以外，还有如：刘兆林黑龙江人，程世才湖北人，魏巍河南人，杨朔山东人，碧野广东人，毛泽东湖南人，浩然河北人，张恨水安徽人，闻一多湖北人，杨沫湖南人，赵树理山西人。同样，他们也不一定具体真实地反映了自己的方言。

## 5 “拢”“拢来”“拢去”的演变

从明代至现代，“拢”“拢来”“拢去”有一些演变。下面以明清白话文献与普通话、宁波方言等为例作说明。

5.1 搭配的形式

明清白话文献有“动＋将（＋宾）＋趋向补语”，有“V 将拢来”，还有“V 得拢来”的说法，宁波方言未见，而用“V 带拢来”，如“坐带拢来”“关带拢来”等。其他趋向动词也有这种用法，如“走带过来、伸带出去、看带落去、弄带起来”等。宁波方言还有“V 带拢”，使用频率比“V 带拢来”高，明清白话文献未见“V 将拢”。同时，明清白话文献另外一些形式宁波方言也消失了，如明清白话文献可用介词“把”将宾语前置，如：“将银子藏了，即现原身，掣铁棒把呆子划拢，用手提着脚，扯上来，解了绳。”（明·吴承恩《西游记》第 76 回）宁波方言一般不用“把”字句。

宁波圣经土白还有“V 单拢”，例如：

（46）尔拉先收拾个醒ˉ稗草，把打把缚单拢，好烧火。（马太 13：30）

“单”应该是“带”。宁波方言还有这样的用法，例如：

（47）斗账斗勿拢嚯。

（48）我搭其轧道轧勿拢。

上面2例是动词拷贝句，比较特殊。

吴宗辉、俞志慧汇编|校注的《调腔传统珍稀剧目集成》（2022）为浙江绍兴新昌的地方戏，具有珍贵的戏曲材料。其中有“V拢”“V拢来”“V将拢来”“V带拢来”，但也未找到“V拢去”。比较特殊的是有“V将拢来”。

查北京大学古代汉语语料库（CCL），“V得拢/拢来”虽然明末已有，但直到民国，例子很少。如：

吸得拢来、拼得拢来（明·西周生《醒世姻缘传》）

说得拢（清·吴趼人《二十年目睹之怪现状》下）

合得拢来（清·曾朴《孽海花》上）

合得拢来（民国·许啸天《明代宫闱史》）

查北京大学现代汉语语料库（CCL），用例就多了，有50例。

明清白话文献既有“VO拢来”，又有“V拢O来”，例如：

（49）口里叫道：“你那梢公，快摇船拢来！”……那岸上这伙人大喝道：“你那梢公，不摇拢船来，教你都死！”（《水浒传》第37回）

现代汉语没有这么复杂，宁波方言说“V拢O来”，一般不说“VO拢来”。

5.2　否定句式

否定形式明清文献用否定副词“不”，多用于“V拢”或“V拢来”，宁波方言用否定副词“勿”或“弗”。

查北京大学（CCL）语料库，古代汉语共有59条，现代汉语有 343 条，也呈现出不同之处。下面是统计的一些数据：

古代汉语：合不拢来 47 条，合不拢 7 条，合不拢口 1 条，合不拢嘴 1 条，合不拢嘴来 3 条。

现代汉语：合不拢嘴 232 条，合不拢 64 条，合不拢来 21 条，合不拢嘴来 5 条，合不拢嘴巴 4 条，合不拢嘴儿 2 条，合不拢口 1 条，合不拢笑口 1 条，合不拢眼 4 条，合不拢盖 1 条，合不拢手 1 条，合不拢两翅 1 条，合不拢的嘴 1 条，合不拢的嘴里 1 条，合不拢去 1 条。另有：捏合不拢 1 条，凑合不拢 1 条。

相比之下，古代汉语比较单一，“合不拢来”“合不拢嘴来”趋向动词是“拢来”，有 50 条，占了 84.7%，其余的趋向动词是“拢”，共 9 条，占 15% 多一点。未见趋向动词“拢去”。而现代汉语就丰富得多了，虽然“拢”与“嘴”搭配用例最多，其中“合不拢嘴”232 例，占近 68%，加上“嘴巴”“嘴儿”“口”等，比例更高。但也有“眼”“手”“盖”“翅膀”。另有“合不拢去”，虽然只有 1 例，但较珍贵，说明现代汉语有“拢去”。“合不拢嘴来”比较特殊，“嘴”插入“拢来”中间，古今都有用例。

5.3　VV+ 拢

明清白话文献未见“VV 拢”，宁波方言常用，温州也有，绍兴方言有双音节动词的“VPVP 拢”，这与宁波等方言有动词重叠带趋向补语有关。此外，南京、云南通海方言也有“VV 拢”。

5.4　使用频率

明清文献使用频率不平衡，“V 拢来”最高，其次是“V 拢”，“V 拢去”最低。宁波方言是“V 拢”使用频率最高，其次是“V 拢来”，也是“V 拢去”最低，甚至有的方言没有“拢去”。有同有异。

5.5 方言分布

明清文献范围较广，以吴语文献为多，其他方言也有，如《水浒传》《英烈传》《西游记》《别有香》《龙阳逸史》《明珠缘》《醒世姻缘传》未见于石汝杰等《明清吴语词典》(2005)附录“吴语文献资料书目”，尤其是《水浒传》，使用频率很高。现代方言也以吴语为主，大多方言只有零星用例，不能与吴语相比。北京大学现代汉语语料库(CCL)有非吴语区作家的用例，有的恐怕不是其母语的真实反映，可能受明清白话文献作品的影响。

5.6 V拢/拢来的虚化

“拢”或“拢来”最基本的趋向用法分别是表示从外围靠拢参照物这个中心点。但从清末开始，“拢”可以用在言说动词后面，几乎没有“从外围靠拢参照物这个中心点”之义，也即几乎没有距离。如：

(50)洪太守道：“或者请少爷向宪太太处求情，母子之间，或可以说得拢。”(吴趼人《二十年目睹之怪现状》下)

现代汉语也有“说得拢”，如：

(51)话说得拢，什么都可以商量。(网络语料\网页\C000022)

类似“说得拢”的“谈得拢”例子更多，有26例。还有“聊得拢”的说法，如：

(52)“谈判嘛，其实就是聊天，不一定非要在会议室里系着领带正襟危坐，”刘兴章说，“咱们找个地方边聊边玩，聊得拢就签约，聊不拢也算一种休息，两不误嘛！”(张卫《你别无选择》)

“说”“谈”“聊”都是言说动词，“拢”的趋向义基本磨损。

又如：

（53）可是每个位置上能用什么词去替换，除了意思要配得拢以外，在语法上还有聚合规则管着。语法上能够出现在某个位置中的词形成一个聚合，如果用来替换的不是从这个聚合里选出的词，句子也不能成立。（当代 \CWAC\ALT0049）

"意思要配得拢"是说话的内容，"拢"的趋向义也没有了。

还有如下例子：

（54）陈孝廉见事已干妥，就进邸谒见徽王，把这件姻事的始末从头至尾和盘托出，听得徽王嘻开了一张大嘴休想合得拢来。（许啸天《明代宫闱史》）

一张嘴巴的上下唇，如果要合起来，两者的距离是很短的，几乎可以忽略不计。

（55）老孙"文革"时是该学院造反派的笔杆子之一，向来和老郝不大合得拢。（小楂《客中客》）

（56）女人应当拣一个比她年纪大些的男人，这样她才跟他合得拢来，不会失去她丈夫的欢心；因为，孩子，不论我们怎样自称自赞，我们的爱情总比女人们流动不定些，富于希求，易于反复，更容易消失而生厌。（莎士比亚《第十二夜》）

（57）这是无论哪个有一点点脑子的人都看得出来的；全然合得拢。（莎士比亚《第十二夜》）

上面 3 例是说人与人两者的关系，不是实际的距离，而只是心理距离。

（58）我还告诉你，测字讲究拆得开还要合得拢。（《中国传统相声大全》）

上例说的是“测字”，“拢”的趋向义也已磨损。

（59）第二天的菜肴，是要问她；东西放在哪里，也是她知道；老妈子每天报账，非要她记才轧得拢出入。（王安忆《长恨歌》）

上例是指账单的数字，“拢”的趋向义也可忽略不计。

（60）“好好学学，好好学学。”赵航宇指着五花八门的展品赞叹道，“这才叫搞艺术呢，放得开，收得拢，充满想象力。”（王朔《千万别把我当人》）

上例“收得拢”与“放得开”，后面有“充满想象力”，可见也没有空间距离，即趋向义磨损。

（61）第二个特点，材料丰富，左右逢源。这篇文章很让人佩服的地方，也让我佩服的一个地方，是能够打通古今中外，纵横潇洒，扯得很远，又收得拢。（孔庆东《从〈说笑〉看钱钟书的幽默》）

上例虽然“收得拢”前面有“扯得很远”，但这个“扯”是言说动词，趋向义也已磨损。

宁波方言也有类似例子。如：

（62）人哄带拢介多，勿结出了啥事体。

（63）节头节面亲眷呕带拢吃餐饭，总是介。

“哄”“呕”也是言说动词。朱彰年等（1996：156）收“呕”，义项有二，其一是：“叫；唤。”如“呕魂灵”“俗语：丈姆一声呕，蛋壳一畚斗”。

（64）青菜、黑木耳、红萝卜和带拢炒。

上例的“和”的用法，两本《宁波方言词典》都未收。汤珍珠等（1997：190）收“和”，注释为“混入液体”。如“该茶太烫了嚡，冷茶和和渠”“两三两老酒和拢仔吃交关会醉”，此例用的就是“和拢”，意思有点接近，但例（64）不是液体。《现代汉语词典》“和[1]”的注释是：“把粉状或粒状物掺和在一起，或加水搅拌使成较稀的东西。”收“和弄”，是方言，义项有二，其一是：“搅拌。”例（64）的“和”应该与“搅拌”义很近。青菜、黑木耳、红萝卜，有的可以是粒状，但青菜、黑木耳一般是条状等。所以，“和带拢”的趋向义也已经磨损。

5.7 “V拢”的词汇化

宁波方言有“莫和拢”，“和拢”的“拢”是构词语素，“和拢”已词汇化。许宝华等（2020：2982）收“和拢”：“〈动〉搀和。吴语。浙江宁波。”又如：“百粒芝麻地头摊，收拢起来一大滩。”此例特殊，“收拢”后面又带趋向动词“起来”。可见，此例的“收拢”是动词，已词汇化。

贵州、四川一些方言的“V拢”也如此。《现代汉语词典》收有不少“V拢”，如“并拢”“凑拢”“归拢”“合拢”“聚拢”“靠拢”“拉拢”“围拢”等，可见，这些词语已词汇化。《汉语大词典》收的“V拢”词汇化更早，例子出自《儒林外史》《红楼梦》等。

陈忠实的《白鹿原》中有“扫拢”“围拢”“收拢”，“围拢”“收拢”《现代汉语词典》已收，说明也已经词汇化。

## 6 结语

总之，明清白话文献与普通话、现代方言中的“拢”有这样的词汇化演变过程：

**位移动词**
- **方　言：趋向动词**（语法化：虚）**→趋向义磨损**（语法化：更虚）**→构词语素**（词汇化：更虚）（逐渐虚化）
- **普通话**
  - **趋向动词**（语法化：虚）**→趋向义磨损**（语法化：更虚）**→构词语素**（词汇化：更虚）（逐渐虚化）
  - **位移动词**

普通话仍有实义动词用例，《现代汉语词典》“拢”义项有六，除“姓”是作名词外，其余五个义项都是作动词用。值得说明的是，义项四是“使不松散或不离开；收拢：～音 | 归～ | 用绳子把柴火～住 | 把孩子～在怀里 | ～住他的心。”例子中有“归拢”，此“拢”应是构词语素，这里，词典仍把它当作动词处理，似乎不妥。

## 参考文献


白维国主编　2011《白话小说语言词典》，北京：商务印书馆。

白维国主编，江蓝生、汪维辉副主编　2015《近代汉语词典》，上海：上海教育出版社。

蔡　瑱　2013《汉语趋向范畴的跨方言专题研究——基于“起”组趋向词的研究》，复旦大学博士学位论文。

蔡　瑱　2014《类型学视野下汉语趋向范畴的跨方言比较——基于起组趋向词的专题研究》，上海：学林出版社。

曹广顺　1995《近代汉语助词》，北京：语文出版社。

陈煌煌　2020《温州方言趋向动词研究》，上海交通大学硕士学位论文。

陈泽平　2021《〈琉球官话课本三种〉校注与研究》，福州：福建人民出版社。

陈遵平　2012 《赤水方言志》，北京：中国文史出版社。
崔山佳　2007 《宁波方言词语考释》，成都：巴蜀书社。
崔山佳　2024 《趋向动词“拢”“拢来”“拢去”历时与共时考察》，见《近代汉字研究》（第四辑），河北大学传世字书与出土文字研究中心编，保定：河北大学出版社。
汉语大词典编辑委员会编纂　1989 《汉语大词典》（第3卷），上海：汉语大词典出版社。
汉语大词典编辑委员会编纂　1990a 《汉语大词典》（第5卷），上海：汉语大词典出版社。
汉语大词典编辑委员会编纂　1990b 《汉语大词典》（第6卷），上海：汉语大词典出版社。
汉语大词典编辑委员会编纂　1991 《汉语大词典》（第8卷），上海：汉语大词典出版社。
汉语大词典编辑委员会编纂　1993 《汉语大词典》（第10卷），上海：汉语大词典出版社。
汉语大字典编辑委员会编纂　2010 《汉语大字典》（第二版），四川辞书出版社、崇文书局。
胡晓慧　2012 《汉语趋向动词语法化问题研究》，桂林：广西师范大学出版社。
江凝紫　2023 《成都方言的位移表达研究》，见盛益民、柳俊主编《汉语方言位移表达研究》，上海：中西书局。
姜淑珍、高任飞　2023 《杭州方言位移事件表征的句法结构和语篇特点》，见盛益民、柳俊主编《汉语方言位移表达研究》，上海：中西书局。
蒋宗福　2002 《四川方言词语考释》，成都：巴蜀书社。
荆亚平、汪化云　2021 《杭州方言中的框式状语》，《语言研究》第1期。
〔法〕柯理思　2023 《汉语方言位移表达研究·序》，盛益民、柳俊主编《汉语方言位移表达研究》，上海：中西书局。
蓝卡佳　2012 《桐梓方言志》，北京：中国文史出版社。
李荣主编　2002 《现代汉语方言大词典》，南京：江苏教育出版社。

梁银峰　2007《汉语趋向动词的语法化》，上海：学林出版社。
林静夏　2023《汉语位移事件表达的变化和变异：吴语温州话的个案研究》，见盛益民、柳俊主编《汉语方言位移表达研究》，上海：中西书局。
林素娥　2021《19世纪中叶宁波话的句法类型特征——基于《路加传福音书》(1853)的考察》，《宁波大学学报》第2期。
林素娥　2023《早期吴语位移事件词化类型之比较》，见盛益民、柳俊主编《汉语方言位移表达研究》，上海：中西书局。
刘　芳　2015《趋向动词演变举要》，成都：西南交通大学出版社。
刘月华主编　1998《趋向补语通释》，北京：北京语言文化大学出版社。
〔美〕睦礼逊　2016《宁波方言字语汇解》，朱音尔、姚喜明、杨文波校注，游汝杰审订，上海：上海大学出版社。
皮扬洋　2018《湖南澧县方言趋向动词研究》，湖南师范大学硕士学位论文。
阮咏梅　2013《温岭方言研究》，北京：中国社会科学出版社。
阮咏梅　2019《从西洋文献看台州方言百余年来的演变》，北京：中国社会科学出版社。
阮智富、郭忠新主编　2000《现代汉语大词典》，上海：汉语大词典出版社。
盛益民　2021《吴语绍兴(柯桥)方言参考语法》，北京：商务印书馆。
盛益民　2023《吴语绍兴话位移事件的词化类型与论元配置》，见盛益民、柳　俊主编《汉语方言位移表达研究》，上海：中西书局。
施　俊　2021《义乌方言研究》，上海：复旦大学出版社。
石汝杰、〔日〕宫田一郎主编　2005《明清吴语词典》，上海：上海辞书出版社。
〔日〕太田辰夫　2003《中国语历史文法》(修订译本)，蒋绍愚、徐昌华译，北京：北京大学出版社。
覃盛发　1987《略说趋向动词“起去”》，《广西民族学院学报(哲学社会科学版)》第2期。
汤珍珠、陈忠敏、吴新贤编纂　1997《宁波方言词典》，南京：江苏教育出版社。
汪化云、姜淑珍　2020《吴语中的后置副词状语》,《中国语文》第2期。
王福堂　2015《绍兴方言研究》，北京：语文出版社。
王怀军　2022《吴语三门方言研究》，上海：上海交通大学出版社。
王　敏　2002《〈醒世姻缘传〉中的趋向动词研究》，西北师范大学硕士学位论文。
吴子慧　2007《吴越文化视野中的绍兴方言研究》，杭州：浙江大学出版社。
吴宗辉、俞志慧汇编 | 校注　2022《调腔传统珍稀剧目集成》，杭州：浙江工商大学出版社。
夏俐萍　2020《湘语益阳（泥江口）方言参考语法》，北京：商务印书馆。
夏俐萍　2023《湘语益阳方言的位移表达》，见盛益民、柳俊主编《汉语方言位移表达研究》，上海：中西书局。
肖　萍　2011《余姚方言志》，杭州：浙江大学出版社。
肖　萍、郑晓芳　2014《鄞州方言研究》，杭州：浙江大学出版社。
邢福义　2002a《“起去”的普方古检视》,《方言》第2期。
邢福义　2002b《有关“起去”的两点补说》,《方言》第3期。
邢福义　2003a《“起去”的语法化与相关问题》，见戴昭铭主编《汉语方言语法研究和探索——首届国际汉语方言语法学术研讨会论文集》，哈尔滨：黑龙江人民出版社。
邢福义　2003b《“起去”的语法化与相关问题》,《方言》第3期。
邢福义　2005《〈西游记〉中的“起去”与相关问题思辨》,《古汉语研究》第3期。
邢福义　2015《“起去”：双音趋向动词语法系统的一个成员》,《汉语学报》第1期。
徐景佳　2022《湘语益阳方言趋向动词研究》，广西大学硕士学位论文。
许宝华、〔日〕宫田一郎主编 2020《汉语方言大词典》（修订本），北京：中华书局。
许少锋编　2008《近代汉语大词典》，北京：中华书局。
杨　锦　2008《通海方言语法研究》，云南师范大学硕士学位论文。

杨　葳、杨乃浚编著　2000《绍兴方言》，北京：国际文化出版公司。
姚丽娟、占升平　2012《绥阳方言志》，北京：中国文史出版社。
叶雁鹏　2023《安远（龙布）客家话的动趋式》，见盛益民、柳俊主编《汉语方言位移表达研究》，上海：中西书局。
游汝杰主编　2014《上海地区方言调查研究》，上海：复旦大学出版社。
张　斌主编　2010《现代汉语描写语法》，北京：商务印书馆。
张清源　1998《成都话的“V起来、V起去”和“V起xy”》，《方言》第2期。
赵元任　1979《汉语口语语法》，吕叔湘译，北京：商务印书馆。
郑　伟　2017《吴语虚词及其语法化研究》，上海：上海教育出版社。
中国民间文学集成全国编辑委员会、中国民间文学集成浙江卷编辑委员会　1995《中国谚语集成（浙江卷）》，北京：中国ISBN中心。
中国社会科学院语言研究所词典编辑室编　2016《现代汉语词典》（第7版），北京：商务印书馆。
钟兆华编著　2015《近代汉语虚词词典》，北京：商务印书馆。
周志锋　2012《周志锋解说宁波话》，北京：语文出版社。
朱德熙　1982《语法讲义》，北京：商务印书馆。
朱彰年、薛恭穆、汪维辉、周志锋编著　1996《宁波方言词典》，上海：汉语大词典出版社。
朱彰年、薛恭穆、周志锋、汪维辉编著，周志锋、汪维辉修订　2016《阿拉宁波话》（修订版），宁波：宁波出版社。

# “不/不X轻易+V”与“轻易不/不X+V”的语义差异及形成原因*

何　亮　吴玲竹

（重庆师范大学文学院）

## 1　引言

在现代汉语中，“轻易”与否定词“不”及“不”与能愿动词组成的“不X（X主要是能愿动词）”有这样几种组合情况：

（1）他们听惯了谣言，所以不轻易相信伪报纸的消息。（老舍《四世同堂》）

（2）鉴于此事的严重性，我劝读者不要轻易尝试。（王小波《沉默的大多数》）

（3）他知道这些人轻易不下来，下来就是喝酒，喝醉。（李佩甫《金屋》）

（4）拉网扫荡，轻易不要开枪，把它们逼到水里去。

*　本研究得到教育部人文社科规划基金项目“二十世纪以来汉语书面语的构建与发展研究”（19XJA74000）的资助。

（莫言《生死疲劳》）

“不”及“不X”既可以在“轻易”前出现，也可以放在“轻易”之后。“不”及“不X”在“轻易”前后不同的位置出现，是否存在语义差异？“不”及“不X”在“轻易”前后换位的原因是什么？在历史上二者有何关系？在现代汉语中的使用现状是如何形成的？这些问题，学界或已有一些讨论，或语焉不详，有必要进一步讨论。

学界对“不”与“轻易”组合的研究已有不少成果。

关于现代汉语中“轻易”的词性，主要有三种看法：一是认为是形容词，如吕叔湘（1965），吕叔湘（1999：452），任海波（2007）；二是认为是副词，如侯学超（1998：469），白荃、岑玉珍（2007），王文娟（2009），潘双双（2020）；三是认为是形容词与副词兼类，如顾士熙（2002：700）[①]，李平（2008），张谊生（2014：27）[②]。我们倾向于第三种，认为“轻易”的两个义项中，“简单容易”这一义项是形容词，“随随便便”这一义项是副词，下文主要探讨副词“轻易”与“不”的组合。

关于“不轻易”与“轻易不”的语义差异：一是吕叔湘（1999：453）认为“不”放在“轻易”的前或后，意思一样；白荃、岑玉珍（2007）讨论了“不”与“轻易”的搭配情况，认为换位前后句义基本没有差别；刘宁（2009）赞同白文的观点，并从“判断语词”的语义强度角度出发对其进行了解释。二是张谊生（2014：231）举了“轻易不弄”的例子，认为二者还是存在差异：“轻易不弄”是指一般情况下不弄，特定情况下才弄；“不轻易弄”是指平时不随随便便弄，要弄就要认认真真弄。李平

（2008）认为："不轻易……"侧重于主观态度，是"不随随便便"的意思；"轻易不……"侧重于客观状态，是"在一般情况下，很少……"。王文娟（2009）考察了"轻易"否定句的共时构成，认为"不"和"轻易"通常可以自由互换，互换后语义重点从强调主观态度变为陈述事实或现象。

自赵元任（1968）以共现顺序列举副词的分类后，许多学者都讨论过副词连用的现象。黄河（1990）通过大量实例调查，总结出在状语位置上的连用副词同现的顺序：语气 > 时间 / 总括 > 限定 > 程度 > 否定 > 协同 > 重复 > 方式；张谊生（2014）从语义功能与句法功能角度将副词分为评注性副词、限制性副词、描摹性副词，再对限制性副词进一步划分后得到的副词连用顺序为：评注性 > 关联 > 时间 > 频率 > 范围 > 程度 > 否定 > 协同 > 重复 > 描摹性。[③] 然而，本该出现在"不"后面的方式副词"轻易"，为什么会在"不"前出现？"轻易不 / 不 X"是现代汉语的新兴用法还是古已有之？

关于"不"能够在"轻易"前后出现的成因，目前只有刘宁（2009）从"轻易"的"经常"义蕴含［+ 时间 / 频率］的语义特征角度进行了简单解释，认为此时作为时间副词的"轻易"理应放在否定副词"不"之前。[④] 我们并不认同这种观点。

本文拟将历时与共时语料相结合，考察"不"及"不 X"在"轻易"前后组合出现的历时情况，分析"不 / 不 X 轻易 +V"与"轻易不 / 不 X+V"的语义差异，试图探寻"不 / 不 X 轻易 +V"与"轻易不 / 不 X+V"的语义差异的成因。为简便，下文"不 / 不 X 轻易 +V""轻易不 / 不 X+V"分别简称为"不 X 轻易""轻易不 X"。

## 2 “不 / 不 X 轻易 +V”与“轻易不 / 不 X+V”的历时考察

要辨明“不 X 轻易 +V”“轻易不 X+V”之间的关系，有必要对各个时代“不”与“轻易”的组合情况进行考察。

2.1 西晋出现的“不”与“轻易”的组合

“不”与“轻易”的组合最早在《三国志》中出现：

（5）袁绍拥十万众，自以所向无前。今见昱兵少，必轻易不来攻。（陈寿《三国志·魏书》卷十四）

李平（2008），潘双双（2020）皆引此例作为表“随随便便”义的副词“轻易”出现的例证。体味该例，考察魏晋时期“轻易”的使用情况，笔者认为例（5）中的“轻易”实际仍应看作形容词，表示“轻视，简慢”。⑤

2.2 宋代

六朝至唐代，罕见“不”与“轻易”的邻接用例。

宋代，“不”与“轻易”并不直接组合，“不”后须跟能愿动词“可”“敢”或“得”，组成“不 + 能愿动词 + 轻易”，笔者共检得 6 例。例如：

（6）圣人固不可跂及，然学圣人者，不可轻易看了圣人。（程颢、程颐《河南程氏遗书》卷第二十二）

（7）后见光尧实录，其中煞有不相应处，故於这般文字不敢轻易下笔。（《朱子语类》卷一百三十一）

（8）乃诏宣抚司不得轻易进兵，而议和之使纷然于道路矣。（李纲《靖康传信录》卷三）

以上“不可轻易 V”“不敢轻易 V”“不得轻易 V”都是对未

然事件的主张，侧重于说话人对所陈述命题的主观态度。

在笔者检索范围内宋代未见“不”直接置于“轻易”后面的用例。

2.3　元明

元明时期，“不X轻易”的用例增多，我们共检得45例。“不轻易V”共5例；“不X轻易V”共40例。

这一时期，“不”后除“可”“敢”“得”外，还有其他能愿动词，如“许”“肯”“该”，甚至出现加强语气的副词“是”。具体例子如下：

（9）先是一个何知县，因他假老实，问他事再不轻易回复，侧边点两句，极中窍，便喜他，要抬举他。（陆人龙《型世言》第三十回）

（10）为这件上，所以自己园中不轻易放人游玩。（冯梦龙《醒世恒言》第四卷）

（11）但有牲畜近营墙外者，不许轻易差人出外牵取，先报营将，听营将差夜不收由门放出取进。（戚继光《练兵实纪》卷七）

（12）原是一个娼家女子，模样也只中中，却是拿班做势，不肯轻易见客。（凌濛初《二刻拍案惊奇》卷三十三）

（13）都御史不是轻易做的，要有实功，方许实授！（文秉《烈皇小识》卷一）

以上“不X轻易V”表达的主要都是对未然事件的判断或对泛时事件的看法。

与此同时，“轻易+不V”出现，笔者共检得5例。所描述的皆是具体的过去已经发生了的事件行为。例如：

（14）欲待暗地下手，后当得这家母子关门闭户，轻易不来他家里走动。（凌濛初《二刻拍案惊奇》卷四）

（15）春香道："我主母素性正大，毫不敢犯，轻易不出中堂。此必不可得。"（《龙图公案》第四回）

例（14）中杨二家母子"关门闭户，轻易不来走动"是杨佥宪准备下手害人前已经发生的事情；例（15）是春香用主母的秉性和过去"轻易不出中堂"的事实，来说服张茂七计划的不可行。

2.4　清代

到了清代，"不X轻易""轻易不X"的用例数量都有大幅提升。在笔者检索范围内，"不轻易"检得18例，"不+能愿动词/副词+轻易"检得110例；"轻易不"检得27例，"轻易+不+能愿动词"检得21例。

"不X轻易"中，"不"直接放在"轻易"前的用例增多，"不"后可跟的能愿动词范围扩大，不仅包含原有的"许""肯""该""好"等，还新增了"必""要""能"。具体用例如下：

（16）所以这神鹰急脚，不到那一万分恶贯满盈，不轻易差遣。（西周生《醒世姻缘传》第六十四回）

（17）以至顶到如今，偏偏碰着这位制军是不轻易见客的，他见也好，不见也好，便也漠然无动于中了。（李伯元《官场现形记》第三十三回）

（18）这位老太太倒真是一个热心人物，慌忙又去通知甥女，涕泣劝告，叫她不要轻易取事。（无垢道人《八仙得道》第七十二回）

（19）至于我亦非忘情，但不能轻易用情。用时容易，到完结处便艰难。（陈森《品花宝鉴》第二十四回）

这一时期出现了“轻易＋不＋能愿动词”（“轻易不X+V”）的用例，但“轻易＋不”用例更多。另外，“轻易不”除了表达过去的一般事件行为，也可后接肯定的已然语境，对“不”所否定的行为进行事实肯定，表达“轻易不X（实际上已经X了）”，具体例子如下：

（20）惠观民叫妻郑氏，暗中吩咐道：“第二的轻易不回家，你去架上鸡捉一只来杀了，妙相着些，休要捉的乱叫唤。”（李绿园《歧路灯》第四十回）

（21）安老爷答道：“我便姓安。恕我家居，轻易不到官场，在场的诸位相好都不大认识了。”（文康《儿女英雄传》第三十六回）

例（20）的语境是说话者知道二房已经回来了（否定“不回家”），让妻子去杀鸡；例（21）是安老爷已经来到“官场”（否定“不到官场”）。

2.5　民国初年

民国初年的“不X轻易”，在笔者检索范围内，目前所见，“不轻易”检得30例，“不＋能愿动词/副词等＋轻易”检得123例。

“不＋能愿动词/副词等＋轻易”在报纸杂志上较常出现；“不”后的连带成分更加丰富，不仅包括“可”“敢”“能”等能愿动词与副词“是”，还可以与形容词组成“不便轻易”“不宜轻易”。例如：

（22）以一国元首之赞助，而不能使其乡人附从之，此亦可见西方人士独立思想之高，不轻易为位高爵尊者所耸动也。（胡适《新青年》第五卷第三号）

（23）既无契约之文公证之例可以诉政府於法廷，则朝

纳金钱夕成废纸耳，此受命之人民所以惧资本之蹈於危地，而不敢轻易措之。（陆宗舆《东方杂志》第十期）

（24）士诒先向他递一眼色，然后申词解释道：“事关重大，若非经国民会议，大总统亦不便轻易承认哩。”（蔡东藩《民国演义》第四十九回）

（25）祖宗的法度，固难说它是尽善，但是亦不宜轻易更改。（李逸侯《宋代十八朝艳史演义》第三十九回）

这一时期的“轻易不”检得21例，“轻易+不+能愿动词”检得32例。“轻易不X”与“不X轻易”之间的语用差异变得不甚明显。“轻易+不+能愿动词”的用例增多，超过了“轻易+不”的用例。例如：

（26）盐院道：“仪王爷我是见过的，真和假一见便能分晓。倒是他深居简出，轻易不能够会面呢。”（陆士谔《清朝秘史》第四十六回）

（27）惟有孝哲后痛痒相关，轻易不见皇上的龙颜，一日同治帝驾幸坤宁宫，便痛哭陈词，力劝皇上以宗社为重，须善保金玉身躯。（李伯通《西太后艳史演义》第十五回）

（28）松子道：“我听说万龙是身价很高的妓女，轻易不肯接客的，是有这个话没有呢？”（不肖生《留东外史续集》第五十二章）

（29）京曹曰：“吾与道士虽甚稔，然李轻易不肯为人绍介。虽言之恐无效。”（许指严《十叶野闻·崔李两总管》）

例（26）“轻易不能够会面”与换位后“不能够轻易会面”似乎都能够成立，表意没有差别；例（27）为“轻易不X”的常规用法，说孝哲后“轻易不见”皇上，实际上“现在”已经见了；例（28）说是“万龙不接客”，但此时说话人知道万龙已经接客，表达所谓“轻易不接”实际上是满足“有钱有势”的条件就会接；例（29）也是一样，京曹说李总管轻易不为人牵线搭桥，实际上是暗示“给够金子一定会为你介绍”。

2.6 现当代

现当代，“不X轻易”共检得479例，其中“不轻易”检得110例，“不+能愿动词/副词等+轻易”369例；“轻易不X”共检得290例，其中“轻易不”检得170例，“轻易+不+能愿动词”120例。

这一时期“轻易不X”的使用频率有所提升，与“不X轻易”的差异变得更加不明显；除“不+能愿动词”受“仍然”“根本”修饰时，或“轻易”前有“绝不”“并不”“从不”等副词的情况下，[⑥]在大部分句子中，“不X轻易”与“轻易不X”可以进行自由的换位。例如：

（30）a.集市上现成的东西不要轻易购买。

b.集市上现成的东西轻易不要购买。

（31）a.他不会轻易认输。

b.他轻易不会认输。

综上，“不X轻易”在宋代开始出现，主要形式为“不+能愿动词+轻易”，表达的主要是对未然事件的判断或对泛时事件的看法；元明时期，“不”与“轻易”可以直接组合使用，与此同时，“轻易不X”出现，形式为“轻易+不”，主要描述过去发生的已然事件；清代，“轻易+不+能愿动词”产生，“轻易不X”后常跟肯定的已然语境，对“不”所否定的行为进行事实肯定；近现代后，“不X轻易”中“不”后可跟能愿动词、副词和形容词等，与“轻易不X”的语用差异变得不太明显。“不X轻易”“轻易不X”的历时用例数量与占比如表1所示：

**表1 “不X轻易”“轻易不X”的历时分布情况**

| | 不X轻易 | | | | 轻易不X | | | |
|---|---|---|---|---|---|---|---|---|
| | 数量 | | 总数量 | 总比例 | 数量 | | 总数量 | 总比例 |
| | 不+轻易 | 不+轻易+能愿动词/副词等 | | | 轻易+不 | 轻易+不+能愿动词 | | |
| 宋 | 0 | 6 | 6 | 100% | 0 | 0 | 0 | 0 |
| 元明 | 5 | 40 | 45 | 90% | 5 | 0 | 5 | 10% |
| 清 | 18 | 110 | 128 | 73% | 27 | 21 | 48 | 27% |
| 民国初年 | 30 | 123 | 153 | 74% | 21 | 32 | 53 | 26% |
| 现当代 | 110 | 369 | 479 | 63% | 170 | 120 | 290 | 37% |

从表1中我们可以发现，“不X轻易”与“轻易不X”随着时代的发展，数量呈现增长的趋势；二者有很长一段时间保持着稳定的比例，并不是此消彼长的竞争关系。“不X轻易”一直是主流用法，现当代时期“轻易不X”的使用频率有所上升，这或许与二者差异变得不太明显有关。

那么二者之间到底有何差异？是什么原因导致了这种变化的发生？下文拟从否定强度、主观性程度、语体适用广度三个方面，对“不X轻易”“轻易不X”的语义差异进行比较。

## 3 “不/不X轻易+V”与“轻易不/不X+V”的语义差异

### 3.1 否定强度：“不X轻易”>“轻易不X”

关于“不”后的否定范围与否定焦点，吕叔湘先生（2002：436）认为“在句子里，‘不’或‘没’的否定范围是‘不’或

'没'以后的全部词语。一个词在不在否定范围之内，有时候会产生重大的意义差别。”钱敏汝（1990）认为否定范围与否定焦点具有任意性，“不”的否定范围是它最大可能的语义作用范围，而在否定范围内的各个成分都有可能受到否定词否定语义的影响，而成为否定焦点。刘丹青（2008：144）指出，汉语是比较独特的允许“否定词漂移”（negative floating）的语言，“独立的否定词可能具有一定的语序灵活性，此时否定词的位置有划分否定范围和突出否定焦点的作用。”

对比下面两个“不”与“轻易”组合的例子：

（32）a. 不要轻易让人到你家去。

b. 轻易不要让人到你家去。

例（32）a 中的否定范围为“轻易让人到你家去”，否定焦点为“让人到你家去”。例（32）b 中“轻易”出现在否定词前，沈家煊（2015：57）曾说：“状语、补语和定语一般不是构成谓语所必需的（obligatory）句法成分，它们一旦在否定句谓语中出现就成为语义重点，容易‘吸引’否定词。”作状语的副词“轻易”吸引“不要”，成为焦点，与此同时，否定范围缩小为“让人到你家去”。⑦

从管辖领域上看，（32）a 句子的主管成分为“不要”，整体表达否定含义，但辖域内部肯定；（32）b 主管成分为“轻易”，整体肯定，辖域内部否定。从否定程度上（32）a>（32）b。

除此之外，我们可以从“不 X 轻易”与“轻易不 X”的非现实性上比较其否定强度。

“现实”（realis）和“非现实”（irrealis）是一对情态范畴（沈家煊，2015：116），张雪平（2009）根据已有研究对“现实”

与“非现实”进行了概括：“现实”指说话人认为相关命题所表达的是现实世界中已经 / 正在发生或存在的事情，“非现实”指说话人认为相关命题所表达的是可能世界中可能发生 / 存在或假设的事情；并把“不”否定陈述句归入“非现实句（又叫未然句）”当中。

否定句与非现实句有相通之处，在说话人判断命题真假的程度等级上，非现实句靠近否定句的一端。（Givón, 1990: 321，转引自沈家煊，2015：116）我们可以将否定本身也看作一种情态，它处于等级序列上的一个极端，也就是说，非现实性越强，其否定程度就越强，非现实句越典型，就越靠近绝对否定。

从表义特征看，典型的非现实句具有［+未然］［+未定］的特征，现实句具有［+已然］［+已定］的特征。结合上文对“不”在“轻易”前后组合历时情况的考察，我们可以发现：“不X轻易”常常是对未然事件的推测或假设，偏向认识类非现实句，表示可能世界中可能发生的事件行为，对命题是否真正发生常不做交代；而“轻易不X”一开始出现就是偏向时间类非现实句，可以讲述过去具体时间或泛时的行为，在上下文中可以以现实情境为依据，对“不”后所否定的命题进行重新肯定。例如：

（33）“至于令高祖，现住在九重天中之无想无结无爱天上，是最高的这一重天，所以不轻易下来。如贫道等，不过卑微下贱之流，九重天上游玩游玩尚且难得，何况居祝所以只好仍在人世间混混了。”（钟毓龙《上古秘史》第四十六回）

（34）好笑那些官府，当作一桩正经事务，不知道他们是闹着顽的，也不知那个传到那官府耳朵里去。虽说是上海

报，然而这种报官府轻易不看的。一定是有人传到他们的耳朵里去。（李伯元《文明小史》第二十六回）

例（33）是洪崖仙人依据自身情况对帝尧高祖作出的可能性推测，对命题的真实性没有额外说明。例（34）说"官府轻易不看"，但是小句的前一句交代"官府在办理"，后一句暗示"有人将此事告诉了官府"，上下文表明"官府看了"，重新肯定了命题。

张雪平（2009）提出"非现实句的非现实性连续统"如下：

认识类非现实句 ←推断 > 推测 > 限时 > 泛时→时间类非现实句

典型 ———— 不典型

我们可以看到：相比"轻易不X"，"不X轻易"非现实性更强，是更加典型的非现实句，其否定强度大于"轻易不X"。

3.2 主观性程度："不X轻易" > "轻易不X"

Lyons（1977: 739）认为，主观性（subjectivity）是指说话人在说出一段话的同时能够表明自己对这段话的立场、态度和情感，从而在话语中留下自我的印记。沈家煊（2001）指出"主观化"（subjectivisation）是指语言为表现这种主观性而采用相应的结构形式或经历相应的演变过程。因而"主观化"既是一个共时的概念，也是一个历时的概念。据沈家煊（2001），在Langacker的认知语法体系中，"主观化"可定义为将实体与实体之间的关系从客观轴调整到主观轴。

由前文的历时考察不难发现，"不X轻易"表达的主要是对未然事件的判断或对泛时事件的看法，倾向于说话人对所陈述命题的主观态度，"轻易不X"则偏向客观的陈述事实或现象，看下面两个例子：

（35）王龁想不出什么法子，只好派人回报秦昭襄王，说：“廉颇是个富有经验的老将，不轻易出来交战。……”（《中华上下五千年》）

（36）高庆山有抽半锅烟的工夫，就张开红嘴唇儿笑了：“支队长呀！你可轻易不来。快到屋里，车子就靠在那里吧，没人敢动！”（孙犁《风云初记》）

例（35）的“言语事件”（speech event）中，句子主语（sentence subject）是“廉颇”，真正的言说主语（utterance subject）是说话人“王龁”，实际上是“我认为廉颇不会轻易出来交战”，“廉颇不轻易出来交战”表示“廉颇”与“战场”的关系，二者的关系从客观轴调整到主观轴。而例（36）中“支队长轻易不来”，“支队长”和“高庆山家”两个实体的关系处在客观轴上，不是说“我认为支队长轻易不来”，而是“过去支队长确实轻易不来”这个事实。

除此之外，我们还可以从“不X轻易”“轻易不X”与转折词的共现上比较他们的主观性程度。

吕叔湘（1982：340）认为“转折”是“所说不谐和或背戾，多半是因为甲事在我们心中引起一种预期，而乙事却轶出这个预期。因此由甲事到乙事不是一贯的，其间有一转折。”陈禹（2021）在“转折是现实偏离预期”的基础上，进一步指出“转折发生在语用层面，其发生条件依赖于说话人的主观信念”。

考察“不+轻易”“轻易+不”后接小句使用转折词的情况我们发现：“不X轻易”后常常需要搭配一定的转折词才能使句子成立；“轻易不X”则相反，往往不用转折词，必须使用转折词的情况较少。看下面两个例子：

（37）过去，此秘籍是不轻易传人的，但是李老无门户之见、流派之分，毫无保留地传出。（《人民日报》，1993—01）

（38）他轻易不说话，一开一两片嘴唇吧哒吧哒可伶俐了。（刘心武《贼》）

例（37）中“秘籍不轻易传人”与“李老毫无保留传出”蕴含否定关系，用转折词“但是”连接；例（38）中“轻易不说话”与“说话伶俐”直接连接。笔者认为，例（37）否定本身是强焦点，后文所描述的现实偏离预期时，必须用转折词连接；而例（38）“轻易不X”的小句内部为否定蕴含肯定，本身已经有转折关系，故与后一句不需要转折词连接。

转折与预期情状、现实情状直接关联，而预期情状、现实情状又与说话人的信念密不可分，从转折关系上我们也可以看出“不X轻易”的主观性程度高于“轻易不X”。

综合历时以及共时的用法来看，“不X轻易”的主观性程度高于“轻易不X”。

3.3 语体适用广度上：“不X轻易”>“轻易不X”

冯胜利（2011）将“语体”定义为“语体是实现人类直接交际中最原始、最本质属性（亦即确定彼此之间关系和距离）的语言手段和机制”。语体的根本任务是找出形式与功能之间的对应规律（form-function correlation），“任一语言形式都必然具有一定的语言功能”，而语体的功能就是人们在说话时，根据交际对象、场合、内容以及听话者的态度所选取的、决定交际关系（亲疏、远近或［±正式］/［±庄典］）的语言形式的表意功能（冯胜利，2018：71—76）。

“不X轻易”与“轻易不X”在正式语体上有较为明显的区分。我们可以从《人民日报》和《中国青年报》的相关用例中窥得一二。[8]我们考察了“不X轻易”与“轻易不X”在这两个网站报道中的出现频率，统计结果如表2：

表2 “不X轻易”“轻易不X”在两报中的使用情况

| | 不X轻易 | 轻易不X |
|---|---|---|
| 《人民日报》[9] | 1195 | 18 |
| 《中国青年报》[10] | 1245 | 50 |

在表2中我们可以看到，“轻易不X”在新闻报道中虽然使用，但使用频率较低，与“不X轻易”相比，数值相差较大；在《人民日报》中仅有18例，在《中国青年报》中数量有所增加，但仍只有50例。可以看出，在语体的正式/非正式范畴中他们的类别为：“不X轻易”[+正式]，“轻易不X”[–正式]。[11]

“不X轻易”“轻易不X”具有不同的语体属性在不同时期的材料中都能得到佐证。“不X轻易”可用于元明时期的法律条文等公务文件，并且在民国初年的报纸杂志上大量出现。具体例子如下：

（39）但有牲畜近营墙外者，不许轻易差人出外牵取，先报营将，听营将差夜不收由门放出取进。（戚继光《练兵实纪》卷七）

（40）凡告婚姻地土家财债负外不违法者，若已拦告，所在官司不许轻易再接词状归问。如违，从廉访司照刷究治，相应。（《大元圣政国朝典章·刑部》卷十五）

（41）主有发下裁断，贤等一出至公。上知其无私，委任益隆，凡事不肯轻易出，必召问其可否。或遣中官来问，务得其当，然后行。（李贤《天顺日录》）

（42）即使不能尽解，亦须讲明此义，使知字有头尾以及余音，则不敢轻易开口，每字必询，久之自能惯熟。（李渔《闲情偶记·授曲第三》）

（43）初三日南洋大臣电奏东三省事不可轻易签押，初四日京师大学堂学生会议东三省事，日本照会外务部劝拒俄人密约，初九日俄人复据营口。（《东方杂志》第一期）

（44）惟陈寿平因在都察院候补多年资格已深一经出京恐资格被扣序补无期不敢轻易应聘。（《湘报》第一百三十八号）

冯胜利（2018：126）对常用文体用语体成分做了分析，根据不同文体的语体属性综合语体范畴在使用中与交际对象（包括场景、内容之间）的交互作用，给出了不同语体的大致功能分布情况，如图1所示：

| 文体 / 文类 | 典雅 | 正式 | 俗白 | 随便 |
|---|---|---|---|---|
| 公务文件 | | + | （+） | |
| 宗教祭祀 | + | + | | |
| 国会报告 | | + | （+） | |
| 新闻广播 | | + | | |
| 报刊社论 | | + | | |
| 学术 / 美文 | + | + | | |
| 家里聊天 | | | | + |
| 跟百姓讲话 | | | + | |
| 相声 / 曲艺 | | | + | + |
| 诗歌 | | + | （?） | |

**图1　语体功能分布图**

对照图1我们可以分析出“不X轻易”在不同文体中的语体功能：例（39）与（40）是法律条文，属于“正式”的公务文件；例（41）与（42）属于文人随笔性质的文字；例（43）与（44）是登载在报刊上的“正式”新闻。

而“轻易不X”只用于小说与口语对话中，清末民初的报纸杂志上仅找到2例，并且口语性较强，如下：

（45）孩子能够跌到浮蚌疙瘩，这是孩子的幸运之到临，因为他能得到妈妈轻易不尝给予的蛋子。（《民俗》第廿七廿八期合刊）

（46）“吾生平轻易不崇拜人，然读了法国革命史，见这几个女豪杰，奔走呼号舍身忘家，在革命史上大大的留下一个光彩纪念，看了不由得令人起敬起爱香花顶礼说不出的倾倒哩。”（《浙江潮》第四期）

上述两例“轻易不X”都是在刊载在报刊上的小说中出现，语境中伴随着口语词“蚌疙瘩”、语气词“哩”，在语体功能上偏向“俗白”。

综上，“不X轻易”能够在小说、法律、报刊等文体中出现，语体上兼有正式与俗常两种，相比起只在非正式文体中出现的“轻易不X”，“不X轻易”的语体适用广度更大。

## 4 “不/不X轻易+V”与“轻易不/不X+V”语义差异的原因

为什么“不X轻易”会在否定程度、主观性、语体适用广度三个方面都强于“轻易不X”？我们从语用角度入手作出尝试性解释。[12]

笔者认为，“轻易不X”相比常见的语序“不X轻易”，其表达的句义中增加了语用因素。Grice（1975）提出了会话需要遵循的“合作原则”[13]，其中最重要的是“适量准则”（quantity），即说的话要适量，不多也不少；实际包含两个方面：一是“足量”，即传递的信息量要充足；二是“不过量”，即传递的信息量不要过多。（见沈家煊，2004）“适量准则”的背后实际上是说话者想要传递，听话者需要推导的一种隐含义（conversational implicature），是语用层面的句子表意，与句子所固有的语义层面的衍推义（entailment）不同。[14]

我们提炼出例（29）的短句（即以（29）为语境[15]），来看“不”在“轻易”前后位置句子隐含义的不同：

（47）a 他这个人轻易不帮忙 → 他不会帮忙。（衍推义）

⇒ 满足一定条件，他就会帮忙。（隐含义）

b 他这个人不轻易帮忙 → 他会帮忙。（衍推义）

⇒ 满足一定条件，他才会帮忙。（隐含义）

“从交际策略上说，否定词移位一般要受到两条原则的影响：一是避免误解；一是说话委婉。”（沈家煊，2015：161）说话人为了给自己“留有余地”，实现“委婉”的语用目的，将否定词“不”移到“轻易”后，使句子表意从主观轴移到客观轴，拉近与言谈者的交际距离，整个句子的否定程度减弱。

现代汉语中的“不X轻易”与“轻易不X”的差异似乎已经不甚明显，但是追溯他们的产生时间与历时使用情况我们可以发现，“轻易不X”的产生是基于与“不X轻易”不同的语用目的，不同的语义表达，二者在演变过程中也并未产生竞争关系，而是保持着较为稳定的相对比例，数量一齐上升。

范晓（2019：285）指出应注意区分汉语的三种语序：句法语

序、语义语序和语用语序。[16]范晓、陈昌来（2015：169）认为语义结构是句式的底层结构（深层结构），所以语义语序是底层或深层的语序，句法语序或语用语序是表层或显层的语序；当语义语序发生变化，句法语序和语用语序以及句型、句式都会跟着变。

笔者以为，正是基于不同的"语义语序"，产生了"轻易不X"这样需要语境，有特定的语序含义的"语用语序"，并且随着使用频率的增多成为一种句法结构，最终融入合法规则。

## 5　结语

本文主要对现代汉语中否定词"不"及"不"与能愿动词组合成的"不X"在"轻易"前后组合的两种语序进行了探源。"不X轻易"在宋代产生，主要表达对未然事件的判断或对泛时事件的看法；"轻易不X"出现于元明时期，目的是描述过去发生的已然事件，也可陈述一般行为，后接肯定的已然语境，对"不"所否定的行为进行事实肯定。在演变过程中，二者数量共同增长，很长一段时间内保持着较为稳定的比例，并不是相互竞争、此消彼长的关系。

我们从三个不同角度比较了"不X轻易""轻易不X"的语义差异。

首先，从否定程度分析，"不X轻易"否定辖域更大，在非现实性情态链上更接近于绝对否定，否定程度大于"轻易不X"。

其次，从主观性来看，"不X轻易"倾向于表示说话人的主观态度，"轻易不X"则偏向客观的陈述事实或现象，考察它们与转折词的共现，"不X轻易"更依赖于说话人的主观信念，在现实偏离预期时，更多使用转折词。

最后，从语义属性比较“不X轻易”与“轻易不X”可以发现，“不X轻易”语体类别为［+正式］，可用于法律条文等公务文件，并且在报纸杂志上大量出现，“轻易不X”语体类别为［-正式］，通常用于口语和对话，在报纸杂志上虽然使用但数量偏少。

在会话中特殊的语用目的，致使了“不”在“轻易”前后语序的改变，从而引起句子表义变化，带来了否定强度、主观性程度、语体适用广度三个方面的差异。

**附　注**

① 《现代汉语常用词用法词典》（2002：700）认为：形容词的“轻易”与“艰难”相对，意为“简单容易”；副词“轻易”常用于否定句中，由它构成的“不轻易～”“轻易不～”意思基本相同，为“很少”或“不容易”。

② 张谊生《现代汉语副词研究》（修订版）中将“轻易”从原本的评注性副词中删去，归为描摹性副词，认为其主观性并没有达到评注性副词的强度。

③ 《现代汉语虚词词典》（张斌）将“轻易”归为情态副词，史金生（2011：33）将“轻易”归为情状副词的方式类。张谊生（2014：17）将描摹性副词定义为“在句法上可以充当动词的准定语；句中位序比较固定，一般只紧贴中心语；主要是用来对相关行为、状态进行描述、刻画的。”他所说的描摹性副词即是史文所说的情状副词。

④ 同样持有此观点的还有白荃、岑玉珍（2007）。王文娟（2009）认为“经常”义来源于“轻易”句的句式语义，而非“轻易”的词义。

⑤ 据笔者考察，表“随随便便”义的副词“轻易”唐代开始出现（若把白衣轻易脱，却成青桂偶然攀。（杜荀鹤《恩门致书远及山居因献之》），宋代得到明显发展。

⑥ 参见白荃、岑玉珍（2007），王文娟（2009）。

⑦ 谓语部分中的状语、补语，定语往往能“吸引”否定词，成为否定的“焦点”，从而使预设的意义部分扩大，否定的范围缩小。（见沈开木，1985；饶长溶，1988）（转引自沈家煊，2015：56）。

⑧ 《人民日报》《中国青年报》都是国家正式大报，都具有正式、权威的特点。

⑨ 我们在人民日报图文数据库（http://data.people.com.cn/rmrb/20211127/1?code=2）做了精确检索，检索范围为2010—2021年的《人民日报》，不包括各种政策信息、活动报道和工作报告等。

⑩ 我们在中青在线（http://zqb.cyol.com/html/2021-11/26/nbs.D110000zgqnb_01.htm）做了精确检索，检索范围为2010—2021年的《中国青年报》，不包括站内的《青年参考》《青年时讯》《青年作家报》等。

⑪ 此处所说的“正式/非正式”的类别是就“不X轻易”“轻易不X”二者相比较而言的，形式所带有的交际关系信息是相对的，不是绝对的。

⑫ 储泽祥、申小阳（2021）在讨论“建议不VP”“不建议VP”的否定词位置变化成因时归因于“晚近时期西语汉译诱发”，本文所讨论“不X轻易”“轻易不X”与其情况并不相同，与语言接触关联不大。

⑬ “合作原则”指语言交流的参与者根据交流的意图和交流的环境采取互相合作的态度。包括四条准则：真实准则、适量准则、相关准则、方式准则。（见沈家煊，2004）

⑭ “衍推义”其实就是句子的真值条件，是句子所表达的命题为真的前提。

⑮ 例（29）原文如下：关道乃牵京曹衣出至院中，乘树荫小坐，探以己意。京曹曰：“吾与道士虽甚稔，然李轻易不肯为人绍介。虽言之恐无效。”关道昵之曰：“吾此行已拚二十万金，苟得当，尚当别为足下寿也。”京曹曰：“吾非为此，但道士肯为李言，而李允为阁下道地，则得矣。他非所求也，阁下幸勿疑吾有他。”……退以质京曹，虑事无望。京曹曰：“否！否！事已就，故许相见。不然，安得与道士有一面之缘哉？但子囊中预备金恐不敷，彼已索三十二万，道士须五万。然则殆非四十万不能办也。”关道曰：“苟达目的，必竭力为之。”订约而别。

⑯ 句法语序指句法成分的次序，如主语和谓语的次序，定语和中心语的次序等；语义语序指语义成分的次序，如施事和受事的次序，领事和属事的次序等；语用语序指语用成分的次序，如主题和述题的次序。（见范晓，2019：285）

## 参考文献


白 荃、岑玉珍 2007 《“轻易”的语义及用法分析》，《语言教学与研究》第5期。

陈 禹 2021 《反意外：表轻转“只不过”的语用本质与演化动力》，《汉语学报》第2期。

储泽祥、申小阳 2021 《现代汉语否定词的位置变化及成因分析——以“建议不VP”和“不建议VP”为例》，《外语教学与研究》第3期。

范 晓 2019 《范晓语法论文选集》，上海：复旦大学出版社。

范 晓、陈昌来 2015 《汉语句子及其句式研究》，上海：学林出版社。

冯胜利 2011 《语体语法及其文学功能》，《当代修辞学》第4期。

冯胜利 2018 《汉语语体语法概论》，北京：北京语言大学出版社。

顾士熙主编 2002 《现代汉语常用词用法词典》，北京：中国书籍出版社。

侯学超编 1998 《现代汉语虚词词典》，北京：北京大学出版社。

黄 河 1990 常用副词共现时的顺序，见北京大学中文系编《缀玉二集》，北京：北京大学出版社。

李 平 2008 谈轻易，《牡丹江师范学院学报（哲学社会科学版）》第6期。

刘丹青 2008 《语法调查研究手册》，上海：上海教育出版社。

刘 宁 2009 《对“轻易”在“不”前后换位的解释》，《现代语文》第7期。

吕叔湘 1965 《形容词使用情况的一个考察》，《中国语文》第6期。

吕叔湘 1982 《中国文法要略》，北京：商务印书馆。

吕叔湘主编 1999 《现代汉语八百词（增订本）》，北京：商务印书馆。

吕叔湘 2002 《疑问 否定 肯定》，见《吕叔湘全集》第3卷，沈阳：辽宁教育出版社。

潘双双 2020 《评注性副词"轻易"的来源及发展演变》,《北部湾大学学报》第3期。

钱敏汝 1990 《否定载体"不"的语义–语法考察》,《中国语文》第1期。

饶长溶 1988 《"不"偏指前项的现象》,《语法研究和探索》第4辑。

任海波 2007 《现代汉语形容词"轻易"与"容易"、"随便"的比较研究》,《中国言语研究》第24辑,韩国:韩国中国言语文化研究会。

沈家煊 2001 《语言的"主观性"和"主观化"》,《外语教学与研究》第4期。

沈家煊 2004 《语用原则、语用推理和语义演变》,《外语教学与研究》第4期。

沈家煊 2015 《不对称和标记论》,北京:商务印书馆。

沈开木 1984 《"不"字的否定范围和否定中心的探索》,《中国语文》第6期。

史金生 2011 《现代汉语副词连用顺序和同现研究》,北京:商务印书馆。

王文娟 2009 《现代汉语"轻易"的句法语义功能研究》,上海师范大学硕士论文。

张 斌主编 2001 《现代汉语虚词词典》,北京:商务印书馆。

张雪平 2009 《非现实句和现实句的句法差异》,《语言教学与研究》第6期。

张谊生 2014 《现代汉语副词研究(修订本)》,北京:商务印书馆。

赵元任著 1980 《中国话的文法》,丁邦新译,香港:香港中文大学出版社。

Givón, Talmy 1990 *Syntax: A Functional-typological Introduction*, Vol. II. Amsterdam: John Benjamins.

Grice, Paul 1975 Logic and conversation. In Peter Cole & Jerry L. Morgan (eds.) *Syntax and Semantics 3: Speech Act*, 41—58. New York: Academic Press.

Langacker, Ronald W. 1987/1991 *Foundations of Cognitive Grammar,* Vols, I & II. Stanford: Stanford University Press.

Lyons, John 1977 *Semantics*, 2 Vols. Cambridge: Cambridge University Press.

# 从侗台语的平行例证看古汉语“夫”第三人称代词用法的来源
## ——类别词系列研究之一*

何彦诚　李桂芳

（广西师范大学外国语学院　广西师范大学文学院 / 桂林旅游学院文化与传播学院）

## 1　引言

古汉语第三人称代词的研究，前贤多有论述，如吕叔湘和江蓝生（1985）、曹翠云（1988）、王力（2018）、郭锡良（1980）、杨伯峻和何乐士（1992）、蒲立本（2006）、林素娥（2006）、梁

* 本研究得到国家社科基金重大招标项目“中国民族语言形态句法类型学研究”（项目批准号 18ZDA298）和国家社会科学基金一般项目“历史语法视角下的桂北平话语法研究”（项目批准号：18BYY045）的资助。本文初稿曾在第十二届汉语语法化问题国际学术讨论会（2023.11，漳州）和华夏语言文字文明研究中心（筹）首届学术研讨会暨《民族语文》第十六届学术研讨会（2023.12，北京）上宣读，感谢洪波、吴福祥、吴安其、杨永龙、陈祝琴、盛益民等诸位与会专家的宝贵意见。感谢匿名审稿专家和编辑部的修改意见。本文曾发表在《古汉语研究》2024 年第 4 期，此次略做修订。

银峰（2012）、汪维辉和秋谷裕幸（2017）、潘允中（2018）、卢玉亮（2022）等等。关于“夫”第三人称代词用法的来源，学界的主流观点都持指示代词说，即认为“夫”的他称代词或第三人称代词用法来源于指示代词用法。至于“夫”的人称代词乃至指示代词用法是否与“成年男子”义名词有衍生或演变关系，学界论及不多，如蒲立本（2006：101）只以简单的夹注形式认为指示代词用法的“夫”与“男人”义名词用法无同源关系而只是写法相同，陈翠珠（2013：113）虽论及第三人称代词“夫”的词源是“丈夫”义名词，但却没有指明和刻画两者之间的语义演变关系，只有刘晓梅（2004）、曹玮（2010）、赵静（2011）、赵琳（2011）等从语法化的角度对“夫”的各种用法进行了论证，并肯定了“夫”的人称代词或指示代词用法与名词用法存在衍生关系。

现代侗台语中有不少语言或方言的第三人称代词仍然有明显的名词或类别词用法，这些语言中，由指人名词或类别词发展出第三人称代词用法的演变路径清晰可见。有意思的是，这些语言或方言中，有的第三人称代词还与远指指示词同形。两者是衍生关系还是同形异义关系？若是演变关系，其演变路径、动因和认知机制是什么？这些问题也很值得关注。

古汉语的第一、二人称代词纷繁多样，而且大多来源于指人名词或称谓词，同为主要用于指人的第三人称代词，其丰富性完全是合理和有可能的，主要是为了指称不同的人物，而且其来源很可能多为指人名词或称谓词，而非指示代词。与汉语有着悠久接触历史和诸多共同区域类型特征的侗台语以及苗瑶语等周边少数民族语言有纷繁复杂的人称系统，这些人称词语语源上多为指人名词或类别词，这些平行例证可为论证古汉语的第三人称代词来源提供依据。此外，古汉语量词（类别词）的一些语法特征与现代侗台语大多数语言的类别词有着惊人的相似之处，体现出诸多共同的类型特征，如可独立搭配名词使用而无需数词或指示词、可独立作论元回指前文的某个特定名词、可重叠等。

基于此，本文将论证，（1）侗台语部分语言中的第三人称代词来源于指人名词或类别词，其演变路径是“名词 > 类别词 > 第三人称代词”；（2）古汉语“夫”的第三人称代词用法当来源于“成年男子”义名词而非指示词。

## 2　侗台语中来源于指人名词或类别词的第三人称代词

### 2.1　第三人称代词与指人名词或类别词同形或相近

现代侗台语有不少语言或方言的第三人称代词与指人名词或类别词同形或相近，目前主要发现于壮傣语支和侗水语支语言。如：

天等进远壮语。进远壮语中第三人称代词单数形式 tɛ$^{1}$ 与远指指示词以及指称女孩或年轻女子的类别词同形，如：

（1）**tɛ$^{1}$** pai$^{2}$ pai$^{2}$ kaːŋ$^{3}$ thəŋ$^{1}$ i$^{3}$ pən$^{3}$ tɔ$^{5}$ hai$^{3}$.
3SG CL.FRQ CL.FRQ 讲 到 点 这样 都 哭
他 / 她每次讲到这点（事）都会哭。

（2）kai$^{5}$ məu$^{1}$ **tɛ$^{1}$** tu$^{1}$ kɛm$^{1}$ tu$^{1}$ lɛn$^{6}$ ɔk$^{9}$ma$^{2}$.
CL.PL 猪 DIST CL.ANM 接 CL.ANM 跑 出来
那些猪一只接一只地跑出来。

（3）**tɛ$^{1}$** **tɛ$^{1}$** tɕi$^{3}$ ma:i$^{3}$ θəɯ$^{4}$ θɯ$^{3}$khwa$^{5}$ lɔ$^{6}$.

CL.FM.YNG 3SG 最 喜欢 买 衣服 MOOD

她（女孩或青年女子）最喜欢买衣服了。

（4）la:u$^{4}$ **tɛ$^{1}$** pən$^{2}$ səɯ$^{4}$ pən$^{2}$ səɯ$^{4}$

CL.ML.OLD 3SG 成 CL.CHRT 成 CL.CHRT

jam$^{4}$ kwa$^{5}$ lɛu$^{6}$ tɕiŋ$^{5}$ khai$^{1}$ɕi$^{1}$ θi$^{3}$.

看 EXP PERF 才 开始 写

他（老年男子）一个一个（字）看过才开始写。

这几个例子中，tɛ$^{1}$ 在（1）、（3）（第二个 tɛ$^{1}$）、（4）中用作第三人称代词单数形式，在（2）中用作远指指示词，在（3）(第一个 tɛ$^{1}$）中用作类别词。作第三人称代词时，tɛ$^{1}$ 不区分性别或有无生命，若要明确指称对象的具体身份信息，则要在其前面加上相应的类别词，如（3）、（4）所示，其中（3）里的第一个 tɛ$^{1}$ 就是作为类别词使用的，用来指称女孩或年轻女子，（4）中的类别词 la:u$^{4}$ 指称老年男子。如此，第三人称单数 tɛ$^{1}$ 所指称对象的性别和年龄等信息就清晰了：tɛ$^{1}$ tɛ$^{1}$ 是指“她这个女孩或年轻女子”，la:u$^{4}$ tɛ$^{1}$ 指“他这位老年男子”。换言之，作为第三人称代词通称形式的 tɛ$^{1}$，其性别和年龄等信息需要明确时可以通过在其前加一个类别词来实现。

第三人称代词单数形式与远指指示词以及指称女孩或年轻女子的类别词有同源关系的情形也见于壮语南部方言德靖土语片的巴别壮语（洪波、黄涓，2022），只是作为类别词时调类有所不同①，如：

（5）kau$^{53}$ ʔji:u$^{33}$ tɯn$^{21}$ non$^{31}$，mo:i$^{31}$ ʔji:u$^{33}$ tɯm$^{21}$

我 在 这 睡 你 在 那

non$^{31}$, **te$^{53}$** ʔji:u$^{33}$ paŋ$^{33}$ non$^{31}$.

睡 他 在 那 睡

我在这里睡，你在那里睡，他在那里（更远）睡。

（6）**te$^{33}$** θa:u$^{55}$ phjam$^{31}$ rei$^{31}$ rei$^{31}$ ni$^{55}$ tɕei$^{33}$ **te$^{53}$** tɕe$^{55}$

个 女孩 头发 长 长 这 是 个 姐

kau$^{53}$.

我

头发很长的这个女孩是我的姐姐。（分类词＋名词＋指示词）

（7）me$^{33}$ a$^{31}$ me$^{33}$, ei$^{35}$ tei$^{33}$ an$^{31}$ thu$^{31}$ po$^{21}$ tɯn$^{21}$

母 啊 母 些 地 个 头 放 这

ni$^{55}$, i$^{53}$hou$^{21}$ ho:i$^{35}$ **te$^{53}$** khɯn$^{35}$ mou$^{55}$ mai$^{21}$ o$^{31}$.

这 以后 给 那 上 株 树 一

妈啊妈，头在的这个地方，以后给那里长一棵树。

（8）**te$^{33}$** ni$^{55}$ mei$^{31}$ pan$^{31}$ nau$^{33}$, **te$^{33}$** paŋ$^{33}$ pan$^{31}$ kwa$^{55}$.

个 这 不 成 不 个 那 成 过

这个女孩不好，那个女孩比较好。（分类词＋指示词）

值得注意的是，依据洪波、黄涓（2022：122—123），巴别壮语中的空间方所指示与称代大致为三分系统，作为空间方所称代，近指是 tɯn$^{21}$，远指是 tɯm$^{21}$，更远指是 paŋ$^{33}$，如（5）所示，它们可以出现在主语、宾语位置替代处所名词。此外，巴别壮语还存在一个不活跃的空间称代指示词 te$^{53}$，这个指示词与 ni$^{55}$ 构成对立，但 ni$^{55}$ 只有指示功能，而 te$^{53}$ 只有称代功能，如（7）所示。

壮语汉达话。林亦、唐龙（2007）指出，壮语汉达话具有指代第三人称作用的词有 ro:i$^{6}$、ʔai$^{1}$、pa$^{2}$、te$^{1}$、kai$^{1}$、tu$^{2}$ 等 6 个，其中 te$^{1}$ 是真正意义上的第三人称代词，其余 5 个词的使用还受诸多条件限制。它们分工精细，有不同的使用范围、场合和对象，前四个用于称代人，后两者称代事物和动物。其中，ʔai$^{1}$ 和 pa$^{2}$ 是有性别对立的指称词，有名词性质，ʔai$^{1}$ 指成年、已婚男人，pa$^{2}$ 指成年、已婚女人，两者都可以作名词性短语的中心语，受指示词、形容词等修饰，也可作为长辈亲属称谓的前置成分（类别词——笔者按），作为称代第三人称的词语时，在句中可以独立作主语、宾语和定语，如：

（9）**ʔai$^{1}$** lei$^{4}$ jɯ$^{5}$ daɯ$^{1}$ toŋ$^{6}$ ʃai$^{1}$ rei$^{6}$ pan$^{5}$nei$^{4}$，（主语）
他 还 在 里面 田垌 犁 地 现在
tuŋ$^{3}$ **ʔai$^{1}$** ʃo$^{3}$ jɯ:k$^{5}$ kwa$^{5}$，（定语）
肚子 他的 肯定 饿 了
mɯŋ$^{2}$ pai$^{1}$ he:u$^{6}$ **ʔai$^{1}$** ta:u$^{5}$.（宾语）
你 去 叫 他 回来
他现在还在垌里犁地，他肚子肯定饿了，你去叫他回来吧。

（10）**pa$^{2}$** ro$^{4}$ wa:i$^{2}$ rau$^{2}$ kɯn$^{1}$ hau$^{4}$ **pa$^{2}$** kwa$^{5}$，
她 知道 水牛 我们的 吃 禾苗 她的 了
（主语、定语）
**pa$^{2}$** fa:t$^{7}$hei$^{5}$ pan$^{5}$nei$^{4}$ dɯə$^{2}$，（主语）
她 发气 现在 呢
kai$^{5}$ pai$^{5}$ ȵe$^{4}$ **pa$^{2}$**.（宾语）
别 去 惹 她
她知道我们的牛吃了她的禾苗，她正生气呢，别

去惹她。（林亦、唐龙，2007：12）

ro:i$^{6}$、kai$^{1}$、tu$^{2}$ 和 ʔai$^{1}$、pa$^{2}$ 一样，也是典型的类别词，可独立作为主语、宾语和定语，因此也具备第三人称代词的属性，差异在于指称不同的人物、事物和动物。篇幅所限，这里例句从略。至于 te$^{1}$，林亦、唐龙（2007）认为其来源于远指指示代词，只作为第三人称的复数形式，而且是汉达话中真正的第三人称代词，在句中可以作主语、宾语和定语。遗憾的是，从林、唐二人的分析和例句中，没有发现 te$^{1}$ 作类别词的用法。

值得一提的是，壮语汉达话中这些有性别对立的类别词在演变为第三人称代词的过程中，出于竞争需要，其中某一个会在竞争中胜出，变成一个无性别对立的具有总括作用的第三人称代词，这个词便是 ro:i$^{6}$。林亦、唐龙（2007）指出，与 ʔai$^{1}$ 和 pa$^{2}$ 类似，ro:i$^{6}$ 原来是指称年幼的男性或未婚的青（壮）年男性，与 ta$^{6}$“女孩、少女、未婚姑娘”相对，演变为称代第三人称的词语时可兼指年幼的或未婚的男性或女性，取决于具体语境。“ro:i$^{6}$ 可兼代女性，可能是由于与 ro:i$^{6}$ 性别对立的名词 ta$^{6}$ 没有同步虚化。”（林亦、唐龙，2007：13）这种语义泛化是语法化过程中的常见现象，可为解释壮语其他一些方言中的 te$^{1}$ 作为第三人称代词时没有性别区别提供一个很好的思路，如上述天等进远壮语中的 tɛ$^{1}$ 原为指称女孩或未婚年轻女子的类别词，但在演变为第三人称代词单数形式时失去了性别对立，可兼指男性和女性。

需要指出的是，林亦、唐龙（2007）将这些词（te$^{1}$ 除外）都称作名词，可能有失偏颇，从文中对这些词的句法特征的描写和例子来看，这些词都应该是比较典型的类别词而不是名词，如它们可作名词性短语的中心语，受指示词、疑问词、形容词等修饰，也可作为长辈亲属称谓的前置成分（类别词作名词短语的类别前缀），可独立作为主语、宾语和定语等。不过，称为名词并不影响这些词的句法特征。

马山壮语。无独有偶，类别词的这种称代用法也见于同属红水河土语的马山壮语。据蒙元耀（2009：27—28），马山壮语的量词（类别词——笔者按）除了表事物的单位外，在句子中还能起到一种类似代词的作用。蒙文所举一些例子如下：

（11）wa:i$^{2}$ kɯn$^{1}$ kja$^{3}$，lai$^{6}$ **tu$^{2}$** teu$^{1}$！
牛 吃 秧 赶 只 走
牛吃稻秧，赶它走！

（12）mɯŋ$^{2}$ taɯ$^{2}$ ɕip$^{8}$ man$^{2}$ ŋan$^{2}$ nei$^{4}$ pai$^{1}$ pan$^{1}$ **ta$^{6}$**.
你 拿 十 元 钱 这 去 给 个②
拿这十块钱去给她。

（13）**ˀai$^{1}$** jou$^{5}$ ra:n$^{2}$ lei$^{1}$？
个 在 家 吗
他在家吗？

（14）kou$^{1}$ jou$^{5}$ pa:n$^{6}$ ˀbo$^{5}$ ran$^{1}$ **pa$^{2}$**.
我 在 边 泉 见 个
我在泉边见到她。

这四个例子中的量词 tu$^{2}$、ta$^{6}$、ˀai$^{1}$、pa$^{2}$，除了 ta$^{6}$，其余三者在形式和意义上都与前述壮语汉达话的相应词项高度同源和一致。如例（11）中的 tu$^{2}$ 是常用于指动物的量词，在句中指代上文的“牛”。ta$^{6}$ 是指称女性的量词，可用于小女孩、大姑娘或青年妇女。

蒙元耀（2009：29）还指出，这些量词都可以用第三人称代词 te$^{1}$“他 / 她 / 它”来替换而整个句子的意思不变，并从语法的角度指出，量词和代词都能独立充当句子成分起指代作用，这种用法的量词有虚化的倾向，其指代功能显然要比其作为量词的基本功能更为明显。值得注意的是，上述例句中，蒙文都将这些类别词注释为“个”，但在句意翻译时都译为相应的第三人称代词“它”“他”“她”等。③

上林西燕壮语。与上述各地壮语类似，同属壮语北部方言红水河土语的上林西燕壮语中可兼作指人名词和类别词的一些词汇如 ʔdu:i$^{5}$（指幼年、青年男性及未婚男性）、ʔai$^{1}$（指中年男性、已婚男性、辈分小，为人父的男性）、kwa:n$^{1}$（指老年男性、有孙辈的男性）、ta$^{6}$（指幼年、青年女性和未婚女性）、ʔbɯk$^{7}$（指中年女性、已婚女性、辈分小，为人母的女性）、pa$^{2}$（指老年女性、有孙辈的女性）也有第三人称的称代用法。在回指语境中，指动物的类别词 tu$^{2}$ 和指物件的类别词 kai$^{5}$ 也可称代第三人称（韦茏珍，2024）。如：

（15）**ʔdu:i$^{5}$** pan$^{2}$ ŋwan$^{2}$ ɕuŋ$^{3}$ ʔdi$^{1}$ ma$^{1}$ hja:n$^{2}$.

他$_{幼、青}$ 整 日子 都 不 回 家

他整天都不回家。

（16）**ʔai$^{1}$** ʔdi$^{1}$ to:ŋ$^{4}$ wun$^{2}$ hu$^{0}$.

他$_{中}$ 不 招呼 人 语气

他不与人打招呼。

（17）**kwa:n$^{1}$** ʔjəɯ$^{5}$ hja:n$^{2}$ ʔai$^{1}$wun$^{2}$ kja:ŋ$^{3}$ko$^{3}$.

他$_{老}$ 在 家 别人 聊天

他在别人家聊天。

（18）**ta**$^{6}$ tai$^{3}$hu$^{2}$hu$^{2}$ pai$^{1}$.

她$_{\text{幼、青}}$ 哭哇哇 表强调

她哇哇大哭。

（19）**ʔbɯk**$^{7}$ ŋwan$^{2}$ nei$^{4}$ pai$^{1}$ ta:i$^{6}$fuŋ$^{1}$ la:k$^{0}$.

她$_{\text{中}}$ 日子 这 去 大丰 语气

今天她去大丰了。

（20）**pa**$^{2}$ wu:t$^{7}$ kuŋ$^{3}$ li:u$^{4}$.

她$_{\text{老}}$ 腰 弓 全

她的腰全弯了。

（21）tu$^{2}$ma$^{1}$ **tu**$^{2}$ pu:t$^{7}$ kjaɯ$^{2}$ pai$^{1}$ li:u$^{4}$ ne$^{0}$？

狗 它$_{\text{动物}}$ 跑 哪里 去 了 语气

狗狗它跑哪里去了呢？

（22）ʔdak$^{7}$ hja:m$^{4}$ nei$^{4}$ ʔda:t$^{7}$ la:i$^{1}$，la:ŋ$^{6}$ **kai**$^{5}$ ko:n$^{5}$.

个 水 这 热 多 晾 它$_{\text{物件}}$ 先

这个水太烫了，先把它晾一会儿。

“西燕壮语第三人称代词分工细致，说话者根据不同使用场合、范围和对象，使用不同的人称代词。其使用受性别、年龄等因素的限制，分布不平衡……根据语境，这些人称代词指向对话双方外的某人或某类人，其往往为前文已提及的对象。说话者使用这些人称代词，可向听者传递被指代者的相关信息。”（韦茏珍，2024：77）

与前述一些壮傣语支语言类似，侗水语支一些语言或方言也有第三人称代词与指人名词或类别词同形或相近的情形，如拉珈语、下坎侗语和银村仫佬语。

拉珈语的第三人称单数形式 lak$^{8}$ 也可用作类别词，如：

（23）la:n$^{2}$ mi$^{2}$ fa:m$^{1}$ **lak$^{8}$** ŋjun$^{2}$.

那里 有 三 个 人

那里有三个人。

（24）**lak$^{8}$** tɛ:m$^{6}$ hjuə$^{1}$.

他 穿 鞋

他穿鞋。（毛宗武等，1982：161）

下坎侗语也类似：

（25）ɬa:m$^{1}$ **mu$^{6}$** jun$^{1'}$，ɬi$^{5}$ ty$^{4}$ kau$^{3}$，**mu$^{6}$** tɕa:n$^{1}$ ŋ$^{4}$

三 个 人 四 碗 饭 个 吃 一

ty$^{4}$，tu$^{2}$ɬa:i$^{1}$ ŋ$^{4}$ ty$^{4}$.

碗 互分 一 碗

三个人，四碗饭，每人吃一碗，分一碗。

（26）**mu$^{6}$** la:u$^{4}$sə$^{3}$ lak$^{10}$ɕi:u$^{5}$ tɕa$^{6}$ ɬy$^{5}$ ɬɔ$^{4}$ ha:u$^{1}$khɔ$^{1'}$，

位 老师 年轻 那 坐 着 讲课

jin$^{3}$wai$^{1'}$ tɕi$^{3}$ fan$^{2}$ kwa:n$^{5}$ tɕa$^{6}$ **mu$^{6}$** tɕak$^{10}$ ljan$^{4}$

因为 几 天 前那 他 挨 扭

kau$^{6}$tin$^{1}$.

踝关节

那位年轻老师坐着讲课，因为几天前他的踝关节扭着了。（何彦诚，2006：72—73）

如例（25）、（26）所示，类别词 mu$^{6}$ 既可以与数词和名词连用组成数量名短语，或与名词连用组成量名短语，也可以单用作主语，指称前文的特定对象。值得注意的是，下坎侗语中的 mu$^{6}$（调值 53）还有一个变体形式 mu$^{2}$（调值 22），两者的区别是，mu⁶ 是重读形式，主要出现在焦点位置或对比语境里，而 mu² 是轻读形式，不能重读，无对比意味，多用于回指前文或语境中的某个人物对象。使用频率上，mu² 要比 mu⁶ 更常用。

银村仫佬语中的第三人称代词单数形式与指人类别词形近。银莎格（2014：62）指出，银村仫佬语指人的第三人称代词单数形式是 mɔ⁶，而指动物或无生命的第三人称代词单数形式往往用别类量词指代，其中指动物常用量词 tɔ²‘只’。银村仫佬语里可用“mɔ⁶+ 数词 + 指人的类别量词 mu⁶/lak⁷”的形式表达第三人称代词复数形式，如：

（27）**mɔ⁶** ɣa² **mu⁶**　　**mɔ⁶** ɣa² **lak⁷**

他 / 她 两 个　　他 / 她 两 个

‘他 / 她俩’　　‘他 / 她俩’

**mɔ⁶** ta:m¹ **mu⁶**　　**mɔ⁶** ti⁴ **lak⁷**

他 / 她 三 个　　他 / 她 四 个

‘他 / 她们仨’　　‘他 / 她们四人’

从这些例子不难看出，作为人称代词的 mɔ⁶ 可以概括其后同位语上的不同类别词（mu⁶ 和 lak⁷，两者都用来指称人，但前者含尊敬意味，后者为平称或蔑称），可见 mɔ⁶ 本身也是一个类别词，类似泛用类别词，可以总括其他不同的类别词。有意思的是，银村仫佬语里，第三人称代词 mɔ⁶ 和指人的类别量词 mu⁶ 应有语义演变关系，与前述下坎侗语里的现象平行，只是两者的差异表现为韵母的差异而不是声调的差异。

2.2　侗台语部分语言中第三人称代词的来源

上述例子可见，现代侗台语中的一些语言或方言中第三人称代词与指人名词或类别词同形或形近显然不是偶然的，而是有语义演变关系的。那么演变方向或路径如何呢？答案很显然，应该是由指人名词或类别词衍生出第三人称代词用法，而非相反。其中的句法条件是，正如前述诸多例句所示，指人类别词单独用作论元指代前文的某一个指人名词性成分。侗台语中，类别词是一个体词性短语的句法语义核心，是整个短语的句法投射，在句子中可单用作论元，具有篇章回指或指代这一话语与信息组织功能。

语义上，类别词的回指用法最初都含有“一”“每一”之义，最初阶段，先行词语义上都是表达多个个体的复数集合，而类别词回指这个集合中的每个个体，具有“分指”作用。当先行词语义上指称某一特定的个体时，这时类别词作为回指形式就具有了指代这一特定对象的作用，即定指作用，于是就具有了第三人称代词的功能。正如吕军伟、俞健（2023：14）指出的那样，壮侗语中名量词的“分指”解读和“定指”解读本质相同，都是其“复指”功能的演变。前举（25）和（26）就是最好的例释，其中（25）中的第二个 $mu^6$ 就是“每个人”之义，还只是一个普通的回指词，回指前面“三个人”这一集合中的每一个个体，而（26）中的第二个 $mu^6$ 回指前面的特定对象“那位年轻老师”，因此已是标准的第三人称代词。

总之，正是类别词的这种独立指代功能使其演变为第三人称代词具备了合适的句法语义条件。

准确地说，目前这些语言中的第三人称代词应该是直接由指人类别词演变而来，而非名词，因为这些词项就目前来看是典型的类别词用法，如可重叠表周遍义、单独使用作句法论元等，而名词没有这样的句法特征。但历史上，类别词多由名词或动词演变而来（Aikhenvald, 2000），因此这些语言中的第三人称代词的来源最终可追溯至指人名词。上举拉珈语是最好的例证。拉珈语的 lak$^{8}$ 词源上应是“孩子、幼崽、籽实”义名词，与同语族其他语言的“孩子、幼崽、籽实”义名词显然是同源词，形式、意义都有明显的对应，如壮语方言的 lɯk$^{8}$、lək$^{8}$、lik$^{8}$、lak$^{8}$、la:k$^{10}$ 等，侗语的 la:k$^{10}$，水语的 la:k$^{8}$ 等。后来该词主要演变成指人的类别词，可作为前项与其他词语构成复合词，表示具有不同特征或从事不同行业的人，如 lak$^{8}$bok$^{7}$‘大人’、lak$^{8}$kjei$^{1}$‘男人’、lak$^{8}$ɔ:m$^{6}$tu$^{2}$‘猎人’等，后来再进一步泛化和扩散，可指称动物幼崽或植物的籽实，如 lak$^{8}$kjɔ$^{2}$‘栀子’、lak$^{8}$ka:m$^{5}$‘柑子’、lak$^{8}$khja$^{1}$‘栗子’等，再后来还可指称小物件，如 lak$^{8}$a:u$^{6}$‘浮标’、lak$^{8}$tsot$^{7}$‘塞子’等（蓝庆元，2011：185—187）。“孩子”义名词发展成人称代词，在古汉语中也有相应的例证，如“子系中山狼”中的“子”为第二人称单数代词，④ 具体语法化过程详见王建鑫（2023）。

可见，拉珈语的第三人称代词单数形式的来源和发展轨迹清晰可辨，其语法化路径很显然是“孩子”义名词 >“个 / 位（指人类别词）”>“第三人称代词单数形式”。这一发展过程很可能也发生在同语族其他一些语言中，只是早期阶段的名词到类别词的演变过程目前还没观察到，但现有的一些证据或类别词来源的研究成果显然表明，这些侗台语中的第三人称代词的最初源头无疑是指人名词。当然，如前述语言事实所示，不同语言或方言中演变为第三人称代词的指人名词或类别词的具体词项可能不同，如拉珈语是“孩子”义名词，进远壮语和巴别壮语是指称女孩或年轻女子的类别词，壮语汉达话和马山壮语除了专用的第三人称代词 te$^{1}$（其来源义尚未证实）外，还有四五个具有第三人称代词用法的类别词，用于指代不同类别的人物或动物或事物。目前发现最多的是西燕壮语，共有9个，其中指人的7个，其余两个分别指动物和物件（韦茏珍，2024）。银村仫佬语也类似，只是数量上没有前三者那么多。至此，这些语言中第三人称代词的演变轨迹可刻画为：

指人名词 > 类别词 > 第三人称代词

## 3 古汉语“夫”第三人称代词用法的来源

### 3.1 古汉语“夫”的不同用法及其演化轨迹

名词用法。甲骨文中“夫”为行冠礼的男子，即“成年男子”，此为“夫”的本义。如：

（28）且成师以出，闻敌强而退，非**夫**也。《古代汉语词典》（第2版）（2014：382）

后来衍生出“女子配偶”等义。如：

（29）老而无妻曰鳏，老而无**夫**曰寡。（《孟子·梁惠王章句下》）

类别词（量词）用法。“夫”作为类别词泛指人，其最早用例多见于两周铜器铭文。据马国权（2002：61），铜器铭文里对不同地位的人的称法一般都有所区别，如“人鬲”和“众”因其身份是奴隶，所以都以“夫”作为量词，如：

（30）用众一**夫**曰嗌（《曶鼎》）

（31）人鬲千又五十**夫**（《大盂鼎》）

句法表现上，作为类别词，“夫”多跟数词搭配构成数量短语或直接跟名词组合成“量+名”短语，也可单用作为句法论元。如：

（32）民死亡者，非其父兄，即其子弟，夫人愁痛，不知所庇。（《左传·襄公八年》）

（33）民知不死，其亦夫有奋心。（《左传·哀公十六年》）

值得一提的是，这两个例子中的“夫”都表示人人，即回指上文语境中“民”（百姓）这一集合中的每一个人。

第三人称代词用法。杨伯峻、何乐士（1992：116）指出：“夫”在《周易·卦爻辞》中都作名词，无作代词的……因此“夫”作代词，未必起于周初。“夫”字作他称代词，能够肯定的较早的例句，如：

（34）懿子知之，见子之，请逐挥。文子曰：“无罪”。懿子曰：“彼好专利而妄，夫见君之入也，将先道焉。”（《左传·哀公二十五年》）

“彼”和“夫”都是指祝史挥，他不好，因此懿子请于子之（即文子）逐之。

（35）使夫往而学焉，夫亦愈知治矣。（《左传·襄公三十一年》）

“使夫”的“夫”是兼语，“夫亦”的“夫”作主语，都是指代上文中出现的尹何。

如这两例所示，作为第三人称代词，“夫”指代上文中出现的某一个特定的人，具有定指性。

据杨伯峻、何乐士（1992：117），“夫”字（作第三人称代词用法）在先秦用得不多，且多作主语，偶作兼语或定语，西汉以后用得很少。

潘允中（2018：211）认为，先秦没有专用作第三人称的代词，习惯上常用名词复说以表达他称。遇有需要第三人称的时候，则借用指示代词“彼”或“夫”。“夫”和“彼”上古同属帮母，是同音借字，但用法不完全相同。“彼”以用作主语和宾语为常，“夫”则绝大多数用作主语，宾语仅偶一用之。另外，据梁银峰（2012），上古汉语的“彼”字虽然可以自由地充当句子的主语，但它的指示性并未丧失，不符合判别第三人称代词的语义条件，即凡是上古汉语用“彼”来指称某个（些）人或事物的时候，必定同时还有另外一个（些）人或事物与之形成对照（即使没有出现，也完全可以补出来）。我们认为，这是“夫”作为回指用法（类别词）最常见的语境，是名词向人称代词转化的桥接语境，也是作为名词的“夫”与作为指示代词的“彼”等指示性强的词语的本质区别。

刘景农（1994：135—138）也指出，复指用法在古汉语里普遍常见，其中的主要手段之一就是称代的复指，即用一个代词来指称前文的某一个名词或词组。我们认为，正是这种回指范畴的大量使用，为名词或类别词演变为第三人称代词提供了合适的句法和语义条件。既然名词或类别词是能单独用来回指语境中的某一个实体对象，那它们演变为第三人称代词也就是顺理成章的事儿了。指示代词演变为第三人称代词反而不是那么自然，因为“有指示性和对比性、强调性（梁银峰，2012）”。

其实，据刘世儒（1965：13），早在上古汉语时期，量词就可以独立充当主语了。刘文所举例子如下：

（36）天下马少，平牡马，**匹**二十万。

（37）可分种牛三万五千头以付二州将吏士庶，使及春耕，穀登之后，**头**责三百斛。

黄盛璋（1961：22）也指出，两汉时代的量词独用，语法上只有一种用途，即作主语，表示“每”的意思，大多都重复前面的量词而说，如：

（38）马三匹，匹二吏。

值得注意的是，正如前文所述，类别词的这种独立回指用法，最初都含有“每一”之义，即个体类别词在数的表达上是表达单一概念。我们认为，正是类别词的这种“每一”的语义特征使其向第三人称代词过渡具备了合适的语义基础。当其先行词语义上指称某一特定的个体时，这时类别词作为回指形式就具有了指代这一特定对象的定指作用，于是就变成了第三人称代词。如（32）、（33）中的“夫”是“每个（人）”之义，还只是一个普通的回指词，回指前面“民”这一集合中的每一个个体，而（34）中的“夫”指的是上文中的祝史挥，（35）中指的是语境中的特定对象尹何，都已经是个合格的第三人称代词，情形与例（25）、（26）完全平行。

量词（类别词）作为独立论元用于回指的情况不仅见于上述侗台语族和古汉语，也见于现代汉语的一些方言。如：

（39）桌子不够，再去借张。（江苏海安话，张亚军，2008）

（40）佢里香蕉多猛多，小老人吃根丢根。（仙居吴语，转引自吕军伟、俞健，2023）

这两个例子中的“张”和“根”分别指称上文提到的先行词“桌子”和“香蕉”，还是比较典型的回指用法。事实上，量词单用表定指的用法在东南汉语方言中也常有报道，吕军伟、俞健（2023：12—13）列举了不少实例，可参看，这里从略。

可见，量词单用表回指和定指的用法在古汉语、现代汉语方言和侗台语中都有报道。事实上，量词的这种用法是量词语言的一个共性。Aikhenvald（2000: 329）从跨语言的类型学视角对世界上的相关语言进行考察后得出结论，认为所有类型的类别词都有回指用法，在篇章中起到追踪所指对象的作用。

需要指出的是，如上述例释所示，在时间先后顺序上，“夫”的三种用法显然应是先名词后类别词再尔后才是第三人称代词。刘晓梅（2004）、曹玮（2010）、赵静（2011）等认为“夫”的第三人称代词用法直接由名词衍生而来，他们的论证中都没有提及量词用法这一中间过渡阶段。赵静（2011）认为“夫”的代词用法语义上有一个逐渐引申和泛化的过程，由指代某个特定的人逐渐泛化到某一类人进而指称所有人。我们认为，“夫”的人称代词用法由其量词用法演变而来。具体而言，“夫”的回指用法最初还是典型的量词用法，词义上表示“每人、人人”，指称上文中某个集合中的每一个个体，具有无定性，而只有当先行词语义上指称某一特定的个体时，这时类别词作为回指形式就具有了指代这一特定对象的作用，具有定指性，进而变成了第三人称代词。其实，王建鑫（2023）在论证名词“子”的语法化过程时也提到其量词用法，只是遗憾没有将其名词、量词和代词用法联系起来考察论证。

既然现代侗台语一些语言有明确的证据表明第三人称代词来源于指人名词或类别词，那上古汉语时期，其指人名词或量词演变为第三人称代词完全是可能的。虽然两者不在一个时间层面，但却有着高度平行的演变过程。

至此，古汉语“夫”的演化轨迹可简要刻画为：

“成年男子”义名词 > 指人类别词（量词）> 第三人称代词

3.2 人称代词来源的一些跨语言观察

Heine 和 Song 指出，人称代词的主要概念源有名词概念、空间指示、识别词、复数化和指示转化等五种。其中，“人称指示的新形式得以产生的主要方式很可能是通过将名词表达式从事物指称领域转移到社会指示领域来实现，而这些名词表达式绝大多数都是指人名词或名词短语。……这种情况在东南亚语言中最为明显：像泰语、缅甸语、高棉语、越南语等语言中大量的第一、二人称代词与名词有诸多共性……” Heine 和 Song（2010: 121—122）还概括了五类常用来语法化为人称代词的名词范畴，即用于指称高等级人物的敬称表达式、用于区别不同社会身份的称谓、亲属称谓、职业称谓、用于指称人物或基于区分性别和年龄的总称名词。

Heine 和 Song（2010: 123—124）认为，至于这些名词范畴中哪一类会被使用大体上是一个区域和文化力量问题，而且其也在一定程度上决定着人称指示的哪一个范畴可能会产生。例如，用于指称高等级人物的敬称表达式最有可能用于并语法化为第二人称指示，而用于指称人物的总称名词同样容易产生第一人称复数代词。后面这种演变情形常见于许多非洲语言，这些语言中总称名词“人”常演变为第一人称复数代词“我们”。类似例证也见于其他地方的语言，包括欧洲语言，如葡萄牙语中的定指阴性单数名词短语 a gente‘那些人’业已语法化为第一人称复数代词，也在一定程度上语法化为第一人称单数代词。但用于指称人物的总称名词也可能会演变为第三人称代词，如中部苏丹语言 Lendu。

无独有偶，依据曹翠云（1988），苗语黔东方言的第三人称代词 nen² ‘他’、川黔滇方言的第三人称代词 ne⁴ ‘他’、瑶语布努话的第三人称代词 ni⁴ ‘他’、勉方言的第三人称代词 nin² ‘他’和标敏方言的第三人称代词 nin² ‘他’都是由名词“人”发展演变而来的。

其实，壮语的名词 kən² ‘人’也发展出了第三人称代词用法，而且期间还经历了类别词和旁称代词两个阶段，其语法化路径可刻画为：名词 > 类别词 > 旁称代词 > 第三人称代词。

基本的人称指示词是话语中那些必然用来直指言者和听者的词语。人称指示词可传达好几种不同的便于识别言者和听者的信息，包括：指称对象的性别，指称对象所代表的个体数量，指称对象的社会身份，指称对象之间（尤其是言者和听者之间——少数情形下是言者和言者所指示的第三方之间）的社会和人际关系。（Anderson & Keenan, 1985: 260）

Aikhenvald（2021: 235—236）指出，类别词在台语支语言的人称指示系统中发挥重要作用，这些类别词多为专门类别词（specific classifiers），其语义范围属于典型的功能范畴或社会互动范畴，反映社会结构和社会关系。大陆东南亚的许多语言在人群划分方面有一套详细的专门类别词，涵盖人际互动、人际关系、社会实体和社会等级。社会划分范畴里的专门类别词属于社会语言学上敏感的类型：它们反映人群的相关划分，因此常常对社会变化和社会等级有迅速的反应。如在泰国，佛教是占主导地位的主要宗教，社会等级划分实行半封建的体系，社会结构分为五个等级（高层王室成员和高等和尚、和尚、低层王室成员和高层官员、地位略高于平民的个人、普通人），相应的就有五个类别词来指称这几个阶层的人群。老挝是人民共和制度，老挝语对人群的划分就没有这么细致，没有用于指称王室成员的专门类别词。壮族的历史和社会制度不同，主要以年龄和性别对人群进行划分，因此壮语里缺少反映社会等级或宗教地位的专门类别词。不管是哪种情形，专门类别词的语义都与社会结构紧密关联。

陈翠珠（2013：7—8）经过对汉语人称代词的系统考察研究，提出了人称代词形成和发展的动态观点，指出了人称代词与称谓名词的区别与联系，认为谦称代词、敬称代词和傲称代词就是称谓名词向人称代词发展过程中的中间状态。前述古汉语的“幼儿”义名词“子”发展为第二人称单数代词（王建鑫，2023）就是很好的例证。

考虑到古汉语的第一、二人称代词纷繁多样，而且大多来源于指人名词或称谓词，同为主要用于指称人物的第三人称代词，其丰富性完全是合理和有可能的，主要是为了指称不同的人物，而且很可能多为指人名词或称谓词，而非指示代词。与汉语有着悠久的接触历史和共同的区域类型特征的侗台语以及苗瑶语等周边少数民族语言有纷繁复杂的人称指示系统，这类平行现象便是最好的佐证。

作为一个新兴的临时的功能范畴，“夫”的第三人称代词用法尚未完全规约化，其用法很大程度上还是可选性的而非强制性，受制于社会和人文变量。“夫”的第三人称代词用法只是作为一种修饰手段供人们根据偏好或交际目的选用或遗忘。这也就是为何“夫”在古汉语中没有演变为专用的第三人称代词。

## 4 结论与余论

侗台语部分语言中的第三人称代词来源于指人名词或类别词，其演变路径是“名词 > 类别词 > 第三人称代词”。

古汉语的量词的一些语法特征与现代侗台语大多数语言的类别词（量词）有着高度的相似性，体现出共同的类型特征，如可独立搭配名词使用而无需数词或指示词、可独立作主语回指前文的某个特定指人名词。这些句法特征为其向第三人称代词演变提供了句法语义条件。

依据第三人称代词的判断标准，若一个形式可以独立充当主语并回指前文中提及的某个特定指人名词，那么这个形式就已具备第三人称代词所需的句法语义条件而发展为成熟的第三人称代词了。由前文论述可知，上古汉语时期的“夫”已具备第三人称代词的身份。

由名词演变为第三人称代词是跨语言可见的，现代侗台语和苗瑶语就有可资借鉴的平行例证，说古汉语用作第三人称代词的“夫”由指人名词演变而来并非没有可能。考虑到古汉语在人称指示系统和类别词系统等方面与现代侗台语和苗瑶语有着诸多的相似特征，“夫”由指人名词演变为第三人称代词具备合适的社会人文要素和句法语义条件，也有合理的认知基础和语法化机制，演变轨迹也较清晰，比起目前学界认为“夫”的第三人称代词用法来源于指示代词的主流观点来可能更为合理。

唐贤清等（2018）提出的汉语历史语法的“普方古民外”立

体研究法，主张用更为开阔的视野、更为广泛的语言材料来考察汉语的历史语法，为全面考察汉语的语法特点提供了新的方法。基于这一方法，本文从不同语言的平行例证出发，为审视古汉语第三人称代词的来源提供一个新的视角，权当抛砖引玉，若结论成立，或对古汉语的第三人称代词乃至整个人称代词系统研究带来启发，与之相关的问题抑或将重新审视。

**语法术语缩略：**

| | | | |
|---|---|---|---|
| 2SG | 第二人称单数 | CL.ML.OLD | 类别词 . 男性 . 中老年 |
| 3SG | 第三人称单数 | CL.ML.YNG | 类别词 . 男性 . 青年 |
| CL.ANM | 类别词 . 动物 | CL.PL | 类别词 . 复数 |
| CL.CHRT | 类别词 . 文字 | DIST | 远指 |
| CL.FM.YNG | 类别词 . 女性 . 年轻 | EXP | 经历体 |
| CL.FRQ | 类别词 . 次数 | MOOD | 语气词 |
| CL.HU | 类别词 . 人 | PERF | 完整体 |
| CL.HU.RSP | 类别词 . 人 . 尊敬 | | |

## 附　注

① 例（6）转引自洪、黄一文中的例（18），该句中同样是作为类别词的 te，调类前后不同，不知是笔误还是语料事实上就是如此，若是语料事实如此，则更能说明三者之间的同源关系。

② 原文标注为“个你”，应是笔误。

③ 汉语中“它”“他”“她”这三者的分歧其实是字形的不同，为汉语正字法的要求，在有声语言中，这三者实为同一个代词。感谢匿名审稿专家指出这一点，但需要注意的是，正如文中例子所示，壮语中的第三人称代词很丰富，有好几个不同的词项，不同的代词形义都不同，语义上有性别、年龄、是否已婚等概念对立，如 $ʔai^{1}$ 指成年、已婚男人，$pa^{2}$ 指成年、已婚女人，$ta^{6}$ 指女孩、未婚姑娘等，与汉语中“它”“他”“她”语音上实为同一个代词的情形大不相同。

④ 感谢匿名评审专家提醒笔者这一点。

## 参考文献


曹翠云 1988 《汉、苗、瑶语第三人称代词的来源》,《民族语文》第5期。
曹 玮 2010 《从〈荀子〉看“夫”的语法化》,《吉林广播电视大学学报》第8期。
曹 炜 2021 《汉语虚词史研究》,广州:暨南大学出版社。
陈翠珠 2013 《汉语人称代词考论》,北京:光明日报出版社。
郭锡良 1980 《汉语第三人称代词的起源和发展》,见《语言学论丛》(第六辑),北京:商务印书馆。
何彦诚 2006 《侗语下坎话概况》,《民族语文》第5期。
洪 波、黄 涓 2022 《巴别壮语的指示词研究》,《语言研究》第3期。
黄盛璋 1961 《两汉时代的量词》,《中国语文》8月号。
蓝庆元 2011 《拉珈语研究》,桂林:广西师范大学出版社。
李桂芳、何彦诚(待刊)《天等进远壮语的人称直指系统》。
梁银峰 2012 《第三人称代词“他”的判别标准》,《语文研究》第4期。
林素娥 2006 《汉语人称代词与指示代词同形类型及其动因初探》,《语言科学》第5期。
林 亦、唐 龙 2007 《壮语汉达话第三人称代词》,《民族语文》第3期。
刘景农 1994(2012)《汉语文言语法》,北京:中华书局。
刘世儒 1965 《魏晋南北朝量词研究》,北京:中华书局。
刘晓梅 2004 《从〈孟子〉看“夫”的语法化》,《安庆师范学院学报(社会科学版)》第2期。
卢玉亮 2022 《中古汉语第三人称代词“伊”的来源试析》,《历史语言学研究》(第一辑),北京:商务印书馆。
吕军伟、俞 健 2023 《接触视域下东南汉语方言名量词定指功能的来源及演化》,《语言研究》第1期。
吕叔湘、江蓝生 1985 《近代汉语指代词》,上海:学林出版社。
马国权 2002 《西周铜器铭文数词量词初探》,见曾宪通主编《古文字与汉语史论集》，广州：中山大学出版社。
毛宗武、蒙朝吉、郑宗泽编著　1982 《瑶族语言简志》，北京：民族出版社。
蒙元耀　2009《壮语物量词的指代用法》，见中央民族大学壮语教研室编《壮语言文学探索——纪念壮语言文学学科重要开创者张元生教授》(一)，北京：中央民族大学出版社。
潘允中　2018 《潘允中汉语史论集》，广州：中山大学出版社。
〔加〕蒲立本　2006 《古汉语语法纲要》，孙景涛译，北京：语文出版社。
商务印书馆辞书研究中心修订　2014 《古代汉语词典》(第2版)，北京：商务印书馆。
商务印书馆国际有限公司　2009 《汉语成语词典》(双色本)，北京：商务印书馆国际有限公司。
唐贤清、姜礼立、王巧明　2018 《汉语历史语法的“普方古民外”立体研究法》，《古汉语研究》第4期。
汪维辉、〔日〕秋谷裕幸　2017 《汉语第三人称代词的现状和历史》，见《汉语史学报》(第十七辑)，上海：上海教育出版社。
王建鑫　2023 《汉语中“子”的语法化过程考察》，《河北科技师范学院学报(社会科学版)》第1期。
王　力　2018 《汉语语法史》，北京：北京联合出版公司。
韦茏珍　2024 《上林西燕壮语第三人称代词研究》，《百色学院学报》第1期。
杨伯峻、何乐士　1992 《古汉语语法及其发展》，北京：语文出版社。
银莎格　2014 《银村仫佬语参考语法》，北京：中国社会科学出版社。
张亚军　2008 《江苏海安话的量词独用变调现象》，《中国语文》第1期。
赵　静　2011 《从“夫”的语法化看词汇和语法的协同发展——以〈经传释词〉“夫”词条为例》，《剑南文学(经典教苑)》第8期。
赵　琳　2011 《指示代词“夫”与“这、那”的语法化比较及分析》，《大舞台》第8期。
Aikhenvald, Alexandra Y. 2000 *Classifiers: A Typology of Noun Categorization Devices*. Oxford: Oxford University Press.

Aikhenvald, Alexandra Y. 2021 One of a kind: On the utility of specific classifiers. *Cognitive Semantics*, 7 (2): 232—257.

Anderson, Stephen R. & Edward L. Keenan 1985 Deixis. In Shopen Timothy (ed.), *Language Typology and Syntactic Description, Vol.3: Grammatical Categories and the Lexicon*. 259—308. Cambridge: Cambridge University Press.

Diessel, Holger 1999 *Demonstratives: Form, Function and Grammaticalization*. Amsterdam: John Benjamins.

Heine, Bernd & Kyung-An Song 2010 On the genesis of personal pronouns: some conceptual sources. *Language and Cognition* 2 (1): 117—147.

# 从评价形态看“子”缀的词法演变 *

贺文翰

（厦门大学中国语言文学系）

## 1 引言

“子”是汉语中典型的后缀，关于“子”缀的演变问题，前辈时贤已有诸多研究（太田辰夫，1958/2003；王力，1959/2005；杨建国，1993；杨贺，2016 等），这些研究大多强调“子”作词缀和作实词时的差别，梳理出其语义虚化、搭配范围扩展的过程，认同小称是“子”词尾化的基础。

然而，早期研究大多将“子”成为无意义的词内成分看作“子”缀形成的标志，我们认为这是一种误解，不符合对词缀的普遍定义。根据词法学中的一般性定义，词缀是具有定位性、黏着性、能产性且具有一定意义或功能的词法成分（董秀芳，

* 本文为 2022 年度教育部人文社科重点研究基地重大项目“汉语词法特点的探究与词法理论的建构”（项目批准号：22JJD7400）的阶段性成果。文章的写作得到董秀芳老师的指导，修改过程收到倪志佳、裴泓镔、张雁等师友的建议，本文曾在第十二届汉语语法化问题国际学术讨论会（福建漳州，2023 年 11 月）上宣读，文中错谬由作者负责。

2004/2016a：34），某个词缀的词法意义不同于同形的实词或实语素的意义，而且只要词缀加在符合要求的词基上都会有这种意义，亦即形义联系是有规则性的。

事实上，部分历时研究已经注意到“子”缀在构词时的意义，比如，杨建国（1993：128—136）提到，“子”缀并非完全是无意义的，而是有“贱称”“小称”的作用；张美兰（2001：134—140）指出“子”可指称某行业的人，如“渡子、禅子”，可看作一个“未完全虚化的词缀”；梁晓红（2008：388—417）关注近代汉语时期“子”构成的三音词，如“本领子、恰好子”，认为其中的“子”是“俗语化”的手段，在较通俗、多口语的作品中出现。可见，“子”缀在汉语史上有非常丰富的用法，可以归纳出不同性质的“子”缀。而且，“贱称”“小称”“俗语化”等概括反映出“子”缀有明显的主观性，我们认为，汉语史上的各类“子”缀在词法性质上都属于评价性形态。

评价性形态（evaluative morphology）又称表达性派生（expressive derivation），是一种反映说话者的主观态度的词法范畴，主要表达指小、增量、喜爱、轻蔑等四种评价性意义，有时还发展出非正式的语用功能，而且，评价性形态还有一些区别于派生、屈折范畴的词法特点。（Scalise, 1984; Dressler & Barbaresi, 1994; Beard, 1995; Grandi & Körtvélyessy, 2015）汉语的评价性形态范畴非常发达，这是汉语词法的类型特征之一，也是汉语主观性凸显在词法中的表现。“子”缀在汉语史上表现出指小、轻蔑、非正式等语义功能，符合评价性形态的词法特点，属于典型的评价性后缀。（董秀芳，2016a：33—36，2016b：2021）评价性形态的相关研究可以为我们讨论“子”的词法性质提供参考。

有鉴于此，本文从评价性形态视角，对汉语史上不同类型的“子”缀及其词法演变进行全面考察。首先，根据词缀的普遍标准对不同类型的“子”缀进行定性；其次，参考评价性形态相关研究梳理“子”缀的演变路径；最后从“子”缀的演变个案出发，说明汉语评价性形态的词法演变实质上是词法化的过程。

## 2 汉语史上不同类型的“子”缀

根据既有研究，“子”缀有多种用法，在词法性质上属于不同类型的（类）后缀，本节即根据定位性、黏着性、能产性及规则性的词法意义等标准，参考评价性形态的相关研究，对汉语史上的“子”缀进行归类，这是历时研究的基础。

为了与词缀用法相区别，先来看作实词或实语素的“子”。“子”的实词义项非常丰富，包括后代、子爵、尊称①、地支第一位等，其中与后缀用法相关的是后代义，如“有子七人，母氏劳苦。”（《诗·邶风·凯风》）。后代义的“子”出现在复合词内没有明显的定位性，在前的如“子孙、子侄”，在后如“嫡子、太子”，可见它是典型的实语素。

需要说明，早期研究认为“子”在“童子、儿子”等词中是无意义的，其实不然，“子”和“童、儿”近义而可以并列复合，所以这些词中的“子”是实语素而非词缀。另外，先秦出现的“妻子、男子”等词中的“子”本来是有实义的，但由于发生词汇化而使“子”的意义失落，其中的“子”在当时没有规则性的词法意义，也不能视为词缀。

“子”还可表示动物后代、植物果实或种子，这些都是人类后代义的自然引申，也是实词或实语素。以动物后代义的“子”为例，它可以单独使用，如“螟蛉有子，蜾蠃负之。”（《诗·小雅·小宛》），在复合词中没有定位性，在前的例子如“子鸡、子鸭”，在后的如“虎子（虎崽儿）、龟子”。

2.1　指人类后缀：……的人

汉语史上有一类指人的“X子”，其中“子”不是后代义，而是和“X”一同表示某类人，即“……的人”，最早见于先秦文献中，如“招招舟子，人涉卬否？”（《诗·邶风·匏有苦叶》）。

关于这类“子”的性质，学界有不同看法，或认为是实语素（王力，2005；孙锡信，1992），或认为是词缀（杨建国，1993；李维琦，2004），还有研究认为是“未完全虚化的词缀”（张美兰，2001：134—140）。魏晋南北朝时期，出现了更多指人的“X子”，我们结合如下词例说明“子”的词法性质。

名词＋子：园子守园人，《撰集百缘经·卷第六》、蜀子《魏书·董绍传》、狱子《南齐书·王奂传》

动词＋子：窃子《宋书·明帝本纪》、乞子《三国志·桓范传》裴注、行子南朝宋鲍照《代东门行》

形容词＋子：盲子《长阿含经·卷第七》、痴子《长阿含经·卷第十九》、贫穷子《佛所行赞·卷第二》

以上“X子”均可分析为定中复合词，其中“子”只出现在中心位置，不再有实在的后代义，而是相当于“人”。无论修饰部分是名词性、动词性还是形容词性成分，“子”都将复合词限定在指人名词。这种构词模式在该时期已有较强能产性。“子”的这些特点和现代汉语“家、员”等指人类后缀很相似，都具有定位性、意义泛化、类化作用、组合能力强等特点（王洪君、富丽，

2005），故可看作指人的类后缀。

从以上例子还可看出，“X 子”所指称的人的社会地位都不是很高，例如，“园子、乞子”等所表示的职业处于社会下层，“盲子、痴子”等指的是身体有缺陷的人，往往带有贬义，“蜀子”虽是提示某类人的籍贯，但这种称呼带有明显的轻蔑意味，可见指人类后缀“子”本身还带有［+卑下］的语义特征。

2.2　卑称后缀

魏晋南北朝时期，“子”可以附着在指人名词后，这类“N子”基本都有［+卑下］的语义特征，在指称他人时往往带有说话人的轻蔑态度，如：

（1）巴曰：“大丈夫处世，当交四海英雄，如何与兵子共语乎？”（《三国志·刘巴传》裴注）

（2）将卒，谓子勰曰：“杀我者诸伧子，能复之，乃吾子也。”吴中谓中州人曰“伧”，故云尔。（《晋书·周玘传》）

（3）妻尝妒，乃骂秀为貉子。（《世说新语·惑溺》）

“兵”是表示职业身份的指人名词，在（1）中用来称呼张飞，“兵子”包含了刘巴对他的轻蔑态度，类似“奴子、婢子、尼子”；“伧”是晋代之后南方人对北方人或南迁北人的称呼，（2）中的“伧子”有轻蔑语气，其他如“傒子（吴人对江西一带的楚人的蔑称）、俚子（对南方某些少数民族的称呼）”；“貉”本指似狐的野兽，在（3）中蒯氏用“貉子”称孙秀，显然是詈词，用“动物名词 + 子”来指人的例子还有“狗子、鼠子、马子”。

卑称后缀还可以用来指说话人自己，表达自谦，如“今婢子所道赵后姊弟事，盛之至也。”（《全上古三代秦汉三国六朝文·全汉文卷五十六·伶玄〈飞燕外传自序〉》），此处“婢子”

是伶玄之妾樊通德用来称呼自己，属于谦称。表达谦虚的一种手段是降低自己的身份，那么用卑称后缀“子”是很自然的，只是“子”的自称用法不如他称多。

这些“N子”和“N”的意思很接近，尤其是当“N”是说明职业和籍贯的指人名词时，“N子”突出了［+卑下］的语义特征，可表达说话人的轻蔑或自谦，这种“子”可看作卑称后缀。

2.3　名词性指小后缀

既有研究基本认同小称是“子”词尾化的基础（王力，2005；杨贺，2016），还有学者认为指小的“子”本身就是后缀（杨建国，1993）。然而，研究中举到的指小的“子”的用例大多仅限于先秦的“眸子、瞳子”，我们认为，其中的“子”虽有指小义，但这种用法在当时尚无能产性，不能认定为后缀。

根据我们的观察，有指小意义的“子”大量出现是在汉魏六朝时期，我们结合如下词例来论证其中的“子”是指小的评价性后缀。

指人名词+<u>子</u>：姑子《欢好曲三首》之一、郎子《北齐书·綦显传》、娘子《北齐书·祖珽传》

动物名词+<u>子</u>：狗子《四分律·卷第五十五》、蚁子《增壹阿含经·卷第十七》、燕子《杨白花》、羔子《齐民要术·脯腊》

植物名词+<u>子</u>：枣子《风俗通义·愆礼》、梅子《齐民要术·果蓏》、椹子桑葚，《异苑》

无生名词+<u>子</u>：笼子《灵鬼志》、碗子《齐民要术·炙法》、渠子《齐民要术·种瓠》

可见，“子”出现在指人、动物、植物和无生名词后，具有一定能产性。认为此处“子”是指小后缀的理由主要有三：

其一，“子”有规则性的指小意义，表明说话人认为该实体是小的。论证这一点是存在难度的，这是由指小后缀的性质和研究材料决定的。一方面，指小后缀属于反映说话人主观性的评价性形态，其使用具有可选性，在文献中的反映就是“子”的分布没有很强的规律性。另一方面，我们对历史语言没有母语者的语感，难以对“子”的指小义进行测试。因此今天只能用侧面证据来说明“子”的指小意义：

a）从“N 子”的使用环境观察“子”的指小功能。

“N 子”的使用语境中往往有提示说话人认为“N”较小的话语，如：

（4）人杀大牛，犊子在边，不能救护大牛之命，忧愁不乐，啼哭懊恼，何益死者？（《佛说五无反复经·卷第一》，CETEA, T17, no. 751a, p. 573, b8—10）

（5）斋前种一株松，恒自手壅治之。高世远时亦邻居，语孙曰：“松树子非不楚楚可怜，但永无栋梁用耳。”（《世说新语·言语》）

（6）有一女，数岁而亡。女始病时，弄小刀子。母夺取不与，伤母手。（《太平广记·卷第三百八十七》）

在（4）中，“犊子”是和“大牛”对比而言，所以“犊子”在说话人认知中是小的；（5）是说这株松是刚培土种上的，所以应该是小的，后文也说它未来不可能成栋梁之用。

“N 子”最普遍的使用语境是和形容词“小”共现，② 如（6）的“小刀子”，直接说明这里的“刀”是小的。与此类似的还有“小羔子、小狗子、小树子、小石子、小杓子、小笼子”，而且，在同时期的文献中没找到有对应的“大N子”，只有“大N”，比如“乃以药饮女，女即安卧不知人。因取大刀断犬腹近后脚之前，以所断之处向疮口，令去二三寸。”（《三国志·华佗传》裴注）。这说明，指小的“子”往往出现在说话人认为小的事物后，而不能出现在大的事物后。

b）从“子”所附着的词基的语义场观察其指小功能。

早期研究已注意到，“子”在唐代以前多添加在尺寸较小的“N”上（太田辰夫，2003），但未对此展开论证。下文说明汉魏六朝时期“子”确实大多加在某个语义场中尺寸较小的成员上：

**表1 汉魏六朝时期“子”缀的分布情况**

| 义场 | 加“子”缀 | 不加“子”缀 |
|---|---|---|
| 禽鸟义场 | 燕、雀 | 鹰、雕、鹅、鸦 |
| 兽畜义场 | 犊、羔、豚（动物幼崽）；狗、猫、兔（体型较小） | 牛、鹿、驼、虎、豹、熊、象、猿③ |
| 果实义场 | 椹、枣、榛、梅 | 柚、橙、桃、柿、梨 |
| 容器义场 | 袋、瓶、奁、碗、盏 | 桶、缸、罐、箱 |

由表1可知，指小的“子”通常会附着于尺寸较小的事物，而不用在同个义场中较大的事物上，这种现象我们称为“同场指小”。尽管“子”的指小义是说话人的主观评价，但哪些事物是小的是以外在世界为基础的，所以这种评价具有相对的客观性。

并列结构的同场指小现象很明显，如“但有直一千，心中忧虑事不办，夜即梦见鸦、鹊、鸲鹆、雀子各乘车，车并安轩。”（《全上古三代秦汉三国六朝文·全梁文卷三十一·沈约〈齐禅林寺尼净秀行状〉》），只有体形最小的“雀”加“子”。

其二，指小义的“子”在词中总是出现在后面，不能像指“动物后代”的“子”那样放在前面，而且，这种“子”也不能作为实词单独使用，可见指小义的“子”具有黏着性和定位性。

其三，指小义的“子”在词内不是中心成分，（4）—（6）的“子”缀词可分别替换成“犊、松树、刀”，基本不改变词汇意义，这和“子”作实语素时明显不同，符合指小后缀词法特点（Scalise, 1984）。

总之，指小后缀“子”盛行于汉魏六朝时期，具有黏着性、定位性及一定的能产性，在词内不是中心成分。

2.4　非名词性指小标记

已有研究观察到，唐五代以后，“子”可以构造非名词成分（杨建国，1993；梁晓红，2008），如：

（7）我把些子兵士，似一斤之肉，入在虎牙，不螻咬嚼，博唼之间，并乃倾尽。（《敦煌变文·韩擒虎话本》）

（8）于时一向子，上至梵天宫。（《敦煌变文·大目乾连冥间救母变文》）

（9）公四大身若子长大，万卷何处安著？（《祖堂集·归宗和尚》）

（10）如初夜钟，不见有丝毫异。得与么恰好，闻时无一声子闹。（《禅林僧宝传·金陵清凉益法眼》）

（11）他倒是个好意，把些家常话儿都与我说了，我怎么却这一下子就结果了他？（《西游记》第七十四回）

这类“子”可分布在不定量词、表示程度的指示代词、时量短语、数量短语后，所附着的成分既有词也有短语，共性是都表示量。非名词成分中“子”的语义功能，此前未作分析，我们发现主要有两种情况：

其一，“子”加在本身不表小量的词或短语上，表达主观小量义，(8)—(10)是这种情况，“一向、若、一声”在不加“子”的时候，没有主观小量意味，如：

(12)望乡心若苦，不用数登楼。(唐·白居易《见敏中初到邠宁诗中颇多乡思寄和》)

(13)一向石门里，任君春草深。(唐·王维《燕子龛禅师》)

(14)我有迷魂招不得，雄鸡一声天下白。(唐·李贺《致酒行》)

只有加上“子”后，才能表达主观小量义。例如，(9)中“若子”表示程度低，《唐五代语言词典》(1997：323)解释为“这么一点儿大”；(10)中“子”表达“一声”很少，“一声子”属于极小量，用在否定句中，表达说话人认为环境很安静。

其二，“子”加在本身有小量义的词或短语后，可凸显主观小量义，如(7)和(11)，“些子、一下子”凸显数量少、时间短，由于使用频率很高，这些“X子”有词汇化的趋势。

总之，非名词后的“子”是为了表达或凸显主观小量，具体包括数量少、程度低、时间短等。而且，这类“子”可以附着在短语上，已经偏离了典型后缀的用法，我们将它定性为“非名词性指小标记”。

像“子”这样的非名词性指小标记在现代方言中分布很广，语义功能基本类似，只是用法更加多样：

（15）高阳话指小标记“子”（聂有才，2021）

a. 数量少：二十几岁子

b. 程度低：箇重子个东西也拿不起啊？这么点重的东西都拿不起啊？

c. 时间短：话话子随便说说

（16）廉江话指小标记“仔”（林华勇、马喆，2008）

a. 数量少：一年到头得三百几斤仔菜，有乜嘢用呢！一年到头才有三百多斤菜，有什么用呢！

b. 程度低：嗰条衫好靓仔。这件衣服还挺漂亮的。

c. 时间短：佢头先都在几望望仔咧。他刚才还在这儿看了一会儿呢。

赣语高阳话“子”、粤语廉江话“仔”源于后代义实词，在名词和非名词后有指小义，可作为汉语史上非名词性指小标记“子”的旁证。

2.5　非正式后缀

非正式（non-serious）后缀不是指小的事物，而是为了表明说话人认为谈话是非正式的，降低谈话的严肃性（Dressler & Barbaresi, 1994: 144；董秀芳，2016a：34）。梁晓红（2008：388—417）指出近代汉语三音词中的“子”是一种“俗语化”的手段，这一看法接近于非正式后缀。我们发现，非正式后缀的“子”出现在唐宋时期，其使用范围相当广泛，涵盖名物的多个语义场，如：

动物名词＋子：鸭子《祖堂集·五洩和尚》、象子《太平广记·骁勇一》、青乌子乌鸦，《太平广记·冢墓二》

植物名词＋子：柚子唐元稹《景申秋》、桃子唐姚合《杏溪十首》其一、

枨（橙）子冯贽《云仙杂记》

部位名词＋<u>子</u>：腰子《朱子语类·中庸三》、编子辫子，《朱子语类·仪礼》、膝盖子《古尊宿语录·并州承天嵩禅师语录》

交通工具名词＋<u>子</u>：舫子唐郑谷《乖慵》、车子《太平广记·无双传》、轿子《朱子语类·礼六》

冠服饰品名词＋<u>子</u>：袄子《入唐求法巡礼行纪·开成五年》、钗子唐王建《宫词一百首》、鞋子五代和凝《采桑子》

文具文书名词＋<u>子</u>：册子《祖堂集·香严和尚》、偈子《祖堂集·香严和尚》、图子《朱子语类·乐》

日用工具名词＋<u>子</u>：碾子唐元稹《莺莺传》、锅子《五灯会元·甘贽行者》、桶子《五灯会元·玄沙师备禅师》

建筑家具名词＋<u>子</u>：亭子唐李白《鲁郡尧祠送窦明府薄华还西京》、镜子《太平广记·鬼十一》、楼子《朱子语类·历代三》

抽象概念名词＋<u>子</u>：意脉子《朱子语类·尚书二》、规模子《朱子语类·中庸二》

“子”具体用在哪个名词后是有习惯性的，可能和这些事物在生活中的频率有关。总的来看，作非正式后缀的“子”在使用范围上比指小后缀有了明显拓展。

非正式后缀“子”没有指小义，故突破了指小后缀的多种使用限制。其一，“N 子”可受“大”修饰，如“大笠子、大帽子、大桶子、大板子、大策子、大宅子”。其二，词基“N”可以是所在义场中尺寸较大的成员，如兽畜义场的“象”、果实义场的“柚”、交通工具义场的“车”、建筑义场的“楼”，在这一时期都可加“子”。其三，非正式后缀可附着在表抽象概念的名词上，而这些概念无实体的大小。

这类“子”主要用在非正式的语体中，这一限制可看作这类“子”缀的主要功能。“N子”基本只出现在白话文献，而在文言文献中只能用“N”表达对应的概念，“N子”和“N”的使用差异如下所示：

（17）于菩萨堂前临涯有三间亭子，地上敷板，四面高栏。（《入唐求法巡礼行记·开成五年》）

（18）桓帝与腾盟于汾东而还，乃使辅相卫雄、段繁于参合陂西累石为亭，树碑以记行焉。（《北史·魏本纪》）

（19）曰：“毕竟事如何？”师曰：“六只骰子满盆红。”（《五灯会元·清化全怤禅师》）

（20）其具有局、有子，子有黄黑各十五，掷采之骰有二。（《唐国史补》卷下）

用白话写成的文献，如变文、传奇、语录、话本，出现了“亭子”“骰子”等“N子”，而史书这种以文言写就的文献大多只用“亭”“骰”等“N”。白话文献比文言文献的非正式程度更高，由此体现出“N子”中的“子”有非正式的语体功能。

除了不同文献的分布差异，“子”的非正式语体功能还体现在同一文献中。文白混杂的《朱子语类》中的“N子”，也有明显的非正式特征，如：

（21）先生至此，以手画轮子，曰：“谓如今日在这一处，明日自是又衮动着些子，又不在旧时处了。”（《朱子语类·卷第二·天地下》）

（22）曰：“亦须穷理。涵养、穷索，二者不可废一，如车两轮，如鸟两翼。”（《朱子语类·卷第九·论知行》）

（23）今来帽子做得恁高，硬带做得恁地重大，既不便

于从事，又且是费钱。(《朱子语类·卷第九十一·杂仪》)

(24) 如温公冠礼亦仿此：初裹巾，次帽，次幞头。(《朱子语类·卷第八十五·士冠》)

“N子”的上下文往往有更多白话的语言成分，如动补结构、数量结构、判断词“是”、新兴的动态及事态助词（“着、了”）、指示代词（“这、恁”），而“N”的上下文是更多文言成分，如文言的结构助词（“之”）、数词可以直接修饰名词。

需要说明的是，此前有研究认为“子”在名词“V子”中有转指或名词化的作用，我们认为它们大多表达的也是非正式的评价性功能。某些名词看似是“V子”，其词基绝大多数是动名兼类的（曹跃香，2009：92），“V”本身可以转指工具，例如，“托子”中的“托”可转指有承托作用的器具，如“托始于唐，前世无有也。”（程大昌《演繁露·托子》），“凿子、锁子、筛子”亦类似。我们认为，这些词的词法结构应分析为“N子”，由于基本用于非正式语体，所以“子”也是非正式的评价性后缀，而非转指或名词化的派生后缀。④

明清小说中，表达非正式的“子”还可附着在量词后，如“只见那五十名番兵走将进来，周周围围看着一池子清水。”（《三宝太监西洋记》第五十三回）。对比同一文献中不加“子”的用例，我们发现，加不加“子”无用法或词汇意义上的明显差别，但加“子”后都有强烈口语性，其后的“子”可看作是非正式后缀。加非正式后缀“子”的量词主要是从名词借用的临时量词，由于临时量词本身就带有名词的属性，所以在非正式语体中，其后可以加“子”也就不难理解了。

### 2.6 小结：汉语史上各类“子”缀的用法

本节主要考察不同类型的（类）后缀“子”的用法，具体包括指人类后缀、卑称后缀、名词性指小后缀、非名词性指小标记、非正式后缀，这是下节历时研究的基础。汇总如表 2 所示：

**表 2 汉语史上五类“子”缀的用法**

| 词法性质 | 出现时代 | 分布 | 语义功能 | 词例 |
|---|---|---|---|---|
| 指人类后缀 | 先秦 | 用在名词、动词、形容词性语素后 | 和修饰成分一同表示“…的人”，包含［＋卑下］语义特征 | 舟子、游子、痴子 |
| 卑称后缀 | 魏晋南北朝 | 用在指人名词后 | 突出［＋卑下］语义特征，表达轻蔑或自谦态度 | 兵子、伧子、貉子 |
| 名词性指小后缀 | 汉魏六朝 | 用在指人、动物、植物及无生名词后 | 表明说话人认为实体很小 | 犊子、树子、刀子 |
| 非名词性指小标记 | 唐五代 | 用在量词、指示代词、数量短语等表量成分后 | 表达或凸显主观小量义，包括数量少、程度低、时间短 | 些子、若子、一向子、一声子 |
| 非正式后缀 | 唐五代 | 用在各种名词以及临时量词后 | 体现非正式的语体特征 | 亭子、骰子、一肚子 |

## 3 “子”缀的词法演变路径

上节归纳出五种不同类型的“子”缀，本节将以历史语料的分析为基础，参考世界语言及汉语方言评价性形态的研究，梳理各类“子”缀的演变过程，最终归纳出评价性后缀“子”的词法演变路径。

3.1　实语素“后代”＞指人类后缀“……的人”

指人类后缀“子”出现在定中式的中心位置上且语义宽泛，是从后代义的实语素“子”演变而来的，这始于部分“N子”进一步的词汇化。

先秦时期，有些“N子”随语境不同有两种理解，这反映了它们进一步词汇化的过程，如：

（25）乃生男子，载寝之床。载衣之裳，载弄之璋。……乃生女子，载寝之地，载衣之裼，载弄之瓦。（《诗·小雅·斯干》）

（26）大夫者，其男子之为大夫者也。命妇者，其妇人之为大夫妻者也。（《仪礼·丧服》）

（27）母为长子削杖。女子子在室为父母，其主丧者不杖，则子一人杖。（《礼记·丧服小记》）

词汇化前，“子”是后代义的实语素，在（25）中“男子”“女子”分别指儿子和女儿；词汇化后，“子”理解为表义宽泛的“人”，如（26）的“男子”中的“子”和（27）的“女子子”中第一个“子”。可见，在进一步词汇化的过程中，“子”由后代义的实语素变为表义宽泛的词内成分。

随着这类词汇化发生得越来越多，语言使用者会将“N子”表示“与N相关的人”的新用法推广到其他名词，从而产生更多“N子”，如“邑子、狱子”。语言使用者会将词内表义宽泛的“子”理解为一个类似后缀的成分，将它用在动词、形容词后，构成“V子”和“A子”，如“学子、邪子”。在词汇扩散的过程中，“子”逐渐演变成类后缀，在魏晋南北朝时期获得更高的能产性。

指人类后缀还带有［+卑下］特征，这也来自后代义的实语素。辈分高低往往和地位尊卑相联系，背后是从家庭域到社会域的认知隐喻，即“社会群体是家庭”（Jurafsky, 1996）。这种认知隐喻也反映于某些实词的词义演变，如“小子、孺子、小儿”本身指小儿子、晚辈，其意义后来变为对人的蔑称。实语素“子”变为指人类后缀后，原本的后代义通过隐喻主观化为［+卑下］特征，反映于“X子”的词义。

3.2　指人类后缀“……的人”>卑称后缀

卑称后缀“子”主要用在指人名词后，表达轻蔑或自谦，这是从指人类后缀演变而来的。[⑤] 卑称后缀与指人类后缀的语义联系相当密切，“子”的这两种用法构成的都是指人名词，都带有［+卑下］特征，而且某些“N子”中“子”可以有指人类后缀和卑称后缀两种理解，更能说明这一点。“汉子”在魏晋南北朝时是北方少数民族对汉族男子的蔑称，如“显祖大怒，谓愔云：‘何物汉子？我与官，不肯就。’”（《北齐书·魏兰根传》），“汉”既是民族名，也可以指人，其后的“子”相应就有指人类后缀和卑称后缀两种理解。

“子”从指人类后缀到卑称后缀的过程大致如下：指人类后缀“子”附着在提示某类人特征的名词、动词、形容词后，构成定中式。当进一步扩展到指人名词“N”后，“子”连“……的人”的语义也不需要负载了，其意义变得更加宽泛，它只继承指人类后缀“子”［+卑下］特征，在他称时表达说话人的轻蔑态度，自称时表达自谦，变为了卑称后缀。

3.3　实语素“动物后代”>名词性指小后缀

跨语言研究表明，从“小孩”到“小的”是一条十分普遍的语义演变路径（Jurafsky, 1996），“子”的演变基本符合这一规律，从实际演变情况看，指小后缀“子”直接来源于动物后代义的实语素。

从魏晋南北朝的例子可见，动物名词后的“子”既可能是实语素的“子”，表示后代，也有可能是名词性指小后缀，表明说话人认为它是小的，如：

（28）元康中，历阳纪元载，客食道龟，已而成瘕，医以药攻之，下龟子数升，大如小钱，头足壳备，文甲皆具。（《搜神记·变化篇之一》）

（29）猫子黄眼愚小物，触事怀害欲噉食。（《杂宝藏经·卷第三》，CETEA, T04, no. 203, p. 465, a24）

（30）小羔子，全浸之。（《齐民要术·脯腊》）

（28）的“龟子”是诞下的“龟崽儿”，“子”是动物后代的实语素，是词的中心。在表达客观的词汇意义的同时，“动物N+子”往往还隐含着说话人认为N是小的，（28）的后文有“大如小钱”，体现出说话人对“N”大小的关心。有这种隐含义非常自然，因为动物幼崽或幼雏很重要的特点就是它们一般比成年动物更小，这种隐含义为指小后缀的演变奠定了语义基础。

（29）的“猫子”既可理解为“猫崽儿”，也可理解为“小猫”，从语境来看，说话人更突出的是猫的体形小，而不是幼小，这反映出“动物N+子”指小的隐含义发生了规约化。“子”在前一种理解中是实语素，而在后一种理解中似乎已可理解为指小后缀了。

（30）的“羔子”和（4）的“犊子”类似，其中的“子”不再表达实在的后代义，只有说话人认为它很小的评价性意义，可以看作指小后缀，此时“N子”的中心不是“子”而是“N”，其词法结构也发生了重新分析，由定中式变为附加式。

可见，指小后缀“子”的形成始于“动物N+子”在语境中的隐含义，即动物幼崽是小的。随着用例的增多，原本隐含的指小义逐渐被规约化，在某些语境中成为优势解读，“子”在“犊子、羔子”等词中只能理解为指小后缀，“动物N+子”的词法结构也发生重新分析。

受类比思维的影响，语言使用者会将这种指小的“子”加在其他语义类的名词上，包括指人名词、植物名词、无生名词，尤其是无生名词后的“子”，它不可能是实在的后代义，而且这种用法的能产性较强，“子”真正成为指小后缀。

方言研究者也注意到，实词/实语素向指小后缀的演变始于动物名词之后。曹逢甫、刘秀雪（2008）根据多个闽语方言点指小后缀的考察构拟出“人类后代>动物后代（动物之小者）>植物之细株、细小事物等”的演化路径，这和我们对“子”的历时考察结果是基本吻合的。

3.4 名词性指小后缀>非名词性指小标记

非名词性指小标记“子”在各种表量成分后表示或凸显主观小量，从认知上看，这是从名词性指小后缀通过隐喻机制演变而来的（Jurafsky, 1996）。该隐喻是从实体的空间域投射到较为抽象的量域，其相似性在于两个认知域都包含量范畴，空间域是实体的尺寸大小，量域包含实体的数量、动作持续的时量、性状的程度量等，“子”在两个域中都是往小里说，这种投射是非常自然的。

跨语言来看，评价性词缀所附着的词基类型呈现出如下等级序列："名词 > 形容词、动词 > 副词、数词、代词等"（Bauer, 1997），其中名词是评价性词缀最倾向于附着的词基类型。这可以印证在历时上名词性指小后缀演化为非名词性指小标记的演化路径。

具体看"子"的演变过程，非名词性指小标记"子"最初出现在表示小量的不定量词"些"后，如：

（31）数量少：学取大罗些子术，免教松下作孤坟。（唐·伊用昌《湖南闯斋吟》）

（32）程度低：庆拈得柱杖行三两步，回头云："不妨是粗些子。"（《祖堂集·安国和尚》）

（33）时间短：尽驱驰，受煎煮，岂解酌量些子许。（《敦煌变文·父母恩重经讲经文》）

随后这类"子"缀发生了语义辖域的扩展，从不定量词"些"扩展到数量短语、时量短语之后，如"一声子、一向子"；现代方言中，非名词性指小标记扩展到更多短语结构中，如（15b）的"程度指示代词 + 形容词"、（16b）的"程度副词 + 形容词"，指小成分的语义功能大多都是表达主观小量。

辖域扩展（scope expansion）是主观化过程中的常见变化，很多句法成分在主观化后，其语义辖域往往会由命题内部扩展到整个命题，或者由命题扩展到话语，像情态词 must、话语标记 indeed 在主观化中都经历了辖域扩展。（Traugott & Dasher, 2002）评价性后缀"子"的词法演变表明，词法成分主观化后其语义辖域也可能发生扩展，由词扩展到短语。

3.5 名词性指小后缀 > 非正式后缀 > 无词法意义的词内成分

指小标记易在语境中发展出语用功能并逐渐规约化（Mutz,

2015: 148），具有语体语用功能的非正式后缀“子”正是源于指小后缀，演变过程包括部分“N子”进一步词汇化、“子”缀词法功能的重新分析。

非正式后缀的演变始于指小词“N子”进一步词汇化。“树子、笼子”等“N子”在魏晋南北朝已经成词，其词义是“小的N”，“树子”的例子见（5），“笼子”见（34）；到唐宋时期，这些“N子”的意义发生了变化，如（35）—（36）：

（34）尝行，见一人担担，上有小笼子，可受升余。（《汉魏六朝小说选·荀氏灵鬼志》）

（35）师云：“东土树子大。”（《古尊宿语录·汝州叶县广教（归）省禅师语录》）

（36）然后买竹，作粗笼子，可盛五六斗者，积之不知其数。（《太平广记·妖怪五》）

词汇化前，“树子”“笼子”都包含指小的评价性意义；词汇化后，“N子”不再有指小义了，“树子大”“可盛五六斗”都说明这里的树和笼子比较大，“N子”的词义已经相当于“N”，“N子”发生了进一步词汇化，“子”的语义变得更加宽泛。

随后用“N子”表示“N”的用法迅速向各种语义类的名词类推扩展，包括表示尺寸较大的事物以及抽象概念的名词，“N子”这一词法模式的型频显著提升。型频的提升带来对“子”缀词法功能的重新分析：一方面，新出现的“N子”中的“子”的语义非常宽泛；另一方面，“N子”仅出现在白话系统，这让语义宽泛的“子”被分析为非正式的词缀。

唐五代以后，文言和白话两个语言系统已泾渭分明，并在很长的历史时期中并存，两个系统的词汇和语法都可以应用到语言表达中，在语用上体现为正式、非正式两种语体风格：文言成分体现正式的语体特征，白话成分则体现非正式的语体特征（吕叔湘，1944/1983：57—77；蒋绍愚，2019）。“N子”是在白话系统中能产性极高的词法模式，代表非正式的语体风格；对应的概念在文言系统中只能用“N”来表达，在实际表达中体现说话人的正式风格，“N子”和“N”的语体分化促使语义宽泛的“子”被分析为具有非正式语体功能的后缀。

董秀芳（2016a：39—41）结合汉语方言中儿化韵、子变韵衰亡的事实指出，“子、儿”会在派生词进一步的词汇化过程中变成意义不可分析的音段层面的成分。从现代汉语普通话的情况看，一部分“N子”，如“椅子、包子”，由于高频使用而发生进一步词汇化，不止用在非正式语体中，而是进入了正式语体，成为了该名物的通称，其中的“子”成为一个不可剥离的词内成分，不再表达指小、非正式等规则性的词法意义。

当由某一词法模式造出的形式词汇化越来越多后，该词法模式会逐渐丧失能产性（Bybee, 1985；董秀芳，2016a：40），可对比普通话的“子”和“儿”来观察这一点。非正式后缀“儿”在普通话中可用在名词性成分后来降低谈话严肃性，如“门$_{儿}$、袋$_{儿}$”，而且对所附着的词基无韵律限制，如“口袋$_{儿}$、塑料袋$_{儿}$、塑料垃圾袋$_{儿}$”，而“子”缀的非正式语体功能已不明显，一般不附着在超过单音节的词基上，[6] 如“袋子、*口袋子、??塑料袋子、*塑料垃圾袋子”，能产性更受限。

3.6　小结：“子”缀的词法演变路径

本节梳理了各类“子”缀的来源及演化过程，图1总结了“子”缀的词法演变路径：

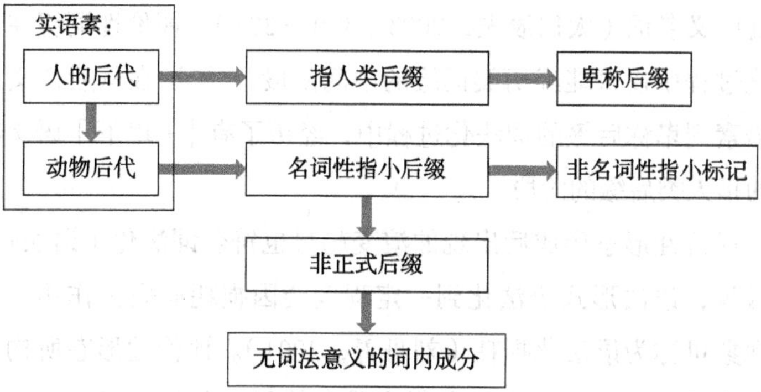


**图 1 “子”缀的词法演变路径**

## 4 余论：从“子”缀看汉语评价性形态的词法化

以上两节以历史语料分析为基础，参考评价性形态的相关研究，归纳了五种类型的“子”缀，并梳理了“子”缀词法演变的三条路径：“实语素‘人的后代’＞指人类后缀＞卑称后缀”；“实语素‘动物后代’＞名词性指小后缀＞非名词性指小标记”；“名词性指小后缀＞非正式后缀＞无意义的词内成分”。

“子”缀演变的事实反映出汉语评价性形态的词法演变实质上是词法化的过程，下面进行具体说明。

汉语评价性词缀的主要来源是实词/实语素，这符合语法化理论所假设的单向性路径，具体而言属于从句法成分到词法成分的词法化（morphologicalization）过程（霍伯尔、特拉格特，2003/2008：177—180），指小后缀“子”就是从动物后代义的实语素词法化而来的。其他评价性词缀词法化的案例如来自形容词的昵称前缀“老”，“私地、暗地”中有摹状作用的后缀“地”来自处所义名词（太田辰夫，2003：320—321）。评价性词缀在词法化过程中还可能经历类词缀的中间阶段，“子”在从后代义的实语素到卑称后缀的词法化过程中，经历了有［+卑下］语义特征的指人类后缀的阶段。

评价性形态形成后出现的演变趋势也符合词法化（语法化）的假说，语法形式语法化到一定程度会因损耗而失去作用，这种现象可称为语法化损耗（刘丹青，2001）。评价性形态所构造的派生形式，其主观性意义很容易在使用中弱化甚至完全失落（Mutz, 2015），比如，近代汉语时期“子”缀指小意义发生弱化，到现代汉语普通话中“子”大多只能分析为无词法意义的词内成分，“阿”在汉语史上曾是表亲昵的评价性前缀，可用在亲属称呼、姓名、排行前，在现代汉语普通话中仅保留在“阿姨”等个别词之中，可见它作为评价性词缀已经完全失落。评价性词缀的这些演变都可以看作语法化损耗现象。

具体分析演变的过程，我们发现，汉语评价性形态的词法化基本始于部分合成形式的词汇化，典型案例是“子”从后代义实语素到指人类后缀的演变，它始于“男子、女子”等词进一步的词汇化，这与构式化理论中的词汇构式化（lexical constructionalization）的精神一致。像英语的-dom、-hood等类后缀、汉语中“高富帅、高大上”这样由三个形容词构成的并列式$A_1A_2A_3$等词法模式最初都来自短语结构的词汇化，随后经历图式性、能产性的提升，最终演变为能产的图式性词汇构式。（Traugott & Trousdale, 2013: 149—194；宋作艳，2019）

下面尝试从词汇构式化的角度观察指人类后缀“子”的词法化过程：“男子、女子”等词的意义从儿子、女儿到男人、女人，其组构性明显降低，发生了微观构式层面的构式化；随后“子”表示“……的人”的用法类推到更多词基上，其能产性获得提升，从具体的“X 子”可抽象出新的词法规则，用构式语法的表示法即［［X］$_{N/V/Ak}$ 子］$_{Nj}$↔［与［语义理解］$_{k}$ 相关的人］$_{j}$，“X 子”演变为图式性词汇构式，其下包含三个次图式：“N 子”“A 子”“V 子”，其图式性明显提升，在这一过程中，“子”缀完成了词法化。

## 附　注

① 用于尊称的“子”是实词/实语素，可独立使用，如“岂不尔思，畏子不敢。”（《诗·王风·大车》）“子曰：‘学而时习之，不亦说乎？’”（《论语·学而》）；在词内没有定位性，在前的如“子夏、子路”，在后的如“孔子、孟子、吾子（对对方的尊称）、群子（诸位）”。尽管其词义也有评价性，但由于它不是词缀，本文不作讨论。

② 跨语言的研究表明，具有同种功能的评价性形态可以重复使用（Scalise, 1984: 132—133），与此类似，评价性形态和具有相近语义功能的词汇手段也可以同时使用，比如（6）的“小刀子”，说话人同时使用形容词“小”和后缀“子”来指小。这类似今天北京话的带“小”儿化，“小刀$_{儿}$”中“刀”在口语中需要儿化，而“大刀”则不能儿化，这里的儿化至少有辅助指小的意义。（毛修敬，1989）

③ 这些名词可以加实语素“子”，如“鹿子、象子”的“子”是后代义，但无加指小后缀“子”的现象。另外，根据杨贺（2016：148），“师（狮）子”是古代波斯语“sēr”的音译，在中古文献中未见仅用“师（狮）”指狮子的例子，“子”应是音译词中无意义的音段成分。

④ 现代汉语普通话中存在少量“V 子”，如“起子、转子”，但从成词数量和规则性看，有动转名功能的“子”不是很能产。

⑤ 在 Jurafsky（1996）的语义辐射模型中，“轻蔑”（contempt）是从“小的”隐喻而来，从认知语义角度看，这是自然的演变路径。具体分析“子”的演变情况，卑称后缀更有可能来自指人类后缀，见后文的分析。

⑥ 像“幺蛾子、哈喇子”等三音节词是词汇化所形成的词，而非词

法生成的。像“菜篮子、纸箱子”等组合是双音节的“Y 子”受其他成分修饰（[X[Y 子]]），而非双音词再加“子”（[[XY]子]）。

## 参考文献


〔美〕鲍尔·J. 霍伯尔、伊丽莎白·克劳丝·特拉格特　2003/2008 《语法化学说》（第二版），梁银峰译，上海：复旦大学出版社。

曹逢甫、刘秀雪　2008 《闽语小称词语法化研究——语意与语音形式的对应性》，《语言暨语言学》第 3 期。

曹跃香　2009 《汉语“V+ 子 / 儿 / 头”的共时历时考察与认知解释》，呼和浩特：内蒙古人民出版社。

董秀芳　2016a 《汉语的词库与词法》（第二版），北京：北京大学出版社。

董秀芳　2016b 《主观性表达在汉语中的凸显性及其表现特征》，《语言科学》第 6 期。

董秀芳　2021 《汉藏语系语言的评价性形态》，《民族语文》第 2 期。

江蓝生、曹广顺　1997 《唐五代语言词典》，上海：上海教育出版社。

蒋绍愚　2019 《也谈文言和白话》，《清华大学学报》第 2 期。

李维琦　2004 《佛经词语汇释》，长沙：湖南师范大学出版社。

梁晓红　2008 《佛教与汉语史研究 以日本资料为中心》，上海：上海古籍出版社。

林华勇、马　喆　2008 《广东廉江方言的“子”义语素与小称问题》，《语言科学》第 6 期。

刘丹青　2001 《语法化的更新、强化与叠加》，《语言研究》第 2 期。

吕叔湘　1944/1983 《文言和白话》，见《吕叔湘语文论集》，北京：商务印书馆。

毛修敬　1989 《带“小”的儿化现象》，《中国语文》第 4 期。

聂有才　2021 《高安方言语法研究》，华中师范大学博士学位论文。

宋作艳　2019 《从词汇构式化看 $A_1A_2A_3$ 的词汇化与词法化》，《世界汉语教学》第 2 期。

孙锡信　1992 《汉语历史语法要略》，上海：复旦大学出版社。

〔日〕太田辰夫　1958/2003 《中国语历史文法》（修订译本），蒋绍愚、徐昌华译，北京：北京大学出版社。

王洪君、富　丽　2005 《试论现代汉语的类词缀》，《语言科学》第 5 期。

王　力　1959/2005 《汉语语法史》，北京：商务印书馆。

杨　贺　2016 《中古汉语词缀研究》，济南：山东大学出版社。

杨建国　1993 《近代汉语引论》，合肥：黄山书社。

张美兰　2001 《近代汉语语言研究》，天津：天津教育出版社。

Bauer, Laurie 1997 Evaluative Morphology: In Search of Universals. *Studies in Language* 21(3): 533—575.

Beard, Robert 1995 *Lexeme-Morpheme Base Morphology.* Albany: State University of New York Press.

Bybee, Joan 1985 *Morphology: A Study of the Relation between Meaning and Form*. Philadelphia: John Benjamins.

Dressler, Wolfgang U. & Merlini Barbaresi 1994 *Morphopragmatics: Diminutives and Intersifiers in Italian, German and Other Languages*. Berlin: Mouton de Gruyter.

Grandi, Nicola & Lívia Körtvélyessy 2015 Introduction: Why evaluative morphology? In Grandi Nicola & Körtvélyessy Lívia (eds.), *Edinburgh Handbook of Evaluative Morphology*, 3—20. Edinburgh: Edinburgh University Press.

Jurafsky, Daniel 1996 Universal tendencies in the semantics of the diminutive. *Language* 72: 533—578.

Mutz, Katrin 2015 Evaluative morphology in diachronic perspective. In Grandi Nicola & Körtvélyessy Lívia (eds.), *Edinburgh Handbook of Evaluative Morphology,* 142—154. Edinburgh: Edinburgh University Press.

Scalise, Sergio 1984 *Generative Morphology*. Dordrecht: Foris.

Traugott, Elizabeth Closs & Graeme Trousdale 2013 *Constructionalization and Constructional Change*, Oxford University Press.

Traugott, Elizabeth Closs & Richard Dasher 2002 *Regularity in Semantic Change*. Cambridge: Cambridge University Press.

# 再谈汉语方言里趋向动词的语法化：关联位移标记语法化的形式表现 *

〔法〕柯理思

（法国国立东方语言文化学院 / 东亚语言研究所）

## 1 引言

吴福祥（2010）梳理了汉语方言里与趋向动词相关的几种语法化模式，其出发点是“语言中很多抽象的语法概念或语法标记往往衍生于空间概念”。因此，其论文主要列举比较标记、补语标记等已经脱离空间范畴的语法化成分，唯有提到“过”“去”“上”“落”等趋向动词的空间介词用法时，才涉及留在空间范畴内的功能成分。比如，文章认为（2010：109）“朝”义介词“上”大概来源于“去、到”义动词“上”，演化过程为：由低向高的位移动词（趋向动词）> 水平位移动词 > 方位介词。这个语法化链的第一阶段可以看作是一种语义泛化（desemanticization），即

* 本文是在漳州闽南师范大学第十二届汉语语法化问题国际学术讨论会（2023 年 11 月）上宣读的论文的基础上修改而成的。会上会下承蒙无数同行提出有益意见，谨表谢忱。

动词失去一部分具体位移路径特征，变成一个泛化位移动词。普通话的“到”也经过类似的语义泛化。而每个方言里常用的泛化位移动词会不同，如由终点宾语构成的基本位移句“位移动词+终点”中的“去”“到”“上”“走”等都有不同的地理分布。这些动词有时还会进一步语法化为终点标记或方向介词、位置介词等，在空间表达系统中起到重要作用。

本文的主题也是趋向动词经过语法化而衍生的语言成分，也准备利用方言材料，不过关注的是语法化后仍然属于空间范畴（spatial domain）的一类功能成分。本文第2节先列举了趋向动词派生出来的主要功能成分，尝试给趋向补语以外仅在一部分方言中使用的几类成分进行重新分类，同时也介绍了本研究的理论背景和分析框架。第3节和第4节把着眼点转到学界仍然没有达成共识的关联位移标记，分别考察了反映清末北方话口语和当代北方方言的材料。我们所观察到的伴随着动词语法化的形式表现分属于句法和语音两个层面：含有两个同义的离心位移成分，如“进去坐去”一类双标注格式，以及伴随“去”的语法化的语音缩减现象。在本文的结语中，我们把视野扩大到跨语言研究层面，简单地概括了汉语趋向补语和关联位移标记两种成分的几个显著特点，并强调了把这两种功能成分从动词中分离出来讨论的好处。

## 2 从趋向动词派生出来的功能成分

### 2.1 语法化的动词还是动词吗？

现代汉语中“趋向动词”的定义和范围向来不是十分清楚。

比如《现代汉语词典》第7版在动词这一大类中区分两个附类：助动词和趋向动词。后者包括“出（来/去）”“过（来/去）”“回（来/去）”“进（来/去）”“开（来）”“来”“起（来）”“去”“上（来/去）”“下（来/去）”等，看起来很像一般位移事件研究所说的“路径动词”（path verbs）。不过该词典里，“从里面到外面”、跟“进”相对的动词“出”并没有被视为“趋向动词”，只标注为[动]，即一般动词。其他趋向动词也是如此：同形同义的“动词”和“趋向动词”作为两个不同的条目来处理，只有“用在动词后面”作补语的条目才标注为“趋向动词”，拼音注音前边加“//·”，表示轻读。该词典凡例部分中说明（2016：3）“//·起//·来”的意思是说出现在其他动词后如“拿起来”时两个字均轻读，但插入“得、不”后，如“拿不起来”，则重读。这种对轻重音的处理与吕叔湘主编《现代汉语八百词》（1980：2、38—41）基本一致。《现代汉语词典》（2016：1078）对趋向动词的定义如下：“动词后的附类，表示从近到远、从远到近、从低到高、从高到低、从里到外、从外到里等趋向或其他虚化的意义，分单纯的和合成的两种，单纯的趋向动词是：‘来、去、进、出、上、下、回、过、起、开’等。合成的趋向动词由单纯的趋向动词组成，如‘进来、进去、出来、出去、上来、上去、下来、下去、回来、回去、过来、过去、起来’等。”显然，趋向动词和助动词一样，虽然被视为“动词”，但在一定程度上作为附类的理据还都是由于其呈现出语法化。无论是从《现汉》的处理看还是根据专门研究现代汉语趋向补语的论著（刘月华，1998：1；王国栓，2005：14），充当补语的趋向动词构成一个封闭的类，更像一种功能成分，如一般语言学说的 Directionals

（趋向词缀、趋向助词等）。那么这个封闭类的成员还是动词吗？有的学者对这个问题给出了肯定的答案，如郭锐（2010：191）把介词划为虚词，但认为助动词不应该从动词中分离出来，与一般动词的区别仅限于语义上的特点。该书在动词的讲解中没有讨论“趋向动词”。以上这些不十分透明的处理也正是国外某些研究把动趋式动词分析为连谓结构的一个原因（可以参考 Shi & Wu, 2014 的反驳）。另一个可能的答案是重视汉语的趋向补语与世界语言中标注动作方向的各类虚成分之间的平行性，如俄语、德语、羌语的词缀和英语的 up、in 等助词（verb particles）（柯理思，2003）。如果我们想要进行类型学、跨语言研究的话，后一个选择比较现实。对于汉语跨方言研究，这也是一个可取的方案，因为趋向成分在语法化过程中脱离动词在各地方言中的形式表现不同，我们必须采用一个合适的尺度来衡量这些不同的表现。Lamarre（2007）、刘丹青（2017）从不同的角度都举出了反映趋向补语语法化的一系列韵律、构词法和句法特点。刘丹青（2017）还使用“库藏裂变”的说法强调动趋式和连动式在共时平面上其根本性质已经有别，并对趋向补语使用“趋向性成分”“从属成分”等词语，但同时把重点放在“构式”上，把词性问题留给下一步的工作。

2.2　更适合于跨语言研究、跨方言研究的分析框架

本文采用 Wälchli（2001）的分析框架，把句子中标注位置变化（displacement）的成分先分为三大类：

（一）名词的修饰成分（adnominal encoding）包括前置词和后置词，也包括某些语言的格标记。

（二）动词的修饰成分（adverbal encoding）可以是副词性成

分、助词、动词词缀等。（一）（二）两类的区别在于句法位置取决于名词还是动词这一点上。

（三）动词本身（verbal encoding）指的是一般所说的路径动词。

这三大类也可以再分为几个次类，如有的语言既有空间介词又有表示空间意义的格标记（如匈牙利语等）。汉语的第一类成分有介词和方位词两个次类。介词来源于动词（有一部分来源于趋向动词）；方位词来源于名词，不单独表达位置变化，但是也可以负载相关意义（如“把它放桌子上！”一类句子里）。第二类的典型成员（二 a）是趋向补语，普遍存在于各地方言。除了趋向补语之外，对于某些方言还有必要另设立至少两个次类：（二 b）是位于动词前的“往里”“往回”“往起”等标注方向的副词性成分（这个观点继承自太田辰夫 1958：308 的分析），这些成分在西北方言中特别活跃，构成与（二 a）相对应而在体貌上对立的趋向成分；（二 c）是出现在动词词组后的目的助词，如“你赶快洗手去！”的“去”。后两个成分只有在某些方言里才使用或者才比较活跃，较少受到重视。但实际上第二类的这三种成分都是从动词演化出来的封闭类。与之不同，第三类是动词，既包括狭义的趋向动词（即可以充当补语的路径动词），又包括其他动词，如“举手”的“举”、“往后退”的“退”等。既然第一、二类部分成员是从第三类动词经过语法化而成的封闭类，那么很值得进一步探讨其语法化的形式表现，衡量它脱离动词（实词）的诸多特征。这些特征在各地方言中会不同，也是以普通话书面语为主的现代汉语研究学界容易忽视的原因。

王国栓（2005，第2章）对以往的研究，如赵元任（Chao，1968）、朱德熙（1982）、刘月华（1998）等各家论著中的趋向补语进行对比，指出主要分歧在“到”“走”“拢”几个成分的处理上。对本文提出的大框架来说最重要的是“到”。刘月华（1998，下文简称《通释》）把“到”归于趋向补语是继承吕叔湘主编的《现代汉语八百词》（1980，下文简称《八百词》）的处理，重视“V到+处所+来/去”和“到+处所+来/去”分别与“V进+处所+来/去”和“进+处所+来/去”的平行性，并指出“到”与“来、去”组合必须带处所宾语（《八百词》第11页、《通释》第13页）。上文也提到动词“到”从“到达”义经过语义泛化变为“往”义的泛化位移动词，在不少汉语方言里代替“去”用在“泛化位移+终点处所词”格式里，如普通话的“到我那儿谈吧”必须带处所宾语（《八百词》第127页）。各家之所以对出现在其他动词后引进终点的“到”有不同的处理，是因为“到”的句法表现本身就有两面性。后边的处所名词不能省去是像介词，但同时和前面的动词又有紧密联系，甚至与动词的融合现象都不少见（见柯理思，2009等），有时又会表现为附缀。从改变动词短语的体貌特点这一方面看，“到+处所”附在动词后也具有有界化作用，更接近趋向补语，而位于动词前的介词短语没有这样的效果。为了照顾这两方面的特点，我们在图1里把“终点标记”从其他介词里分出来，作为一个独立的小类。

图1表示从动词（往往是从趋向动词）演化出来的各种空间类成分，并作为本文讨论的出发点。（我们暂时依据北方话常见的格局，不一定能够适于全部的方言。）

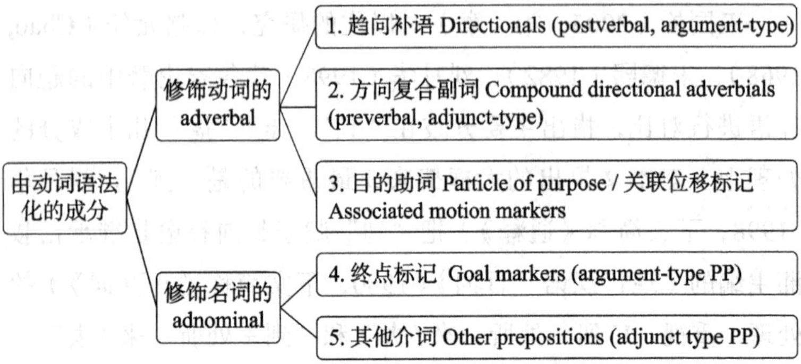


**图 1　从动词演化出来的表达位置变化的封闭类成分**

除了上文提到的“到”类终点标记（4）的特征部分靠近补语（1）外，吕叔湘（1980：34）也指出趋向补语（1）“跟某些外语比较，当动趋式动词后边是代表处所的名词时，动趋式里的‘趋$_1$’的作用像一个介词，例如‘话说出口’‘走出门来’；当后边是代表事物的名词时，趋向动词的作用像一个副词，例如‘说出话来’‘走出一个人来’”。这两个功能在方言里分布不均匀：比如有的方言不允许趋向补语引进处所词，排除 1—4 的交叉。1—2 类的对立强弱在方言里也不均匀（Lamarre, 2013；宗守云，2014；黑维强，2017：468；唐正大，2018 等）。当然，趋向动词和语法化为趋向成分（1）的交叉也是衡量某一个方言变为卫星框架语言的有效尺度（比如温州话、绍兴话的大部分趋向补语（1）已经没有相对应的趋向动词，请看林静夏（Lin, 2021）、盛益民（2023）等。

本文讨论第二类的（二 c），即目的助词语法化的具体表现是以这个大框架为理论背景。这类成分（图 1 的 3）只有在某些方言里才使用，但是如果不把它从动词和趋向补语（1）区分开来，就会给负载位移义成分的整个系统分析造成许多混乱。

## 3 目的助词（位移—目的句）

### 3.1 目的助词/关联位移标记

以往的研究主要认为“洗手去！”一类格式的“去”是连谓结构中的第二个动词（陆俭明，1985、1989）。朱德熙（1980：165—166）则说“去”是“一种虚化了的动词”，这一说法仍保留讨论的余地。赵元任（Chao, 1968: 479—480）和王国栓（2005：231）使用“particles of purpose / 目的助词”这一名称掩盖了“位移”意义，不过笔者所使用的“关联位移标记”（associated motion markers, Lamarre, 2020）也掩盖了目的意义因素，各有利弊。本文暂时采用汉语学界通用的“目的助词”这一名称。

如果把“VP 去”看作是连谓结构的话，两个谓词之间的语义关系与大家公认的其他连谓结构不符。朱德熙（同上）提到“骑马去”一类说法中的“去”如果重读就理解为骑着马去什么地方（与“走着去”对立）；如果轻读的话，就等于“去骑马”。甘露等（2009）也专门讨论过这个问题，并认为“骑车去”中的“去”重读就表明“去”的方式是骑车，而不是步行或其他方式；“去”若是轻读，“骑车”则表示“去”的目的。

从以上的简单介绍不难看出这些成分语法化的形式表现极其重要。除了这一点以外，大家还提到两方面的形式表现支持“语法化说”。

第一个表现是“VP 去”前边可以再加同义的位移动词（王

国栓，2005：239）：

（1）赶紧来洗澡来。（王国栓，2005：239）

（2）你赶快去找去！（陆俭明，1985，引自北京话口语调查材料）

连谓结构不可能在目的VP前后都出现实意动词“去”，要么前一个是介词，要么后一个是助词。专门讨论这种“冗余格式”的论文不多。黑维强（2003c）细致调查了近代汉语中的“去+VP+去”句，认为其产生不会早于元代。他统计了元杂剧、《金瓶梅词话》、《醒世姻缘传》、《歧路灯》、《红楼梦》、《儿女英雄传》等作品中两百多个“去VP去”句，对其中动词性短语的不同类型也做了详细的描述。可能由于新兴的共同语吸收许多南方官话的语言特点，清末以后的使用状况没有受到重视。本文跟着黑维强（2003c）认为“去VP去”是一种叠置格式。如果认为VP前后都出现标注直指位移的成分“来/去”，也可以称作“双标注句”，与“洗手去”一类“单标注句”构成对立。这种“双标注格式”是本文讨论的一个重点。

第二个表现是上述的语音弱化，在北京话和许多北方方言中表现出失去固有声调的轻读，也是赵元任（同上）、朱德熙（同上）、陆俭明（1985）都很重视“去”读轻声的原因。王国栓（2005：226）认为是“语音物质（phonetic substance）的消减”（第238页也提到“来”轻读）。在北方官话中，轻读通常为语法化的表现之一。但动词演化为目的助词和补语时所导致的语音分化在方言里往往更显著，也是本文讨论的重点。

3.2　目的助词和趋向补语有别

在北京话里，目的助词“来”和“去”与趋向补语同音，表示的位移义也一致：以说话人为参照点，分别是向心、离心位移。由于这个原因，加上只有一部分方言使用，学界因而难以予以定性，才会见到诸多将趋向补语和目的助词混淆的论著。甚至《现代汉语八百词》（1980：38）在讲解趋向补语的段落中有一个例句“你先收拾·去。”应该是“你先去收拾”的意思。这种混淆在描写晋方言的论著中最为普遍。我们推测，是由于晋方言的目的助词“去”一般与趋向补语“去”同音而与动词“去”相差很远，而在描写框架没有设计另一个合适的虚词类的情况下，就只得把目的助词分到趋向补语中去，或者说是“表示趋向”。论著中的举例也把两者放在一起，比如田希诚等（1995）指出以下句子中的“去”在山西汾阳、武乡、和顺、平鲁等分别读为［$\text{tiəʔ}^{1\text{-}21}$］、［·tə］、［$\text{lei}^{21}$］和［$\text{li}^{324\text{-}51}$］：

（3）快下去吧！

（4）他买书去了。

侯精一等（1993：128）指出，“山西方言‘来、去’作趋向补语与作谓语动词多数点语音不同，不能互相替换”。该书进一步区分出趋向补语的两个用法：一是“来、去”直接附于动词后，如“取去”的意思是“到那儿去取”；二是在动词和“来、去”之间插入“将”一类成分，如“取将来”相当于普通话的“把东西拿来”。同样，黑维强在一系列研究中（2001、2003a、2003b、2003c）以晋语和近代汉语的“去VP去”中前后两个“去”的读音为根据，证明前一个“去”是一般动词，而后一个是“趋向动词”（我们理解为作补语的专用趋向成分）。

我们认为还要再往前迈一步。趋向补语和目的助词都是虚成分，与一般的动词“去”不同音，互相之间就同音，也不足为奇，各有各的句法分布、形态表现和语法意义，与动词发音不同可以从伴随语法化的语音弱化的角度解释清楚。但是语法意义不同。赵元任（Chao, 1968: 479）也提醒我们必须把“买菜去”和“打球来”的“去、来”（目的助词）与趋向补语区分开来。总之，如果没有像图 1 那样的描写框架，把功能成分（1/2）看作是动词，就难以解决问题。如果把补语和目的助词混在一起，就会碰到基本语法意义不同这一问题。

综上所述，表达离心、向心位移的直指动词语法化后也可以分成两类：

1. 直指趋向补语：“你出来！”“给我拿来！”“把行李搬进去”“跑上去”等的“去”和“来”（及物动词的话指向受事）。

2. 目的助词：“买菜去”“赶紧洗澡来！”，表达目的动作施事的位移。在 VP 后使用来源于直指位移动词的虚成分表示“动作者去 / 来做某事”的方言里，目的助词是个封闭类，至少用一个“去”（如山东淄川方言，见孙克敏，2021）、一般用“来 / 去”两个，至多用三个（西北地区还加“走”）。

下文第 4、第 5 节分别观察反映北方话的清末文献和当代北方方言的材料，寻找目的助词语法化两方面的论证：

（一）考察文献中的“去 VP 去”句，即在 VP 前后都出现标注同一个趋向的成分“来 / 去”。这可以看作是连谓结构“去 VP”和目的助词格式“VP 去”的叠置。

（二）方言里的“去”和“来”的语音弱化有各种各样的表现，可以论证目的助词的“附缀化”（cliticization）。

## 4　清末北方话文献的目的助词和冗余格式

### 4.1 “去 VP 去”一类叠置格式在语法体系中的地位

像上文例句（1—2）那样的冗余格式究竟是常用的还是偶见一例的特殊格式呢？其在语法体系中的地位如何？

黑维强（2003c）认为“去 +VP+ 去”从元代产生以后到清代，使用频率呈现出上升的趋势，而且现代汉语的句式是直接来自于近代汉语的。不过我们认为此格式在普通话中的地位本就不高。笔者曾经调查过电视剧《结婚十年》和小说《人到中年》中的“去 VP/VP 去”和“来 VP/VP 来”（Lamarre, 2020），前一冗余格式用例不多（不到“位移 + 目的”句的 10%），后者一例都不见。在汉语参考语法、对外汉语课本里两种冗余格式均不出现。黑维强（2003c）指出近代汉语的“去 VP 去”呈现出“北方籍贯作者的作品使用频率较高，南方籍贯作者的作品中使用频率较低”。

太田辰夫（1965）通过对《官话指南》原本（1882）和九江本（1893）的对比提出“VP 去”是北京话的特点。根据张美兰（2011：372—376）对反映北方官话和南方官话的其他域外清代文献（如琉球官话课本等）的研究，“去 VP”和“VP 去”这两个格式的分布确实与文献的方言背景有密切关系。曹志耘（2008，语法卷）的地图 78 展示的地理分布也显示出类似的倾向。我们想要进一步调查作为普遍使用的“去 VP”和北方话特有的“VP 去”的叠置格式“去 VP 去”的时候，就面临取材问题。考虑各种因素后，我们觉得应避免吸收了许多南方官话成分的“国语”和普通话确立以后的文献，因而选择了反映北方话的清末文献。

另外，我们知道北京话的“拿去”会有歧义。[①] 比如根据语境我们就知道（5）中的“拿来”是动趋式，后一句的“拿去”是“去拿”的意思，而（6）中的“拿去”就是动趋式。

（5）“要鲜花不要？我有！”“多少钱？”马威问。“拿来！”马老先生在那里跪着说。“是，我拿去，拿去。”老太太说完，(……）走了。大半天才慢慢的扭回来（……）。一手撩着裙子，一手拿着一把儿杏黄的郁金香。（老舍《二马》第一段 /9）

（6）太太叫张妈去拿点开水，等张妈出了屋门，她拿出一毛钱来：“拿去，别拿眼紧扫搭着我！”（老舍，《骆驼祥子》5）

“V 来”也会有类似的歧义现象（请参考陆俭明，1989）。我们选择的资料还有一个好处：都有外文译文，万一语境不够清楚，还可以参考译文。本节观察的三部文献均以会话为主，口语性很强，调查对象句型出现得比较多：

①《官话指南》：1882 年，北京官话，可以参考法文、日文、英文译文

②《汉语入门》：1895 年，河北献县话，附有标音和法文译文

③《燕京妇语》：1906 年，北京话，附有日文译文

从直指位移动词的句法功能看，这三部文献还有一个有趣的共同点：动词“去”不带位移终点类处所词，但可以带动量词、体标记等。《汉语入门》和《燕京妇语》带终点处所的动词主要用“上”（“上”不单用），也用“到”，《官话指南》中“到”频

率高一些。这也符合杨杏红（2014：48—55）对《急救篇》等几部日本明治时期的北京官话课本进行细致考察后描写的状况。同时，这种状况也与冀鲁官话，如河北孟村话（董淑慧，2023）、山东淄川话（孙克敏，2021）等一致：带终点处所宾语的动词是“上”，“去”没有这个句法功能。“VP 去”“VP 来”前也往往出现“到 / 上 + 终点”，我们也将其看作是连动式和关联位移标记共现的一种叠置类型，频率颇高。《汉语入门》《燕京妇语》中最常见的是“上 + 处所词 L+VP 去”（以下用“L”来代表处所名词）；《官话指南》中的“到 L+VP 去”比“上 L+VP 去”多一倍。下文的调查显示，这些类型与 VP 前后都出现直指位移成分的“去 VP 去”句共现。

对《官话指南》《汉语入门》和《燕京妇语》的调查结果分别在 4.2、4.3 和 4.4 节介绍。

4.2　北京官话本《官话指南》的目的助词和叠置格式

关于《官话指南》这部课本的成书背景、主要特点及研究价值等可以参考张美兰（2017）。太田辰夫（1965）很早就注意到《官话指南》北京官话本（1882）的“VP 去”在九江本（南京官话本，1893）改写为“去 VP”的现象。张美兰（2011：372—378、2017：1293—1299）进行了补充调查，得出的结果是《官话指南》的北京官话本中“VP 去”和“去 VP”的比例为 47∶4。张美兰（2017）还注意到“到什么地方做什么去”在九江本中改写为“到什么地方去做什么”的现象。我们的分类略有不同。

本文把考察范围限于口语性更强的第二卷《官商吐属》、第三卷《使令通话》（共约 4 万 4 千字），调查结果见表 1。“VP”（动词短语）指位移体去做 / 来做的目的动作。表中从左到右区分以下三种格式：（1）“单标注”的“VP来/去”格式；（2）双标注的冗余格式，即目的VP前后都出现“来/去”类直指位移成分的叠置格式；（3）VP前的位移由“V+处所名词（L）”组合来标注的目的助词句。百分比基于目的助词句的总数。最后还和VP后不出现目的助词“来/去”的连谓句，如“他昨儿个来告诉我说……”一类句子对比。

**表1 《官话指南》（卷二、三）的目的助词句和叠置格式（位移—目的句217例）**

| VP+来/去 | “去VP去”类 | “到+L+VP+来/去”类 | 目的助词句总数 |
|---|---|---|---|
| 63（42.9%） | 13（8.8%） | 71（48.3%） | 147 |
| VP去：56例<br>VP来：7例 | 去VP去4例<br>其他：出去3/进去2/回去1/过去1+VP去（共9例） | 上L+VP来/去：17例<br>到L+VP来/去：44例<br>其他：出城、回家、进里头、出外、下天津、拿去+VP+来/去（共10例） | 不带目的助词的连动式：70例 |

可见，《官话指南》中的“VP去”远远多于“去VP去”一类双标注句。后者不到10%，请看例句：

（7）赶晌午的时候、他们就都回去吃晌饭去了。（《官商吐属》11章）

4.3　反映河北献县话的传教士文献《汉语入门》的目的助词和冗余格式

《汉语入门》是耶稣会传教士戴遂良（Léon Wieger, 1856—1933）编著的汉语口语课本，由献县天主堂印书馆出版，反映戴遂良当时传教、行医的地区即河北河间府（献县）一带的方言，归于冀鲁官话沧惠片。课本包括描写语法体系的部分（第32—248页）和例句集部分（第249—1495页），后者的语料约22万字。末尾有十篇反映自然生活场景的会话（占1.5万多字）。所有的语料附有法式罗马字拼音和法文译文。关于这部课本的作者、内容和研究价值，可以参考刘亚男（2017a/b）。

课本语法描写第49条（第187—188页）专门介绍当地多用的一种句尾目的助词“的［ti］”，并指出前边经常再出现“去”类位移动词，构成“去VP的”句。无论是VP前还加不加“去”，法语都用动词aller‘去’后加表示目的动作的动词不定式来表达，有时在两个动词之间还加上表达目的的连词pour‘为了’（等于英语的in order to），例如：

（8）你去找的罢。ni k’iu tchàoti pa ‘va chercher’（你去找去吧。）（第187页）

戴遂良（1895：87—88）用拉丁语语法术语supine来给献县话的目的助词ti命名（目的动名词，即动词专门用来表达位移目的的一个不完全变化的形式）。课本作者推测“去+VP+的”中的ti来源于“去”，是音变的结果。我们在下文第4节进一步讨论目的助词呈现的语音缩减问题。

课本里目的动作后的目的助词“的［ti］”一共出现209例。我们发现大部分是双标注的，即动词前后都出现与目的助词同义的直指位移成分，占目的助词句的70%，其中可以按VP前的动词类型分为几个小类：“去VP的”类（上例8）、“出去VP的”类（例9，“家去”是本地常用的趋向动词）、“上L+VP+的”类（例10）等。例如：

（9）趁着这几天有空儿，我家去看看的。（我回家看看去。第578页）

（10）我上口外教书的了。（我去蒙古教书去了。第434页）

表 2 表示各类句式在“位移—目的”句 275 例中的分布。

**表 2 《汉语入门》的目的助词“的 ti”和叠置格式（位移—目的句 275 例）**

| VP+ 来 / 的 | “去 +VP+ 的”类双标注句 | “上 L+VP+ 的 / 来”类 | 目的助词句总数 |
|---|---|---|---|
| 34（16%） | 146（70%） | 29（14%） | 209 例 |
| VP 的：31 例<br>VP 来：3 例 | 去 VP 的：96 例<br>出去 / 家去 +VP 的：16 例<br>上 L 去 VP 的：11 例<br>来 VP 来：18 例<br>出来 / 下来 / 过来 +VP 来：3 例<br>上 L 来 VP 来：2 例 | 上 L+VP 的：21 例<br>其他：下船 / 进城 / 进京 +VP 的（共 8 例） | 不带目的助词的连动式：66 例 |

课本中使用目的助词“来”，也有 18 例双标注句“来 VP 来”，比“VP 来”（3 例）常用，但不带目的助词的连动式更常见（“来 VP”24 例）。② 请看双标注的例句：

（11）赶到傍黑子，你拿着灯笼来接我来罢！（§251）。

《汉语入门》与《官话指南》最明显的差异是目的助词“去”发生音变读为轻声 ti，与动词 *k'iú*（去声），趋向补语 *k'iu* 都不同音（该问题在第 5 节有详细讨论）。另外《汉语入门》中目的 VP 前后都带直指位移成分的“叠置”类型占大多数，双标注句比单标注句频率高很多。另一个特点是上文提到的，能带终点处所词的泛化位移动词用“上”，“到”用得很少，“去”不用。

目的助词与直指趋向补语“去”不同音的方言不多，可以从中得到一些启发。

（a）“上学去”的“上学”有时觉得已经不表达位移，如现代汉语的“上班”那样，可以是一个活动动词，与进行体标记共现。《汉语入门》中“上学”是活动，构成“上学的”（上学去），表示空间位移时就用“上学里去”，用趋向补语“去”。“赶集”有3例带“的”，但也出现在“去赶集去”和“赶集去”（共5例），也可能是反映了这种两面性。

（b）“到+L+VP+去”的“去”是跟“到”组合的趋向补语还是跟VP组合的目的助词？《汉语入门》中“上L+VP+的”出现11例，“上L+VP+去”仅发现1例。

（12）他上茅厕里解手的了。（他上厕所解手去了。第622页）

（c）普通话的歧义句“坐车去”情况如何？我们发现了两处使用相同动词的句子，可以构成最小对比句：“套车去”/“套车的”，语境和法语译文都很清楚。

（13）赶那一天，我除非了不套车去，要套车去，我准给你捎来。（第886页，后边的“去”重读，记为 *t'ao tch'ēe k'iú*，分写，“去”带声调符号）。与“步行”对立。

（14）老爷儿平西的時候你家去套车的，我在地里看着庄稼。（第944页，用“的 ti”，标为 *t'aotch'ēeti*，连写）。意思是说：“你回家套车去”。

4.4 《燕京妇语》（1906年）的目的助词

《燕京妇语》是一部体量较小的汉语会话书，仅2万多字，附有日语译文，大概成书于1906年。江蓝生（1994）对《燕京妇语》的研究价值给出了很高的评价：“语言十分生活化、口语化，是当时当地活生生的语言的真实记录，这对于研究北京话的历史提供了一份十分难得的资料。”我们参考了日本鳟泽彰夫的排印本（1992）和影印本（2013）（包括日语译文），也参看了陈颖、翟赟校对的《《燕京妇语》等八种》(2017),调查结果见表3。以往的研究讨论过“去”往往记为“克”(声母不颚化)是当时旗人的语言特点,但是我们并没有发现“克”和动词语法化严格的对应关系。张美兰(2011)曾提到《燕京妇语》用“VP去”,没有“去VP”。单标注句占多数,也有不少用“上+L”的复杂句式。下文为几种不同目的助词句的例子:

(15)我家里瞧瞧克罢。(第十五课)。

(16)前儿个他姨儿打发他哥哥来接他来了。(第六课)

(17)回头您叫我妹妹上我们这儿坐着来呀。(第二课)

**表3 《燕京妇语》的目的助词和叠置格式(位移—目的句83例)**

| VP+来/去 | “去+VP+去”类 | 其他位移动词+VP+去/来 | 目的助词句总数 |
|---|---|---|---|
| 37例(52.9%) | 14例(20%) | 19例(27.1%) | 70例* |
| VP克/去:32例<br>VP来:5例 | 去VP克/去:6例<br>来VP来:6例<br>出去VP克:1例<br>上L来VP来:1例 | 上L+VP去/来:12例<br>到L+VP去/来:6例<br>其他:进里头1例 | 不带目的助词的连动式:13例** |

* 单标注目的助词句在VP前也经常出现其他成分,如“打发人、找你、带你、往那么、棚里、里柜、家里”等。

** 不带目的助词的连动式为:去VP(2例)、来VP(4例)、过来+VP(1例)、上L+VP(1例)、到L+VP(5例)。

### 4.5 关于清末文献目的助词的一些想法

如果我们把调查范围扩大到表达“位移—目的”的全部语句,可以揭示一些有趣的现象。在这儿仅举两点。

首先,以往的研究主要把“VP去”与“去VP”对立起来讨论,但实际上能出现在“VP”前的位移动词形式上多样,如

"回去""进屋""到我家"等，只受一些语义条件的限制，尤其是考虑到那些包括处所名词的表达，属于开放类。而能出现在目的 VP 后的成分在大部分方言里限于"来""去"两个，是个很小的封闭类。可见，在连动式"去 VP"和目的助词句"VP 去"两种格式中表示位移的成分的库藏（inventory）差距很大。使用目的助词的方言里也存在一般的连动式，只不过不一定存在"去 VP"这个单标注的用"去"的格式而已。这一点也可以给"目的助词说"提供有利的旁证。③

然后，"去 VP 去""来 VP 来"一类"叠置"句式并不罕见，既不能作为例外来处理，又不能看作是仅仅出现在南方官话和北方官话接触的一部分方言过渡地带的格式。尤其是在反映冀鲁官话的《汉语入门》中，双标注句占多数，单标注式"VP 去 / 来"相对少。可见，"去什么地方"和"去做什么"虽然是相关的句式，两者还有一定的独立性。《汉语入门》的状况接近当代一部分冀鲁官话方言的情况，如董淑慧（2023）、孙克敏（2021）所描写的河北孟村话和山东淄川话：

（18）你快去［$tɕ^hi^{51}$］看看去［$tɕ^hi^0$］吧。（河北孟村话，董淑慧，2023：15）

不过，这两个方言与《汉语入门》有一点不同：淄川话和孟村话的目的助词限于离心位移目的助词"去"一个（淄川［$ti^0$］、孟村［$tɕ^hi^0$］），表示"来做什么"只得用连动式，把动词"来"放在目的 VP 前。

目的助词"的"也出现在蒲松龄撰著的《聊斋俚曲集》（详见孟庆泰、罗福腾，1993；翟燕，2008；张树铮，2001；孙克敏，2021 等），各家对它的处理也有分歧。柯理思、孙克敏（2024）

认为分析为目的助词是最合理的。这样看来，目的助词“的”[ti]在历史文献中出现已有几百年的时间了，从《聊斋俚曲集》到《汉语入门》一百年，与现在山东淄川以及河北衡水、盐山等冀鲁官话方言也相隔一百多年，《汉语入门》正好可以作为蒲松龄时代的山东方言和当代方言的一个中间过渡阶段。请比较：

（19）你忙喇吃了饭，好去上学的。（《汉语入门》1230页）

（20）我（去）上学的。（= 北京话“我（去）上学去”，郑莉，2021：177）

柯理思、孙克敏（2024）对《汉语入门》和淄川方言的目的助词句进行了比较，发现《汉语入门》中的目的助词句虽然绝大多数都是用“的”表示离心位移的，但还有一部分“VP来”句。而淄川方言已经完全不用“VP来”，只用连动式“来VP”。这反映的是地理上的差异还是历史上的差异仍需进一步考察。是否是因为“去”变为“的”这一语音变化导致助词“来”的衰落？这个问题恐怕只有对河北、山东那一带方言进行系统的调查才能得到答案。

我们接下来在第5节讨论语音缩减，会再提到冀鲁官话方言的目的助词。

## 5 从语音弱化的尺度看趋向动词的附缀化

验证汉语的动词向功能成分语法化的一个重要标准是语音弱化（语音缩减 phonetic reduction，详见 Bybee 等，1994：109）。吴瑞文（2017）讨论“去”义动词语法化所导致的语音演变时曾指出：“一般而言，现代汉语乃至于汉语方言在类型学上都是缺乏形态变化的语言，然而汉语的词汇成分在进行语法化时，确实也存在不同程度的音韵演变，不过这些演变大多被视为伴随现象而没有获得重视。”本文所说的“目的助词”是一种附缀（clitic）：虽然其与前边的语素没有直接关系，比如动宾式离合动词的体词性宾语或者“睡会儿去”等的“会儿”和“去”，但在韵律上不独立，附着于毗邻语素。目的助词失去其独立性的第一阶段往往是失去本调而轻读，如北京话的“去$_2$”（Chao, 1968: 479；朱德熙，1982）。在许多北方方言里“去”前的音节也会变调（轻声字前变调）。下文 5.1、5.2 分别介绍河北、山东地区和山西、陕北地区有关“去”类附缀在方言里表现出的显著语音缩减现象。

5.1　河北、山东方言目的助词所呈现的语音缩减

李小平（2013）调查“（去$_1$）+VP+去$_2$”句后一个“去$_2$”在河北各地方言中的读音发现，除了［tɕʰi］、［tɕʰy］等与动词发音接近的送气音和［kəʔ］类不送气音以外，还有［ti］（衡水：饶阳；沧州：黄骅、盐山）、［·tə］（衡水：深州）、［·li］（灵寿、行唐）、［·lɛ］（邯郸：魏县）等方言中进一步弱化的语音形式以及声母脱落的［·i］（保定：涞源；邢台：隆尧）。该文章还系统地考察了“去$_2$”（本文的目的助词）与趋向补语（“出去、回去”的“去”）是否同音。文章认为，河北方言中出现在“去$_2$”位置上的［·təʔ］、［·tə］、［·ti］、［·li］、［·lɛ］、［·i］等成分都是来源于“去”，是“去”在轻声状态下弱化音变的结果。

《汉语入门》所反映的献县话里，目的助词正好和李小平（2013）调查的衡水、沧州一带方言一样，读成［ti］。戴遂良（Wieger, 1895，87—88 页）也认为［ti］是动词“去”发生音

变的结果，并举出了以下几方面的依据。一来，其功能类似于河北其他方言的“去+VP+去”格式（如“你去找去罢。”）中的第二个“去”；二来，附近地区“去”有时读k'iu/k'i，他假设“去”k'iu是经过［k'i>ti］一类语音演变。

接下来请看引自最近关于河北、山东方言目的助词“的ti”的研究报告。比如刘林（2015：179）举过河北盐山方言（也是属于冀鲁官话）的目的助词“的”的例字。

孙克敏（2021）详细描写了山东淄川方言（属于冀鲁官话石济片、沧惠片交界处）的目的助词“的”［ti］（轻声），强调其与趋向补语“去”在语音和语义两方面均不同。“的”［ti］不能作趋向补语，也不能作谓语。而能够作谓语的“去”［$tɕ^hy^{21}$］/［$tɕ^hi^{21}$］和趋向补语“去”［$tɕ^hi^0$］则不能进入目的动作短语后的位置。因此，文章指出淄川话的虚词［$ti^0$］“难以称之为趋向‘动词’”。郑莉（2021：177—179）描写了河北衡水桃城区的目的助词“的”，即出现在“（去$_1$）VP+去$_2$”结构“去$_2$”的位置上读轻声［·ti］的助词。VP前边的“去$_1$”可以出现，但不出现的情况更常见。（“嗹”［$liæ^0$］相当于“了$_2$”）：④

（21）你干么儿｛的嗹｝？——我去买菜的。（你干什么去？我买菜去。）

$ni^{55}$ $kæ^{31}$ $mɐr^{53\text{-}24}$ $tiæ^0$?—$uo^{55}$ $tɕy^{31}$ $mai^{55}$ $ts^hai^{31\text{-}53}$ $ti^0$.

（22）你干么儿的嗹？——我买菜的嗹。（你干什么去了？我买菜去了。）

5.2 山西部分晋方言目的助词“去”的语音缩减

侯精一（1981、1982）很早就讨论过山西平遥话“去”的不同读音，并提醒我们连动式第一动词读本音［$tɕ^hy^{35}$］，而出现在

VP 后时读 [ $ti\Lambda ʔ^{13}$ ]：

（23）你去 [ $tɕ^hy^{35}$ ] 唤兀家去 [ $ti\Lambda ʔ^{13}$ ]！（你去叫他去！）

这个问题前人已有研究。黑维强的一系列研究（2001、2003a、2003c）系统地讨论了山西和陕北晋语的这类“语音分化”现象，证明过去某些研究记为“圪”“格”等的所谓句末语气词 [ kəʔ ] 等实际上是保留位移义的“去”，只不过因为位于句末读轻声语音弱化，失去送气音，k- 类声母是保留古音的古老层次。他也反驳把“去 $_1$+VP+ 去 $_2$”的“去”分析为介词的观点。吴瑞文（2017）在一篇讨论晋语和闽南语的“去”的文章中详细地阐述了山西 22 个晋方言点趋向补语“去”的各类语音缩减现象。该文同样认为声母为不送气的趋向补语 [ $kəʔ^2$ ] 是伴随着语法化语音弱化的结果，但至于由舌尖塞音声母 t- 开头的 7 个地点（即：并州片的清徐、平遥、介休、文水，上党片的武乡，五台片的定襄）读 [ tiəʔ ]、[ tə ] 等，文章则认为不同源，动词和补语之间不存在语法化关系。表 4 引用吴瑞文（1997）一文的表 1“晋语中位移动词与趋向补语的表现”中的前六个方言点。

**表 4　晋语中位移动词与趋向补语的表现（吴瑞文（2017）表 1 的一部分）**

| 地方 | 位移动词：～哪里、～书房 | 趋向补语：撵出～ | 是否同源 | 是否同形 |
|---|---|---|---|---|
| 太原 | $tɕ^hy^5$ | $kəʔ^{7\sim0}$ | 是 | 否 |
| 清徐 | $tɕ^hy^5$ | $t\Lambda ʔ^{7\sim0}$ | 否 | 否 |
| 平遥 | $tɕ^hy^5$ | $ti\Lambda ʔ^{7\sim0}$ | 否 | 否 |
| 介休 | $tɕ^hy^5$ | $tə^0$ | 否 | 否 |
| 文水 | $ts^hɥ^5$ | $tiəʔ^{7\sim0}$ | 否 | 否 |
| 临县 | $k^həʔ$ | $kəʔ^0$ | 是 | 否 |

如果把上文 5.1 节中介绍的冀鲁官话目的助词“去”的读音综合起来考虑的话，尤其是读 [ $tɕ^hi$ ] 和失去擦音和送气音成分

读［ti］的，山西平遥话例句（23）的"去$_2$"来源于"去"的说法说服力更强。侯精一（2010，［注释5］）在一份研究报告里重新提及这个问题，并指出文水话的［tsʰʮ］和［tiəʔ］都是舌尖前音，"去$_2$"与"去$_1$"只是发音方法的不同，发音部位没有变化。侯先生认为平遥的［tɕʰy］（去声）和［tiʌʔ］、太谷的［tɕʰy］（去声）和［təʔ］虽然"去$_2$"与"去$_1$"读音的差异较大，两者的同源系不是很明显，但是应该也是经历了类似的音变路径（只不过稍微复杂一些），至于"去$_2$"读入声，其文认为"并非罕见。晋语实词虚化变音读入声的例子比较多"。

晋语大部分方言的趋向补语和目的助词同音，因此可以理解为何描写晋语的论著不把句末助词的"去"分析为连动式的第二个动词，而更多地处理为趋向补语。

5.3 语音缩减的下一步：与前边音节的融合

目的助词的语音形式在某些方言里还会进一步弱化，发生声母脱落，与前一个音节韵尾发生连读等。根据王芳（2021：294—296、357）的报告，河南安阳方言（晋语邯新片）的目的助词读轻声"嘞"［·lei］；安阳话的"嘞"实际上是一个弱化音节，相当于"里""的""得"等，按前边音节的韵尾发为［·ei］、［·nei］、［·uei］等音（第285页）。从该书其他章节的描述来看，安阳话中"掉下去""爬上去"的"去"就没有读成［(l)ei］（第296页），可能属于目的助词和直指趋向补语不同音的类型。

据孙克敏（2021）的描写，山东淄川话的［·ti］也会进一步与宿主发生"合音变调"："音段部分［ti］完全脱落，而其所负载的时长和声调连接到前行音节上，形成一个长音节。淄川方言并非所有轻声音节都能发生这种音变，一般是高频虚词才会如此

（如助词“的、了、着”和语气词“呃”）”。请看例句（原文用□代表 ti，另外我们用｛｝来表示两个语素的合音）：

（24）买菜去 $m\varepsilon^{55}$ $ts^h\varepsilon^{31\text{-}55}$ $ti^3$ > 买｛菜的｝$m\varepsilon^{55}$ $ts^h\varepsilon^{553}$

附缀失去独立的音段，带来宿主音节的拉长以及宿主和附缀的声调的加合，与张占山、李如龙（2007）所描写的“合音变调”一致，不过在烟台地区（莱阳、招远等）方言中只有词尾“着”“子”“得”以及终点标记“到”与动词、名词组合时才发生这种音变（也可以参看王福堂，1999：138—139、176—177 的讲解）。这就是“去”类附缀与短语组合时发生的极度弱化的现象。从目前手里的材料看，这种彻底弱化仅表现在离心义目的助词上。如果考虑到前文第 4 节中三部文献里“去 / 来”的使用频率分布，这一点也可以得到解释。而且淄川话已经没有目的助词“来”了（见上文）。

最后，另外值得提及的一点是，目的助词不是词缀，只能说是附缀，所附着的成分往往是动宾类短语的名词性成分（如例 24 的“菜”）。然而，这种附缀会和前音节发生融合的模式与当地的其他词缀本就完全平行。因而在考虑汉语语法化的形式表现问题时，这一信息或许也有一定的价值。比如 Bybee 等（1994）在解释为何要区分使用 dependence 和 fusion 两种标签来衡量语音缩减度时指出，这正是因为有一些功能成分附着在动词以外的句子成分上，其独立性降低就叫做“依附性”（dependence），而涉及到动词词缀与动词融合时才用“融合”（fusion）一词。作者强调，这种区别并不意味着两类成分的语法化程度高低有所不同。判断语法成分的语音缩减度，除了要看本成分的虚化程度外，还要看其他虚成分的表现。⑤

## 6　结语：从类型学的角度看汉语方言来源于直指趋向动词的功能成分

综观清末北京话、河北话文献和当代冀鲁官话、晋语的“位移—目的句”，对我们梳理北方话的直指位移动词（deictic motion verbs）、直指趋向补语（deictic directionals）和目的助词（associated motion markers）的异同帮助很大。本文第 4 节的调查肯定了 VP 前后都出现“去”的冗余格式（我们叫做“双标注句”）在位移句里的地位是不能忽视的，同时也补充了黑维强（2003c）对近代汉语的研究。把 19 世纪末的《汉语入门》和最近对冀鲁官话方言的一些调查报告结合起来的话，就可以看出“去 VP 去”句的使用在共同语中的衰落并不等于说它从汉语中消失了。这个格式是把“去$_2$”分析为助词的一个重要句法根据。第 5 节讨论的伴随着动词语法化的语音缩减现象也是比北京话的“轻读”现象显著得多，涉及声韵母的音变，甚至在某些方言中还能见到目的助词与所附着的音节融合的彻底缩减现象。无论是句法上还是语音形式上，语法系统中确立目的助词这一功能范畴就会得到让人满足的答案。

通过本文讨论的事例，还能看出涉及汉语语法化研究的一般规律。我们讨论某个语言成分的虚实的时候，最容易注意到的是语义和形式同步演变的情况，如原来标注某种空间位移的成分演化为标注动词的时体范畴的标记（刘丹青，1996；吴福祥，2010）。本文提出的功能成分均在空间范畴之中，有时还靠它表示很实的位移，比如“洗手去”当中的“去”是唯一标注离心位移的成分，仅凭直觉，很难相信是“虚”成分。在这种情况下，成分的句法、形态、语音等方面的表现比语义上的虚化更有启发性，而这些表现往往在方言材料里才能找到。汉语方言全部都使用由位移动词和目的动作短语构成的“位移+目的”类连动式，但是只有一部分方言用放在VP后的虚成分来标注“去”“来”类位移。

另一方面，这个事例还表明，以前我们缺乏“关联位移”这样一个功能、语义范畴，无法给目的助词找出合适的语法范畴，也是长久以来语法学界犹豫不定的原因。进入21世纪以后，类型语言学界积累的调查研究证明，活动动词上的附着成分表示“去/来/回去”等位移义的情况在世界语言的各语族中均能见到。不仅如此，从跨语言研究的角度看，汉语部分方言中趋向动词所显示的两类语法化路径，即衍生为“趋向成分”（directional，本文的“趋向补语”）与“关联位移标记”（associated motion marker，本文的目的助词）的情况并不奇特。Guillaume和Koch主编的论文集（2021）介绍了世界各语言的关联位移系统，书中有几章专门考察这两种成分的差异和交叉现象。[6]汉语的趋向补语语义指向受事，目的助词表示的是VP动作者的位移。目的助词的这一个特点是关联位移的普遍特点（Guillaume & Koch, 2021; Ross, 2021）。趋向成分往往附着在表示某种位移的动词上，而关联位移标记一般附着在活动动词上，表示动作者进行动作前后的位移。这些倾向也适于汉语。另外，本文提到的“双标注句”在其他语言中也有研究报告，比如Guérois等（2021：577）介绍了非洲南部55个班图语言的关联位移标记，并提及“去”义动词和“去”义词缀在同一个动词短语里出现（重复标注）的情况很常见。

从语法化路径等看，直指位移动词是世界语言中关联位移标记的普遍来源。在中国境内，四川的嘉戎语、羌语等也是有趋向和关联位移两种不同的空间系统。以往的研究主要关注部分藏缅语言如羌语的趋向前缀（孙宏开，1981），而近期关注关联位移系统描写的越来越多。关联位移标记也是来源于直指位移动词，请参考 Jacques 等（2021：825）整理的嘉戎语不同方言的关联位移词头（离心 translocative、向心 cislocative）及其同源动词的对照表，见表 5。

**表 5　嘉戎语五个方言的直指动词和关联位移前缀**

**（根据 Jacques 等 2021 文中表 1）**

| | Come<br>来 | Cislocative<br>向心关联位移 | Go<br>去 | Translocative<br>离心关联位移 |
|---|---|---|---|---|
| Japhug 茶堡 | ɣi | ɣɯ- | ɕe | ɕɯ-, ɕ-, ʑ -, z- |
| Kyom-kyo (Situ) 四土 | vi | və- | tʃ$^{h}$i | ʃi- |
| Bragbar (Situ) 四土 | ßʑê, və | ɟɐ- | tɕ$^{h}$ê | ɕɐ- |
| Tshobdun 草登 | wî | o- | ʃê | ʃə- |
| Zbu 日部 | vô | və- | xwéʔ | ɕə- |

例句（25）是该文章引用来表示日部（Zbu）嘉绒语的关联位移前缀（引自龚勋的博士论文，Gong Xun, 2018）。

（25）*ɐ-kómʔ*　　*və-tə-twíʔ*

1SG-door　　COME&DO-IMP-open

'Come and open the door for me!'（你过来给我开门！）

可见，把目的助词从趋向补语和趋向动词分离出来不仅会促进方言里相关成分的调查和分析工作，还有利于跨语言研究，包括对汉语和中国境内其他语言的对比。

## 附　注

① 请注意，在晋方言和某些官话方言中，两类成分虽然同音，但在句法形态上表现不同，容易辨别出来，比如补语构成“端过去、端将去、端了去”等动趋式，而目的助词可以直接附在动词上如“端去”（意思是“去端”）。

② 书中还有5例“去VP去”如“去赶集去”，和9例“VP去”。课本虽然基本上反映献县方言，但毕竟是汉语课本，有一些段落的场合稍微正式一点（如打官司等），夹杂着当时的“官话”的成分。另外，因为《汉语入门》把目的助词记为常用字“的”，有一些较短的例句意义难以确定，参考法语译文就能解决这个问题。我们在调查过程中也查了译文的动词aller“去”和venir“来”加不定式的汉语句子。存疑的几个句子暂时从统计表排出去。《汉语入门》有14例“（去）VP去”，VP大部分为含有位移义的：“赶集”“找人”等。另外有19例“去VP”，也有一些特点，比如在情态上不是陈述句，或者是讲与说话场面无关的一般真理，或者VP后带谓词性宾语等。由于篇幅有限，不细讲，也没有入表。调查除了纸本以外还利用了刘亚男女士提供的电子版，大大提高例句调查工作的可靠性，在此表示感谢。

③ 大部分方言用“来、去”两个，还有一些西北方言用三个，第三个目的助词专门表示“咱们一起VP去”，除了“走”以外晋语还有别的句末助词如 ɕie、xei$^{324}$ 等（邢向东，2015；李卫锋，2019等）。

④ ［ti］会与零声母的句末助词如“唵”iæ（=呀，表将来、意愿）和“咉”iaŋ（表疑问）发生合音。为了方便读者，我们把例句的那一个音节改写成{的唵}。“去$_1$”、趋向补语读 tɕy$^{31}$，趋向补语和目的助词不同音（郑莉，2021：177）。

⑤ 这让我们想起 Schiering (2006: 219) 的一段话：“…the evolution of morphology in different phonological climates is constrained by different principles. In stress-based phonologies, morphologization will be accompanied by high degrees of syllabic reduction.”。根据他的研究，汉语北方话就属于这种轻重音起到重要作用的语音系统。

⑥ Guillaume & Koch (2021: 3) 对关联位移（associated motion）的定义如下："a verbal grammatical category, separate from tense, aspect, mood ***and direction***, whose function is to associate, in different ways, different kinds of translational motion (spatial displacement/change of location) to a (generally non-motion) verb event"。

## 参考文献


曹志耘主编　2008《汉语方言地图集（语法卷）》，北京：商务印书馆。

〔日〕北边白血　等编著　2018《〈燕京妇语〉等八种》，陈颖、翟赟校注，北京：北京大学出版社。

戴昭铭　2006《天台方言研究》，北京：中华书局。

董淑慧　2023《河北孟村方言位移事件的表达手段》，见盛益民、柳俊主编《汉语方言位移表达研究》，上海：中西书局。

范慧琴　2007《定襄方言语法研究》，北京：语文出版社。

傅　林　2020《沧州献县方言研究》，北京：中华书局。

甘　露、甘　霖　2009《浅析由"来"、"去"构成的连动句》，《中州大学学报》第4期。

郭　锐　2010《现代汉语词类研究》，北京：商务印书馆。

黑维强　2001《晋语"去"本字辨》，《榆林高等专科学校学报》第1期。

黑维强　2003a《晋语"去"的词性辨析》，《语文研究》第4期。

黑维强　2003b《论近代汉语"去+NP+去"句》，《语言科学》第4期。

黑维强　2003c《近代汉语"去+VP+去"句结构类型及其发展》，《兰州大学学报》第6期。

侯精一　1981《平遥方言的动补式》，《语文研究》第2期。

侯精一　1982《平遥方言简志》，《语文研究》增刊。

侯精一　2010《晋语的变音》，中日理论语言学研究会第20次例会研究报告（2010-1-31于日本大阪）。

侯精一、温端正主编　1993《山西方言调查报告》，太原：山西高校联合出版社。

江蓝生　1994　《〈燕京妇语〉所反映的清末北京话特色（上）》，《语文研究》第4期。
江蓝生　1995　《〈燕京妇语〉所反映的清末北京话特色（下）》，《语文研究》第1期。
〔法〕柯理思　2003　《汉语空间位移事件的语言表达——兼论述趋式的几个问题》，《现代中国语研究》第5期。
〔法〕柯理思　2009　《论北方方言中位移终点标记的语法化和句位义的作用》，见吴福祥、崔希亮主编《语法化与语法研究（四）》，北京：商务印书馆。
〔法〕柯理思、孙克敏　2024　《清末汉语课本〈汉语入门〉中目的助词“的”研究——兼与山东淄川方言对比》，《中国语言文学研究》春之卷。
李卫锋　2019　《山西汾阳方言商请语气的表达类型》，《中国语言文学研究》2019年秋之卷。
李小平　2013　《“（去$_1$）+VP+去$_2$”结构中的“去$_2$”在河北方言中的特殊读音形式及语法性质》，《语文研究》第4期。
刘丹青　1996　《东南方言的体貌标记》，见张双庆主编《动词的体》，香港：香港中文大学中国文化研究所吴多泰中国国语文研究中心。
刘丹青　2017　《汉语动补式和连动式的库藏裂变》，《语言教学与研究》第2期。
刘　林　2015　《河北盐山方言研究》，苏州：苏州大学出版社。
刘亚男　2017a　《清末河间府方言文献〈汉语入门〉语法研究》，中山大学博士论文。
刘亚男　2017b　《戴遂良与河间府方言文献〈汉语入门〉》，《文化遗产》第2期。
刘月华主编　1998　《趋向补语通释》，北京：北京语言大学出版社。
陆俭明　1985　《关于“去+VP”和“VP+去”句式》，《语言教学与研究》第4期。
陆俭明　1989　《“V来了”试》，《中国语文》第3期。
吕叔湘主编　1980　《现代汉语八百词》，北京：商务印书馆。

孟庆泰、罗福腾　1993《淄川方言志》，北京：语文出版社。

盛益民　2023《吴语绍兴话位移事件的词化类型与论元配置》，见盛益民、柳俊主编《汉语方言位移表达研究》，上海：中西书局。

宋玉柱　1982《林县方言的语法特点》，见《语言研究论丛》（第二辑），天津：天津人民出版社。

孙宏开　1981《羌语动词的趋向范畴》，《民族语文》第1期。

孙克敏　2021《山东淄川方言离心型直指位移的表达手段》，《方言》第1期。

〔日〕太田辰夫　1965　北京語の文法特点，『久重福三郎先生坂本一郎先生還暦記念中国研究』，神戸：神戸市外国語大学。

唐正大　2018《关中方言的将来时间指称形式——兼谈时体情态的共生与限制》，《方言》第2期。

田希诚、吴建生　1995《山西晋语区的助词"的"》，《山西大学学报》第3期。

王　芳　2021《安阳方言语法研究》，北京：中国社会科学出版社。

王福堂　1999《汉语方言语音的演变和层次》，北京：语文出版社。

王国栓　2005《趋向问题研究》，北京：华夏出版社。

王临惠　1998《临猗方言中"走"的语法特点》，《语文研究》第1期。

吴福祥　2010《汉语方言里与趋向动词相关的几种语法化模式》，《方言》第2期。

吴瑞文　2017《位移动词"去"的南北跨方言比较——语法化与语音、形态的互动》，邢向东主编《西北方言与民俗研究论丛》（三），北京：中国社会科学出版社。

邢向东　2015《陕北、内蒙古晋语中"来"表商请语气的用法及其源流》，《中国语文》第5期。

杨杏红　2014《日本明治时期北京官话课本语法研究》，厦门大学出版社。

翟　燕　2008《明清山东方言助词研究》，济南：齐鲁书社。

张美兰　2011《明清域外官话文献语言研究》，长春：东北师范大学出版社。

张美兰　2017《〈官話指南〉匯校與語言研究（下）——〈官話指南〉（六種）異文比較研究》，上海：上海教育出版社。

张树铮　2001《山东方言研究》第三卷：历史编，见钱曾怡主编《山东方言研究》，济南：齐鲁书社。

张占山、李如龙　2007《虚化的终极：合音——以烟台方言若干虚成分合音为例》，《鲁东大学学报》第2期。

赵变亲　2015《山西襄汾方言中"走"的趋向用法》，《中国语文》第5期。

郑　莉　2021《衡水桃城区方言研究》，北京：中华书局。

中国社会科学院语言研究所词典编辑室编　2016《现代汉语词典》，北京：商务印书馆。

朱德熙　1982《语法讲义》，北京：商务印书馆。

宗守云　2014《晋语中的"往DV"结构》，《语言研究集刊》（第12辑），上海：上海辞书出版社。

〔日〕鱒澤彰夫　1992『《燕京婦語》翻字と解説』，東京：好文出版。

〔日〕鱒澤彰夫編著　2013『影印《燕京婦語》北邊血鈔・總譯』，東京：好文出版。

Bybee, Joan, Revere Perkins & William Pagliuca 1994 *The Evolution of Grammar. Tense, Aspect, and Modality in the Languages of the World*. Chicago: University of Chicago Press.

Chao, Yuen Ren 1968 *A Grammar of Spoken Chinese*. Berkeley: University of California Press.

Gong, Xun 2018 Le rgyalrong zbu: une langue tibéto-birmane de Chine du Sud-Ouest. Une étude descriptive, typologique et comparative. Inalco Ph.D. thesis.

Guérois, Rozenn, Hannah Gibson & Bastian Persohn 2021 Associated motion in Bantu languages. In Antoine Guillaume & Harold Koch (eds.), *Associated Motion*, 569—610. Berlin: De Gruyter Mouton.

Guillaume, Antoine & Harold Koch (eds.) 2021 *Associated Motion*. Berlin: De Gruyter Mouton.

Guillaume, Antoine & Harold Koch 2021 Introduction: Associated motion as a grammatical category in linguistic typology. In Antoine Guillaume & Harold Koch (eds.), *Associated Motion*, 3—30. Berlin: De Gruyter Mouton.

Jacques, Guillaume, Aimée Lahaussois & Zhang Shuya 2021 Associated motion in Sino-Tibetan/Trans-Himalayan. In Antoine Guillaume & Harold Koch (eds.), *Associated Motion*, 819—853. Berlin: De Gruyter Mouton.

Lamarre, Christine 2007 The linguistic encoding of motion events in Chinese: With reference to cross-dialectal variation. In C. Lamarre & T. Ohori (eds.), *Typological Studies of the Linguistic Expression of Motion Events, Volume 1: Perspectives from East and Southeast Asia*, 3—33. Tokyo: Center for Evolutionary Cognitive Sciences at the University of Tokyo (21st century COE Program, Project leader: Toshikazu Hasegawa).

Lamarre, Christine 2013 When lexicalization meets grammaticalization: The development of 'wang+Path' adverbials in Northern Chinese. In G. Cao, H. Chappell, et al (eds.), *Breaking Down the Barriers: Interdisciplinary Studry in Chinese Linguistics and Beyond,* Vol. 2, 887—910. Taipei: Academia Sinica.

Lamarre, Christine 2020 An associated motion approach to northern Mandarin MOTION-CUM-PURPOSE Patterns. In Janet Xing (ed.), *A Typological Approach to Grammaticalization and Lexicalization: East Meets West*, 131—163. Berlin: De Gruyter Mouton.

Lin, Jingxia 2020 Typological shift in lexicalizing motion events: The case of Wenzhou. *Linguistic Typology* 25(1): 1—38.

Ross, Daniel 2021 A cross-linguistic survey of associated motion and directionals. In Antoine Guillaume & Harold Koch (eds.), *Associated Motion*, 31—86. Berlin: De Gruyter Mouton.

Schiering, René 2006 *Cliticization and the Evolution of Morphology: A Cross-linguistic Study on Phonology in Grammaticalization*. Konstanz University PhD. Thesis.

Shi, Wenlei & Wu Yicheng 2014 Which way to move: The evolution of motion expressions in Chinese. *Linguistics* 52(5): 1237—1292.

Wälchli, Bernhard 2001 A typology of displacement (with special reference to Latvian). *Sparchtypol. Univ. Forsch.* (STUF) 54(3): 298—323.

Wieger, Léon 1895—1896 汉语入门 *Rudiments de parler chinois*, dialecte du 河间府. 1[er] volume. Introduction, mécanisme, phraséologie. 河间府: Imprimerie de la Mission Catholique.

# 测度副词“无乃”“得无”“将无”[*]

李　明

（中国社会科学院语言研究所）

测度副词表示说话人有所倾向但不能完全确定，相当于“恐怕、别是”一类意义；这类副词有的带有否定要素，比如“无乃、得无、将无、莫须”等。“莫须”出现于近代汉语，“将无”主要见于中古汉语，“无乃”“得无”出现于上古汉语。“将无”“莫须”的确诂，已揭于吕叔湘先生写于20世纪40年代的语法札记:《将无同》和《莫须有》（见吕叔湘，1984）。本文将在已有研究的基础上，对“无乃”“得无”“将无”三个词作进一步的辨析，尤其是要考察其中的否定词的性质。

## 1　关于测度句的简要说明

在讨论古汉语的语料之前，有必要对否定词语出现于测度句的情况作区分。否定词语“不是、不会（是）、没有、别是”都可以表示测度，请比较：

（1）a. 你脸色不好，不是生病了吧？

　　b. 你脸色不好，不会（是）生病了吧？

* 本文曾发表在《古汉语研究》2024年第4期，此次略做修订。

c. 你脸色不好，没有生病吧？

d. 你脸色不好，别是生病了吧？

例（1）是推测已然的状态。如果是推测未然，一般用“不是、不会（是）、别是”，而不用“没有”，比如：

（2）我们队外援这么弱，不会输吧？

（3）a. 别是他要来吧？

b. 不会是他要来吧？

c. 不是他要来吧？

“没有”用为测度，除了有否定的要素，还包含有已然的要素，这使得它不能用于对未然或恒常状态的推测。

上面例句中的否定词“不（会）、没有、别”都可以去掉而不影响语义的真值（去掉之后有时须对句子进行适当改造，如例（1c）），所以显得羡余。下面句子中的“不是、不会、没有”却不是羡余的，对真值有影响：

（4）a. 你不是生病了吧？你这么蹦蹦跳跳的！（“不是”重读）

b. 你最近好吧，没有生病吧？

（5）我们队外援这么强，不会输吧？

例（4）（5）推测的分别是“没有生病”“不会输”，而例（1）（2）推测的分别是“生病了”“会输”。所以例（4）（5）这类“不是、不会、没有”实际并不是表示测度。但注意“别”不能用于例（4）（5）一类句子，因此，它是一个专门的测度副词。

## 2 “无乃”

关于“无乃”，这里主要想说明的是：“无乃”中的“无”是由禁止转化为测度，“无乃”相当于“别是”。这一点，已有的研究似未提及。

我们的一个理由是，中古汉语“莫”、近代汉语“别、不要、别要”都由表禁止发展为了表测度，参看叶建军（2007）、李宇凤（2007）。当然这只是间接的同类证据。下面将提供从“无乃”自身出发的直接证据。

上古汉语“无乃”又作“毋乃”。关于“毋”“无”，吕叔湘（1941/1984：73）说：“‘毋’亦作‘无’，字形虽异，音读不殊，传世经籍多彼此互为异文，故得视为一个语词之两种书写方式。”该文第一条注释更详细地阐明了二者的通用。又据大西克也（1989）：先秦传世文献倾向用“无”而非“毋”；而有的出土文献存在分工：动词用“无”，副词用“毋”，如《战国纵横家书》《马王堆帛书·老子乙本》；有的出土文献统一用“毋”，如秦简、《马王堆帛书·五十二病方》、《居延汉简》。①

先看“毋乃”。先秦传世文献多作“无乃”，只有少数写作“毋乃”的例子：

（6）不讨有罪，曰“将待后，后有辞而讨焉”，毋乃不可乎？（《左传·宣公十五年》）

（7）今吾子以好来辱，而谓敝邑强夺商人，是教敝邑背盟誓也，毋乃不可乎！（《左传·昭公十六年》）

（8）子之言则成善矣，而君王，天下之大王也，毋乃曰“贱人之所为”而不用乎？（《墨子·贵义》）

（9）今季孙乃始血，其毋乃未可知也。（《韩非子·说林上》）［与表测度的“其”连用］

在《礼记》《史记》《论衡》中，仍然有“毋乃”的写法。在战国楚简中，该词亦写作“毋乃”（见李明晓，2010：153—154、243）：

（10）孔子答曰：邦大旱，毋乃失诸刑与德乎？（《上博楚简二·鲁邦大旱》）②

（11）赐，尔闻巷路之言，毋乃谓丘之答非与？（同上）

（12）若夫毋爱珪璧幣帛於山川，毋乃不可？（同上）

（13）康子曰：“毋乃肥之昏也，是佐乎？……”（《上博楚简五·季康子问于孔子》）[“肥”是季康子自指。“昏”，糊涂。]

当然，战国楚简中也有“毋”通表领有/存在的否定性动词“无”的例子（见李明晓，2010：153—154）。

由于“无”“毋”都是既可以用于有无之无，也可以用于表禁止。因此，暂时不能确定“毋乃”中的“毋”一定源于表禁止而不是对领有/存在/已然的否定（“没有”义）。具体来看，上面的“毋乃”可以分为三类：

一、用于评判句，而不是叙述、描写句。比如例（6）（7）（12）“毋乃不可（乎）”。

二、用于叙述、描写句，且用于未然或恒常状态。比如例（8）“毋乃曰‘贱人之所为’而不用乎”、例（9）“其毋乃未可知也”。③

三、用于叙述、描写句，且用于已然（已经发生或已经存在的事件或状态，可以绵延至现在）。比如例（10）“毋乃失诸刑与德乎”、例（11）“毋乃谓丘之答非与”、例（13）“毋乃肥之昏也”。

只有第三类即与已然相关的“毋乃”才可以理解为“没有”，其他两类都不行。但是，即使把第三类理解为“没有……吧”，上古对应这种理解的，也不是“毋（无）”，而是“未（包括‘未尝’）、不[4]”。亦即现代汉语“没有”一词可表对领有/存在/已然的否定，但上古、中古汉语与之对应的却是“无、未/不”两类词，其中“无”是对领有/存在的否定，“未/不”是对已然的否定。因此，“毋乃”中的“毋”不是对领有/存在/已然的否定（“没有”义）。

再看“无乃”。它同样有以上三类用法：

一、用于评判句，而不是叙述、描写句。比如：

（14）君人者将祸是务去，而速之，无乃不可乎？（《左传·隐公三年》）

（15）君将残之，无乃非礼乎！（《国语·晋语四》）

二、用于叙述、描写句，且用于未然或恒常状态。比如：

（16）君祀无乃殄乎？（《左传·僖公十年》）

（17）重，无乃难迁乎？（《国语·晋语一》）

三、用于叙述、描写句，且用于已然。比如：

（18）识见不穀而趋，无乃伤乎？（《左传·成公十六年》）［此例省去主语郤至］

（19）今无乃壹之，则生疾矣。（《左传·昭公元年》）［现在别是把精气用在了一处吧，所以就生病了。］

（20）先君无乃有罪乎？（《左传·昭公十六年》）

同样，只有第三类即与已然相关的“无乃”才可以理解为“没有”，其他两类都不行。但如上所言，即使把第三类理解为“没有……吧”，上古对应这种理解的也不是“无”，而是“未、不”。这同样可以说明“无乃”中的“无”不是“没有”义。先秦作“没有”理解的“无”，其后所接的不管是NP还是VP，都有作名物理解的倾向。[5]如例（18）如果说成“无伤乎”，“伤”是体词性的“伤痛”一类意思，这与“无乃伤乎”的“伤”指动词性的“受伤”不同。

那么，“无（毋）乃”中的“无（毋）”有没有可能就是一般的否定词“不、非”？这也不太可能。原因如下。

第一，据杨联陞（1971）对国内外学者所作汉语否定词研究的综述以及张敏（2002），上古汉语存在塞音［p-］系和鼻音［m-］系两套否定词，“不、非”属塞音系，“无（毋）”属鼻音系，功能很不相同。“无（毋）乃”中的“无（毋）”并不就是“不、非”。

第二，文献中亦有“不乃、非乃”的组合，“不乃、非乃”表测度少见，且出现时代偏晚。例如：

（21）然则乡之所谓知者，不乃为大盗积者也？（《庄子·胠箧》）| 则是不乃窃齐国，并与其圣知之法以守其盗贼之身乎？（同上）

（22）其得之，乃失之。其失之，非乃得之也？（《淮南子·览冥训》）| 其咎安在？非乃朕德薄而教不明欤？（《史记·孝文帝本纪》）［刘淇《助字辨略》卷一“非”字条、中国社会科学院语言研究所古代汉语研究室（1999：145）已引］| 公曰：“吾闻之，五子不满隅，一子可满朝，非乃子耶！”（《晏子春秋》，卷七）

以上“不乃、非乃”相当于“不是……吧”，与源于禁止、相当于“别是……吧”的“无（毋）乃”并行不悖。

第三，还有一个证据说明“不”“无（毋）”区别很大，即：“不亦”与“无亦”对比明显。“不亦”用于反问，此类例子多见，略举一例如下：

（23）晋侯谓女叔齐曰："鲁侯不亦善于礼乎？"（《左传·昭公五年》）

而"无亦"用于测度，可理解为"别是/恐怕……吧"：

（24）如天之福，两君相见，无亦唯是一矢以相加遗，焉用乐？（《左传·成公十二年》）[如上天降福，两国国君相见，别只是用一枝箭互相赠予吧，哪里还用奏乐？]|左史倚相廷见申公子亹，子亹不出，左史谤之，举伯以告。子亹怒而出，曰："女无亦谓我老耄而舍我，而又谤我？"（《国语·楚语上》）[你别是认为我老了而舍弃我，而且又说我的坏话？]|彼无亦置其同类以服东夷，而大攘诸夏？将天下是王，而何德于君，其予君也？（《国语·鲁语下》）|若克有成，公子无亦晋之柔嘉，是以甘食？偃之肉腥臊，将焉用之？（《国语·晋语四》）

"无亦"还可用于委婉的建议，这时它不再表示认识上的推测，而是针对行为的道义上的建议，可理解为"别是应当……吧""恐怕须要……吧"：

（25）女，今我王室之一二兄弟，以时相见，将和协典礼，以示民训则，无亦择其柔嘉，选其馨香，洁其酒醴，品其百笾，修其簠簋，奉其牺象，出其樽彝，陈其鼎俎，净其巾幂，敬其祓除，体解节折而共饮食之？（《国语·周语中》）|王无亦鉴于黎、苗之王，下及夏、商之季？（《国语·周语下》）|夫令名，德之舆也；德，国家之基也。有基无坏，无亦是务乎？（《左传·襄公二十四年》）|诗曰："无念尔祖，聿修厥德。"无亦监乎若敖、蚡冒至于武、文？土

不过同，慎其四竟，犹不城郢。（《左传·昭公二十三年》）[⑥]

这可与表将然、揣测的“其”发展为表祈使（参看谷峰，2015）类比。这类表测度或建议的用法“不亦”少见，因为“不亦”表反问，语气较硬，下例表建议用“不亦”恐为例外：

（26）夫晋公子在此，君之匹也，君不亦礼焉？（《国语·晋语四》）[《左传·僖公二十五年》作“君其礼焉”]

同“不亦”与“无亦”的区别类似，表测度用“无宁”，而不用“不宁”（“不宁”的组合罕见）：

（27）寡君闻君有不令之臣为君忧，无宁以为宗羞？寡君请受而戮之。（《左传·昭公二十二年》）

（28）若寡人得没于地，天其以礼悔祸于许，无宁兹许公复奉其社稷？（《左传·隐公十一年》）[“兹”通“使”，参看石小力（2017）]

王引之《经传释词》卷六“宁”字条有释其为“犹‘乃’也”的用法，其中举到例（27）说明：“言无乃以为宗羞也。”又卷十“无毋亡忘妄”条亦举到此例，说“‘无宁’犹‘无乃’也”。[⑦]

以上说明“无（毋）乃”中的“无（毋）”并不就是“不、非”。关于“无（毋）乃”中的“乃”，吕叔湘（1943：170）认为它和“乃”的其他用法（代词、副词用法）都没有关系。我们暂且认为这个“乃”是没有意义的词缀。

表测度的“无乃”几乎总是与负面义关联（谷峰，2016：546—547）。在这一点上，它与表测度的“莫、别”等类似。如果考虑到“无”本是表禁止，“无乃”表示担心某事发生，即推测某事有可能发生又不希望其发生，这种关联是容易理解的。

至于这种负面义到底是针对谁的，则比较复杂。可以是针对说话人自己：

（29）人之父兄食粗衣恶，而我美妾与马，无乃非相人者乎！（《国语·鲁语上》）

可以是针对听话人，或者是包括说话人和听话人的我方：

（30）今君内实有四姬焉，其无乃是也乎？（《左传·昭公元年》）[针对听话人]

（31）今天或者大警晋也，而又杀林父以重楚胜，其无乃久不竞乎？（《左传·宣公十二年》）[针对我方]

也可以是针对第三方：

（32）识见不穀而趋，无乃伤乎？（《左传·成公十六年》）[针对第三方郤至]

当然，“无乃”也可以由带负面义扩展为表示出乎意外、超出常规：

（33）平子曰：“必子强也，无乃亢诸？”对曰：“谓之君子，何敢亢之？”（《左传·昭公二十六年》）[（冉竖向季平子报告，在战场上碰到一个敌手，）季平子说：那人一定是子强，你别是对抗他了吧。]

（34）十一月，越围吴，赵孟降于丧食。楚隆曰：“三年之丧，亲昵之极也，主又降之，无乃有故乎？”（《左传·哀公二十年》）

## 3 “得无”

表测度的“得无”，比“无乃”出现得晚。《左传》《国语》《论语》《墨子》《孟子》中未见，见于《晏子春秋》《庄子》《荀子》《韩非子》《吕氏春秋》《战国策》等。

《论语》有一例“得无”，不过宜理解为反问而非测度：

（35）司马牛问仁。子曰：“仁者，其言也讱。”曰：“其言也讱，斯谓之仁已乎？”子曰：“为之难，言之得无讱乎？”（《论语·颜渊》）

此例大意为“做起来不容易，说话难道能不迟钝吗”。

谷峰（2023：3.2.5小节）认为“得无”表测度源于表反问，是从“得［无VP］”发展为“［得无］VP”，可从。比较例（35）与下例：

（36）由得为役久矣，未尝见夫子遇人如此其威也。万乘之主，千乘之君，见夫子未尝不分庭伉礼，夫子犹有倨敖之容。今渔父杖拏逆立，而夫子曲要磬折，言拜而应，得无太甚乎？（《庄子·渔父》）

同样是根据事理得出的结论，例（35）更显出“理所当然”的色彩，因而是反问。例（36）固然有“理所当然”的色彩：见万乘之主也与之分庭抗礼，今见渔父而如此尊敬，当然可以得出夫子所为太过分的结论。但例（36）亦可以认为有主观揣测的意味。因而此例固然可以理解为反问“不是太过分了吗？”（陈鼓应，1983：827），但也可以理解为测度“别是太过分了吧”。⑧

值得注意的是《睡虎地秦牍》（见湖北孝感地区第二期亦工亦农文物考古训练班，1976）中的“得无”：

（37）二月辛巳，黑夫、惊敢再拜问中，母毋恙也？黑夫、惊毋恙也。……毋恙也？……为黑夫、惊多问东室季须（嬃）苟得毋恙也？……惊多问新负、妴得毋恙也？……惊敢大心问衷，母得毋恙也？……惊多问新负、妴皆得毋恙也？

这里的“得毋恙”虽然出现于测度句，其结构却是“得［毋恙］”，意为：没有生病吧。“毋”影响命题的真值。比较：

（38）曾子有过，曾皙引杖击之仆地。有间乃苏。起曰：“先生得无病乎？”（《韩诗外传》，卷八）［“病”这里指生气、不满］

这里的“得无病”才是“［得无］病”（“别是/恐怕还在生气吧”），“得无”对命题没有影响。

“得无”在出土文献又作“得毋”，如例（37）。又比较：

（39）a. 食饮得毋衰乎？（《战国纵横家书》，18章）

b. 日食饮得无衰乎？（《战国策·赵策四》）

又偶作“得微”：

（40）今者阙然数日不见，车马有行色，得微往见跖邪？（《庄子·盗跖》）

但未见“得不、得非”表测度的实例。

谷峰（2023：3.2.5小节）已比较了“得无”与“能无”。这里作点补充。“能无（毋）、可无（毋）”也可以出现于反问：

（41）是食言多矣，能无肥乎？（《左传·哀公二十五年》）

（42）有君如彼其信也，可无归乎？……有君如彼其信也，可无从乎？（《韩非子·外储说左上》）

而且“能无（毋）、可无（毋）”也可以出现于是非句，例如：

（43）载营柏抱一，能毋离乎？……修除玄监，能毋有疵乎？爱民栝国，能毋以知乎？……明白四达，能毋以知乎？（《老子》帛书乙）

修除玄蓝，能毋疵乎？（《老子》帛书甲）

（44）谓燕王曰：“……假臣孝如曾参，信如尾生，廉如

伯夷，即有恶臣者，可毋慚乎？”王曰：“可矣。”（《战国纵横家书》，5章）

但“能无（毋）、可无（毋）”并未成词，“能无（毋）VP、可无（毋）VP”仍旧是“能［无（毋）VP］、可［无（毋）VP］”而非“［能无（毋）］VP、［可无（毋）］VP”；它们也未像“得无”一样发展出测度用法。

王引之《经传释词》卷十“无毋亡忘妄”条认为下面的“无”犹“得无”：

（45）哀子某，为其父某甫筮宅。度兹幽宅，兆基无有后艰？（《仪礼·士丧礼》）［郑玄注：得无后将有艰难乎？］

（46）哀子某，来日卜葬其父某甫，考降，无有近悔？（同上）［郑玄注：得无近于咎悔者乎？］

但如果释为“得无”，则这两例应理解为：“恐怕有后艰吧”“恐怕有近悔吧”。这不合原义，原文是占卜之辞，其意为“没有后艰吧”“没有近悔吧”。所以俞敏（1987：183—184）评论道：“这一条［按：指王引之以‘无’犹‘得无’这一条］其实不必要。古人卜辞现在存着的最古的是甲骨文。那里像‘甲子卜，×贞，旬无尤？’这样的句子成千累万。用现代口语说，‘得无’好像‘不致于有……吧’，‘无有’好像‘没……吧’。”俞敏先生已经敏锐地看出了这两例“无有”不应理解为“得无有”。

表反问或测度的“得无”中“无”的性质，吕叔湘（1941/1984：94）认为，这类“无”源于禁止副词，但已不能再理解为禁戒。情态动词“得”“能”“可”后用“无”为非直陈式（non-indicative），表示悬拟；用“不”为直陈式（indicative）。吕先生（同上：96）还敏锐地指出：情态动词“可”后既可以用

“无”也可以用“不”；情态动词“能、得、欲”之后接“无”是早期用法，后来才渐渐用“不”。[⑨]

“得无”例见上，“得不”例如：

（47）当是时，阳货先，岂得不见？（《孟子·滕文公下》）

为什么“得”一类情态动词之后既可以用“无”也可以用“不”？先看“愿”的例子：

（48）桓公曰：“愿仲父之无让也。”（《吕氏春秋·知接》）

上例“愿仲父之无让也”大主语与子句主语不同，意为“希望仲父您别推辞”。但是现代汉语这句话既可以说“希望仲父您别推辞”，也可以说“希望仲父您不会推辞”。当用禁止否定“别”时，可以认为是羡余了一个情态要素，因为这个否定词本来用一般否定“不”即可。这个情态要素之所以可以羡余，是因为它可以由主动词“愿”带出来：希望不怎么样，就是希望不要怎么样。

当大主语与未出现于表层的子句主语相同时，比如：

（49）子曰：“盍各言尔志？”……颜渊曰：“愿无伐善，无施劳。”（《论语·公冶长》）

这时似乎现代汉语仍既可以说“希望别夸耀自己的好处，别表白自己的功劳”，也可以说“希望不夸耀自己的好处，不表白自己的功劳”。

至于动词“欲”，它通常表示“想、要”义，大主语与未出现的子句主语相同。[⑩]如：

（50）予欲无言。（《论语·阳货》）

（51）公欲无入。（《左传·襄公二十九年》）

如果对译成现代汉语，这两例“无”都不好再说成“别”，这说明这里的“无”不好再理解为表禁止。[⑪]“可、能、得”表示可能，同样也是大主语与未出现的子句主语相同，后接“无”绝不能再理解为表禁止，比如例（35）“（言之）得无切乎”不能理解为“岂能够别迟钝”。

从下面一类句子还能看到可能义后接“无”的一点理据：

（52）欲无至此，得乎！（《庄子·则阳》）

欲久，得乎？（《左传·襄公二十八年》）

例（52）可以转换为反问“得无至此乎”“（岂/安/焉/恶）得久乎”。可见，反问的“得无”的“无”仍与禁止、不希望有关联。这也可以说明为什么“得无”表测度（源于表反问）总是与负面义相关联（参看谷峰，2016）。

表测度的“得无”中的“无”不是一般否定“不、非”，这是可以肯定的。因为上文已经提到，“无”与“不、非”属于两系，功能很不相同，一般不混用。“得无”中的“无”也与“没有”义没有直接关联。如同“无（毋）乃”一样，“得无”有三类用法：

一、用于评判句，而不是叙述、描写句。比如：

（53）今渔父杖拏逆立，而夫子曲要磬折，言拜而应，得无太甚乎？（《庄子·渔父》）[同例（36）]

二、用于叙述、描写句，且用于未然或恒常状态。比如：

（54）以管仲之能，乘公之势以治齐国，得无危乎？（《韩非子·外储说左下》）

（55）今民生长于齐不盗，入楚则盗，得无楚之水土使民善盗耶？（《晏子春秋》，卷六）

三、用于叙述、描写句，且用于已然。比如：

（56）归到鲁东门外，适遇柳下季。柳下季曰：“今者阙然数日不见，车马有行色，得微往见跖邪？”孔子仰天而叹曰：“然！”柳下季曰：“跖得无逆汝意若前乎？”孔子曰：“然。……”（《庄子·盗跖》）

只有第三类即与已然相关的“得无”才可以理解为“没有”，其他两类都不行。但即使把第三类理解为“没有……吧”，上古对应这种理解的也不是“无”，而是“未、不”。这可以说明“得无”中的“无”不是“没有”义。

## 4 “将无”

“将无”活跃于中古，在中土文献出现较晚且用例较少，但在佛典中出现较早且用例极多（参看朱庆之，1991）。从使用来看，“将无”与“将非”“将不”并没有太大的差别，而且在中古都已成词：

（57）譬若男子欲见大海者，常未见大海，若见大陂池水，便言是水将无是大海。（东汉·支谶译《道行般若经》，8/447a）

（58）哀历观，指嘉谓曰：“此君小异，将无是乎？”（《晋书·孟嘉传》）

（59）瓶沙问言：“将非悉达乎？”答言：“是也。”（东汉·竺大力共康孟祥译《修行本起经》，3/468b）

（60）宗室眷属发大恐惧：将无国王推理问之？（西晋·竺法护译《大净法门经》，17/823c）

（61）将不畏影者未能忘怀。（《世说新语·言语》）

（62）将非江表王气终于三百年乎？（庾信《哀江南赋序》）

例（57）—（59）可以说明“将无”“将非”没有什么差别。而且都已扩展为表示缓和语气，不仅仅只是表示负面义。例（60）—（62）“将无”“将不”“将非”位于主语之前，可证其已成词。

“将无”“将非”“将不”都宜分析为表测度的“将”与表测度的“无/非/不”的连用（钟兆华，2011：81、83）。“将”在中古汉语出现了表揣测的用法（杨树达，1978：298；吕叔湘，1984：2；江蓝生，1988：96；蔡镜浩，1990：168；朱庆之，1991：239—240；蒋冀骋，1993：14—15；董志翘、蔡镜浩，1994：224）。例如：

（63）须菩提白佛言：“般若波罗蜜少有晓者，将未狎习故。”佛语须菩提：“如是如是……”（东汉·支谶译《道行般若经》，8/442a）［直陈句］

（64）九亲惊曰：“古世之来，未闻幼孩而为斯云，将是天龙鬼神之灵乎？当卜之焉。”（吴·康僧会译《六度集经》，3/4a）［测度句］

注意下例是“将”表测度，而非“将非”表测度[12]：

（65）南阳宗定伯，年少时，夜行逢鬼，问曰：“谁？”鬼曰：“鬼也。”鬼曰：“卿复谁？”定伯欺之言：“我亦鬼也。”……鬼但先担定伯数里。鬼言：“卿大重！将非鬼也？”（《古小说钩沉·列异传》）［引自江蓝生，1988：96］

例（66）是对已有状态“未狎习”的揣测，例（64）（65）出现于判断句。这几例“将”明显不是表将来，而是表揣测。

“非”单独表测度如：

（67）渔父见而问之曰：“子非三间大夫与？何故至于斯？”（《楚辞·渔父》）［引自钟兆华，2011：79］｜行见其

友，其友识之，曰："汝非豫让邪？"曰："我是也。"（《史记·刺客列传》）

（68）今此瑞应必定不祥，将非我夫命根断耶？或是虎狼师子恶兽食啗我子？复非遨戏堕山死乎？（吴·支谦译《菩萨本缘经》，3/60b）［引自朱庆之，1991：241］

（69）时梵志径上楼上与长者相见，梵志问长者曰："何故愁忧，乃至于斯？无县官盗贼水火灾变所侵枉乎？又非家中不和顺耶？"（东晋·瞿昙僧伽提婆译《增壹阿含经》，2/661a）［引自朱庆之，1991：236］

例（68）表测度的"非""将非"同时出现，尤可证表测度的"将非"是在表测度的"非"前再加一个表测度的"将"。

"不"单独表测度如：

（70）过去时有王名顶生，彼领四天下得自在。与四种兵欲至天上，彼时轮住虚空。轮住已，一切四种兵亦住。四种兵住已，顶生王便恐怖，身毛皆竖。王作是念："将不亡失国耶？命不中夭耶？为诸天不欲见我耶？"于是彼空中天慰劳顶生王曰："大王勿恐怖，大王勿恐怖。亦不亡失国，命亦不中夭，诸天非不喜见。"（符秦·僧伽跋澄译《鞞婆沙论》，28/481c）［引自朱庆之，1991：236］

上例国王担心会"亡失国"、命会"中夭"，所以"将不亡失国""命不中夭"中的"将不""不"表示测度。表测度的"不""将不"同时出现，尤可证表测度的"将不"是在表测度的"不"前再加一个表测度的"将"。但"为诸天不欲见我耶"中的"不"属于命题成分，不是表示测度。

"无（毋）"单独用于测度如⑬：

（71）今臣使于秦，而三日不见，无有谓臣为铁钻者乎？（《战国策·赵策一》）[鲍彪注：无有，言得无有也。大意：如今臣下出使秦国，归来后三天不得进见，别是有人（进谗言）说臣下是铁钻一类东西吧。比较《韩非子·内储说下》："堂下得微有疾臣者乎？""得微"即"得无"。[14]]

（72）庄公曰："沫，吾言氏（寔）不（否），而毋惑诸小道与？吾一欲闻三代之所。"（《上博楚简四·曹沫之阵》）[因为断句尚有争议，此例"毋"是否表测度尚不能完全坐实。参看季旭昇（2007：232）、张玉金（2011：525）。如果按上面的断句，可理解为：沫，我先前所说的实在是不对的，别是惑于小道吧？我很想听听三代成功的原因。]

（73）时梵志径上楼上与长者相见，梵志问长者曰："何故愁忧，乃至于斯？无县官盗贼水火灾变所侵枉乎？又非家中不和顺耶？"（东晋·瞿昙僧伽提婆译《增壹阿含经》，2/661a）[同例（69）]| 是时，憍梵波提心觉生疑，语是比丘言："僧将无斗诤事唤我来耶？无有破僧者不？"比丘答言："无。""佛日灭度耶？"是比丘言："实如所言，大师佛已灭度。"（后秦·鸠摩罗什译《大智度论》，25/68c）[引自龙国富、王长滕，2023：54]

现在的问题是，"将无"中表测度的"无"，到底是"没有"义还是源于禁止副词？根据上文的思路，我们发现"无"还是很难看成"没有"义。先看"将无"的用法：

一、用于评判句，而不是叙述、描写句。比如：

（74）譬若男子欲见大海者，常未见大海，若见大陂池水，便言是水将无是大海。（东汉·支谶译《道行般若经》，

8/447a）[同本节例1]

（75）阮宣子有令闻。太尉王夷甫见而问曰："老庄与圣教同异？"对曰："将无同？"（《世说新语·文学》）

二、用于叙述、描写句，且用于未然或恒常状态。比如：

（76）弊魔，且出！且出！莫娆如来及其弟子，将无长夜获苦不安，坠于恶趣。（吴·支谦译《弊魔试目连经》，1/867a）

（77）时余梵志，道共侣行，皆共谓言："莫信此人，将无欺卿，挝夺财物。"（西晋·竺法护译《生经》，3/104b）

三、用于叙述、描写句，且用于已然。比如：

（78）妇见之数出不在，谓之于外淫荡不节，即问夫婿："卿数出为何所至凑？将无于外放逸无道？"（西晋·竺法护译《生经》，3/76c）

（79）谢安始出西，戏，失车牛，便杖策步归。道逢刘尹，语曰："安石将无伤？"谢乃同载而归。（《世说新语·任诞》）[安石恐怕受损了吧][15]

只有第三类即与已然相关的"将无"才可以理解为"没有"，其他两类都不行。但即使把第三类理解为"没有……吧"，中古对应这种理解的，也不是"无"，而是"未（包括'未曾、未尝'等）、不"。故我们倾向于认为："将无"中的"无"不是对领有/存在/已然的否定（"没有"义），而是源于禁止副词义。[16]

值得注意的是，吕叔湘（1984：3）已经指出："将无"不仅可以表示测度，还可以用于委婉的建议，可理解为"别是应当……吧""恐怕须要……吧"，如：

（80）公徐云："如此，将无归！"众人即承响而回。

（《世说新语·雅量》）

（81）恭独深忧之，乃告忱曰："悠悠之论，颇有异同，当由骠骑简于朝觐故也。将无从容切言之邪？若主相谐睦，吾徒得戮力明时，复何忧哉？"（《世说新语·赏誉》注引《晋安帝纪》）

该用法与第2节提到的"无亦"由表测度用为表委婉的建议、"其"由表揣测用为表祈使一致。

"将无""将非""将不"中的"将"可能是对先秦"其"的替换。魏培泉（2015）认为：上古汉语中，"其"的功能主要是表达非实然（irrealis）情态，而"将"主要是表示将来。

上古汉语"其"的功能远多于"将"。在作评判或对既有或恒久之事作揣测时，"其"明显不是表将来（参看魏培泉，2015：249）。例如：

（82）楚人谓夫旌，子重之麾也，彼其子重也。（《左传·成公十六年》）[引自何乐士（2004：397）]

（83）城上有乌，齐师其遁。（《左传·襄公十八年》）[同上]

（84）姬以告王。王问诸屈巫。对曰："其信。……"（《左传·成公二年》）["信"表示可信]

（85）仲尼曰："……是陆沉者也，是其市南宜僚邪？"子路请往召之。（《庄子·则阳》）

（86）王送知罃，曰："子其怨我乎？"对曰……（《左传·成公三年》）

注意前三例虽表揣测，但用于直陈而非测度；例（85）用于测度，但并不是提问；例（86）用于测度，且是提问。

上古有极少数“其无、其不”近似于表测度的例子：

（87）当璧犹在，假而不反，子其无忧乎？（《左传·昭公元年》）

（88）且不见我，君其无悔乎？（《国语·晋语四》）

（89）古之侵伐者，不斩祀、不杀厉、不获二毛。今斯师也，杀厉与？其不谓之杀厉之师与？（《礼记·檀弓下》）［现在这支军队，杀过疫病者吧，恐怕可以／该称之为杀厉之师吧。］

这三例都还可以理解为反问，但都有一定的测度意味。例（87）（88）理解为反问，则是“您难道没有忧虑吗”“君上您难道会没有悔意吗”；理解为测度，则是“您恐怕会担忧吧”“君上您恐怕会后悔吧”。例（88）是对国君的话，更宜理解为测度，因为测度比反问委婉。注意例（89）与上举例（80）“将无归”类同，用于委婉的建议，可以理解为“恐怕可以／该称之为杀厉之师吧”。虽然可以理解为测度，但“其无”“其不”并未成词，比如例（87）“其无忧”的结构仍是“其［无忧］”，而非“［其无］忧”；“其”“无”套叠在一起表示测度，“无”的否定义不影响句子的真值，因而似是羡余的。后两例的分析同此。比较：

（90）事毕而出，言于卫侯曰：“郑有礼，其数世之福也，其无大国之讨乎！……”（《左传·襄公三十一年》）

（91）楚王其不没乎！为礼卒于无别。无别不可谓礼。将何以没？（《左传·僖公二十二年》）

这两例也是测度，但是是“其”表测度，而非“其无”“其不”表测度。否定词“无、不”影响句子的真值，因而并不羡余。例（90）推测的是“无大国之讨”，例（91）推测的是“不没”（意即不得善终）。再比较：

（92）欲加之罪，其无辞乎？（《左传·僖公十年》）

上例是反问，反问本身会附加一层否定义，句中“无”的否定要素也并不羡余。

汉代“其”表测度已衰微（魏培泉，2015），“将”就可能替换“其”表测度。而且，“当”“将”义近，“当……不”也可以表示测度：

（93）桓南郡每见人不快，辄嗔云：“君得哀家梨，当复不蒸食不？”（《世说新语·轻诋》）［您得到哀家的梨，该不会蒸着吃吧？“哀家梨”指秣陵哀仲家的梨，其入口即化。这一句是讽刺愚蠢的人不辨味，得好梨也要蒸着吃。］

但是此类“当”后接否定词表示测度的例子极少，上例“当”“不”还被“复”分割开来。上例“当、不”都表测度，套叠在一起；“不”不影响句子的真值。注意下例“当无”出现于反问，完全没有测度的意味，“无”并不羡余：

（94）荀彧请曰：“佗术实工，人命所县，宜含宥之。”太祖曰：“不忧，天下当无此鼠辈耶？”（《三国志·魏书·华佗传》）

“将”对“其”的替换，还体现于选择句（参看王引之《经传释词》卷十“无毋亡忘妄”条；周法高，1975：454—455；陈鼓应，1983：712；黄晖，1990：700；孙德宣，1990：76—77；石光瑛，2009：244—245）。这又有几种情况：

一、“将、其”用于选择问：

（95）不知囚之精神着木人乎？将精神之气动木囚也？（《论衡·乱龙》）

（96）公取之代乎？其不与？（《吕氏春秋·爱类》）

二、“亡将、亡（妄）其”用于选择问［“亡（妄）”通“无”］：

（97）不知都之精神在形象邪？亡也将匈奴敬鬼精神在木也？（《论衡·乱龙》）［据黄晖（1990：700）：“亡也将”之“也”为衍文，“鬼”当作“畏”，“木”下夺“人”字。］

（98）君将攫之乎？亡其不与？（《吕氏春秋·审为》）

（99）夫不忍一世之伤而骜万世之患，抑固窭邪，亡其略弗及邪？（《庄子·外物》）

（100）道固然乎，妄其欺不穀邪？（《国语·越语下》）

此外，《汉书·货殖传》“宁爵无刀”孟康注曰：“刀闲能畜豪奴，奴或有连车骑交守相。奴自谓：‘宁欲免去作民有爵邪？无将止为刀氏作奴乎？’无，发声助也。”孟康是三国时人，此例“无将”也是用于选择问（参看蒋冀骋，1993：15—16）。

三、否定词“妄”（通“无”）单独用于选择问，或者“妄”与选择连词“意”连用：

（101）先生老惛欤？妄为楚国妖欤？（《新序·卷二》）［比较《战国策·楚策四》：先生老悖乎？将以为楚国袄祥乎？］

（102）子墨子言曰：今天下之所誉善者，其说将何哉？为其上中天之利，而中中鬼之利，而下中人之利，故誉之与？意亡非为其上中天之利，而中中鬼之利，而下中人之利，故誉之与？（《墨子·非攻下》）［墨子说道：当今天下所赞美的人，该是怎样一种说法呢？因为他在上能符合上天的利益，于中能符合鬼神的利益，在下能符合人民的利益，所以才赞誉他呢？还是并非因为他在上能符合上天的利益，于中能符合鬼神的利益，在下能符合人民的利益，所以才赞誉他呢？］[17]

（103）夫有命者，不志昔也三代之圣、善人与？意亡昔三代之暴、不肖人也？（《墨子·非命中》）［说“有命”的人，不知是三代的圣人善人呢？还是三代的残暴不贤之人？］

（104）虽然，为公计者，不如全车甲以报于燕。……亡意亦捐燕弃世，东游于齐乎？（《史记·鲁仲连邹阳列传》）

由上面这些例子，可以推知：“将”“其”以及否定词“无”，都可以用于选择句。这个功能，应该是从揣测义直接发展而来，可以理解为“或、或者”（“或、或者”自身也是既可以表示揣测，也能起选择作用）。在上引选择问中，“将”“其”“无”的揣测义依然存在。至于选择连词“意”，应该是从动词料想义发展为揣测副词“或者”义，再发展为选择连词，参看谷峰（2023：2.1.7 小节）及其所引参考文献。

朱庆之（1991：241—243）也谈到“将无”等在翻译佛经中用如选择连词的用法，如上举例（68）“将非”、（70）“将不”。不过，它们的测度功能仍然明显，似还未用如连词。

下面简单地谈一下“将无”是否涉及佛经翻译的问题。用为测度副词的“将无”“无乃”“得无”表示说话人的担心，即推测有可能发生但不希望，它们有语用义，从这方面来说，它们并不羡余；但是，它们并不影响句子的真值，从这方面来说，它们又是羡余的。蒋冀骋（1993：16）以“将无”源于表测度的“将”与表测度的“无”的连用。文献中有“将无”，也偶见用于选择问的“无将”，从这一点来看，“将无”似乎是并列连用。但是，文献中有测度副词“将非、将不”，却没有“非将、不将”，另外又依据上文对表测度的“当……不”的分析，我们更相信：“将无”成词之前，是套叠式连用。“将”“无”大概是语法化加深、用为选择问之后，测度义弱化，才可以形成并列式连用，这也可以说明为什么“无将”只见于选择句。“将无”的确切例证未见于先秦与西汉[18]，最早见于东汉。因为主观性强、可以去掉而不影响句子的真值，所以“将无”口语性很强，书面语难得一见。“将无”在中土文献出现较晚且用例较少，在佛典中出现较早且用例极多，这种现象恐怕还是因为佛典口语性强、总体体量大，而不是因为受到了佛经翻译的影响。蒋冀骋（1993：16）认为“将无”与佛经翻译没有必然联系，我们倾向这个观点。

朱冠明（2015：109）曾提到“将无/得无”的一种特殊用法，即出现于直陈句而非测度句。转引两例如下：

（105）弊魔！且出，且出！莫娆如来及其弟子，将无长夜获苦不安，坠于恶趣。（支谦译《弊魔试目连经》，1/867a）[同例（76）]

（106）乃往过去久远世时，有诸乌巢宾近家居，人数喜探，欲捕取之。乌妻谓乌：“无得近人家作巢，莫信于人，得无取卿加之苦毒。”（竺法护译《生经》，3/103c）

这类“将无/得无”仍然可以理解为“恐怕、或许”。与之相关的是，“将无/得无”可以在补足语小句中出现，这时它也不是出现于测度句，而是出现于直陈句：

（107）不审神人得无伤病乎、将无愁戚乎、将无饥渴乎、将无热恼乎。（西晋·法炬共法立译《法句譬喻经》，4/594c）

（108）此尼连禅水中有发事火具、净衣澡瓶为水所漂，不审上流大师将无为恶人所害。（姚秦·佛陀耶舍共竺佛念等译《四分律》，22/796b）

“不审”即不知道，上两例“将无/得无”甚至已不能理解为“恐怕、或许”。

## 5 结论

本文主要考察“无乃”“得无”“将无”三个测度副词中的否定词的性质。现代汉语的“没有 VP”中的“没有”固然可以表示测度，即不影响句子真值、可以去掉；但“无乃”“将无”中的“无”却与“没有”义（对领有/存在/已然的否定）没有关联，而是源于禁止否定。至于“得无”中的“无”，它表示悬拟，也是源于禁止。进一步概括的话，这三个词中的“无”其实都可以界定为表示悬拟；“无乃、将无”可以作为新条目加进吕叔湘（1941）所列的“无（毋）、勿”表悬拟的情形中去。

测度副词是口语性极强的词汇。有测度副词“将无、将非、将不”，却未见表测度的“将未”；近代汉语表禁止的“莫、别”发展为了测度副词，但“休”似始终未见用为测度；也未见“其无、其不、当无、当不”等成为测度副词。这反映了语言现象的不均衡，抑或是由于历史语料的不完备。

**附　注**

① 关于上古汉语“无”“毋”的关系，最新成果可以参看宫岛和也（2022）及其中的参考文献。

② 释文采用宽式。下引出土文献同。

③ 这里把第一类限定为判断句，以及价值评判（比如判断事物的好坏）或伦理评判（比如判断仁义礼智信），否则第二类之中的描写句与第一类就可能存在难以区分的情况。

④ 上古、中古汉语对已然的否定用“不”很常见，比如：“吾日三省吾身：为人谋而不忠乎？与朋友交而不信乎？传不习乎？”（《论语·学而》），“甚矣吾衰也！久矣吾不复梦见周公！”（《论语·述而》），“陈太丘与友期行，期日中。过中不至，太丘舍去，去后乃至。”（《世说新语·方正》），“王戎、和峤同时遭大丧……武帝谓刘仲雄曰：‘卿数省王、和不？闻和哀苦过礼，使人忧之。’仲雄曰：‘和峤虽备礼，神气不损；王戎虽不备礼，而哀毁骨立。……’”（《世说新语·德行》）。

⑤ 吕叔湘（1941/1984：94）：“‘有’与‘无’之概念通常只与名物相属。”又参看该文第十七条注释对《尚书·洪范》“无偏无党、无党无偏”他书或引作“不偏不党、不党不偏”的辨析。

⑥ 例（24）（25）“无亦”的例子王引之《经传释词》卷十“无毋亡忘妄”条均已列出。王氏的引例是穷尽性的，但对具体例证的分析我们与之不同。

⑦ 下面几例“无（毋）宁”出现于反问，而非测度；其中的“宁”宜仍理解为“宁愿”义，而非通“乃”。因为出现于表意愿的“宁”前，所以用“无（毋）”而不用“不”，如同最早说“无（毋）敢”而不说“不敢”一样。

（1）且予与其死于臣之手也，无宁死于二三子之手乎！（《论语·子罕》）［我与其死在治丧的人的手里，岂不是宁愿死在你们学生们的手里吗？］

（2）毋宁使人谓子“子实生我”，而谓“子浚我以生”乎？（《左传·襄公二十四年》）［岂不是宁愿让人对您说“您确实养活了我”，难道让人说“您榨取我来养活自己”吗？］

（3）无宁以善人为则，而则人之辟乎？（《左传·昭公六年》）［岂不是宁愿把善人作为准则，难道要效法别人的不正派吗？］

（4）且先君而有知也，毋宁夫人？而焉用老臣？（《左傳·襄公二十九年》)[先君如有知，岂不是宁愿用夫人，焉用我？]

刘淇《助字辨略》卷二“宁”字条举到例(1)(2)(4)时说：“此‘宁’字亦是愿辞，与‘与其’相对。然‘与其如此，宁如此’是决辞，此则加‘无’字领之，便是愿辞中不定之义。”这个辨析是很精微的。

有两例“不宁、无宁”的例子不好解释：

(5)若野赐之，是委君贶于草莽也，是寡大夫不得列于诸卿也。不宁唯是，又使围蒙其先君，将不得为寡君老，其蔑以复矣。(《左传·昭公元年》)[沈玉成(1981:375)译为：不仅如此，又让围欺骗了我的先君……]

(6)宾至如归，无宁灾患，不畏寇盗，而亦不患燥湿。(《左传·襄公三十一年》)

例(6)按照上下文，应是“宾至如归，没有灾患”一类意思。刘淇《助字辨略》卷二“宁”字条认为这两例“不宁、无宁”中的“宁”无义。

⑧ 反问和测度之间的转化是双向的(参看李宇凤，2010)。即表测度可以发展为表反问，表反问也可以发展为表测度；到底选择哪一条路径，要看具体的词项。

⑨ 其实“欲”比较特殊。它最早见于西周金文，后接否定词“弗”，比如：

谷(欲)女弗以乃辟函(陷)于艱(艰)。(师询簋)

谷(欲)我弗作先王忧。(毛公鼎)

谷(欲)女弗以乃辟函(陷)于艱(艰)。(同上)

否定词“弗”近于“不”，而不近于“无”。

⑩ “欲”也可以表示希望义而非“想、要”义，但相对少见，比如上一个附注中的例子。

⑪ 吕叔湘(1941/1984:89—90)认为例(50)一类第一人称代词作主语的例子，“欲”后的“无”还含禁戒之义，但例(51)一类第三人称代词作主语的例子，“欲”后的“无”则“不复可以禁止之辞释之”。这与我们的理解稍有不同。

⑫ 下例“将无VP”也是“将[无VP]”而非“[将无]VP”，但“将”用于选择问，是“或者”义(参看蒋冀骋，1993:13)：

舍利弗言："……世尊，我如所闻，依法顺法，作如是答？将无答耶？"佛言："如是答。……"（后秦·佛陀耶舍共竺佛念译《长阿含经》，1/79a）

⑬《韩非子·内储说上》："太仁薛公，则大臣无重；太不忍诸田，则父兄犯法。大臣无重，则兵弱于外；父兄犯法，则政乱于内。"王先慎《集解》云："此谓齐王不裁抑薛公，则大臣得无重乎？无，犹得无也。"（转引自蒋冀骋，1993：16）王氏的理解恐不确。因下文"大臣无重，则兵弱于外"中的"大臣无重"显然不是测度句，而"得无"通常只出现于测度句。

⑭ 此例"堂下得微有疾臣者乎"或作"堂下得无微有疾臣者乎"，但王引之云："无"字后人所加，"得微"即"得无"也。参看《韩非子集解》中华书局1998年版第253页。

⑮ 例（22）有不同的理解。这里牵涉两个问题：

第一，"伤"如此理解？是肉体上受伤吗？张永言（1992：374）以"伤"为"受伤"，张万起、刘尚慈（1998：746）译为"安石大概没有受伤吧"，蒋凡等（2009：917）注云"大概没受伤吧"，张撝之（2016：699）译为"安石恐怕受伤了吧"。这都是理解为肉体上受伤。但许绍早、王万庄（1996：487）注云："伤：指伤气，犹言丧气"，把"安石将无伤"译为"安石恐怕丧气了吧"。朱碧莲、沈海波（2011：746）译为：安石恐怕受到损伤了吧。

第二，到底是"将无"表测度，还是"将"表测度？如果"将无"表测度，则"将无伤"是"[将无]伤"；如果"将"表测度，则"将无伤"是"将[无伤]"。张永言（1992：209）、张撝之（1996：637）、张万起（1998：190）、张万起、刘尚慈（1998：747）的注释、朱碧莲、沈海波（2011：746）皆以此例"将无"整体表测度。但蒋凡等（2009：917）注云："将无伤：大概没受伤吧。将，魏晋口语，大概、恐怕，表揣度委婉口气。"则是只以"将"表测度。另外，张万起、刘尚慈（1998：747）的注释虽然以"将无"整体表测度，但其译文"安石大概没有受伤吧"则是以"将"表测度，注释、译文互相抵牾。张撝之（1996：637）的注释以此例"将无"整体表测度，译文为"安石恐怕受伤了吧"，这倒是一致的。前举蒋凡等（2009：917）注云："将无伤：大概没受伤吧。将，魏晋口语，大概、恐怕，表揣度委婉口气。"对于"将"的词义和"将无伤"的整体理解，亦是一致的。

我们倾向于朱碧莲、沈海波（2011：746）的意见，即认为"安石将无伤"是刘惔因为谢安失去了车和驾车的牛而调侃其恐怕遭受了损失。

⑯ 注意有的"将无"出现于反问而非测度，结构为"将［无VP］"，如：

尔为室家，将无愧厌乎？（吴·康僧会译《六度集经》，3/9b）［引自蒋冀骋（1993：14）］

"将"出现于反问，上古已见，参看刘淇《助字辨略》卷二"将"字条。

同时注意，理论上存在这种可能："无NP"表示测度（"无"表示对领有/存在的否定），然后前加表测度的副词"将"成为"将无NP"。这种情况下，"将无"套叠表示测度，其中的"无"就是对领有/存在的否定（"没有"义），而非禁止副词。不过，这种情况的"将无"后带NP、无法发展为副词。

⑰ 王引之《经传释词》卷十"无毋亡忘妄"条引此例并注曰："'意'与'抑'同。"

⑱ 王引之《经传释词》卷十"无毋亡忘妄"条举了《庄子·庚桑楚》中的一例"将妄"，认为此例与"将无"同："是其于辩也，将妄凿垣墙而殖蓬蒿也？"但此例到底如何理解，颇有争议。

## 参考文献

蔡镜浩　1990《魏晋南北朝词语例释》，南京：江苏古籍出版社。
陈鼓应　1983《庄子今注今译》，北京：中华书局。
〔日〕大西克也　1989《论"毋""无"》，《古汉语研究》第4期。
董志翘、蔡镜浩　1994《中古虚词语法例释》，长春：吉林教育出版社。
〔日〕宫岛和也　2022《上古汉语否定词"无""毋"及其相关字的演变补说——以战国秦汉出土文献为主》，见 Hayashi Norihiko and Ikea Takumi (eds.), *Grammatical Phenomena of Sino-Tibetan Languages* 5:

*Diversity of Negation*, 41—71. Kyoto: Institute for Research in Humanities.
谷　峰　2015《上古汉语“其”的祈使语气用法及其形成》，见《语言学论丛》（第五十一辑），北京：商务印书馆。
谷　峰　2016《上古汉语不确定语气副词的区分》，《中国语文》第5期。
谷　峰　2023《上古汉语语气副词研究》，北京：北京师范大学出版社。
何乐士　2004《〈左传〉的语气副词“其”》，见何乐士著《〈左传〉虚词研究》（修订本），北京：商务印书馆。
湖北孝感地区第二期亦工亦农文物考古训练班　1976《湖北云梦睡虎地十一座秦墓发掘简报》，《文物》第9期。
黄　晖　1990《论衡校释》，北京：中华书局。
季旭昇　2007《〈上海博物馆藏战国楚竹书（四）〉读本》，台北：万卷楼图书股份有限公司。
江蓝生　1988《魏晋南北朝小说词语汇释》，北京：语文出版社。
姜　南　2017《“将无”重考》，《中国语文》第6期。
蒋　凡、李笑野、白振奎　2009《全评新注世说新语》，北京：人民文学出版社。
蒋冀骋　1993《魏晋南北朝汉译佛经语法笺识》，《古汉语研究》第4期。
李明晓　2010《战国楚简语法研究》，武汉：武汉大学出版社。
李宇凤　2007《也论测度疑问副词“莫”的来源》，《语言科学》第5期。
李宇凤　2010《现代汉语偏向问研究》，成都：巴蜀书社。
龙国富、王长滕　2023《语法化与语言接触的互动——汉语虚词“将无”的来源》，《语文研究》第2期。
吕叔湘　1941/1984《论毋与勿》，吕叔湘著《汉语语法论文集》（增订本），北京：商务印书馆。
吕叔湘　1943《文言虚字》，台北：台湾开明书店。
吕叔湘　1984《语文常谈》，上海：上海教育出版社。
沈玉成　1981《左传译文》，北京：中华书局。
石光瑛　2009《新序校释》，北京：中华书局。
石小力　2017《上古汉语“兹”用为“使”说》，《语言科学》第6期。

孙德宣　1990《释“将无”》，见葛信益、朱家溍编《沈兼士先生诞生一百周年纪念论文集》，北京：紫禁城出版社。
魏培泉　2015《上古汉语副词“其”、“将”的功能与来源》，见张显成主编《古汉语语法研究新论》，重庆：西南大学出版社。
许绍早、王万庄　1996《世说新语译注》，长春：吉林文史出版社。
杨联陞　1971/2011《汉语否定词杂谈》，见杨联陞著《东汉的豪族》，北京：商务印书馆。
杨树达　1978《词诠》第2版，北京：中华书局。
叶建军　2007《疑问副词“莫非”的来源及其演化》，《语言科学》第3期。
俞　敏　1987《经传释词札记》，长沙：湖南教育出版社。
张撝之　2016《世说新语译注》，上海：上海古籍出版社。
张　敏　2002《上古、中古汉语及现代南方方言里的“否定-存在演化圈”》，载 Anne Yue (ed.), *Proceedings of International Symposium on the Historical Aspect of the Chinese Language: Commemorating the Centennial Birthday of the Late Professor Li Fang-Kuei*, Vol. II, 571—616. Seattle: University of Washington.
张万起　1998《世说新语词典》，北京：商务印书馆。
张万起、刘尚慈　1998《世说新语译注》，北京：中华书局。
张永言　1992《世说新语辞典》，成都：四川人民出版社。
张玉金　2011《出土战国文献虚词研究》，北京：人民出版社。
中国社会科学院语言研究所古代汉语研究室 1999《古代汉语虚词词典》，北京：商务印书馆。
钟兆华　2011《近代汉语虚词研究》，北京：中国社会科学出版社。
周法高　1975《上古语末助词“与”(欤)之研究》，见周法高著《中国语言学论文集》，台北：联经出版事业公司。
朱碧莲、沈海波　2011《世说新语》，北京：中华书局。
朱冠明　2015《佛经翻译中的词义移植补例》，《语言研究》第4期。
朱庆之　1991《“将无”考》，见李铮、蒋忠新主编《季羡林教授八十华诞纪念论文集》(上)，南昌：江西人民出版社。

# 动源时间副词的语义来源及演变机制*

李小军

（江西师范大学文学院）

## 1 引言

事件表达离不开时体成分的参与，在时间名词、时间副词、动态和事态助词等几类典型的时体成分中，时间副词的使用频率是最高的，现代汉语及汉语史上每个时段的时间副词大致都维持在一百个以上。时间副词的来源非常复杂，但大部分或由动词直接演化而来，或由动词性成分参与构词而成。以往对时间副词的研究，无论是句法语义分析还是历时演变研究，成果都非常丰硕，这些都为本文提供了很好的研究基础。本文尝试在已有研究的基础上，系统考察源于动词的时间副词的语义来源及演变机制。主要想解决以下两个问题：一、这些动词的动作义如何消

* 本文为国家社科基金项目（20BYY154）的阶段性成果，《语言科学》编辑部及审稿人提供了很好的修改意见，初稿曾在第三届汉语历史词汇语法研究国际学术研讨会（2023.10，中国人民大学）、第十二届汉语语法化问题国际学术研讨会（2023.11，闽南师范大学）上宣读，胡敕瑞、彭睿、洪波等先生多有指正，在此一并致谢。

失、时间义如何获得，简单来说就是时间义从何而来？二、语义功能不同的动词演变为时间副词，其中是否存在一种或几种普遍的模式或类型，词汇的语义特征、句法语义以及语篇在其中起到了什么作用？要解决这两个问题，显然需要对所有这类时间副词进行微观考察，而后在此基础上提炼出共同的、普遍性特征，这也是本文具体的研究思路。

基于这一研究目标，本文确定的研究范围如下：一、只关注最小演变路径，即只考察“动词 > 时间副词”这一步，由动词经由其他词再到时间副词的不在本文考察范围，比如汉语史上的“还”从“返回”动词经由“重复”义方式副词发展出“仍然”义，就逸出了本文讨论的范围；二、不考察时间副词后续的语义演变，一些时间副词兼有多个时间义，同时时间副词也是其他一些功能词的源头，这些都不属于本文讨论的范围；三、不考察动词参与构词形成的时间副词，比如“曾经、从来”等；四、不考察时间短语词省缩而来的时间副词，比如“在”。处所短语“在这里 / 那里”在“( )+VP”格式中发展为时间短语词，而后再删除方位词“这里 / 那里”就形成了“在 +VP”（参雷冬平、胡丽珍，2010），换言之，先有表时间的“在这里 / 那里”，再有时间副词“在”。

为保证副词选取的客观性和全面性，上古和中古汉语副词主要依据葛佳才（2005：322—325）、高育花（2007：22—28），近代汉语副词依据杨荣祥（2005：57—63），现代汉语副词则依据陆俭明和马真（1985）、张谊生（2000：21—22），同时严加甄别。一是界定动词与副词，仍带有动词性的如“会”“临”“经”“历”等都不纳入考察范围；二是区分时间副词与时间名词，比如“比”：“雨蒸，比各可不？”（东晋·王羲之《参军帖》）我们确定为“近来”义时间名词而不是副词。如此，从古至今本文需要讨论的共有27个时间副词：渐、浸、突、猝、蓦、仍、骤、旋、顿、立、行、适、看、既、已、竟、终、卒、毕、遂、讫、即、就、垂、登、随、尝。

在讨论之前，还有必要谈谈时间副词的下位及再下位划分。最小类划分学界一般基于具体的语义功能，比如“突发短时”“过去已然”“将来”“持续仍然”等，在此之上的划分则体现了不同学者对时间副词的功能认识，如陆俭明和马真（1985）的定时和不定时、张谊生（2004：172）的时制和时体[①]、杨荣祥和李少华（2014）的标位和标度等，这些学者的二分法体现了对时间副词的深邃理解。本文基于时间副词与动词或行为事件之间的关系，尝试提供一种新的下位划分，将时间副词分为时间情状与时间框架两类。

所谓时间情状，乃是指行为动作在时间方面体现出来的特征。比如“突+VP”中的“突”，就是描摹行为动作在时间方面的突发性（超出当事人的预料）；再如“渐+VP”中的“渐”，乃是指随着时间的推移行为动作或情状逐渐发生变化。所谓时间框架，乃是指不同行为事件或情状在时间上的参照关系，如果是单一事件则往往是与说话时间点的关系，过去、现在、将来等都属于时间框架，“立即”“然后”等自然也属于时间框架。时间框架与动作情状没有直接关系，而是为事件提供主线或非主线的时间信息，构建事件之间的时间先后或共时、延续关系。句法上时间情状副词主要修饰谓词性成分，时间框架副词一般指向事件小句。

区分时间情状与时间框架，有助于厘清时间副词的核心功能，也有助于考察时间副词的来源及后续演变。我们发现，动词演变为时间情状副词的过程，也就是动词某一个语义要素（或者语义特征）凸显、其他语义要素消失的过程，不存在重新分析的阶段，该过程可以概括为一个简单的隐喻过程。动词演变为时间框架副词则往往吸收了篇章义，经历了重新分析，是一个转喻过程。它们的演变机制存在根本的不同。在后续演变方面，时间情状副词容易词汇化，而时间框架副词则容易篇章化（如演变为连词）。依据我们的划分标准，则本文要讨论的27个时间副词，属于时间情状的为“渐、浸、奄、猝、蓦、仍”6个，“骤、旋、顿”兼有时间情状与时间框架两种时间义，其他18个都属于时间框架副词。

## 2 动源时间情状副词形成考察

本节讨论时间情状副词的形成，兼有时间情状与时间框架两种时间义的“骤、旋、顿”也放入这一部分。

2.1 “渐”和“浸”

“渐”“浸”做动词时为“浸渍”义，王力（1982：615—616）认为二者同源。唐贤清（2003）认为“浸”是从“逐渐渗透”义、“渐”是从“逐步发展”义分别发展为“渐渐”义时间副词的。我们认为“渐”“浸”的演变分两步走，即“浸渍＞一步步发展＞渐渐”。

先看第一步演变。“渐”“浸”为综合性动词，也即词义里面综合了施事（水）及运动方式（渐进）多个语义要素[②]，具体可以概括为“施事（水）+ 方式（一步步）+ 位移（前进）”。如：

（1）淇水汤汤，渐车帷裳。（《诗经·卫风·氓》）

（2）冽彼下泉，浸彼苞稂。（《诗经·曹风·下泉》）

两例施事都是水，如果随文释义，可以理解为“浸湿、浸润”，本质的动作特征都是指水一步步位移。由于词义中已经综合了施事，故而施事亦可不出现。如：

（3）东渐于海，西被于流沙。（《今文尚书·禹贡》）

（4）小利贞，浸而长也。（《周易·遁》）

第一步演变其实就是特定施事“水”从“渐、浸”词义里消失，其他名词可以与“渐、浸”组合。施事的变化可能导致运动方式有所变化，但是核心特征“一步步 + 位移”并没有改变，即使是表抽象动作的“渐、浸”也是如此。如：

（5）呜呼！疾大渐，惟几，病日臻。（《今文尚书·顾命》）

（6）皋兰被径兮斯路渐。（屈原《招魂》）

（7）形穆穆以浸远兮，离人群而遁逸。（屈原《九章·远游》）

例（5）“渐”已经不是具体的空间位移，相当于“一步步发展”；例（6）“斯路渐”则是从行人的视角将静态的道路动态化了，故而可理解为“延伸”；例（7）“浸远”也即“延伸到远方”。这一步演变是一个隐喻过程，通过句法扩展得以实现，不同事物可以充当“渐、浸”的施事，则词义里只有“方式（一步步）+ 位移（前进）”了。

再来看第二步演变。典型的时间副词“浸”先秦已出现，时间副词“渐”西汉才出现。如：

（8）蛰虫坏户，杀气浸盛，阳气日衰，水始涸。（《礼

记·月令》)

(9)是时赵王惧主父偃一出废齐，恐其渐疏骨肉，乃上书言偃受金及轻重之短。(《史记·齐悼惠王世家》)

(10)故齐庄公好勇，不使斗争，而国家多难，其渐至于崔杼之乱。(《淮南子·主术》)

这一步演变仍然不存在重新分析阶段，文献中并没有“渐/浸+VP”从连动式或并列式重新分析为状中结构的语例。换言之，动词“渐、浸”出现于“渐/浸+VP”格式时，就已经是“渐渐”义时间副词，词义中原有的位移义消失，只剩下“一步步”这一方式特征，因此，位移义的消失与进入“渐/浸+VP”格式是同步的。

所有的时间情状副词，都源于动作情状。语义演变的过程也即综合性动词的动作义消失，只有情状方式这一语义要素保留，如“渐、浸”只剩下“一步步”这一语义要素。同时也正由于自身动作义消失，本为词义内部一个语义要素的情状方式特征就成了该词的词义，作用于所修饰的动词性成分。从描摹自身的动作情状发展为描摹所修饰的动词性成分的时间情状，也即完成从动词到时间副词的演变，这一步主要通过句法格式的变化来实现——从动词谓语到副词状语。

2.2 “突”“猝”“蓦”

李小军(2021:22—23)列了路径“‘暴出’>‘突然’”，同时认为这一路径可能是另一更普遍过程的例证：具有某种显著语义特征的词语法化为凸显这一特征的语法标记。

《说文·穴部》：“突，犬从穴中暂出也。”从字形来看，《说文》的解释当是可信的，“突”的词义可以概括为“施事(犬)+

方式（猛地、突然）+ 路径（自内向外）+ 位移”。需要注意的是动作的情状方式其实存在两种情况，一种是具体的动作方式，比如“爬”就是“四肢或手脚着地”，一种是在时间方面凸显出来的情状方式，比如“突”就是在时间上具有突发性。“突”的语义演变与“渐、浸”相似，也分两步走。先来看第一步：

（11）郑子展、子产帅车七百乘伐陈，宵突陈城，遂入之。（《左传·襄公二十五年》）

（12）力贵突，智贵卒。（《吕氏春秋·开春论·贵卒》）——卒：猝

例（11）“突”的施事为人，例（12）“力贵突”意即“用力贵在突发”，施事不明，随文释义则上两例“突”分别相当于“攻破”“突发”。从语义特征来看，上两例特定施事“犬”已经从“突”的词义里剥离出来，同时路径特征也消失了，只剩下“方式（猛地、突然）+ 位移”。比如例（11）“突陈城”路径显然是从外至内，与源义所含有的路径特征甚至相反，只能说“突”的词义里已经不含有路径。

再来看第二步演变。典型的时间副词“突”《诗经》中已见，不过整个先秦时期用例都不多。如：

（13）婉兮娈兮，总角丱兮。未几见兮，突而弁兮。（《诗经·齐风·甫田》）

（14）灶突决，则火上焚栋，燕雀颜色不变，是何也？（《吕氏春秋·有始览·谕大》）

“突而弁兮”这一事件没有位移性，“突”的位移义自然已经消失。二人许久未见，见面发现对方已行加冠礼，事情的发生在时间上超出了当事人预期，相当于“突然”；后例“灶突决”也

是描述情状的突发性。因此这一步演变就是位移动作从词义中消失，而只剩下情状方式“猛地、突然”，语义功能虽然与“渐、浸”不同，但演变过程及机制完全相同。

《说文·犬部》：“猝，犬从艹暴出逐人也。”“猝”的词义也可以概括为“施事（犬）+方式（猛地、突然）+路径（自内向外）+追逐”，不仅仅源义，演变过程及机制也与“突”大致相同。时间副词用法如：

（15）起猝死于委尸，返惊魂于既逝。（《抱朴子·至理》）

（16）然栈道甚险而狭，常以马鞭拂小树枝，遂被鞭梢缴树，猝不可脱，马又不住，遂坠马。（唐·郑还古《博异志·赵齐嵩》）

《说文》：“驀，上马也。”词义也是综合性的，可以概括为“施事（人）+动作（跳跨）+受事（马）+路径（从地上到马背）”。“驀”的语义演变也是典型的两步走。第一步是施事、受事从词义里消失。如：

（17）人急烧香，狗急驀墙。（《敦煌变文集·燕子赋》）——跳

（18）客窗强饮太匆匆，急雨寒风意万重。驀上心来消未得，梦回又听五更钟。（唐·殷尧藩《寄太仆田卿》）——冒出

例（17）施事是狗，受事是墙。例（18）施事和受事都不典型，施事为抽象的心情，受事为心头，该例“驀”动作很抽象，但路径和动作特征与上例仍非常相似，跳跨具有急速性，路径则是从低到高，离乡愁绪显然也是突然涌上。第二步演变则是“驀”直接出现于VP前，动作义消失，表所修饰动作在时间方

面的突发。如：

（19）蓦被命终难脱免，息然身教大娄罗。（《敦煌变文集·维摩诘经讲经文》）

（20）两龟乘犊车，蓦出路头戏。（寒山诗，第34首）

严格来说“蓦”词义里并没有“突发”这一语义要素，而是跳跨动作所具有的隐性特征——跳跨动作速度很快。因此“蓦”与前面讨论的“突”“猝”等还略有差异，还多了一步动作义消失、动作所蕴涵的隐性特征凸显为词汇的语义特征的过程。唐代以降还有带词缀的“蓦地”。如：

（21）深河恰好骋威仪，蓦地维摩染病羸。（《敦煌变文集·维摩诘经讲经文》）

2.3 “仍”

“仍”的演变路径也分为两步，具体为“因循、沿袭 > 接续、连续 > 仍然”。第一步演变如：

（22）闵子骞曰：“仍旧贯，如之何？何必改作？”（《论语·先进》）——因循、沿袭

（23）观炎气之相仍兮，窥烟液之所积。（屈原《九章·悲回风》）——接续、连续

“因循、沿袭 > 接续、连续”这一步是通过句法扩展实现的，从有界的动作扩展到无界的状态，“仍”就具有了“接续、连续”义。表“接续、连续”的“仍”词义也是综合性的，可以概括为“方式（不间断）+动作”。一旦动作义从词义里消失，“仍”就只剩下“不间断”这一方式特征。在“仍+VP”结构中转而描摹所修饰的动词性成分在时间上的不间断，也即“仍然”，第二步演变就完成了。如：

（24）发汗若下之，病仍不解，烦躁者，茯苓四逆汤主之。(《伤寒论·辨太阳病脉证并治法中》)

（25）太阳病发汗，汗出不解，其人仍发热，心下悸，头眩。(同上)

值得注意的是，“接续、连续”义“仍”的动作性本就很抽象，所以动作这一语义要素的消失比前面讨论的其他词更容易，有时还不好判别是否存在动作义。如下例的“晋仍无道”：

（26）晋仍无道而鲜胄，其将失之矣。(《国语·周语下》)

2.4 “骤”“旋”

这两个时间副词兼有时间情状、时间框架两种用法，两种时间义形成的机制不同，但都直接源于动词，属于多元演变。

2.4.1 “骤”

“骤”本义为“马奔驰”，词义里面综合了“施事（马）+方式（急速）+位移”。如：

（27）驾彼四骆，载骤骎骎。(《诗经·小雅·四牡》)

语义演变也分两步走，第一步是施事从词义里消失，词义里只保留了“方式（急速）+位移”。如：

（28）毛嫱丽姬，人之所美也，鱼见之深入，鸟见之高飞，麋鹿见之决骤。(《庄子·齐物论》)

（29）物之生也，若骤若驰，无动而不变，无时而不移。(《庄子·秋水》)

前例的施事为麋鹿，后例的施事泛指各种事物。下面先来看“突然”义的形成。“骤”的源义里并没有时间特征，时间义的获得与“急速”这一方式特征有关，不过“急速”与“突然”仍有一定差异。从语义关联来看，急速的动作往往蕴涵着动作的发生超出当事人的预期或者超出事理常态，比如“骤雨”不仅指雨大，同时蕴涵着雨来得很突然。因此这一步演变其实就是“骤+VP”结构中“骤”的动作性消失，导致描摹自身动作的方式特征“急速”无法凸显，急速所蕴涵的突发性反而凸显并成为“骤”的词义，描摹所修饰的动词性成分在时间方面的突发。典型的“突然”义“骤”唐代已有不少用例。如：

（30）常鬻土者，每轮十数及三，今则幸其急，骤加十至七。（唐·高彦休《唐阙史·御楼前一日雨》）

（31）（妇）俄而疾殆……若鬼神扶持，骤能起坐。（唐·李复言《续玄怪录·韦氏子》）

例（30）“骤加十至七”也即“突然加十至七”，这一行为对于当事人来说显然出乎意料；例（31）妇人在旁人眼里是已经病死，“骤能起坐”，在心理上显然是远远超出常理，这种超预期表现为时间上的突然。

再来看“立即”义的形成。“立即”义先秦就能见到少量用例，后世增多。如：

（32）子亹惧，曰：“老之过也。”乃骤见左史。（《国语·楚语上》）

（33）罢朝鸣珮骤归鞍，今日还同昨日欢。（唐·权德舆《放歌行》）

“立即”义与“急速”这一语义特征也有直接的关系。“立即”属于时间框架，也即前一行为事件或情状结束，后一行为动作马上发生，时间间隔很近，如上两例：子亹惧–见左史，罢朝–归鞍。急速属于动作方式，但“立即”义的获得显然需要处于事件序列中，后一事件的急速发生蕴涵着两个事件或情状时间间隔短，因此这一步演变就是从表动作方式转而表不同事件在时间上的框架关系——时间间隔近。

2.4.2 “旋”

“旋”既可以表时间情状的“渐渐”，也可表时间框架的“立即”，两种语义都与源义有直接关系，但分别源于不同的语义要素。“旋转”义动词“旋”的词义也是综合性的，可以概括为“方式（急速）+ 路径（圆环形）+ 位移”。如：

（34）旋入雷渊，爢散而不可止些。（屈原《招魂》）

“渐渐”义的获得与其路径特征有关。圆环形的运动路径，也即按着一定的轨迹一次次回环，每回环一次，经历的时间就累加一点，动量或程度就加深一点，在此基础上衍生出“渐渐”义。这一步演变也就是动作义消失，路径特征也随之消失，路径所蕴涵的“时间一点点延续”转而表现为情状特征。如：

（35）须臾日射燕脂颊，一朵红酥旋欲融。（唐·元稹《离思》）

（36）落花辞高树，最是愁人处。一一旋成泥，日暮有风雨。（唐·黄滔《落花》）

例（35）太阳照在脸上，渐渐显现红晕，故而说“一朵红酥旋欲融”；例（36）落花一片片飘下来，然后渐渐化为泥土，这一过程中动量一步步累加、时间一步步流逝。

再来看“立即”义的形成。这一步其实与“骤”完全相同，二者都带有急速这一方式特征，在事件序列中从表现自身动作方式的急速转而表不同事件的时间间隔近。如：

（37）臣意即以寒水拊其头，刺足阳明脉，左右各三所，病旋已。（《史记·扁鹊仓公列传》）

上例“旋”处于典型的时间框架：刺足阳明脉—病已。朱福妹、马贝加（2008）认为“旋”的“渐渐”义分别源于“回旋”义和“立即”义，并试图用时间的模糊性来解释。这其实是没有看到两种时间义的本质区别，两种时间义分别源于方式特征（急速）和路径特征（圆环形）。与“旋”为近义词的“转”亦可表“渐渐”义。如：

（38）如是数数往来磨刀，后转劳苦。（《百喻经·就楼磨刀喻》）

演变机制与“旋”完全相同，不过“转”的动词性似更明显，故本文没有收入。另外“转”词义中没有“急速”这一语义特征，而只有“路径（圆环形）+位移”，故而“转”没有发展出“立即”义。

2.5 “顿”

《说文·页部》：“顿，下首也。”严格来说，“顿”的源义里并不含有时间成分，但是一次次磕头，磕头与磕头之间有个短暂停顿，“顿”的“立即”义就源于此。因此“顿”与前面讨论的“骤、旋”还不同，虽然词义里不含有时间成分，但是动作之间的间隔短暂这一隐性特征凸显，“顿”就具有了时间义。“顿”的演变也不存在重新分析阶段，即从动作动词直接用为时间副词。时间副词“顿”始见于两晋，六朝以来用例渐增。如：

（39）揽营魂以探赜，顿精爽于自求。（西晋·陆机《文赋》）

（40）又得一布衣，从海中浮出，其身如中国人，衣但两袖，顿长三尺。（南朝宋·刘敬叔《异苑》卷一）

例（39）“揽营魂以探赜–顿精爽”，例（40）“（布衣）从海中浮出一顿长三尺”，“顿”处于两个行为、情状之间，表时间间隔短暂，相当于“立即”。此外，“顿”还可表动作行为本身经历的时间短，相当于“一下子”。如：

（41）人以冷水自渍至膝，可顿啖数十枚瓜。（西晋·张华《博物志》卷十）

（42）永惟富贵，可以渐得而不可顿合。（东晋·葛洪《抱朴子·自叙》）

一个行为事件本身经历的时间短则属于时间情状，因此“顿”也同时具有时间情状、时间框架两种时间用法，两种用法属于平行演变。

不过我们发现，“骤、旋、顿”与后面讨论的“立即”义副词如“立、即、就、登、垂”等有所不同，表“立即”时还带有“行为情状具有突发性”这一意味。我们在分类时秉持“凡是带有时间框架属性的全部归入时间框架副词”这一理念，故而“立即”义的“骤、旋、顿”都放入了时间框架副词小类。但这类词同时又描摹动作本身的时间特征，故而又带有时间情状的属性。

## 3 动源时间框架副词形成考察

时间框架副词的形成，或与源义的语义特征有关，或与源义的语义特征无关，但无论属于哪种情况，源义都是作为整体进入时间义的，演变的最核心特征就是都处于事件序列中。

### 3.1 “立”“行”“适”“看”

本小节讨论“立”“行”“适”“看”，这四个动词词义里并不含有时间成分，甚至动作特征也不与时间直接相关，完全是在语篇中吸收句式义、语境义进而获得时间义的。下面具体讨论。

3.1.1 "立"

先秦时期动词"立"就可以处于"立+VP"结构中，如："国中无与立谈者。"(《孟子·离娄下》)这类格式中动词"立"为后一动词的方式，如"立谈"即"站着说话"。不过更常见的则是"立而+VP"结构。如：

(43)皆立而待鼓音而然，即俱发之。(《墨子·备蛾傅》)

(44)求牧与刍而不得，则反诸其人乎？抑亦立而视其死与？(《孟子·公孙丑下》)

这种动词"立"处于状语位置，诱发了其副词化。如下一例：

(45)禹往见之，则耕在野。禹趋就下风，立而问焉。(《庄子·天地》)

"立而问焉"即"站着询问耕种之人"，但是从事件序列来看，前面是"往见之"，见到耕者之后就"立而问"，很显然"见"与"问"两个行为动作时间间隔很短。因此，处于事件序列中的状语位置的动词"立"，一旦动作方式义弱化，同时前后两个行为事件时间间隔关系凸显，"立"就可能吸收语篇义而被重新分析为表时间间隔短暂的"立即"。战国以来已经有很多"立而+VP"凸显时间，甚至可以看作是时间副词了。如：

(46)入不可以守，出不可以战，则倾覆灭亡可立而待也。(《荀子·王制》)

(47)桓公召而与之语，訾相其质，足以比成事，诚可立而授之。(《国语·齐语》)

两例"立"动作方式义很弱，时间义反而更明显。典型的时间副词"立"亦大致出现于战国时期，汉代以后逐渐增多。如：

（48）故我有善，则立誉我；我有过，则立毁我。（《管子·小称》）

（49）天下无诛伐，则诸侯之相暴也立见。（《吕氏春秋·孟秋纪·荡兵》）

说上两例“立”为典型的时间副词，句法上的证据是“立”后行为动作的实现不需要借助“站立”这一方式。我们认为“立”的副词化还有一个句法省缩过程，即“立而+VP”中的连词“而”随着“立”的副词化而脱落了。不认为时间副词“立”是从“立+VP”直接而来，主要是因为先秦时期“立+VP”很少，而“立而+VP”常见，且“立+VP”中“站立”这一方式义较之于“立而+VP”更明显。从语义演变的机制来看，“立”的本义与时间义毫无关系，纯粹是句法、语篇驱动的结果，从动词到时间框架副词，重新分析的过程清晰可辨。

3.1.2 “行”

王诚（2018）对很多例句中“行”的语义功能进行了辨析，李小军（2022）在已有研究基础上具体探讨了时间副词“行”的来源及形成过程。时间副词“行”具有“正好（同时）”“正在”和“即将、将要”三个时间义，三个义项之间没有直接的衍生关系。前两种都源于“$行_{位移}$+VP”格式，区别在于后面的动词是瞬间动词还是持续动词；后一种源于“$行_{施行}$+VP”格式。

先来看前两种时间义的形成。如：

（50）遂斩卫令，直将吏入，行射，郎宦者大惊，或走或格，格者辄死，死者数十人。（《史记·秦始皇本纪》）

（51）六年，有司言淮南王长废先帝法……帝不忍致法于王，赦其罪，废勿王。群臣请处王蜀严道、邛都，帝许

之。长未到处所，行病死，上怜之。（《史记·孝文本纪》）

例（50）“行射”即“行走（进入宫殿）的同时射箭”，“行”与“射”具有同时性，语义上“射”是句子的表达重心，位移动词“行”为“射”提供情状方式。例（51）“行”似可理解为“行进途中”，原因在于“行”虽然表行为方式，但有别于一般的短时行为方式，在行进过程中可坐可卧，而非一直不停地行走，换言之，表行为方式的“行”其实是为“病死”提供一个更大的时间和行为背景。

从时间特征来看，这类位移动词“行”是一个持续动词，与后面的动词具有同时性。如果后面的动词是瞬间动词，则是在“行进过程”中的一个时点，此类“行”演变为时间副词只能表“正好”义；如果后面的动词是持续动词，则是在“行进过程”中的一个时段，此类“行”演变为时间副词只能表“正在”义。如：

（52）未至军，为坛，以节召樊哙。哙受诏，即反接，载槛车诣长安，而令周勃代将兵定燕。平行闻高帝崩，平恐吕后及吕须怒，乃驰传先去。（《汉书·陈平传》）

“平行闻高帝崩”也即“陈平行进中听到高祖驾崩（这一消息）”，“闻高帝崩”显然是行进过程中的一个时点，因此“平行闻高帝崩”亦可重新分析为“陈平正好听到高祖驾崩（这一消息）”。典型的“正好”义时间副词[③]亦出现于东汉。如：

（53）次公当贵，行与女会；女亦自尊，故入次公门。（东汉·王充《论衡·偶会》）

“行与女会”即“正好与女子相遇”，说此例“行”为典型的“正好”义时间副词，还有一个关键证据，就是“与女会”并不是处于行走过程中，也不需要借助行走这一方式。

“正在”义始见于南北朝。如：

（54）合颖行盛茂，分穗方盈畴。（南朝宋·谢庄《喜雨》）

（55）大厦栋方隆，巨川檝行剡。（唐·韩愈《陪杜侍御游湘西两寺》）

例（54）“盛茂”与“盈畴”属于状态词，显然属于时段，“行”表状态持续；例（55）“檝行剡”意即“船桨正在举起”，“行”表动作进行。

再来看“将要”义的由来。位移动词“行”演变为“将要”义时间副词，经历了两步演变：行走 > 施行、进行 > 将要。“施行、进行”义动词《今文尚书》即已出现。如：

（56）非台小子，敢行称乱。（《汤誓》）

这类“$行_{施行}$+VP”结构中的动词在语义上具有两个特征：一是具有施为性，动作是行为主体有意识地主动施行；二是具有可控性，行为主体可以施行或停止这一行为。在如下这种未然语境中，“行”逐渐时间副词化。如：

（57）（邓）通至丞相府……嘉坐自如，故不为礼，责曰：“夫朝廷者，高皇帝之朝廷也。通小臣，戏殿上，大不敬，当斩。吏今行斩之！”（《史记·张丞相列传》）

“行斩”也即“施行斩首”，不过将“行”理解为“立即”，句子亦可通。原因有两方面：1）“行斩之”的语义重心在“斩”，“行”可有可无，删去并不影响语义表达；2）“行斩之”属于未然事件，申屠嘉斥责邓通，“斩”这一行为当发生在言语之后，这正是近将来时的时体特征。换言之，正是因为这类“行”的句法及语义特征，加上所处事件序列“邓通至丞相府–申屠嘉斥责邓通–要求行斩之”，“行”有可能吸收语境义表“即将”义。不过只有处于非施为句，“行”无法理解为“施行”义时才可说是典型的时间副词。典型用例出现于东汉：

（58）（王莽）又令东方槛车传送数人，言“刘伯升等皆行大戮”。民知其诈也。（《汉书·叙传》）

（59）已闻法如是。一切世间行见空。（东汉·安世高《佛说普法义经》）

上两例“大戮”“见空”显然不是说话人或当事人可以施为或控制的，而纯粹是说话人对未然事件（情况）的认识，“行”是典型的时间副词了。后来的双音词“行欲”“行将”“行待”等都属于联合式构词。

3.1.3 “适”

时间副词“适”可以表“正、正好（同时）”，亦可表“刚刚（最近完成体）”，不过“往至”义动词“适”词义里并不含有时间成分，时间义的获得也是在语篇中吸收句式义、语境义的结果。时间副词“适”的演变过程李小军（2023）有比较具体的讨论，可以参看。“适”在《今文尚书》《诗经》中就可表抽象的“往至”义。如：

（60）惟我事不贰适，惟尔王家我适。（《今文尚书·多士》）

（61）有美一人，清扬婉兮。邂逅相遇，适我愿兮。（《诗经·郑风·野有蔓草》）

例（60）“适”相当于“归顺”；例（61）“适我愿”字面义即“到达我的心愿”，释为“符合、遵从”则更顺当——“符合我的心愿”，语义已经从外部动作范畴进入心理范畴。《左传》中有三例“适”可以释作时间上的“正好”义：

（62）初，楚范巫矞似谓成王与子玉、子西曰：“三君皆将强死。”城濮之役，王思之，故使止子玉曰：“毋死。”不及。止子西，子西缢而县绝，王使适至，遂止之，使为商公。（《文公十年》）

（63）我高祖少皞挚之立也，凤鸟适至，故纪于鸟，为鸟师而鸟名。（《昭公十七年》）

（64）若有德之君，外内不废，上下无怨……其适遇淫君，外内颇邪，上下怨疾……（《昭公二十年》）

例（62）前面矞似说“三君皆将强死（意即‘横死’）”，故而城濮之役后成王想阻止子玉和子西自杀，因不及时子玉已经自杀。文中接着说“子西缢而县绝，王使适至，遂止之”。从叙述可知，子西悬梁自杀时正好成王使者赶来，故而自杀未遂。从时间层面来看，子西自杀是一个时点，王使赶到也是一个时点，时点与时点重合，即两个动作同时发生；从句法层面来看，“王使适至”中“至”是谓语动词，“适”正处于典型的副词状语位置。因此，“适”可以被重新分析为副词——表时间的“正好（同时）”。例（63）也是如此，“高祖少皞挚之立”与“凤鸟至”两个时点重合，“适”在状语位置修饰动词“至”。例（64）从时间层面来看，国家治理（时段）中遭遇淫君（时点），时点与时段重合，状语位置上的“适”也可以释作“正好”。

从语义演变的角度来看，上三例皆可重新分析。如例（62）对于“子西悬梁自杀”这一行为而言，“王使至”这一情况的出现时机是恰当的，因此该句“适”仍可理解为“合适、适宜”义。行为动作何为适宜？不外乎时机和分寸。制止自杀显然与行为的分寸没有关系，而是时机问题。句子前面说制止子玉不及，是时机不对，而制止子西成功了，显然时机是合适的、适宜的。换言之，“适 +VP”结构中，状语位置的“适”本表情状，蕴涵着“时机合适”，加上所处事件序列特点，“适”从行为动作的适宜转而表时机的适宜，重新分析也就完成了。

汉以降时间副词“适”更多表最近完成体，相当于“刚刚”，此义直接源于“正、正好”义。不过这一步演变已经逸出本文讨论的范围，故仅列举两例略作说明。如：

（65）老父已去，高祖适从旁舍来，吕后具言客有过，相我子母皆大贵。高祖问，曰：“未远。”乃追及，问老父。（《史记·高祖本纪》）

（66）动一亲戚，天下圜视而起，陛下之臣虽有悍如冯敬者，适启其口，匕首已陷其匈矣。（《汉书·袁盎晁错传》）

“高祖从旁舍来”即已经到了事件现场，而老父离去与高祖来具有同时性，故“适”可以理解为时间“正好”。不过从事件发生的先后来看，“高祖从旁舍来”在前，“吕后述说老父相命之事”在后，且“从旁舍来”这一动作已经结束，故“高祖适从旁舍来”又属于完成体。“适”之所以被重新分析为表近过去的“刚刚”，乃是多个行为动作在时间上的复杂关系所致。后例（66）则是典型的“刚刚”义时间副词。

3.1.4 “看”

黄斐（2005）在讨论“看即”时对时间副词“看”的形成有一些介绍，认为“看”处于状语位置表“随即”义，但何以到了状语位置并没有说清楚，且语义功能我们认为是“即将（近将来时）”而不是如黄斐所说“随即、立即”。[④] 先来看所举用例：

（67）今春看又过，何日是归年。（杜甫《绝句二首》）

（68）自君之出矣，万物看成古。（张祜《杂曲歌辞·自君之出矣》）

我们考察了全唐诗中的“看”与“眼看”，发现一个有趣的特点，与时间表达相关的“看、眼看”后面的句法成分大部分表示一个情状即将结束或一个行为事件即将完成，其他少部分则表示一个新情况的即将出现。上两例即是如此，再如“眼看”：

（69）长安二月眼看尽，寄报春风早为催。（岑参《春兴戏题赠李侯》）

（70）东风不择木，吹煦长未已。眼看欲合抱，得尽生生理。（白居易《杏园中枣树》）

我们认为感官动词“看”后面带谓词性成分时，如“今春看又过”本指“今春看着又过去了”，说话时情状处于延续状态，且相对于说话时间，旧情状（春季）还没有完全结束、新情状（夏季）还没有出现，只是时间间隔很近。

说话人用这种方式来凸显情状的即将变化，与感官动词“看”的功能有关。一、视觉是人们最重要的感觉器官，诗人说“今春看又过”，赋予春季的消逝一种可视性、可辨识性；二、感官动作的看人或看事物一般不会很长时间，诗人说“今春看又过”凸显春季的消逝、夏季的到来在“看”这一动作结束之后不会很久。换言之，处于事件序列中的感官词语“看、眼看”经过了说话人的主观化处理，在吸收语篇义的过程中获得了时间功能。这与“眨眼”“瞬目”不同，这两个动宾短语本身就蕴涵着时间短暂，词汇化为时间副词后表时间情状（一下子）。如“瞬目”：

（71）鳞川林壑，隮云遁雨，瞬目而下者，溱溱沄沄。（柳宗元《晋问》）

3.2 “既”“已”“竟”“终”“卒”“毕”“遂”“迄”

这几个词原来都为广义的完结动词，做时间副词时可能分别有三种时间义：“已经”“最终”“然后、不久之后”，当然不是每个词都具有这三种时间义，时间义的不同还与句法格式有关，如“既”“已”在“既/已+VP”格式中表“已经”义，单用时表“最终”或“然后、不久之后”。由于这一路径的词演变机制完全相同，为使讨论更集中更深入，此处只选择最常用最典型的“已”“既”为例。

“已”不少学者讨论过，不过只有赵长才（2009）详细探讨了具体的演变过程，认为路径为“停止>完结、完毕>完成体”。其他如杨永龙（2001）、张赪和孙品健（2020）、陈前瑞和邱德君（2020）或探讨“既”“已”在叙述语篇的使用差异，或探讨完成体向完整体的演变。先来看完成体用法，“已”的具体演变过程如：（转引自赵长才，2009）

（72）风雨如晦，鸡鸣不已。（《诗经·郑风·风雨》）——“停止”义动词

（73）诸城门吏各入请钥，开门已，辄复上钥。（《墨子·号令》）——“VP已”，表完结

（74）已祭，而见伯父、叔父，而后飨冠者。（《礼记·曾子问》）——“已VP”，表完结

（75）圣人已死，则大盗不起，天下平而无故矣。（《庄子·胠箧》）——完成体，“已经”

上诸例代表了不同句法格式及演变阶段，“已”后的VP还涉及句法扩展导致的重新分析（具体可参赵长才，2009），因而是一个典型的转喻过程。如赵长才所说，作为完结动词，“已

VP”的“VP”是动词“已”的谓词性宾语，整个句子叙述一个独立、完整的事件，像动词“盟”本是一个无界动词，而“已盟”则是一个完整的、有界的事件句。

“已”在表“停止”时处于单事件结构中，如例（72）“风雨如晦”与“鸡鸣不已”是两个并列的独立事件，表“完结”时已经处于事件序列中，凸显不同事件的时间关系。“既”与“已”属于平行演变，“既”具体用例可以参看杜海涛（1999）。杨永龙（2001：29—30）认为《朱子语类》或更早的一些文献中，“既+VP”常用于背景事件句，而“已+VP”常用于前景事件句；陈前瑞、邱德君（2020）认为完成体“已”的不同用法具有不同的话语功能，结果性用法倾向于表非事件主线，先时性用法更多地表事件主线。“既”的本义为“食尽”，而后发展出“完结”动词用法，再从“完结”到完成体副词，只是时间更早。两个词的源义与时间关系紧密，演变前后语义功能也相近，因此这一演变过程更主要的是句法功能变化，通过重新分析得以完成。

完结动词还有两种可能的时间副词用法，一种表“然后、不久之后”。“已”如：

（76）今黄城将下矣，已，将移兵而造大国之城下。（《战国策·宋卫策》）

（77）若初欲分吴国半予我，我不受，已，今若反以谗诛我。（《史记·越王句践世家》）

“既”如：

（78）子发将西伐蔡，克蔡，获蔡侯，归致命曰：“……”既，楚发其赏。（《荀子·强国》）

这类“已”“既”也直接源于“完结”义。如例（76）前面说“今黄城将下矣”，接着说“已”，也即黄城已攻下，“已”所指事件承前省了，而在事件序列中，“黄城下”与“移兵而造大国之城下”两个事件以前一事件的完成为前提，前一事件完成，就将开启后一事件，独用的动词“已”在事件序列中凸显前后事件的时间框架关系。此例“已”的动词性还比较明显，例（77）“已”可以看作是典型的时间副词了，原因在于事件的动作性不明显，“已”无法理解为完结义。梁银峰（2017）认为上古汉语的“既”字句经历了从最初充当主从句中的从句（半自由的）到充当主从句中的主句以及最终独立成句（自由的）的演变，“已”也是如此。

另一种表“最终”，不过“既”没有这一用法，“已”“竟”“终”“卒”等有，“已”如：（转引自李宗江2004）

（79）其所以贯理焉，虽亿万已不足以浃万物之变，与愚者若一。（《荀子·解蔽》）

李宗江根据意义和用法的差别，将完结动词分为三类，尽类：尽、穷、竭、罄、殚、净、光；已类：已、毕、竟、终、卒、结、罢、休；了类：了、既、讫、完。认为完结动词能发展出“然后”义，具体的语境为：A动作或事件完毕，可以作为B动作或事件开始的时间参照，演变过程经历了句际的重新分析，即：$VP_1$已，$VP_2$。→ $VP_1$，已$VP_2$。

李文的分析很有道理。我们认为，“最终”与“然后”两个义项具有紧密联系，如果是同一事件的不同时间阶段，随着时间的变化事件的进展也随之不同，完结动词容易演变为“最终”义时间副词；如果凸显不同事件的时间关系，完结动词则演变为“然后”义时间副词。

### 3.3 “即”“就”“垂”“登”“随”

#### 3.3.1 “即”和“就”

“即”和“就”是典型的多功能词，相关研究也非常多，本文主要关注时间副词功能。关于两词的时间义“立即”和“即将”的语义来源，目前主要有两种观点，一种认为源于“趋就、接近”义动词，代表性如曹广顺（1987）、李宗江（1997）、杨荣祥（2005：356）、邢志群（2005）、封传兵（2011）等，李计伟（2013）构建了路径“位移 > 将来 > 条件 > 让步”。一种认为是从“趋就、接近”义动词到承接副词再到时间副词，代表性的如张丽丽（2012、2015）。

我们认为时间副词“即、就”直接源于其“趋就、接近”动词义，也即直接从空间用法发展为时间用法。张丽丽（2015）提出路径构拟的两点理由：一是认为先秦两汉时期承接用法以压倒性优势超过时间副词用法（710：6 例）；二是认为“即、就”可以表“立刻”和“早已”两种时间义，而这两种时间副词用法都可转以复句表示。这两点理由我们认为都值得商榷。

先说第一点理由。得出这一数据跟判定标准有极大关系，如张丽丽（2015）所说：“出现在复句中的用法，即使从上下文可推知事件之间有立即性连带关系，文中也将之判定为承接副词，而非立即义时间副词”。其实承接副词（关联副词）如张谊生（2000）所说并不是一个界限清晰的独立的副词小类，并且兼有时间及承接功能的词，如果取“时间 > 承接”立场，则可以全部归入时间副词，因此张丽丽的数据可以再分析。

再来说第二点理由。“当他十五岁时，就 / 即参加了工作”这种例子可以改用复句表示，“就 / 即”就是承接副词吗？先来看时间副词“即、就”的语义功能,《现代汉语词典》(第7版,第701页)列了副词“就”三个义项:a)表示在很短的时间以内(如“我就来”);b)表示事情发生得早或结束得早(如“他十五岁就参加革命了”);c)表示前后事情紧接着(如“想起来就说”)。我们认为,从时间框架来看上面三种时间义紧密相关,甚至可以归为“立即”义的一种,即某一时间参照点之后,新的行为动作或情状紧接着发生。差异就在于时间参照点不同,上述a)义项的时间参照点为“说话时”,b)义项时间参照点为“十五岁”,c)义项时间参照点为“想起来(的时候)”。因此“就”的核心义仍为“立即”,“即”也是如此。换言之,并不是如张丽丽所说“即、就”从承接用法发展出了不同的时间义,而是“立即”在不同的语境中会衍生出不同的语境义。

说了语义来源,再来讨论演变的句法格式。不同学者之间存在分歧,不过我们赞同张丽丽(2012、2015)的宾语省略说(宾语零形回指),位移动词“即、就”后面本接处所名词,一旦后面的处所宾语在语境中省略,就形成了“即/就+VP”格式,“即、就”也就可以被重新分析为时间副词。如:“此二人者,实弑寡君,敢即图之。”(《左传·隐公四年》)“圣王不往而视也,不就而听也。”(《墨子·尚同下》)“敢即图之”的“即”是典型的时间副词,而“不就而听也”的“就”更接近动词。更多用例可以参阅张丽丽(2012)。

最后来说一下“立即”与“即将”两个语义功能之间的联系与区别。“立即”表达后一事件与前一事件时间间隔近,与时制(tense)没有关系,故而过去、现在、将来时都可以出现(如“他听说了这件事,立即去了”);“即将”表达当前或说话时间之后马上发生新情况，故而属于近将来时。换言之，两种时间义的区别源于参照时间的不同，“立即”是相对于上一情况，“即将”是相对于当前或说话时。下面以“即”为例：

（80）置窑灶，门□为橐，充灶伏柴艾，寇即入，下轮而塞之。（《墨子·备突》）——即将

（81）余长魋也，今将祸余，请即救。（《左传·哀公十四年》）——立即

3.3.2 “垂”和“登”

这两个时间副词古代汉语中使用频率不高，现代汉语只有双音词“登时”还在使用。本义中并不含有时间特征，不过引申出“靠近、来到”义后，就与“即、就”的演变相近了。“垂”本为“垂挂、下垂”之义。如：

（82）容兮遂兮，垂带悸兮。（《诗经·卫风·芄兰》）

（83）功加于时，德垂后裔。（《古文尚书·微子之命》）

前例所垂为具体事物，后例为抽象的“德”。从“下垂”进而引申出“靠近、接近”。如：

（84）故鄙谚曰：“家累千金，坐不垂堂”。（《史记·司马相如列传》）

“垂”直接出现于动词前，汉代已有用例，也分别有“立即”和“即将”两种时间义。如：

（85）少焉，东郭垂至。（《说苑·权谋》）——立即

（86）前得天师言，太平气垂到。（《太平经》卷七十二）——即将

中古汉语中还有一个“登”表“立即”义。如：

（87）牧遣使慰譬，登皆首服，自改为良民。（东晋·虞

预《会稽典录》)

(88)登即相许和，便可作婚姻。(《玉台新咏·为焦仲卿妻作》)

“登”只有“立即”义，没有表近将来的“即将”义。“登”的语义来源目前还不完全清楚，推测可能源于“登上”，而后引申出“到达、接近”，如此则与“即”的语义来源相近了。

我们发现，“垂、登”使用于“( )+VP”格式中时，就只能分析为时间副词了，这与“即、就”可以重新分析似有不同。一个可能的原因是，“垂、登”的本义与“即、就”有一定差异，较少带处所成分，刚出现于“( )+VP”格式中时人们不认为它们还是表处所的“接近”，而直接认为就是典型的时间副词。

3.3.3 “随”

“跟随”义动词“随”春秋已见。如：

(89)遂帅群臣随于执事，以会岁终。(《左传·襄公二十二年》)

(90)罕、驷自后随而从之。(《左传·哀公二年》)

“随”在“$NP_1$+随+$NP_2$”格式中时，前后都为有生名词，二者存在空间上的前后位置关系(空间距离小)。而后扩展到“$NP_1$+随+$NP_2$+VP”格式时，“随”凸显的不是空间前后，而是跟随后一主体施行同一行为动作，故而凸显的是时间先后(时间间隔短)。如：

(91)(俗儒)随其长子，事其便辟。(《荀子·儒效》)

(92)随行列而止，委蛇而处。(《庄子·至乐》)

一旦“随”后的名词性成分脱落(承前省)，“随”既可理解为动词，亦可重新分析为“随后、立即”义时间副词。如：

（93）使者入，及众介随入，北面东上。（《仪礼·聘礼》）

“众介随入”可以理解为“众介随（使者）入”，也可理解为“众介随即入”。当“随”之“跟随”义彻底消失，就是典型的时间副词。如：

（94）守烽者事急，候无过五十，寇至叶，随去之。（《墨子·杂守》）

（95）人且偃然寝于巨室，而我噭噭然随而哭之，自以为不通乎命，故止之。（《庄子·至乐》）

例（94）“寇至叶，随去之”，“至”与“去”的主体都是“寇”，“随”之“跟随”义已经彻底消失，同时处于“至叶”与“去之”两个行为事件序列中，凸显时间间隔短暂。例（95）因为“随”的副词化，导致连词“而”的连接功能弱化，“随而”开始词汇化。

3.4 “始”“要”“欲”

动词“始”意即“开始、起始”，可以直接做谓语，不过春秋以来更常见的是处于“始+VP”格式中，意即“开始VP”。如：

（96）千里之行，始于足下。（《道德经》第64章）

（97）卬盛于豆，于豆于登。其香始升，上帝居歆。（《诗经·大雅·生民》）

“始”的动词义十分抽象，类似于轻动词，语义表达的重心在VP，而“始”更多提供时间参照。如下一例：

（98）昔贾大夫恶，娶妻而美，三年不言不笑。御以如皋，射雉获之，其妻始笑而言。（《左传·昭公二十八年》）

前面说“三年不言不笑”，接着说“始笑而言”，语义重心显然在“笑而言”，“始”则与前面的“三年不言不笑”构成时间参照（时间框架）。“始 +VP”显然指 VP 才开始不久，“始”吸收语境义就可能虚化为表近过去的时间副词，相当于“才、刚”。很多时候，“始”到底是动词还是时间副词委实难以分清。《汉语大词典》认为“始”还有“正、正在”义，举例如《韩诗外传》卷十：“吾乃始壮耳，何老之有。”此例“始”其实仍表近过去，只是因为说话时“壮”这一情状并未结束，故而还可以理解为“正”，这是因为“壮”这一情状具有延续性而导致的临时用法。

“要”和“欲”则显然是从“想要”义发展出“将要”义，也即从意愿发展为将来时。Bybee 等（1994：240）列了路径“愿望 > 意向 > 将来时”，张万禾、石毓智（2008）也有一些讨论。大致在南北朝时期“要”和“欲”分别有了将来时用法。如：

（99）汝与伯升志操不同，今家欲危亡，而反共谋如是！（《后汉书·宗室四王三侯列传》）

（100）人生要死，何为苦心？（《汉书·武五子传》）

判别典型的将来时往往放于单纯的对将来进行预测的语境中，比如上例（99）“家欲危亡”显然已经不带有当事人的主观意愿，而是纯粹对未然情况进行预测，将来时与认识情态的关系很紧密，此处不讨论。从语义演变的角度来看，“要、欲”显然是以说话时间作为参照，预测以后的事件或情况，故而也处于典型的时间框架。

此外还有一个“待”也可以表“将要”。如：

（101）人心花意待留春，春色无情容易去。（宋·欧阳修《玉楼春》）

（102）磨砻三尺剑，待斩不平人。（《五灯会元》卷十一）

邱丽媛、董秀芳（2014）认为“等待”义动词“待”后引入谓词性成分 $VP_1$，是后续事件 $VP_2$ 发生的具体时间参照点，“待 $VP_1$”整个结构的意义逐渐赋予“待”，使“待”单用时也可以具有时间指示功能，如果 $VP_1$ 不出现，整个结构就表达笼统的近将来事件，时间副词“待”就形成了。

这一观点无法解释为什么 $VP_1$ 可以不出现，也无法解释为什么具有相似句法及语义功能的“等、俟”何以没有发展出时间副词用法。我们认为时间副词“待”源于表条件必要的“必须、需要”义，而非“等待”义，而“等”“俟”没有此义，故而没有将来时用法。《朱子语类》中很多“待”都可以重新分析。如：

（103）看来人之生便自然如此，不待作为。（卷六）

“不需要 VP”通过回溯推理，可以推出“VP 将不会发生”，上例“不待作为”的“待”既可以分析为“必须”，也可以分析为“将要”。不过源于条件必要的“待”也就逸出了本文讨论的范围了。

3.5 “尝”

王继红、陈前瑞（2014）构建了“尝”的具体演变路径为“品尝 > 尝试 > 试着 / 限量体 >（已然体）> 非特定经历体 > 特定经历体”，认为试着义经过泛化，单纯表现事件内在的时间结构时，才能产生具有高度概括性的经历体意义，从跨语言的角度看，从感官动词经由“尝试”发展为经历具有一定普遍性。

从语义角度来看，尝试 VP、试着 VP，也即意味着经历了 VP，从时间框架角度来看，相对于说话时间，VP 已经发生，同时语义本身的滞留原因，试着做某事意味着借此产生效果，希望这种 VP 对后续事件具有一点影响，也即经历体。

## 4 规律及结论

本文侧重于时间副词与行为事件、情状之间的关系，将时间副词分为时间情状与时间框架两类，一共讨论了27个时间副词的语义来源及形成机制。

时间情状副词，其源头动词的语义都是综合性的，语义演变的过程就是其他语义要素消失、只剩下情状方式这一个语义要素的过程。同时由于自身动作义消失，本为词义内部一个语义要素的情状方式特征就成了该词的词义，作用于所修饰的动词性成分，从描摹自身的动作情状转而描摹所修饰的动词性成分的时间情状，这样就完成了从动词到时间副词的演变。从我们讨论的情况来看，这类词的语义演变基本上分两步走。每一步都不存在重新分析的环节，而是直接出现于相关句法格式，同时语义功能发生变化，因此属于单纯的隐喻过程。

时间框架副词，其源头动词的语义是综合性还是单一性与语义演变没有关系，源义是作为整体进入时间义的。这一类时间副词中“立、行、适、看”等源义中不含有时间特征，故而源义与时间义没有直接关系，是在特定语境中经过重新分析而成为时间副词。而要演变为时间框架副词，首先需要进入事件序列，在语篇中与动词性成分构成时间框架关系，进而获得时间功能。

更多的时间框架副词，源义与时间义有紧密联系，不同的源义会形成不同的时间义，但都需要处于事件序列中，且基本上都存在重新分析的阶段，语义演变是一个转喻过程。“即”“就”“垂”“登”“随”等作为动词时表空间距离近，这类副词的形成经历了一个处所成分省略的过程，在“( )+VP”格式中经历了重新分析而成为时间副词。“既、已、竟、终、卒、毕、遂、迄”等完结义动词演变为完成体时间副词，更多不是语义的变化，而是句法功能的变化；由于所处句法格式的不同，凸显的事件关系也存在差异，故而完结动词可能还有“最终”“然后、不久之后”两个时间义。“要、欲”演变为时间副词也即从意愿到将来时，这一路径在人类语言中非常普遍。

值得注意的是“骤、旋、顿”分属于时间情状与时间框架，两个不同的时间义属于平行演变关系，且三词作为时间框架副词都表“立即”义。无论演变为时间情状副词还是时间框架副词，三个词都是词义中只有一个语义要素保留并凸显为词义，使用于“( )+VP”格式中时已经是时间副词，故而不存在重新分析的阶段。这是因为“骤、旋、顿”表“立即”时虽然属于时间框架，但同时又描摹动作本身的时间特征，故而又带有时间情状的属性。不存在重新分析的阶段可能与动词源义的语义特征以及表时间框架但同时兼有时间情状有关。

只考察一个词或一类词的演变，虽然可以更细致地观察到该词或该类词的演变过程和演变特征，但不足似乎也显而易见。本文的观察，一方面厘清了不少词的语义来源及演变机制，同时希望跳出一个个词的具体语义功能，而从整体上把握动词向时间副词演变的基本特征和基本规律，梳理动源时间副词的功能类别以及各小类之间的共性与差异。

**附　注**

① 张谊生（2004:172）首先将时间副词分为表时、表频、表序三

类，而后再将表时副词分为时制、时体两小类，表频、表序副词我们不看作是严格意义上的时间副词，故此处只列了表时副词的分类。

② 本文所用术语“语义要素”（semantic elements）借自 Talmy（2000/2019）。

③ 这类副词“行”以及后面讨论的“适”的小类归属很值得讨论。学界一般将具有“正好、恰好”义的词归入语气副词（参张谊生，2000：21），主要着眼于这类词的共性特征，但同时也模糊了这类词内部的句法及语义功能差异。谷峰（2008）认为“正好、恰好”义的“方”“刚”“正”等既可表空间、时间、数量上的“正好”，也有确认、强调的语气用法，不同用法的主观化程度并不一致，不过谷峰最后还是遵从传统的观点把它们统一称为情状副词。倒是王继红、陈前瑞（2012）的观点明确得多，在谈到“方”的“正好、恰好”义时说道：“如果该意义不是一种跟时体相关的意义，很难想象它能进一步发展出语法化程度很高的进行体、完成体或最近将来时等时体意义。”进而在“方”的语义路径图里面将“正、正好”义归纳为“同时”义。

④ 审稿人指出：“‘眼看’现代汉语仍在使用，《现汉》等词典释为‘马上’，‘马上’主要是说完话事件即刻发生。虽然往往是未然事件，但其主要功能不是表示将来，而是发生得快。”我们认为，“眼看”是指当事人行为或说话时间点，后一事件很快将发生，也即近将来时，语义功能与“即将”相近；而“立即”和“马上”只是指两个行为事件间隔的时间很短。因为都具有间隔时间短这一特征，故而有时彼此可以互换，如：“眼看要下雨了”，“眼看”可以替换为“即将”“立即”“马上”。但是下面这种例子：“我也忍不住乐了，但马上又觉得笑得不合时宜。”（王朔《痴人》）“马上”可以替换为“立即”，却不能替换为“即将”和“眼看”，这是因为事件“觉得笑得不合时宜”不具有近将来时特征。从我们对 CCL 语料库中“眼看”与“马上”用例的考察情况来看，时间副词“眼看”大部分都可以替换为“马上”和“立即”，但“马上”大部分不能替换为“眼看”和“即将”。当然，“眼看”与“即将”也有细微差异，但这不是本文讨论的范围了。

## 参考文献

曹广顺　1987《说“就”和“快”在宋代的使用及有关的断代问题》，《中国语文》第4期。

陈前瑞、邱德君　2020《副词“已”体貌与话语功能关系的研究》，《古汉语研究》第4期。

陈前瑞、孙朝奋　2013《时体语法化研究的历史脉络》，见《汉语史学报》（第十二辑），上海：上海教育出版社。

杜海涛　1999《上古汉语“既”字的意义和用法及汉语实词虚化问题》，见《语言学论丛》（第二十二辑），北京：商务印书馆。

封传兵　2011《“即”的语法化》，《宁夏大学学报》第3期。

高育花　2007《中古汉语副词研究》，合肥：黄山书社。

葛佳才　2005《东汉副词系统研究》，长沙：岳麓书社。

谷　峰　2008《古汉语副词“方”的多义性及其语义演变》，《语言科学》第6期。

黄　斐　2005《近代汉语副词“看即”的语法化》，《湛江师范学院学报》第2期。

黄　珊　1996《古汉语副词的来源》，《中国语文》第3期。

焦一和　2017《上古汉语的时间副词“既”》，《河南师范大学学报》第6期。

雷冬平、胡丽珍　2010《时间副词“正在”的形成再探》，《中国语文》第1期。

李计伟　2013《即：从位移到让步》，见《语言学论丛》（第四十八辑），北京：商务印书馆。

李小军　2021《汉语语法化词库》，北京：中国社会科学出版社。

李小军　2022《也谈“行”时间副词用法的来源及演变机制》，《古汉语研究》第4期。

李小军　2023《“适”时间及语气（关联）用法的形成和发展》，《南京师范大学文学院学报》第2期。

李宗江　1997《“即、便、就”的历时关系》，《语文研究》第1期。

李宗江　2004《“完成”类动词的语义差别及其演变方向》，见《语言学论丛》(第三十辑),北京:商务印书馆。
梁银峰 2017《从交互主观性的角度看“既”字句的主句化和句子化》,《古汉语研究》第2期。
陆俭明、马 真 1985《关于时间副词》,见陆俭明、马真著《现代汉语虚词散论》,北京:语文出版社。
〔美〕伦纳德·泰米尔 2019《认知语义学》(卷II),李福印等译,北京:北京大学出版社。
邱丽媛、董秀芳 2014《从等待义到时间指示功能的演变》,《汉语学报》第3期。
孙锡信 2005《“即”“便”“就”虚化过程中的错项移植》,《语言研究集刊》第2辑。
唐贤清 2003《汉语“渐”类副词演变的规律》,《古汉语研究》第1期。
王 诚 2018《试说副词“行”的产生和发展》,《古汉语研究》第3期。
王继红、陈前瑞 2012《副词“方”多种时体用法的关系》,《中国语文》第6期。
王继红、陈前瑞 2014《从尝试到经历——“尝”的语法化及其类型学意义》,《语言科学》第5期。
王 力 1982《同源字典》,北京:商务印书馆。
魏培泉 2015《古汉语时体标记的语序类型与演变》,《语言暨语言学》第2期。
邢志群 2005《从“就”的语法化看汉语语义演变中的主观化》,见沈家煊、吴福祥、马贝加主编《语法化与语法研究》(第二辑),北京:商务印书馆。
杨荣祥 2005《近代汉语副词研究》,北京:商务印书馆。
杨荣祥、李少华 2014《再论时间副词的分类》,《世界汉语教学》第4期。
杨永龙 2001《〈朱子语类〉完成体研究》,郑州:河南大学出版社。
张 赪、孙品健 2020《上古汉语中后期时间副词“既、已”的用法演变》,见《汉语史学报》(第二十二辑),上海:上海教育出版社。
张丽丽 2012《从回指到承接——试论“就”与“即”承接功能的来源》,《台大中文学报》第38期。

张丽丽　2015 《“即”“便”“就”时间副词功能的形成》,《语言暨语言学》第2期。
张万禾、石毓智　2008 《现代汉语的将来时范畴》,《汉语学习》第5期。
张谊生　2000a 《现代汉语副词研究》，上海：学林出版社。
张谊生　2000b 《论与汉语副词相关的虚化机制——兼论现代汉语副词的性质、分类与范围》,《中国语文》第1期。
张谊生　2004 《现代汉语副词探索》，上海：学林出版社。
赵长才　2009 《上古汉语“已”由“止”义动词到完成体副词的演变》，见冯力、杨永龙、赵长才主编《汉语时体的历时研究》，北京：语文出版社。
朱福妹、马贝加　2008 《副词“旋”的产生及其发展》,《温州大学学报》第2期。
Bybee, Joan, Perkins Revere & William Pagliuca 1994 *The Evolution of Grammar: Tense, Aspect, and Modality in the Languages of the World*. Chicago: The University of Chicago Press.

# 句子的言语行为类型对词义虚化的影响

## ——以副词“快”的演变为例

李宗江

（国防科技大学外国语学院）

## 1 引言

“快”字有多个义项，《现代汉语词典》（第七版，下文简称《现汉》）列有两个副词义项，释义如下：

① 赶快：快来帮忙；快送医院抢救

② 快要，将要：你再等一会儿，他快回来了

他从事教育工作快四十年了

“快”的这两个副词义都来自形容词“高速”义，而形容词演变为副词的语法位置是作状语，那么同一个形容词在相同的语法位置上为什么会演变出不同的副词义？影响这种演变的决定性因素是什么？我们的基本结论是：

其一，这两个“快”可以看作一个副词的两个语用条件变体，其基本语义是“短时”，“快”（赶快）的条件是只用于祈使句，从言语行为角度说，是只用于指令句或其谓语前；[①] 而“快”

（将要）的条件是只用于陈述句，从言语行为角度说，是只用于报道句或其谓语前，如：

（1）快！　　快来！（指令句[②]）

（2）快了。　快到了。（报道句）

其二，“快”的“短时”义在指令句中浮现为语力标记，在报道句中浮现为主观量标记。

其三，如上演变所以发生，是因为发出指令的人关心的是指令被执行的程度，因而需要通过一定的语言形式来增强执行力，于是副词“快”就产生了语力标记的用法；报道某一情况的人关心的是信息对听者具有新闻价值，比如事件发生的时间或相关量的信息，从而副词“快”就产生了主观量标记的用法。

## 2　两种被忽略的事实与现有的研究

2.1　“快”表“赶快”[③]

表示“赶快”的“快”主要用于祈使句，可用于肯定祈使句，也可用于否定祈使句。但用于否定祈使句的事实迄今为止没有受到研究者的注意，[④]这是导致对“快”的认知发生偏差的主要原因。

2.1.1　“快”用于否定祈使句

否定祈使句主要表示禁止和劝止，加“快”后，语气有所加强，看以下的比较：

（3）别下来！（表禁止）　快别！快别下来！（加强禁止语气）

（4）不要哭了！（哭出病来了）（表劝止）快不要哭了！

（加强劝止语气）

“快”可用于不同类型的否定祈使句中，表示加强禁止或劝止语气：

（5）快不用找了。

（6）你快不必生气！

（7）快不可乱走！

（8）快莫自吹自擂。

（9）快甭提那事儿了。

（10）姑娘快休如此。

（11）想得倒美，你快少来！

（12）有事请说，快勿如此。

2.1.2　现有的研究结论

对于“赶快”义的“快”所表示的语法意义，现有的研究有以下几种看法：

1）表速度。如《现代汉语八百词》：抓住时机，加快速度。

2）表时间。陆俭明、马真（1999）：没提到“快”，但将“赶快”等归入不定时间副词。

3）表祈使。张斌（2003）收有“快”，明确说“表示祈使”。

4）表催促。袁毓林（1993）将此义的“快”看作动词，表示催促。

5）表示企望。林华勇（2005）根据能进入祈使句，将“赶快、赶紧”等看作“企望义”副词。沈敏、范开泰（2011）根据这些副词不仅可以自由地进入祈使句，而且可以省略谓语中心直接加上祈使语气构成祈使句，看作是“强企望义副词”。

以上各家的看法，是从不同的角度做出的概括，相互之间差距较大。这种分歧本身就说明了问题的复杂性。这几种看法都有值得商榷之处。如说表示速度和时间，都不能解释“快”用于否定祈使句的事实，而且说“快”表示速度也无法与形容词“快”区别开来；说表示祈使或企望，是将整个句子表示的意义放在了“快”的头上，去掉“快”句子仍可表示祈使或企望；说表示催促，一方面不能解释用于否定祈使句的事实，另一方面在肯定祈使句中有一类是表示期盼的，例如：

（13）快下雪吧下雪吧！期待期待。

（14）等了一年又一年，快上映吧！

（15）好好照顾自己，注意身体，感冒快好。

以上例句中的“快”无法理解为是“催促”，因为“下雪”“上映”“感冒康复”都是句子的主语所难以控制的，因而催促是无效的。

2.2 “快”表“将要”

对表示“将要”的“快”的语法意义的片面认知与没有充分注意到其表量的事实有关。

2.2.1 “快”表量

“快”可以用于多种量性表达的句子里，例如：

（16）他快五十了。（年龄）

（17）他离家快十年了。（时间）

（18）如今我们的生活好了，去年人均收入快五百元哩。（钱数）

（19）现在纽约的人口已经快有四百万了。（人数）

（20）他一直等到（手机）快响了十遍的时候才听到。（动量）

（21）妇女参政指标，如果只定 10% 或 20% 就低了，北京市已经快到 34% 了。（比例）

（22）她们的腰快赶上水桶那样粗啦。（腰围）

（23）那些收废品的和运稻草的，能将货物装得像山包一般，其高度和宽度有时快赶上黄河载重车的车头了。（高度、宽度）

现有研究中基本没人提到如上（18）—（23）“快”表非时间量的事实。

2.2.2 现有的研究结论

关于“快（将要）”的语法意义，主要有以下两种意见：

1）表“时”。如《现代汉语词典》《现代汉语八百词》《汉语大词典》等权威辞书都用表示时间的同义词为之释义。再如陆俭明、马真（1999）、张谊生（2000）、张斌（2003）等都将其归入时间副词。

2）表“量”。如李宇明（2000：120）、李善熙（2003：168）、范潇（2017：58—62）、张耕（2022）等都用“接近”来表示其意义，明确指出其表“主观大量”。但如上表量派的学者除了范潇外，所讲的“量”也只是指时间量，没有提到非时间量。因而表量派与表时派本质上没有区别，其主流意见是认为“快”表示时间。具体时间意义的表述可以陆俭明、马真（1999）为代表。该文将“快”与“即将、将要、就要、行将”放在一类，看作表示未然的时间副词，并在界定这类时间副词的意义时说：“表示行为、动作或情况在说话之后或在另一动作行为或情况不久之后进行、完成或发生的。”这个解释中的关键词是“不久”，如用 A 代表“说话时间或地点或另一动作行为或情况进行、完成或发生的时间”，用B代表“某一动作、行为或情况的进行、完成或发生的时间”，那么副词“快”表示：A与B之间的时间距离短，简单说是表示短时。但是只说“快”表示时间，不能概括其表示接近某一非时间量的事实。

## 3 “快”的演变过程及功能定位

“快”本义是心理动词，表示“高兴，痛快”，如《说文解字》：“快，喜也。从心夬声”。由此义演变为形容词，表示“速度快”。如：

（24）今日固决死，愿为诸君快战。（《史记·项羽本纪》）

（25）此马虽快，然力薄不堪苦行。（《晋书·王湛传》）

“快”的两个副词义都来自表示“速度快”的形容词义，这可以从这两个副词还具有某些形容词的语法特征得到证明，如：

（26）你快来 / 你快点来 / 你快快来。

（27）列车快到站了 / 列车很快到站了。

斜线后的“快”后加上“点”，被重叠，或前加“很”，这显然是形容词而不是副词所具有的语法特征。

### 3.1 用于指令句中表示“赶快”

“快”用于肯定祈使句的用法从中古开始，例如：

（28）如此，君可快去。我当缓行。（《搜神记》卷四）

（29）令儿快搔背，脱我头上簪。（杜甫《阻雨不得归瀼西甘林》）

（30）不如快送师兄，送到便来归舍。（《敦煌变文·难陀出家缘起》）

以上例中的“快”已经无法理解为是表示“高兴”“痛快”之义。如例（28）的下句有“缓行”与“快去”对文，例（29）（30）都是指令句，如（29）的“令”表示命令，（30）的“不如”表示建议，都是表示指令的言语行为动词。

“快”用于否定性指令句显系由肯定句类推而来。明代开始多见。如：

（31）壮士快不要来！若来，先杀我了。”（《二刻拍案惊奇》卷十七）

（32）快莫要作此状！快莫要作此状！羞死人。（《初刻拍案惊奇》卷三）

（33）快休说此话！（《金瓶梅》第十九回）

（34）今见你每生计可怜，我当送二百金与你，助你经营，快不可别寻道路，如此苦楚！”（《二刻拍案惊奇》卷三十九）

综合“快”用于肯定祈使句和否定祈使句的情况，我们将其副词义定位为：表达言者对指令被执行的强烈企望，属于语气副词范畴；从语用上来说看作指令性言语行为的语力标记。

3.2 “快”用于报道句中表示“将要”

“快”用于报道句表示“将要（发生）”始于明代，如：

（35）哥哥！你问这婆婆，看那里有手轻的稳婆，预先寻下几个，这半会一阵阵的动荡得紧，想是摧阵疼。快了，快了！（《西游记》第五三回）

（36）三万银子到手快了，怎么恁样没福，到熟睡了去，弄到这时候！如今他却不肯了。（《醒世恒言》卷三七）

（37）这里金员外晓得外甥归来快了，定了成婚吉日，先

到冯家下那袍段钗环请期的大礼。(《二刻拍案惊奇》卷九)

"快"在以上例中已经是表示"将要发生"的意思，但它还是做谓语，没有副词化。到了清代才用于谓语之前，开始副词化。如：

(38) 我已经快五十岁的人。(《红楼梦》三四回)

(39) 快三更了，该睡了。(《红楼梦》一九回)

(40) 姑爷留神，快到了。(《儿女英雄传》一一回)

(41) 这水头怕不快有一丈多深吗！(《老残游记》一四回)

(42) 我闷极了，我快疯了！(老舍《二马》)

这个副词"快"的实质是一种量性表达，而不是时间表达。所表示的"量"有以下两种情况：一是表示接近某个时间点，二是表示接近某个量值。当其表示接近某个时点时，如(39)至(40)表示主观小量，即距离某一时点"不久"；当其表示接近某个量值时，如例(41)(42)，是表示主观大量。"快到了"是现实句，表时间量，且为主观小量；而"快疯了"不是现实句，因而不是表示时间，而是通过类比的方式来表示"闷"的程度之深，也是表量的，而且是表主观大量。

## 4 "快"副词化的认知依据

表示"高速"义的形容词"快"进入状语位置后，首先演变出的意义是"短时"义，"高速"与"短时"两个意义之间的联系就是：当距离不变的情况下，用时短就等于速度高。

当表短时义的副词"快"用于指令句时，言者要求或者期望动作行为或事态在短时内发生或不发生，就是强化言者的意志以增加指令执行者的心理压力，于是就有了语力标记的语用功能。

本来副词“快（将要）”表示“短时”义，陆俭明、马真（1999）对“快”的意义进行表述时的核心词就是“不久”，而“短时”或“不久”都是小量，为什么会在量化事件中反而表示主观大量呢？这是因为当说“不久”时，是就说话时间到动作行为发生的时间或者说话时间到某个时间点之间的距离说的，并不需要考虑说话之前所经历的时间。但当一个事件中涉及某个具体的量值时，量值都是从零起算的，所以从零到接近的量值当然是个大量。这种差别可以以空间关系的意象图式来说明：

A：起点——————|————b———→终点（陆标）

中点

B：起点——————…………动体———→陆标（不久）

快五点了

C：0——————50————80———→100（大量）

快 100 了

图式 A 表示空间关系：动体由起点向陆标运动，当其越过中点后的任何一点，比如 b 点，动体便接近陆标，也就是 b 点到陆标的距离小于起点到 b 点的距离。

图式 B 是图式 A 对时间关系的投射，表示短时：动体在越过中点之后的任何一点到陆标的距离，比如 b 点到陆标这一段距离（未经的距离）相对于起点到 b 点的距离（已经距离）来说当然是相对小的。

图式 C 是图式 A 对数量关系的投射，表示大量：数量都是由零起算的，那么零就是起点，所要接近的量就是陆标，比如

"快 100 了"，那么接近于 100 的量就是由 0 到大于中间量（50）的任何一个量，如 b 是 80,那么接近 100 的量就是指由 0 到 b 的数字，即 80，由 0 到 80 的距离（0+80=80）当然大于由 80 到 100（100–80=20）的距离。

## 5 言语行为互动性的差别

不同的句子代表不同的言语行为，不同的言语行为具有不同的互动性，如指令、邀约、协商、建议、征求等行为具有强互动性。强互动性言语行为所传递的信息是双向的，所涉及的说听双方具有交互性，听说双方不断变换角色，语篇类型多为对话。这类言语行为所涉及的互动，可以是言语行为间的互动，如指令行为和回应行为，也可以是言语行为和实际行为，即对指令句可以用实际的动作来回应，如下面 b 句的"转身离开"：

a：你走吧！　　　　b：好。（或转身离开）

指令行为的互动方式是"使行"，即支配对方做什么或不做什么，说话者态度可以直接影响对方对指令的执行，因而要求对方在短时内执行指令，实际上增加了执行者的心理压力，从而浮现为语力标记。

报道、说明、声明、宣告等行为具有弱互动性，信息传递是单向的，说听双方的角色相对固定，语篇类型为独白。报道行为的互动方式是"使知"，即告诉别人已经、正在或将要发生什么事件，因而"快"的短时（发生）义在报道行为句中浮现出"将要、接近"的意义，如果是量化事件，浮现为主观大量标记（李宗江，2023）。

## 6 结语

说到词语意义的变化，传统研究，包括语法化的研究，都是关注语义、语法和上下文语境等因素的影响，而对词语所在句子的言语行为类型注意不够。关于副词“快”，一般都根据其表义的差别分为两个，至于两个意义间的关系也较少有人关注。上文指出，“快”的两个意义代表一个副词的不同条件变体，其条件就是所在句子的言语行为类型。言语行为类型的互动性不同，互动方式不同，会使统一的意义发生分化。这一规律不只是可以用来解释“快”字副词义的差别，也可用来说明相关的语义现象，如形容词“慢”在表示提醒的行为句中浮现出说者的“关怀”义，如：

（43）您慢走。　走慢点。

（44）慢点开。　开慢点。

（45）您慢吃。　慢点吃。

（46）路不算远，慢走需要40分钟。

这里前三组例句表示提醒，其中的“慢”不是指速度说的，听话者也不会真的因此放慢速度，只是表示说话者的一种关心，甚至成了一种文明套话。例（46）不表示提醒，因而其中的“慢”仍为缓慢的意思。

作为形容词，“快—慢”是一对反义词，但由它们演变出的意义却没有反义关系，显然输出义与形容词义没有直接的语义联系，其联系是通过言语行为建立的。

另如形容词“少”用于状语位置时，在指令句中可以表示否定，相当于“别”，如：

（47）你少来这一套。

（48）少说废话。

（49）这种地方少去。

（50）酒还是少喝为好。

以上的前三句是指令句，其中的“少”相当于祈使否定词“别”，这是因为否定祈使句作为一个指令性言语行为，表示禁止或劝止，目的是让动作行为不发生，而不是少发生。而（50）不是指令句，其中的“少”仍是减少的意思。

## 附　注

① 一般都将表示“赶快”的“快”限定在祈使句，其实不只是祈使句，只要是表示指令，完全可以用于非祈使句中。如：

（1）春如姑娘让我快来叫你。（使役句）

（2）你曾让我快去见他。（使役句）

（3）好了，我快去安排吧，剩下只有四十五分钟了。（表态句）

（4）还是有点寒气逼人，我要快回酒店。（表态句）

② 并非所有的祈使句都代表指令，如：

（1）记着吃药/*快记着吃药。（提醒）

也并非所有的陈述句都代表报道，如：

（2）他是老师/*他快是老师。（断言）

③ 袁毓林（1993）将此义的“快”和“赶快”看作动词，《现代汉语八百词》看作形容词，《汉语大词典》没有标注词性。一般都用“赶快”为“快”释义，如《现代汉语词典》《现代汉语八百词》等，其实“赶快”与“快”并不完全相同，“赶快”可以用于陈述句，表示已然事件，而“快”只能用于祈使句，表示未然事件，如：吩咐毕，他连公馆也不回，赶快换了衣服，在长安左门外上了马向昌平奔云（转引自陆俭明、马真，1999）。此例中的“赶快”不能换作“快”。

④ 只见《汉语大词典》收有一例：你快别问我，我那知道这些事。（《红楼梦》第二十五回）

## 参考文献

陈小荷 1994 《主观量问题初探——兼谈副词“就”、“才”、“都”》，《世界汉语教学》第1期。

范 潇 2017 《现代汉语“接近”义词语表主观量考察》，河北大学硕士论文。

金立鑫 杜家俊 2014 《“就”与“才”主观量对比研究》，《语言科学》第2期。

李善熙 2003 《汉语主观量的表达研究》，中国社会科学院博士论文。

李宇明 2000 《汉语量范畴研究》，武汉：华中师范大学出版社。

李宗江 2023 《现代汉语报道行为句中的副词“快”》，《语文研究》第4期。

林华勇 2005 《可控副词和非可控副词》，《语言研究》第1期。

刘龙根 2005 《语力概念与意义表征》，《东北师大学报》（哲学社会科学版）第3期。

陆俭明、马 真 1999 《关于时间副词》，见陆俭明、马真著《现代汉语虚词散论》，北京：语文出版社。

吕叔湘 1944 《中国文法要略》，北京：商务印书馆。

吕叔湘主编 1999 《现代汉语八百词》，北京：商务印书馆。

莫启扬、段 芸 2012 《言语行为语力的认知语言学研究》，《外语研究》第3期。

沈 敏、范开泰 2011 《基于语料库的“赶紧、赶快、赶忙、连忙”的多角度辨析》，《语言研究》第3期。

谢信一 1992 《汉语中的时间和意象（中）》，叶蜚声译，《国外语言学》第1期。

袁毓林 1993 《现代汉语祈使句研究》，北京：北京大学出版社。

张 斌主编 2003《现代汉语虚词词典》，北京：商务印书馆。

张 耕 2022 《现代汉语主观量的表达机制及其实现条件》，《世界汉语教学》第2期。
张谊生　2000《现代汉语副词研究》，上海：学林出版社。
Austin, J. 1962 How to do things with words. Oxford. The Clareden Press.
Searle, John R. 1969 *Speech acts: An Essay in the Philosophy of Language.* Cambridge University Press.
Searle, John R. 1975 Indirect speech acts. In Cole. P. & Morgan. J. L, (eds) *Syntax and Semantics 3: Speech Act*. New York: Academic Press.

# 西部壮语多功能语素 ŋaːi$^{2}$*①

吕嵩崧

（百色学院文学与传媒学院）

目前相关研究有周国炎（2003），林亦（2009），周乃刚（2009：28—30），韦茂繁（2010），覃远雄（2011），梁敢（2013），周国炎、卢晓林（2018），杨奔（2018），翟焦圆（2018），潘立慧（2014），李洁（2008：55）等，这些讨论针对的主要是 ŋaːi$^{2}$ 的被动标记功能。与本文相关的汉语被动句研究，成果更为丰硕。

根据目前所见报道，壮语"'遭受'义→被动标记"语素主要有三：1. 汉语借词 tɯk$^{8}$（着）；2. 汉语借词 ŋaːi$^{2}$（捱）；3. 固有词 teːŋ$^{1}$。

本文讨论的具有"'遭受'义→被动标记"多项意义和功能的语素 ŋaːi$^{2}$ 基本分布在河池、都安、马山、邕宁一线以西的壮语，为方便讨论，本文将此区域壮语称为"西部壮语"。本文拟借鉴既有研究，分析壮语 ŋaːi$^{2}$ 与汉语方言"捱"的功能异同，梳理 ŋaːi$^{2}$ 的演变脉络，讨论 ŋaːi$^{2}$ 进入壮语的大致时间，以及 ŋaːi$^{2}$

* 本文为国家社科基金一般项目"壮傣语支语言地图集"（21BYY039）广西壮族自治区八桂人才项目（吕嵩崧）的阶段性成果。

进入西部壮语引发的一些影响。

## 1　ŋaːi² 与“捱”的功能②

1.1　“遭受”义动词

一般可带宾语，宾语可缺省。

1.1.1　宾语缺省

靖西壮语：1）ni⁵　ko³　ŋaːi²　a⁰？你也遭受（某事）吗？③

你　也　捱　语气词

田阳壮语：2）məŋ²　ku³　ŋaːi².你也遭受（某事）。

你　也　捱

柳州官话④：3）（某事）你也捱了？⑤你也遭受某事啦？（易丹，2007）

南宁白话：4）佢一世人都冇有乜大病过，一病亲，就捱哦。他这一辈子都没生过什么病，一生病就完了。（林亦、覃凤余，2008：349）

百色蔗园话：5）佢盟生病过一码，一病到，就捱了。他没生过一次病，一生病就完了。（褚俊海，2007：83）

这时 ŋaːi²/“捱”代指遭受不如意的事情，即代指一个事件。这种用法受语境制约，缺省的宾语是听说双方共知的信息，或根据语境可推知的状况。

在某种语境下，ŋaːi²/“捱”甚至可以仅加语气词构成句子。

靖西壮语：6）ŋaːi²　ja⁰.

捱　啊

田阳壮语：7）ŋaːi²　ja⁰.

捱　啊

南宁白话：8）捱啊捱啊。[6]

说明 ŋa:i²/“捱”具有极强的动词性。

1.1.2 带动词性宾语

（1）动词

靖西壮语：9）khe:n¹ ŋo⁵ ŋa:i² tsap⁷. 我手臂疼。

臂 我 捱 痛

柳州官话：10）快点，等下捱迟到了。快点儿，等下迟到了。（易丹，2007）

南宁白话：11）渠又捱病晒一个月。他又病了一个月。（林亦、覃凤余，2008：91）

百色蔗园话：12）瓶子捱跌烂了。瓶子打了。（褚俊海，2007：87）

此时，VP 为某个不希望、不情愿发生的事件。ŋa:i²/“捱”往往可以省略，如以上例句，可说“khe:n¹（臂）ŋo⁵（我）tsap⁷（痛）。”“快点，等下迟到了。”“佢又病晒一个月。”“瓶子跌烂了。”。

（2）动词短语

“捱”后接动词短语，此短语指某个主观不可控的事件（行为动作），该动词短语为 VO 结构。

靖西壮语：13）ŋo⁵ ŋa:i² ɬau¹ nai³ tse:n² kja⁵. 我收到假钱。

我 捱 收 得 钱 假

柳州官话：14）有个班主任没收多少钱，还捱收对假钱。有个班主任没收多少钱，还收到了假钱。

南宁白话：15）捱收到假钱。收到假钱。

百色蔗园话：16）捱收到假钱。收到假钱。

1.1.3 带体词性宾语

这一结构中，宾语为体词，代表所遭受的某个事件。

一是获得某个不愿接受的事物，O前隐含动词。我们认为是从上举“ŋaːi²/捱+VO”省略V而成。“捱”直接带体词性宾语。

靖西壮语：17）ŋo⁵ tsaŋ² ɬau¹ nai³ ki³ laːi¹ tseːn², tsai³ ŋaːi²
我 未曾 收 得 几 多 钱 再 捱
tseːn² kja⁵ theːm¹.
钱 假 添
我还没有收到多少钱，而且还收到了假钞。

田阳壮语：18）ku¹ ŋaːi² ɬoːŋ¹ mən², mɤŋ² ŋaːi² ki³
我 捱 二 门 你 捱 几
mən²? 我（补考）两门，你几门？
门

柳州官话：19）有个班主任没收多少钱，还捱了假票。有个班主任没有收到多少钱，还收到了假钞。（易丹，2007）

南宁白话：20）我捱补考两门，你捱几多门？我补考两门，你多少门？（林亦、覃凤余，2008：350）

百色蔗园话：21）我捱补考两门，你捱几门？我补考两门，你几门？（褚俊海，2007：85）

这时，“捱O”指获得/得到某物。“捱了假票”指“收到了假钞”，“捱几门”指“‘获得’了几门补考”。

二是遭受某个不愿承受的事件，此时宾语是施事。

靖西壮语：22）ko¹ moːn⁴ ŋaːi² noːn¹.（这课）桑树遭虫子。
桑 树 捱 虫

柳州官话：23）包谷叶捱虫了。玉米叶遭虫灾了。

百色蔗园话：24）芒果捱虫了。芒果遭虫灾了。

宾阳平话可说“芒果着虫了。”（芒果遭虫灾了。）（褚俊海，2007：90）“着霜”（农作物遭霜打。）（余瑾等，2016：360）宾阳平话保留了早期平话“着”的多种功能，说明“古平话”（见张均如，1982；张均如，1988；梁敏、张均如，1999；张均如等，1999：250）“着”可带有定名词宾语。根据宾阳平话的情况及吕嵩崧（2020），壮语借入“着”后，相应结构也随同借入，也应可接名词。

南宁白话可以说“捱嘢”，“嘢”指无定的不情愿接受的某事，表示有定的名词不能充当“捱”的宾语。而如前所举，百色蔗园话“捱”的体词性宾语可以是有定的。说明南宁白话“捱”的体词性宾语限制性大于百色蔗园话。根据蓝庆元（2005：85、86），袁善来、黄南津（2005），官话进入广西主要在明代，南宁白话是清同治、光绪海禁大开之后进入的，因此，与官话接触的时间，南宁以西的平话（包括蔗园话）早于南宁白话。根据褚俊海（2007），余瑾等（2016：360—361），林亦、覃凤余（2008：350），在所处区域一直居于优势地位而存古较多的宾阳平话、老派南宁白话，遭受义动词和被动标记用“着”不用“捱”；新派南宁白话中，“遭受”义动词、“必须”义情态动词用“着”，引进施事的被动标记用“捱”。说明南宁白话受官话的影响小于蔗园话。所以，蔗园话“捱”这一功能很可能来自对层次更早的“着”带有定名词这一功能的复制。而白话与官话接触时期较晚，“捱”被白话借入的时间也较晚，因此老派白话的“捱”未能复制早期平话的带有定名词宾语的功能。壮语借入的 ŋaːi² “捱”，在替代更早借入的 tɯk⁷ “着”时，将原来的“着”后可接名词的功能复制到 ŋaːi² 上。

此功能应不在我们下文所构拟的“捱”的演变路径中。

1.2 “致使”义动词

1.2.1 我们认为“致使”义来自以上已讨论的“捱 +VO”结构。当 VO 从主观不可控的事件扩展为主观可控的事件，“捱”就会发展出“致使”义。即因不小心等主观原因，致使发生某事，因此该事件是主语“致使”的。以靖西壮语为例：

25）ŋo$^{5}$ ŋa:i$^{2}$ thok$^{7}$ khei$^{3}$ wa:i$^{2}$.

我 捱 沾 屎 水牛

此句有两种解读：a. 我遭受了“沾牛屎”这一事件。这时 ŋa:i$^{2}$ 体现的是“遭受”义。b. 我（不小心）致使沾牛屎。当做第二种解读的时候，ŋa:i$^{2}$ 体现的是“致使”。“遭受”一般是被动的，即，主语是被动接受这一事件的，并非施事。而当“被动”义减弱，主语便逐渐带上一定的施事意义，即，虽仍是遭受，但已隐含“不小心”等主观因素。

1.2.2 “捱”的宾语由 VO 扩展到 SV。

靖西壮语：26）ŋo$^{5}$ ŋa:i$^{2}$ tse:n$^{2}$ tɔk$^{7}$. 我把钱弄丢了。

我 捱 钱 掉

南宁白话：27）我捱钱跌哂。我把钱弄丢了。

百色蔗园话：28）我捱钱掉。我把钱弄丢了。

与上文所述功能一样，具体语句仍可两解。如：“我捱钱掉。”既指“我遭受了‘钱丢失’这一事件”，也可解为“我因不小心等主观原因致使‘钱丢失’”。

因此，ŋa:i$^{2}$/“捱”并未形成典型“致使”义。

1.3 “（不情愿的）花费”义动词

结构为：ŋa:i$^{2}$/“捱”+ 数量

靖西壮语：29）to:n$^{5}$ kei$^{5}$ ŋa:i$^{2}$ ɬo:ŋ$^{1}$ pa:k$^{9}$. 这餐花了二百元。

顿 这 捱 二 百

田阳壮语：30）ku$^{1}$ ŋa:i$^{2}$ pa:k$^{9}$ man$^{2}$ de:u$^{2}$ wə$^{0}$. 我花费了一百元啊。

我 捱 百 文 一 啊

柳州官话：31）我捱一百块。我丢了一百块。

南宁白话：32）我捱哂一百文钱。我花了一百元。（覃远雄，2011）

百色蔗园话：33）我嘅贷款捱了2000元利息。我的贷款花费2000元利息。（褚俊海，2007：83）

我们认为，"ŋa:i$^{2}$/'捱'+数量"来自"ŋa:i$^{2}$/'捱'+'花费'义动词+数量"结构。"ŋa:i$^{2}$/'捱'+'花费'义动词+数量"中的ŋa:i$^{2}$/"捱"为"遭受"义动词，其后接表消费的VP，如例29）30）32）33）可说成：

靖西壮语：34）ŋo$^{5}$ ŋa:i$^{2}$ joŋ$^{6}$ pai$^{1}$ ha$^{3}$ pa:k$^{9}$ man$^{1}$. 我花掉五百元。

我 捱 用 去 五 百 元

田阳壮语：35）ku$^{1}$ ŋa:i$^{2}$ juŋ$^{6}$ pei$^{1}$ ɬa:m$^{1}$ ɕip$^{8}$ man$^{2}$. 我花掉三十元。

我 捱 用 去 三 十 元

南宁白话：36）我捱花30元。我花掉三十元。

百色蔗园话：37）我捱花30元。我花掉三十元。

当"花费"义动词脱落，ŋa:i$^{2}$/"捱"遂带上"花费"义，指不情愿的花费。

1.4 必要性情态动词

1.4.1 相当于"必须（承受）；要（承受）"，ŋa:i$^{2}$/"捱"后的VP是必须承受的后果

靖西壮语：38）no:n$^{2}$ kja:n$^{4}$ ŋa:i$^{2}$ si$^{2}$ ta:u$^{3}$. 睡懒觉要迟到。

睡 懒 捱 迟 到

田阳壮语：39）lak$^8$ tuŋ$^2$ jiaŋ$^4$ ŋaːi$^2$ hau$^3$ laːu$^2$ lak$^8$. 偷东西必须进监狱。

偷 东 西 捱 进 牢 黑

柳州官话：40）酒后驾车要捱罚。酒后驾车必须受罚。（易丹，2007）

南宁白话：41）偷嘢捱坐监。偷东西要坐牢的。（褚俊海，2007：90）

百色蔗园话：42）偷东西捱坐牢。偷东西要坐牢的。（褚俊海，2007：87）

此功能一般出现于紧缩性因果复句，前项表示原因，后项表示结果。

1.4.2 相当于"只好；只能"，一般用于复句中的后分句，前分句为这一必要性产生的前提

靖西壮语：43）laːu$^4$ ɬai$^1$ pan$^2$ pəŋ$^6$ ja$^5$, ŋaːi$^2$ kaːk$^8$ ɬɯ$^3$ ɬi$^2$.

老 师 成 病 了 捱 独自 自 习

老师病了，（学生）只好自己自习。

田阳壮语：44）laːu$^4$ ɬɯ$^5$ piŋ$^6$ lo$^2$, ŋaːi$^2$ ka$^6$ ɬɯ$^1$ ɬi$^2$.

老 师 病 了 捱 独自 自 习

老师病了，（学生）只好自己自习。

柳州官话：45）失业了，捱在家带崽。失业了，只能在家带孩子。（易丹，2007）

南宁白话：46）我电视机坏晒，捱叫人哋来整。我电视机坏了，只好叫人来修。（覃远雄，2011）

百色蔗园话：47）失业了，捱在家带崽。失业了，只能在家带孩子。

1.4.3 相当于"必须（做）；得（做）"，ŋaːi$^2$/"捱"后的VP是必然发生的动作行为

靖西壮语：48）tən$^5$ la$^0$, ŋaːi$^2$ pai$^1$ thaːk$^9$ ɬak$^8$ la$^0$. 起床啦，得去晒衣服了。

起 啦 捱 去 晒 洗 啦

柳州官话：49）不能再喝（酒）了，捱去上班了。不能喝（酒）了，得去上班了。（易丹，2007）

南宁白话：50）人多上车我哋捱排队。上车人多我们得排队。（覃远雄，2011）

百色蔗园话：51）上车人多，我队捱排队。上车人多，我们得排队。

我们认为，这三个必要性情态动词演变的过程是："必须（承受）；要（承受）> 只好；只能 > 必须（做）；得（做）"。原因有二：a. 三者的"遭受"语义强度依此顺序递减，体现了语义的逐渐弱化；b. 表"必须（承受）；要（承受）"时，为紧缩复句结构，说明其语法化程度更高，即生成时间更早。

1.5 被动标记

1.5.1 不带施事，捱 +VP

靖西壮语：52）te¹ ŋaːi² na⁵. 他被（人）骂。

他 捱 骂

田阳壮语：53）te¹ ŋaːi² da⁵.

他 捱 骂

柳州官话：54）手机捱偷了。手机被偷了。

南宁白话：55）佢捱开除晒。他被开除了。

百色蔗园话：56）佢捱□ ŋaŋ³¹ 了一□ mat²⁴。他给打了一顿。（褚俊海，2007：87）

1.5.2 带施事，捱 + 施事 +VP

靖西壮语：57）te¹ ŋaːi² pa⁵ na⁵. 他被父亲骂。

他 捱 爸 骂

田阳壮语：58）te¹ ŋaːi² pa⁴ te¹ da⁵. 他被他父亲骂。

他 捱 爸 他 骂

柳州官话：59）昨晚他捱警察查了。昨晚他被警察查了。

南宁白话：60）佢捱老师批评啊。他被老师批评了。（覃远雄，2011）

百色蔗园话：61）张三捱公安局抓了。张三被公安局抓走了。（褚俊海，2007：87）

1.5.3 带“保留宾语”

徐杰（1999）指出：本来可以整个移走的宾语却在动词后原位置“保留”了一部分，这类宾语可以称为“保留宾语”。⑦

（1）主语和宾语具有领属关系的保留宾语

靖西壮语：62）tu¹ məu¹ ŋaːi² kin¹ pai¹ an¹ kha¹ neːu². 这头猪被吃掉一条腿。

只猪 捱 吃 去 个 腿 一

田阳壮语：63）tua² mu¹ ni⁴ ŋaːi² kən¹ teːu² ka¹ he⁶. 这头猪被吃掉了一条腿。

只 猪 这 捱 吃 条 腿 了

柳州官话：64）这猪捱吃掉条腿。这头猪被吃掉一条腿。

南宁白话：65）啊头猪捱食开啊只脚去。这头猪被吃掉一条腿。

百色蔗园话：66）这头猪捱吃去一条腿。这头猪被吃掉一条腿。

（2）主动态中的其他成分以主语身份用于被动态。⑧

一是“保留宾语”隐去后，主语可以转化为主动句的宾语

靖西壮语：67）maːŋ⁵ kɔ⁵ ŋaːi² mi³ naŋ¹. 芒果要剥皮。

芒 果 捱 剥 皮

田阳壮语：68）maːk⁹tuŋ³ ŋaːi² pɔk⁹ naŋ¹. 橘子要剥皮。

橘子 捱 剥 皮

南宁白话：69）橘子捱剥皮。橘子要剥皮。

百色蔗园话：70）橘子捱剥皮。橘子要剥皮。

二是主语可以转化为材料状语

靖西壮语：71）khau$^3$ tai$^5$ ŋaːi$^2$ tsei$^3$ am$^3$. 用玉米煮粥。

玉 米 捱 煮 粥

百色蔗园话：72）面粉捱做煎饼。用面粉做了煎饼。

三是动结式，可以作为被动态的主语出现而不能作谓语动词的受事，很多跟结果补语发生关系的成分，不管是该补语的施事还是受事，都可以作被动句的主语。如：

靖西壮语：73）te$^1$ ŋən$^6$ khaːi$^1$ ɬi$^3$ kha$^5$, ʔi$^3$ kɔk$^7$ ŋaːi$^2$ ɬei$^1$ leːu$^4$.

他 硬 卖 衣裤 点儿本 捱 输 完

他非要卖服装，那点儿本赔光了。

田阳壮语：74）te$^1$ ŋaːŋ$^2$ ʔa$^3$ kaːi$^1$ wa$^5$ pia$^6$, ʔek$^7$ puaːn$^3$ he$^1$

他 硬 要 卖 裤 衣 点儿本 那

ŋaːi$^2$ ɬiaːk$^{10}$ leːu$^4$.

捱 亏 完

他非要卖服装，那点儿本赔光了。

柳州官话：75）他硬要卖衣服，本捱赔完了。他非要卖服装，本赔光了。

南宁白话：76）他硬要卖衣服，本捱赔完了。他非要卖服装，本赔光了。

百色蔗园话：77）他硬要卖衣服，本捱赔完了。他非要卖服装，本赔光了。

以上几例，“本”与“卖”无关，是“赔”的受事。

ŋaːi$^2$/“捱”的各项功能，语义基础都是“不情愿”。作为被动标记，其一般不能用于情愿的事物，说明其作为被动标记，语法化程度低于汉语的典型被动标记“被”。⑨

广西汉语方言“捱”的功能应是经历了以下演变过程：

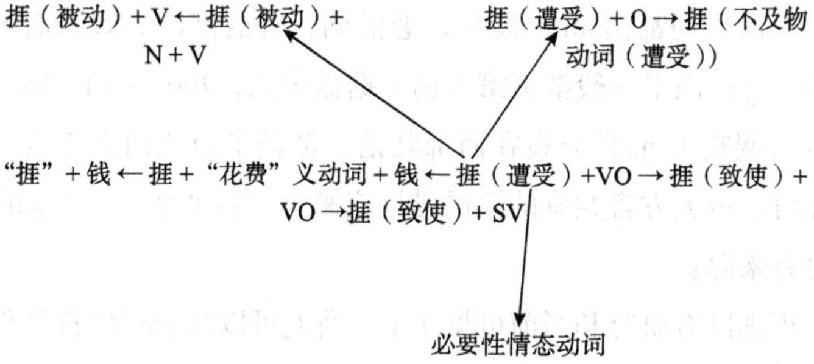


三个必要性情态动词的演变方向上文已述。

壮语在借入“捱”时，这些义项一并借入。

吴福祥（2011）把具有两个或两个以上功能的语素称为“多功能语素”。由上，壮语 ŋaːi² 和汉语方言“捱”具有多种意义和功能，且这些意义或功能历史上来自相同的语源成分，因此它们具有多功能性。

## 2 ŋaːi² 来自层次较浅近的汉语方言

### 2.1 ŋaːi² 是来自汉语的异质成分

壮语“‘遭受’义→被动标记”多功能语素，tɯk⁸ 来自“古平话”的“着”已经覃凤余（2013），覃凤余、王全华（2018），林亦（2009）等证明；韦茂繁（2010）对固有词 teːŋ¹ 的演变做了讨论；学界多认为 ŋaːi² 借自汉语“捱”，如林亦（2009），周乃刚（2009：28—30）李洁（2008：55、153），陈芳（2010：81），杨帆帆（2013：10），吕嵩崧（2014：313），但来自何种汉语方言、何时借入等尚存争议。

捱，蟹开二疑母平声。蟹开二，壮语中汉语老借词、官话借词、粤语借词都读 aːi；疑母，老借词、官话借词、粤语借词一般都读 ŋ；阳平一般都读第 2 调（据蓝庆元，2005：10、56、83 及本人调查）。ŋaːi$^{2}$ 分布在西部壮语，覆盖了南北两大方言。一般而言，两大方言共有的汉语借词应来自“古平话”，但 ŋaːi$^{2}$ 应该另有来源。

根据既有研究和当前可见文献，我们可以从 ŋaːi$^{2}$/“捱”作为被动标记及由此形成的被动结构，以及与此相关的“遭受”义动词等成分，对其来源及层次进行推测。

2.1.1　侗台语被动结构的晚起

要讨论 ŋaːi$^{2}$ 的来源，必然涉及侗台语被动结构的发生。我们认为侗台语被动结构层次比较浅近。

（1）亲属语言的证据

我们观察到，壮语及亲属语言的被动标记并不一致：布依 tɯk$^{8}$、tɕɔ$^{2}$，临高 bi$^{2}$[⑩]，傣西 tsɒ$^{3}$，傣德 tso$^{3}$，侗 təu$^{6}$，仫佬 ŋaːi$^{6}$，水 sjau$^{1}$，毛南 tiːŋ$^{3}$，黎 deɯ$^{1}$（中央民族学院少数民族语言研究所第五研究室，1985：299），泰 thuːk$^{9}$，老 mɛːn$^{5}$、thɯːk$^{9}$，岱–侬 mɛn$^{3}$、ŋaːi$^{2}$，越泰 tsɔ$^{4}$，阿含 mai（韦树关、颜海云、黎莎，2019：20），巴哈布央语 naːk$^{11}$（“给”义）（李锦芳，2003），比贡仡佬 ŋua$^{31}$（“遭受”义）（李锦芳，2004），贵州六枝仡佬 ʔiau$^{45}$/n̥ei$^{45}$/dzaŋ$^{33}$（李锦芳、曾宝芬、康忠德，2019：213），标话 pan$^{3}$（“给”义），tøk$^{10}$（梁敏、张均如，2002：273），拉珈 ɦãːi$^{6}$（杨帆帆，2013：12），布央 pa$^{33}$、ŋaːi$^{31}$（转引自杨帆帆，2013：15、41）。

根据梁敏、张均如（1996：16），侗台语族先民居住在广东东部、广西、贵州南部和云南东部一带。除了壮族，其他民族（族群）外迁时间大致是：黎族 4000 多年前（梁敏、张均如，1996：19）；临高，约公元前 500 年（梁敏、张均如，1996：21）。傣、泰、老挝、掸、阿含诸族从秦至明多次外迁，但元明外迁时的出发地已远离侗台语族先民最早居住的区域（梁敏、张均如，1996：29—32）。泰语、老挝语都有与诸多壮语一致的汉语借词 thu:k⁹/thɯ:k⁹“着”，说明它们应该在元明外迁之前就已借入；泰语、老挝语未借入 ŋa:i²“捱”，也说明 ŋa:i² 进入壮语的时间在泰、老语和壮语分离之后。侗水诸族先民北迁始自隋唐（公元 600—800 年），水族、毛南族西迁约在宋朝（公元 1300—1400）（梁敏、张均如，1996：29）。根据吴小奕（2013：2—3），岱–侬族从我国迁到越南较晚，其中的“侬族”更是近 200 年即清朝时才迁入越南，所以岱–侬语和壮语（南部壮语）分离较晚。因此，应在南部壮语从汉语借入“捱”之后，“侬族”把它带到了越南，成为岱–侬语的成分。布依语 tɕɔ²、傣西 tsɒ³、傣德 tso³、水 sjau¹、越泰 tsɔ⁴ 很可能是汉语借词“遭”，也是相当晚近的成分。

由此，侗台语在共同母语阶段，被动结构并未形成；现今的被动标记，有的是固有词演变而来，更多的是从汉语借入。说明侗台语被动结构是比较晚近的成分。杨帆帆（2013：10）也指出，侗台语族诸语言表示被动态的句式可能出现得比较晚，是在各语支语言分离之后才发展起来的，而且不少语言是在汉语的影响下产生、发展起来的。

被动结构的晚起，至少在汉语史中也有证明。如黄广生（1957），王力（1980：418），杨五铭（1980），唐钰明、周锡复（1985），冯英（1999：155—156），他们对汉语被动结构起源时间的判断虽有差异，但都认为早期汉语被动结构不多见。

（2）壮族传统文献提供的证据

流传于右江流域的壮族典籍《布洛陀经诗》（参见黄明标、杨兰桂，2016）、和《娅王》（参见广西西林县少数民族语言文字工作局，2018）未发现被动结构。《布洛陀经诗》《娅王》成型时间虽难以确认，但经文中包含诸多当代壮语习用的老借词。根据张均如（1982），梁敏、张均如（1988），蓝庆元（2005：86），老借词进入壮语的时间下限应在宋代，所以经诗的成型应不早于宋代。因此，壮语被动结构的形成应不早于宋代。

（3）被动结构语序的证据

当前我们观察到的侗台语被动结构，无论被动标记是固有词还是汉语借词，其都居中心语前，这与VO语言的一般规律不符却与现代汉语的一般语序相符。因此，我们很难否认壮语被动结构及标记是因接触产生。林亦（2009）也提出，壮语被动式的出现并不早，而且似乎与汉语的接触影响有关。韦茂繁（2010）也认为都安壮语 teŋ¹ 演变为比较标记的过程就是复制汉语“被”的语法化过程。既然侗台语的被动结构是受汉语影响形成，其形成时间自然比汉语更晚。

（4）类型学的依据

刘丹青（2017：216）指出，在没有其他因素的情况下，符合像似性的语序是优先选取的。如果不是出于表达受损义和被动义的语用目的，或强调动作行为对受事者的影响，从而将受事置于主语位置，动词后置为信息焦点，使句子凸显动作的影响，壮语没有必要打破SVO的常规。因此被动结构当然是异于常式的晚起的结构。

根据 Dryer（1992），VO 语言的介词短语应该位居动词之后。同为 VO 语序的汉语早期的被动标记（如“于”）也在动词之后，经过长时间的演变才产生了居前的被动标记。根据 Deyer 的统计，汉语是独一无二地把介词短语放在动词之前的 VO 语言。（刘丹青，2017：265）和汉语相比，壮语的书面语更为缺乏，即使因语用需要会把需标记的成分提前，但缺乏书面语，相应结构难以因语用重复而致规则固化，所以居前的被动标记不易形成。因此，壮语被动结构的出现应该晚于汉语。

壮语从汉语借入被动结构及被动标记，与壮语、汉语的语序类型相似有直接关系。二者都是 SVO 语言，都适宜介词产生，汉语以介词为标记的被动结构容易被壮语接受。对此，李洁（2008：157—158）也有论述。

另，据刘丹青（2008：429），话题优先的语言被动态不发达，因为用被动态表示的意义在话题优先语言中通常用受事话题来表达，受事只居话题之位而不必抢占施事的主语之位，主语仍由施事充当，动词不需要变成被动态。因此在普遍具有话题优先特点的汉藏语言及其近邻语言中，即使形态颇为丰富，若动词没有被动态或被动态不发达也属正常。所以，被动结构并非壮语必然具有的结构。

由此可以判断，及至宋代，侗台语还未形成被动结构，至少是还没有高度语法化的被动结构。因此，明清时向桂西发展的官话、白话，很容易将汉语的被动结构及相应成分带入西部壮语，于是 ŋaːi$^{2}$ 随同借入。

显然，被动结构晚起，为侗台语从汉语借入被动结构和被动标记留下了空间。

2.1.2 西部壮语部分“遭受”义动词、被动标记与系词形式差异显示的证据

根据张均如、梁敏（1996：352、353）和杨帆帆（2013：25—29），广西壮语被动标记与系词大多同形；而因壮语被动标记大多来自“遭受”义动词，早期的“遭受”义动词也应与系词同形。

流传于右江流域的古代壮族歌谣有 tɯk$^8$ 作为“遭受”义动词和被动标记的用例。

（1）“遭受”义动词

78）tɯk$^8$ sin$^1$ en$^3$ fan$^6$ au$^5$. 遭受很多羞辱。

着 千 羞 万 辱（张声震，1993：1132）[11]

tɯk$^8$da$^5$“遭骂”更是比比皆是。

根据张声震（1993：17），该句所在的《献歌》很可能形成于清初“改土归流”时期，则，至少到清初，表“遭受”义的 tɯk$^8$ 还未被 ŋaːi$^2$ 完全替代。

（2）被动标记

79）tɯk$^8$ rum$^2$ piu$^1$ haːm$^3$ paːi$^2$.[12] 被风吹下崖。

着 风 吹 跨过 崖（张声震，1993：35）

该句所在的《夜歌》形成时间不易确定，但从其中多有汉语老借词看，应在宋代之后。其流传至今的过程中可能不断损益，其中用词很可能随时代有所更易。但其中显现的以 tɯk$^8$ 作被动标记的用例，证明在 ŋaːi$^2$ 之前，tɯk$^8$ 确实曾经是右江流域壮语的被动标记。

当今西部壮语中武鸣、扶绥、上思、隆安、平果、田东、田

阳、百色等地以汉语借词 tɯk⁸“着”为系词，却以晚近的 ŋa:i² 为“遭受”义动词和被动标记；此外，崇左壮语系词 tɯk⁸、tsei⁶ 两可，凌云、田林、隆林被动标记 tɯk⁸ 、ŋa:i² 两可。说明这些区域的壮语曾以 tɯk⁸ 为“遭受”义动词和被动标记，这种状况很可能持续到“改土归流”的清初，只是被后来借入的 ŋa:i² 所替代，但个别地方这一替代还未完成。

2.1.3 来自汉语的其他证据

（1）来自近代汉语的证据

“捱”在近代汉语中有“忍受；遭受”义。如金董解元《西厢记诸宫调》卷二:“上至顶门红彪彪，事急怎生捱？”元张国宾《合汗衫》第三折:“也是俺注定的合受这饥寒债，我如今无铺无盖教我冷难挨（捱）。”《红楼梦》第六回:“婶子要不借，我父亲又说我不会说话了，又要挨（捱）一顿好打。”当今壮语和广西部分汉语方言中，ŋa:i²/“捱”的语义与此是相应的。从文献看，“捱”的“遭受”义很可能出现在金元时期，官话进入广西是在明代，时间上是吻合的。

（2）来自广西以外汉语方言的证据

根据李荣（2002：3532）广西以外部分汉语方言的“捱”也有“忍受；遭受”义，如贵阳、金华、广州等地方言，说明近代汉语中此义项在广西以外部分汉语方言中也有留存。

（3）广西汉语方言“捱”与壮语 ŋa:i² 的分布

根据曹志耘（2008：95），广西汉语方言被动标记“捱”和“着”⑬的分布如下：

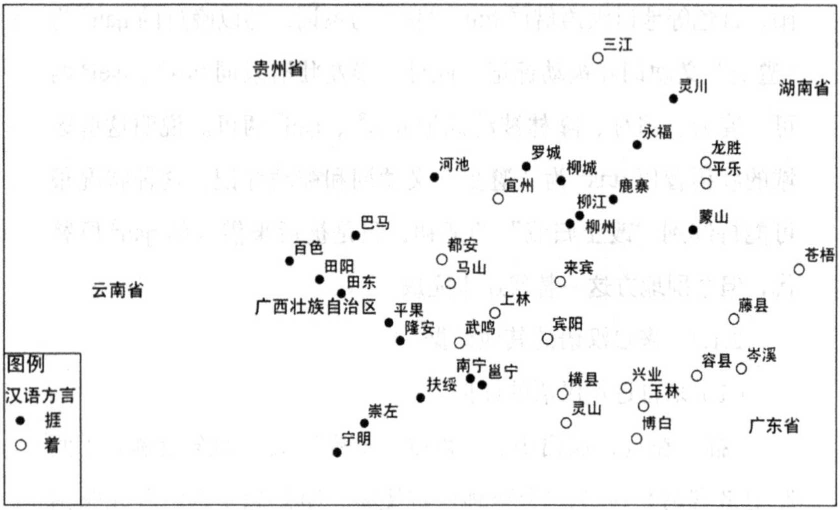
三江
贵州省
灵川
湖南省
永福
罗城
龙胜
河池
柳城
平乐
宜州
鹿寨
柳江
巴马
柳州
蒙山
都安
百色
苍梧
马山
来宾
田阳
云南省
田东
广西壮族自治区
上林
平果
藤县
隆安
武鸣
宾阳
南宁
邕宁
岑溪
容县
扶绥
横县
兴业
玉林
崇左
灵山
博白
广东省
宁明
图例
汉语方言
捱
着

图 1

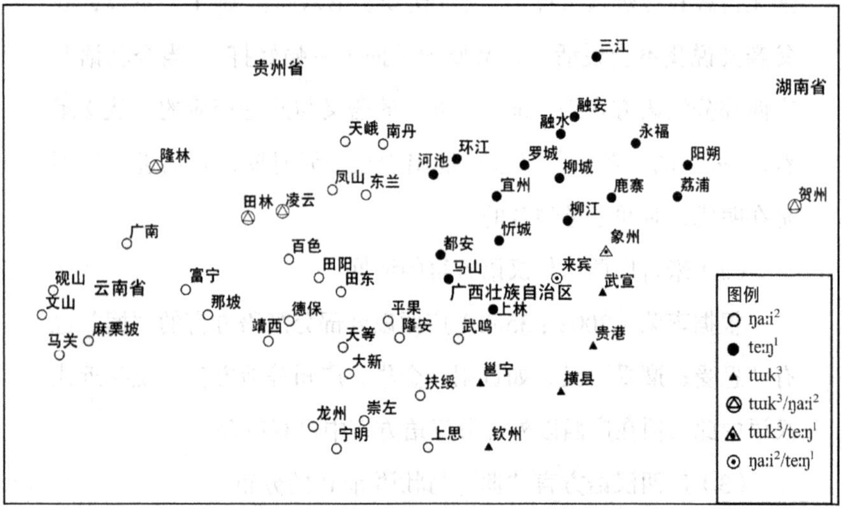
三江
贵州省
湖南省
融安
融水
永福
天峨
南丹
环江
隆林
罗城
阳朔
河池
柳城
凤山
东兰
宜州
鹿寨
荔浦
贺州
田林
凌云
柳江
广南
忻城
象州
百色
都安
来宾
田阳
马山
砚山
富宁
田东
云南省
广西壮族自治区
武宣
文山
那坡
德保
上林
平果
靖西
隆安
武鸣
麻栗坡
贵港
马关
天等
大新
邕宁
横县
扶绥
崇左
龙州
宁明
上思
钦州
图例
ŋa:i$^2$
te:ŋ$^1$
tɯk$^3$
tɯk$^3$/ŋa:i$^2$
tɯk$^3$/te:ŋ$^1$
ŋa:i$^2$/te:ŋ$^1$

图 2

如图 1 所示，除了偏东北的罗城、柳城、柳州、柳江、鹿寨、永福、灵川、蒙山，河池、都安、马山、邕宁一线基本是“挴”和“着”的分界线。根据张均如等（1999：352）此线以西，正是 ŋaːi² 在壮语中分布的区域如图 2 所示。⑭

而由上文所述 ŋaːi² 和“挴”功能的高度一致，可以判断，ŋaːi² 进入壮语，“‘遭受’→被动标记”多项意义和功能一并借入。

2.2　ŋaːi² 来自层次浅近的官话和白话

我们的推断是，壮语中的 ŋaːi² 并非借自“古平话”，而是来自层次更为浅近的汉语方言，包括官话、白话等。理由有：

（1）若 ŋaːi² 来自“古平话”，因老借词在壮语中具有很强的一致性，则其应广泛分布于各地壮语；且保留更早成分的平话、勾漏粤语也应使用“挴”。但事实并非如此。

壮语两大方言，因一系列区别性特征而判然有别。但 ŋaːi² 却是大致分布在河池、都安、马山、邕宁一线以西的壮语，覆盖了这一区域的壮语南北两大方言中的桂北、桂边、邕北、右江、邕南、左江、德靖、砚广 8 个土语。

据褚俊海（2007：82），林亦、覃凤余（2008），余瑾等（2016），邕宁四塘平话、南宁石埠平话、田阳那满蔗园话⑮、南宁白话、宾阳新桥平话、玉林白话，表示“必须”情态义时都用“着”，六处方言中，平话人占优势的宾阳新桥、属粤语勾漏片的玉林白话保留的古成分更多，与“古平话”更为一致，以“着”表“必须”情态义理所当然；邕宁四塘、南宁石埠处在“着”与“挴”的过渡区域；田阳那满蔗园话、南宁白话被动标记“挴”已基本替换了“着”。（余瑾等，2016：361）从曹志耘（2008：95）及图 1 可知，南宁以西的汉语方言，被动标记基本用“挴”。

“捱”的分布区域与壮语 ŋaːi² 的分布区域大致重合。

而如上所述，壮语的 ŋaːi² 可表“必须”，说明 ŋaːi² 并非来自“古平话”。

下文还将指出，壮语曾普遍使用汉语借词“着”。如借入后无其他大的影响，具有“‘遭受’义→被动标记”等多项意义和功能的“着”应当会在壮语中普遍使用至今。西部壮语涵盖南北方言，即便是位于河池、都安、马山、邕宁一线之上的各个土语，分界线以西基本用 ŋaːi²，与此线以东区别明显，最大的可能，当是在“古平话”之后与另外的汉语方言（或某一汉语方言的不同时期）接触而导致的成分替换或覆盖。

（2）那有无可能来自从南宁一带向西延伸的平话？根据余瑾等（2016：462、476），明清时，桂南平话从南宁、邕宁等地沿左右江向西延伸，成为“蔗园话”。梁伟华（2009）、松本光太郎（1997）对平话人的迁徙做了考察，部分文献记载和口碑显示平话人迁往左右江地区是在清代。根据张均如、梁敏（1996），明代以后，平话曾经的全方位、至高无上的交际功能几乎丧失殆尽。一种语言（方言）向另一种语言（方言）输出成分，一般的条件是其相对另一种语言（方言）处于强势地位。但是，西迁的“蔗园话”交际范围仅为母语人和部分与“蔗园人”密切接触者，并非这些区域的交际用语，对南宁以西尤其是远离蔗园话的区域影响比较有限，其进入他种语言的可能性不大。

（3）我们认为，西部壮语的 ŋaːi² 主要来自官话。根据张均如、梁敏（1996），张均如等（1999：249），袁善来、黄南津（2005），西南官话大概是明朝傅友德、沐英等人平蜀征滇之后才大量进入广西的，其后官场和文教用语都改用西南官话，在广西北部和西北部县城、集镇的商业来往也使用西南官话，西南官话逐渐成为广西的强势方言。

根据张均如等（1999：808），西部壮语大部分 ŋa:i$^2$ 的调值为中降或高降调，如武鸣、平果、田东、田林、凌乐、广南$_{沙}$、南丹、邕南、德保、靖西，另据侬常生、王碧玉惠告，云南文山、西畴一带壮语也是中降或高降调，与官话阳平调值一致或接近。

从调值的一致或接近及官话西渐的历史，可以判断大部分西部壮语的 ŋa:i$^2$ 来自官话。

（4）部分壮语 ŋa:i$^2$ 不是中降和高降调：隆安、扶绥 22，宁明 32，龙州、大新 21。根据陈海伦、林亦（2009：20、12），谢建猷（2007：436）：龙州白话、宁明白话阳平读 21。这些区域，白话是强势汉语方言。它们的 ŋa:i$^2$ 来自官话的可能性不大，更有可能的是来自受官话影响，“着”已被“捱”取代的白话。而据张均如等（1999：246），壮语南部方言的龙州、崇左等地确有一些现代或近期直接从白话中吸收的借词。

自南宁往西，ŋa:i$^2$ 基本沿左右江分布。在高度依赖水运的时代，语言的迁徙与延伸常与水路相伴，官话、白话的西渐，自然也是如此。此亦为 ŋa:i$^2$ 来自汉语的证据。

由上，我们可以做出基本的判断：西部壮语的“捱”来自两种汉语方言，一是官话，二是已受官话影响的白话。

尽管西部壮语具有“‘遭受’义→被动标记”多项意义和功能的多功能语素主要是 ŋa:i$^2$，但更早的汉语借词“着”仍在一些固定结构中残存。种种迹象表明，tɯk$^8$“着”曾在部分侗台语中分布，并成为词内成分凝固在词语中。如，北部壮语：tɯk$^8$riu$^1$（可笑）、tɯk$^8$ma:i$^3$（可爱）、tɯk$^8$çuk$^8$（被绑）、tɯk$^8$hin$^3$（肮脏）（林亦，2009）；布依语：tɯk$^{8}$pjaːt$^{8}$（滑倒）、tɯk$^{8}$teu$^{5}$（摔跟头）、tɯk$^{8}$tɔk$^{7}$（丢失；遗失）、tɯk$^{8}$xut$^{7}$（捱骂）、tɯk$^{8}$zeu$^{1}$（被取笑）、tɯk$^{8}$lam$^{4}$（摔倒；跌倒）、tɯk$^{8}$zu$^{4}$（摔跟头）、tɯk$^{8}$tɕai$^{2}$（可爱）；靖西壮语：thok$^{7}$hən$^{3}$（可恨）、thok$^{7}$tsaŋ$^{2}$（令人抱怨）、thok$^{7}$kha$^{3}$（该死）、thok$^{7}$kjɔːi$^{4}$（可爱）、thok$^{7}$tha$^{1}$（养眼）；老挝语：thɯːk$^{7}$kha$^{3}$（被杀）、thɯːk$^{7}$ti$^{1'}$（被打）、thɯːk$^{7}$tuə$^{1'}$（被骗，上当）、thɯːk$^{7}$baːt$^{7}$tɕep$^{7}$（受伤）（覃国生、谢英，2009：144），泰语：thuːk$^{9}$phit$^{8}$（中毒）（韦树关等，2019：513）。显然，tɯk$^{8}$“着”在侗台语（方言、土语）中虽功能有异，但其“遭受”义在“捱”进入之前已和一些成分组合并因使用频繁而词化凝固下来。

根据吕嵩崧（2020），thok$^{7}$“着”在当代靖西壮语中并无被动标记功能。南部壮语的汉语借词“着”之所以未能进一步演变为被动标记，最大可能是ŋaːi$^{2}$进入后，其自“遭受”义始的各项功能，基本由ŋaːi$^{2}$承担。更为强势的语言，其语义也是更为显豁的。官话和白话是“古平话”之后，对西部壮语产生深刻影响的汉语方言，它们的“捱”，语义自然更为显豁，更早借入的“着”演变进程不得不因此中断，且大部分功能已退出实际应用。

## 3　meːn$^{6}$ 语法化过程的中断

那么，在借入汉语的被动结构和被动标记之前，壮语有没有产生被动标记呢？我们认为至少产生了被动标记的萌芽，或者说出现过语法化程度不高的被动标记。

根据韦树关等（2019：20），老挝语有mɛːn$^{5}$、thɯːk$^{9}$两个被

动标记，岱–侬语有 mɛn³、ŋaːi² 两个被动标记。但岱–侬语的例句显示，mɛn³ 还处在“遭受”义阶段，而既然越南学者将其视为被动句，说明其已有被动结构的萌芽。

mɛːn⁵ 和 mɛn³ 本义是“击中”，应是在汉语借词进入之前就产生了“遭受”义。击中，显然是被动的，自然隐含“遭受”。

语言接触中，借入形式取代固有形式的进程，应存在一个中间阶段，此阶段，借入形式和固有形式相对均势，均未能形成对另一形式的绝对优势，两种形式共存。由此可判断，老挝语和岱–侬语都是在借入形式和固有形式处于均势的阶段与壮语分离。不同的仅是，它们借入的成分，一为“着”，一为“捱”。根据梁敏、张均如（1996：31），老族从境内外迁当在宋皇祐年间，此时应是“古平话”对华南施加深刻影响的时期。thɯːk⁹ 进入早期老挝语，与已产生被动义萌芽的 mɛːn⁵ 共存，二者均势之时，老挝语外迁。越南北部侬族多是二三百年来迁过去的，ŋaːi² 被借入后，还未取得对 mɛn³ 的优势，岱–侬语便已南迁。与老挝语、岱–侬语具有亲缘关系的南部壮语则不同，其与官话接触后，长期处于强势的官话影响之下，官话“捱”的“遭受”（被动）义比 mɛːn⁶ 显豁，因此 ŋaːi² 在壮语中得到发展。据此，“着”进入壮语应在宋代，这与上文所做的侗台语被动结构不早于宋代的判断是吻合的。“捱”借入壮语是在明清，应该是比较可靠的，与明清时“捱”在桂西的传布亦是吻合的。

根据张均如等（1999：352），与使用汉语借词“捱”“着”不同，东至阳朔，西至河池，北至三江，南至上林的区域，壮语的被动标记是 teːŋ¹。根据林亦（2009）、潘立慧（2014）、韦茂繁（2010），teːŋ¹ 可做“遭受”义动词。

韦茂繁（2010）对 teːŋ$^{1}$ 的语法化做了讨论，认为其经历了“‘挨、碰’义动词→‘遭受’义动词→（表被动）助动词→（表被动）介词”的语法化过程。林亦（2009）则从结构角度对 teːŋ$^{1}$ 的演变过程做了梳理，认为它经历了“动词（中；对；相合）teːŋ$^{1}$+N>遭受义 teːŋ$^{1}$+v/形容词＞结果补语 V+teːŋ$^{1}$>V+teːŋ$^{1}$+N（处所；对象）>teːŋ$^{1}$（被动标记）+N（施事）+V”的过程。周国炎、卢晓琳（2018）认为与北部壮语极为一致的布依语的teŋ$^{1}$ 从“遭受”义演变为被动标记，是从表不情愿的 teŋ$^{1}$+N 发展来的。他认为这一结构扩展到 teŋ$^{1}$+N+V 时，teŋ$^{1}$ 变为介词，该结构变成被动结构，teŋ$^{1}$ 成为被动标记。杨帆帆（2013：37—38）也有类似讨论。

结合各家的讨论，teːŋ$^{1}$ 的语法化过程大致是：“触碰（击中）”义动词＞“遭受”义动词＞被动标记。⑯

Bybee（1994）提出了世界各种语言都遵守的一条规律：任何语法源义相同或相近的词，它们的语法化过程都是一样的。李宗江（1999）提出的“平行衍生”指出，相同语义特征的词比较容易集中地向另一类词演变。所以，都有“击中”义的 teːŋ$^{1}$ 和 meːn$^{6}$ 很可能经历了类似的演变过程。参照 teːŋ$^{1}$ 的语法化路径，如果 meːn$^{6}$ 也存在从动词到被动标记的完整演变过程，那么其演变过程很可能是：a. 本义“击中”，此时主语是施事，宾语是受事。b. 被“击中”即是“遭受”了“击中”这一动作，因此 meːn$^{6}$ 发展出“遭受”义，与此相应，主语变成了受事，宾语变成了与事（即施加在受事上的事物）。c. 进一步演变到 meːn$^{6}$+N+V 结构，主语为受事，宾语是与事；meːn$^{6}$+N+V 成为被动结构。meːn$^{6}$ 演变为介词，成为被动标记。⑰

即，如果 meːn⁶ 从动词到被动标记的演变过程完整，路径应是：

meːn⁶+N ＞ meːn⁶+N ＞ meːn⁶+ N+ V

击中 某物 遭受 某物 被动 某物 行为动作

meːn⁶ 的语义演变应至少经历了三个阶段，以靖西壮语为例：

80）a. phaːu⁵ meːn⁶ ŋo⁵. 枪击中我。

枪 击中 我

b. ŋo⁵ meːn⁶ khei³ waːi². 我粘上水牛屎。

我 遭受 屎 水牛

c. ŋo⁵ meːn⁶ khei³ waːi² pan². 被水牛屎粘上。

我 被 屎 水牛成

如果没有外力影响，我们认为 meːn⁶ 最终能像 teːŋ¹ 一样演变为被动标记。但 meːn⁶+ N+V 结构在壮语中未能最终形成。应该说，meːn⁶+N（不情愿）距被动结构仅一步之遥。

当然，尽管 meːn⁶ 的"遭受"义使其已具备演变为被动标记的基础，但要真正完成演变还有诸多困难。（1）SVO 语言的修饰（限制）成分居中心语后，而当前所见侗台语的被动结构，应是在汉语影响下形成，因此被动标记和汉语一样居中心语前，与 SVO 语言的语序不和谐，因此不易实现。（2）meːn⁶ 还可充当系词、"正确"义形容词，尤其是其系词功能，使其在 meːn⁶+N 结构中极易产生歧义。人们在保证交际清晰的前提下，会依经济性原则淘汰那些容易产生歧义或影响语义表达的句式标记，更多选择表义单一的句式标记，所以 meːn⁶ 这些义项对其向被动标记演变产生了阻碍。（3）meːn⁶ 虽有"遭受"义，但其从"击中"义演变而来，"遭受"义并不凸显。（4）"着"和"捱"的借入，影响了其演变成被动标记的进程。老挝语中，虽 thɯːk$^{9}$“着”和 meːn$^{6}$ 两个被动标记同现，但 thɯːk$^{9}$ 更常用（李芳芳惠告），说明 meːn$^{6}$ 出现被动标记萌芽时，汉语借词“着”已进入，而“着”表义更为清晰，自然更具优势。若非之后老挝语外迁，更晚的来自强势官话的 ŋaːi$^{2}$ 会替代 meːn$^{6}$。与南部壮语非常接近的岱–侬语，meːn$^{6}$ 和 ŋaːi$^{2}$ 同现，以 ŋaːi$^{2}$ 为常见，道理同此。[18]（5）更为关键的是，ŋaːi$^{2}$ 的进入阻断了 meːn$^{6}$ 演变为被动标记的进程。一是，“捱”的“遭受”义、“受损”义凸显。官话对西部壮语的影响持续至今，既然强势的官话有意义如此显豁的成分，而 meːn$^{6}$ 又十分容易造成歧义，meːn$^{6}$ 已没有演变成被动标记的必要。二是“捱”语法化程度较高，已基本完成从“遭受”义动词到被动标记的演变，壮语只需全盘引进，无须另觅成分，这符合语言经济性原则。

“‘遭受’>被动”，是诸多语言存在的语法化路径。据 Bernd Heine、Tania Kuteva（2012：390），越南语（Vietnamese）、朝鲜语（Korean），古汉语（战国时期汉语 > 早期中古汉语）都曾出现这样的演变路径。诸多侗台语被动标记，源头也是“遭受”义动词，如布依语 tso$^{31}$（周国炎，2003），傣语（德宏景洪、陇川）tso$^{31}$（王均等，1984：280）、傣语（红河金平）tsɔ$^{31}$（刀洁，2005）、侗语（南部）təu$^{33}$（王均，1984：375），侗语（北部）ȶaŋ$^{3}$（石林，1997：42），水语 ŋaːi$^{4}$（冯英，2005），毛南语 tiːŋ$^{51}$（王均，1994：657），黎语（海南乐东保定）ia$^{53}$、goːm$^{11}$（欧阳觉亚、郑贻青，1980：56），仡佬（比贡）ŋua$^{31}$（李锦芳，2004），仡佬（贵州安顺湾子寨）ŋkai$^{31}$（贺嘉善，1983：41），巴哈布央（西部方言）ȵɛ$^{31}$、naːk$^{11}$（李锦芳，2003）。teːŋ$^{1}$ 和 meːn$^{6}$

的演变，与此规律是相符的。

当然，即便是壮语固有词演变为被动标记，与汉语的影响也是密不可分的。根据类型学理论，连动结构的第二个动词虚化为介词后，其与其后的宾语组成的介宾结构一定居中心词之后，充当状语。如没有汉语影响，壮语中状语的位置难以提到中心语之前，也就无法进一步演变到当代意义的被动标记阶段。而据韦茂繁（2010），都安壮语 teːŋ¹ 的语法化来自对汉语相应成分语法化的复制，此与林亦（2009）认为壮语被动结构与汉语有关不谋而合。

## 4　结论及余论

侗台语的被动结构和被动标记是晚起的。根据当前研究，诸多学者认为壮语的被动结构 / 被动标记来自汉语的影响。根据 Dryer（1992），VO 语言的介词短语几乎都在动词后。而据当前所见的报道及我们的观察，作为典型 VO 语言的壮语，“被动标记 + 宾语”结构都居动词之前，与 VO 语言的语序类型不符却与现代汉语一致。所以我们不认为壮语的被动结构 / 被动标记是自身发展而得。

西部壮语和广西部分汉语方言存在意义、功能高度一致的语素，壮语为 ŋaːi²，汉语方言为“捱”，它们包含了从“遭受”义动词到被动标记的一系列功能，ŋaːi² 是汉语借词“捱”。

ŋaːi² 进入西部壮语后，不仅替代了更早的汉语借词“着”，也阻断了壮语中部分“遭受”义动词演变为被动标记的进程，而使其向其他方向发展，如 meːn⁶ 仅演变出“对；正确”义形容词、系词等功能。其导致的"'遭受'义→被动标记"多功能语素的更替，对某些词项演变过程的阻断，以及对语义演变方向的影响，可谓"牵一发而动全身"，体现了语言系统的关联性。

ŋaːi²/"捱"作为被动标记一般还只用于消极义，未来是否会像汉语共同语一样可用于积极义，是我们乐于继续观察的现象。

根据吴福祥（2008a, 2008b, 2009a, 2009b, 2014, 2020），西部壮语的 ŋaːi²，其被动标记功能的进入及随之借入的居中心语前的被动结构属于"语法借用"。

**附　注**

① 本文所举语料读音，因各处 ŋaːi² 一致性强，均写作 ŋaːi²。但汉语借词"着"、固有词 teːŋ¹ 各处读音有异，为行文方便，若所举语料为具体某地壮语，本文依文献原样或实际读音标写；若统述某个成分，则以靖西壮语为代表标写，或以文献中最常见形式标写。

② 个别功能，有的壮语、汉语方言未观察到，很可能因语言接触（主要是共同语影响）等原因已发生变化。

③ 本文语料未注明出处的，由以下友人提供：柳州官话，黄智亮、陈俏苗；南宁白话，梁谷子、林亦；百色蔗园话，黄婉秋；田阳壮语，黄彩庆。靖西壮语为本人母语。

④ 柳州官话与西部壮语虽不毗邻，但其是作为桂西族际交际语的官话的目的语，西部壮语受柳州官话影响颇深。

⑤ 本文选取的汉语方言语料，部分文献"捱"写作"挨"，本文一律改为"捱"。本文所选易丹（2007）的语料，原作未提供译文，译文为笔者补出。

⑥ 林亦举例说，看到意外的事情，比如闯红灯的电动车将被撞，南宁白话会很自然说出这样的话。靖西壮语、田阳壮语也是如此。

⑦ 丁声树（1961）、吕叔湘（1965）、李临定（1980）等早以观察到这类宾语。徐杰提出"保留宾语"概念后，马志刚（2013），韩景泉、

潘海华（2016），王娟、周毕吉（2016）等也取此说。

⑧ 相关论述参见刘丹青（2008：430—431）。

⑨ 据林亦、覃凤余（2008：351），南宁白话开始接受“捱”用于积极义，说明其作为被动标记的功能已加强。

⑩ 陈春初老师告知，此词声母实为内爆音。陈春初、王文敏告知：临高话虽可使用这个标记，但并不自然，显然是相当晚近才从汉语借入的“被”。

⑪ 张声震（1993）并未提供国际音标，来自该书的语料为本人根据书中壮文转写。

⑫ 我们估计，$\text{tɯk}^{8}$在嘹歌流行的平果、田东一带很可能曾经接近产生“致使”义。此例，如$\text{tɯk}^{8}$后成分含主观可控因素，则$\text{tɯk}^{8}$具有“致使”义，而由被动接受到主观可控，并非不可逾越。我们在张声震（1993年）中找到一系列用例，但我们没有找到$\text{tɯk}^{8}$表“致使”义的例子，说明此歌谣成型时，$\text{tɯk}^{8}$可能还未能演变出“致使”义。

⑬ 此图根据曹志耘（2008：95）绘制。为了说明“捱”的分布与$\text{ŋaːi}^{2}$重合，我们对“着”的分布也做呈现。王文敏、龙国治为本文地图绘制提供了帮助，在此表示感谢！

⑭ 此图根据张均如等（1999：352）绘制。

⑮ 与上文所述百色蔗园话毗邻，区别极小。

⑯ 壮语“触碰（击中）”义动词还演变出系词功能，我们将另文讨论。

⑰ 根据杨帆帆（2013：17），侗台语的被动标记中，壮语$\text{teŋ}^{1}$、毛南语$\text{tiːŋ}^{3}$、水语$\text{tiːŋ}^{6}$及侗语北部方言$\text{təu}^{6}$都有“击中”义，所以“‘击中’义动词 > 被动标记”的演变很可能是侗台语语族的共性。

⑱ 蒲春春（2011）所列侬语被动标记无$\text{meːn}^{6}$，说明确不常用。

## 参考文献

曹志耘主编　2008　《汉语方言地图集（语法卷）》，北京：商务印书馆。

陈　芳　2010　《巴马壮语语法研究》，广西大学硕士学位论文。

陈海伦、林　亦　2009　《粤语平话土话方音字汇》，上海：上海教育出版社。
褚俊海　2007《桂南平话与白话介词研究》，广西大学硕士学位论文。
刀　洁　2005《金平傣语概况》，《民族语文》第2期。
丁声树　1961《现代汉语语法讲话》，北京：商务印书馆。
冯　英　1999《汉语结构类型演变新论》，昆明：云南民族出版社。
冯　英　2005《水语的动结式》，《民族语文》第1期。
广西西林县少数民族语言文字工作局编　2018《祭拜娅王》，香港：华夏文艺出版社。
韩景泉、潘海华　2016《汉语保留宾语结构句法生成的最简分析》，《语言教学与研究》第3期。
贺嘉善　1983《仡佬语简志》，北京：民族出版社。
黄广生　1957《汉语怎样表达被动意念》，《东北人民大学学报》第4期。
黄明标主编、杨兰桂副主编　2016《壮族麽经布洛陀遗本影印译注》，南宁：广西人民出版社。
蓝庆元　2005《壮汉同源词借词研究》，北京：中央民族大学出版社。
李　洁　2008《汉藏语系语言被动句研究》，北京：民族出版社。
李锦芳　2003《巴哈布央语概况》，《民族语文》第4期。
李锦芳　2004《比贡仡佬语概况》，《民族语文》第3期。
李锦芳、曾宝芬、康忠德　2019《贵州六枝仡佬语》，北京：商务印书馆。
李临定　1980　被字句，《中国语文》第6期。
李　荣主编　2002《现代汉语方言大词典》，南京：江苏教育出版社。
李宗江　1999《汉语常用词演变研究》，上海：汉语大词典出版社。
梁　敢　2013《武鸣罗波壮语 dɔːi[1] 被动句的形成及其句法特征》，《中央民族大学学报（哲学社会科学版）》第1期。
梁　敏、张均如　1988《广西壮族自治区各民族语言的互相影响》，《方言》第2期。
梁　敏、张均如　1996《侗台语族概论》，北京：中国社会科学出版社。
梁　敏、张均如　1999《广西平话概论》，《方言》第1期。
梁　敏、张均如　2002《标话研究》，北京：中央民族大学出版社。
梁伟华　2009《龙州上龙蔗园话的来历和语音》，《桂林师范高等专科学校学报》第 4 期。

林　亦　2009 《武鸣罗波壮语的被动句》,《民族语文》第 6 期。

林　亦、覃凤余　2008 《广西南宁白话研究》，桂林：广西师范大学出版社。

刘丹青　2008 《语法调查研究手册》，上海：上海教育出版社。

刘丹青　2017 《语言类型学》，上海：中西书局。

吕叔湘　1965 《“被”字句、“把”字句带宾语》,《中国语文》第 4 期。

吕嵩崧　2014 《靖西壮语语法研究》，上海师范大学博士学位论文。

吕嵩崧　2020 《靖西壮语的汉语老借词 $thok^{7}$“着”》,《中央民族大学学报（哲学社会科学版）》第 3 期。

马志刚　2013 《基于狭义领属关系论领主句、保留宾语被动句与抢夺类双宾句的关联性》,《华文教学与研究》第 3 期。

欧阳觉亚、郑贻青　1980 《黎语简志》，北京：民族出版社。

潘立慧　2014 《壮语 $teːŋ^{1}/tɯk^{8}/ŋaːi^{2}$ 及汉语“着 / 捱”情态义、致使义的来源》,《民族语文》第 2 期。

蒲春春　2011 《谅山侬语参考语法》，中央民族大学博士学位论文。

石　林　1997 《侗语汉语语法比较研究》，北京：中央民族大学出版社。

〔日〕松本光太郎　1997 《汉族平话（蔗园）人考》,《广西民族学院学报（哲学社会科学版）》第 1 期。

覃凤余　2013 《台语系词 $tɯk^{8}$、$tɕɯ^{6}$ 等的来源》,《民族语文》第 2 期。

覃凤余、王全华　2018 《从壮语看汉语史“着”表祈使语气的来源》,《古汉语研究》第 2 期。

覃国生、谢　英　2009 《老挝语—壮语共时比较研究》，北京：民族出版社。

覃远雄　2011 《南宁白话的“捱”字句》,《桂林师范高等专科学校学报》第 3 期。

唐钰明、周锡复　1985 《论上古汉语被动式的起源》,《学术研究》年第 5 期。

王　娟、周毕吉　2016 《带保留宾语的被动句与抢偷类双宾句的深层句法联系》,《现代外语》第 1 期。

王　均等编著　1984 《壮侗语族语言简志》，北京：民族出版社。
王　力　1980 《汉语史稿》，北京：中华书局。
韦茂繁　2010 《都安壮语 teːŋ[42] 的语法化分析》，《民族语文》第 6 期。
韦树关、颜海云、黎莎编译　2019 《国外壮侗语族语言词汇集》，广州：世界图书出版公司。
吴福祥　2008a 《南方语言正反问句的来源》，《民族语文》第 1 期。
吴福祥　2008b 《南方民族语言处所介词短语位置的演变和变异》，《民族语文》第 6 期。
吴福祥　2009a 《南方民族语言领属结构式语序的演变和变异——基于接触语言学和语言类型学的分析》，《语言研究》第 3 期。
吴福祥　2009b 《南方民族语言关系小句结构式语序的演变和变异——基于接触语言学和语言类型学的分析》，《东方语言学》第 2 期。
吴福祥　2011 《多功能语素与语义图模型》，《语言研究》第 1 期。
吴福祥　2014 《结构重组与构式拷贝——语法结构复制的两种机制》，《中国语文》第 2 期。
吴福祥　2020 《语言接触与语法演变》，《西南交通大学学报（社会科学版）》第 4 期。
吴小奕　2013 《跨境壮语研究》，南京：广西民族出版社。
谢建猷　2007 《广西汉语方言研究》，南京：广西人民出版社。
徐　杰　1999 《两种保留宾语句式及相关句法理论问题》，《当代语言学》第 1 期。
杨　奔　2018 《勾漏粤语与壮语被动句比较研究》，《广西师范大学学报（哲学社会科学版）》第 6 期。
杨帆帆　2013 《侗台语被动标记研究》，中央民族大学硕士学位论文。
杨五铭　1980 《西周金文被动句式简论》，《古文字研究》（第七辑），北京：中华书局。
易　丹　2007 《柳州方言中的“挨”字句》，《广西民族大学学报（哲学社会科学版）》第 6 期。
余　瑾等　2016 《广西平话研究》，北京：中国社会科学出版社。
袁善来、黄南津　2005 《广西强势语言（包括汉语方言、普通话）更替及其外部原因》,《柳州师专学报》第 3 期。
翟焦圆　2018 《武鸣双桥壮语被动句研究》，广西民族大学硕士学位论文。
张均如　1982 《广西中南部地区壮语中的老借词源于汉语古“平话”考》,《语言研究》第 1 期。
张均如　1988 《广西平话对当地壮侗语族语言的影响》,《民族语文》第 3 期。
张均如、梁　敏　1996 《广西平话》,《广西民族研究》第 3 期。
张均如、梁　敏、欧阳觉亚、郑贻青、李旭练、谢建猷　1999 《壮语方言研究》，成都：四川民族出版社。
张声震主编　1993 《壮族民歌古籍集成 · 情哥（一）嘹歌》，南宁：广西民族出版社。
中央民族学院少数民族语言研究所第五研究室编　1985 《壮侗语族语言词汇集》，北京：中央民族学院出版社。
周国炎　2003 《布依语被动句研究》,《中央民族大学学报（哲学社会科学版）》第 5 期。
周国炎、卢晓琳　2018 《布依语致使标记及其语法化分析》,《贵州民族大学学报（哲学社会科学版）》第 4 期。
周乃刚　2009 《桂北平话被动标记与处置标记研究》，广西民族大学硕士学位论文。
Bernd Heine、Tania Kuteva　2012 《语法化的世界词库》，龙海平、谷峰、肖小平译，洪波、谷峰注释，北京：世界图书出版公司。
Bybee, Joan, Revere Perkins & William Pagliuca 1994 *The Evolution of Grammar: Tense, Aspect, and Modality in the Languages of the Word*. Chicago: The University of Chicago Press.
Dryer, M. S. 1992 The Greenbergian Word Order Corrections. *Language* 68 (1): 81—138.

# 清末民国北京话中“过”的两种有生格标记用法 *

魏兆惠

（北京语言大学文学院）

## 1 引言

“过”本是动词，吴善述《说文广义校订》说：“过本经过之过，故从辵，许（慎）训度也。度者过去之谓，故过水曰渡，字亦作度。经典言‘过我门’‘过其门’者，乃过之本义。”《马氏文通》卷三（内动字与转词）：“凡‘经、过、涉、历’诸字，皆内动字也。”常常记“所经之处”，如《孟子·滕文公上》：“滕文公为世子，将之楚，过宋而见孟子。——过宋，路过宋国。”也可以跟在动词之后，不需要介词，如“将说楚王，路过洛阳。——洛阳，苏秦所经也。”吕叔湘《现代汉语八百词》将动词后的“过”又分为两大类，一是趋向动词，如“走过天安门广场”，二是动态助词，如表示完毕，“吃过饭再去”，表示曾经，

* 本研究是国家社科基金重大项目“近百年欧美古汉语语法研究学术文献的搜集、整理和研究”（项目编号：24&ZD249）的阶段性成果。

"这本小说我看过"。趋向动词"过"的语法意义和功能，学界也有颇多论述，如鹈殿伦次（1993）根据所搭配处所特征指出单音节趋向动词有表终点的"进、回、到"、表"通过、途径"的"过"和表"到达、途径、出发"的"下"；齐沪扬（1998）认为有远离参考位置的"出"、靠近参考位置的"回/进"、经过参考位置的"过"和垂直于参考位置的"上/下/起"。综合各家可知，动词后的"过"与其他趋向动词的不同在于它主要是强调"所经之处"而非方位或终点。[①]

但是在清末民国北京话中，动词后的"过"却有两种特殊的标记功能，一是可以标记有生的方位，二是可以标记有生的与事。

## 2　有生方位格标记"过$_A$"和与格标记"过$_B$"

### 2.1　有生方位格的标记"过$_A$"

"过"在清末民国北京话中有这样一种用法：

（1）果然金仙从屋中急忙忙往外一蹿，奔过小红去，伸手就打。（石玉昆《续小五义》）

（2）莫大年想拔腿往东跑，心中偶然一动，镇静了几秒钟，反向前迎过那个巡警来。（老舍《赵子曰》）

（3）我一奔过他们去，登时便不见了，这一定是遵行大蝎的命令。（老舍《猫城记》）

（4）他好象完全没有经过考虑，扑奔过晓荷去，他的手与脚全踢打在晓荷的身上。（老舍《四世同堂》）

我们将上述出现于"S+V+过+NP（+来/去）"结构中的"过"称为"过$_A$"，它有以下特点：

首先，“过$_A$”前的动词一般具有位移性质，确切地说，是表示使受动者逐渐接近参照体的动词。据我们考察，清末民国北京话中出现在“过$_A$”前的这种“接近向”位移动词并不多，常见的有“跑、奔（bèn）、扑、凑、挤、迎、赶、扑奔”等几个。

其次，“过$_A$”标记的是动作方向或方位，且由有生、有定的名词或代词充当。一般来讲，“过”如果跟在其他动词后面做趋向补语，其后往往接一个无生命的处所宾语、施事宾语或受事宾语。比如:《红楼梦》五十六回“这如今我们兴出这事来派了你们，已是跨过他们的头去了。”，老舍《敌与友》“我可不知道他们到这里来，仍是往南渡过马家桥去。”——句中“他们的头、马家桥”都是处所;《红楼梦》六十六回“凤姐扭过脸去不理他。”《四世同堂》“三槐堂的王少掌柜急了，转过身来，与背后的人打了对脸。”——句中“身”和“脸”是“扭”和“转”的受事;《烈火金钢》“齐英的话还没有说完，忽然之间，从人群的后面奔过一个人来。”，亚铃《何喜珠》“一声吩咐，跑过几个官人来。”——句中“一个人、几个官人”是施事，且这个施事常是无定的。但“过$_A$”的特殊之处在于其后接成分是一个有定的有生名词或代词，如上例中的“小红、巡警、他们、仲文、范、父亲、晓荷”。尽管“过$_A$”也出现在补语的位置，并常可与“来/去”同现，但它不再是一个纯粹的趋向动词，而已经成为一个具有唯补性质的方位格标记，其功能与另一个常见方位格标记“向”相当。下面的“过$_A$”与“向”完全可以互换。

（5）他忘了疾痛，摇摇晃晃的扑过父亲来。（老舍《四世同堂》）

（6）小马儿（夺出手扑向管来），管一飞（用力一推，

推之入室，严闭其门）。（老舍《谁先到了重庆》）

2.2 有生受益格标记“过$_B$”

清末民国北京话中“过”还有另一种特殊用法：

（7）陈秀才闻此说，即命家仆往后园取到莲子一盅，递过卖宝老人。（佚名《绘图第五奇书银瓶梅》）

（8）恒爷说：“我也不坐着啦，大哥您也别生气啦，姓额的这小子，您交过我啦，我有法子治他。”（松友梅《小额》）

（9）额大奶奶赶紧让套车，又交过老张十两银子。（同上）

我们将上述出现于“S+V+过+NP”结构中的“过”称为“过$_B$”，“过$_B$”有以下主要特点：

首先，“过$_B$”前动词一般是给予类动词。从广义上讲，给予的对象也存在从甲到乙的“位移”。清末民国北京话中这样的给予类动词常见的有“交、递、送、卖、结（账）”等。

其次，“过$_B$”标记的是与事，且与事由有定的有生名词或代词充当，如上例中的“卖宝老人、我、老张”等。一般来讲，“过”如果出现在其他动词之后做补语，其后的宾语往往是受事，如《四世同堂》：“老人含着泪，承认了自己的过错，自动的认罚，递过五十块钱去。”——句中的“五十块钱”就是受事宾语。但“过$_B$”的语法功能与和常用的与格标记“给”相当，与“给”不同的是，“过$_B$”和“过$_A$”一样具有唯补性质，不能出现在动词之前。以下“过$_B$”与“给”可以互换：

（10）哭了一会儿，一总把聂家事情，交过德大舅母，便向东院里，昏昏的睡去了。（冷佛《春阿氏谋夫案》）

（11）兰谷把信封好，交给了王亚奇，求他交给少谷。

（损公《新鲜滋味·非慈论》）

## 3 “过$_A$”和“过$_B$”的语义演变及语法化过程

### 3.1 方位格标记“过$_A$”的语义演变及语法化过程

清末民国北京话的方位格“过$_A$”，在汉语史上经历的语义演变和语法化过程有迹可循。

（一）动词“过”引申出“前往”义，并出现在“过+方所宾语”的句法环境中。“过”本义是经过，很早就引申出强调到达（终点），如《诗经·江有汜》“江有沱，之子归，不我过。不我过，其啸也歌。”，王先谦《诗三家义集疏》“《汉书·陆贾传》：‘过，至也。不我过，谓不至我所。’”②

更进一步，至晚在唐宋时期，“过”引申出“前往”义，后接方所宾语。白居易《寄微之三首》：“君游襄阳日，我在长安住。今君在通州，我过襄阳去。”宋《碧岩录》卷十：“严云：‘过这边来’。”清吴敬梓《儒林外史》第六回：“众人应诺下去，大老爷过那边去了。”上例中“过”与“去/来”的结合使其方向意味更加显豁。

“过”与另一个表示“前往”义动词“向”同义。《宋书·柳元景传》：“鲁爽向虎牢，复使元景率安都等北出关城……会爽退，复还。”这里的“向”与“过”意义相同。动词“过、向”还可连用，如唐韩翃《送万巨》：“金炉促膝诸曹吏，玉管繁华美少年。有时过向长干地，远对湖光近山翠。”《后唐天成三年戊子年二月都头知悬泉镇遏使安进通状》：“有贼骑马踪，共贰拾骑以来，过向北山何头林木内，潜藏不出。”以上“过向”后接方所宾语，表示要动作前进的方向。

（二）“过”可以出现在连动结构“位移动词＋过＋处所宾语”中充当$V_2$，位移动词和“过”之间有宾语或者补语插入，“过”仍然是“前往”义。

（12）郾城辞罢过襄城，颍水嵩山刮眼明。（韩愈《过襄城》）

（三）“过”出现在“位移动词＋过＋无生方所宾语（＋来/去）”的句法环境中，“位移动词”和“过”的关系更加密切，“过＋无生方所宾语”充当补语。

（13）转过那边去，不妨奇特，尽大地人一口吞尽。（释重显《碧岩录》）

（14）春树见了连忙抱着头逃过这一面来，对着阿娟把双手乱摇道：“算了算了……。”（张春帆《九尾龟》）

（15）（郑新）说着话，便凑过妇人那边去。（石玉昆《三侠五义》）

“过＋无生方所宾语（＋来/去）”作趋向补语，表示“到……去”，方位词“那边、那里”强调“所向之处”。因为结构中语义重点在位移动词，跟在位移动词之后的“过”的终点方向义更加明显，与动词后的介词“向”的语法功能更趋一致。有学者甚至认为这种趋向补语其实就是“介词性变体”（范继淹，1963：159），吕叔湘（1980：34）也指出，如果跟某些外语比较，当动趋式动词后边是代表处所的名词时，其中趋向补语的作用就像一个介词。

（四）有生方位格标记“过$_A$”出现，出现在“位移动词＋过＋有生方向宾语（＋来/去）”的句法环境中。因为“过$_A$”是从趋向补语的角色逐渐发展为有生方向格标记的，这是它有别于其他既可以在动词前也可以在动词后的介词的地方，因此方位格标记“过$_A$”只能后置于动词。

储泽祥（2010）从类型学的角度将世界语言分为两大类：有处所词语言（现代汉语、Ewe语、壮语、藏语）、无处所词语言（英语、荷兰语、德语），汉语的处所词是先秦汉语体词分化的结果，从西汉开始，普通名词逐渐抛开表示处所的词而自成一类，随着方位短语的丰富发展，处所词自然也就成为另一类。这一点从上文《诗经》中的“过我”到《汉书》中的“过我所”也可以很好地体现出来。黄阳、程博（2010）指出靖西壮语中形式上的普通名词、人称代词在意义上整合成“普通名词的意义+方位词的意义”，只需要用普通名词、人称代词就足以表达方位概念，其原因是指人名词和人称代词也能占据一定的空间，比如趋向动词后面带普通名词、人称代词的情况（去我、去他、去妈妈、来爸爸、来姑姑、来荷花……）十分普遍。靖西壮语和西汉之前的古代汉语一样，普通名词、人称代词是可以直接表达处所的空间概念的。

现代汉语和古代汉语、靖西壮语不同的地方是普通名词、人称代词或者表人名词一般不能直接表达处所或者空间，必须加上方位词，如“蹲炕上”不能说成“蹲炕”。但是在清末民国的北京话中，没有方位词的表人名词或代词却可以出现在“过$_A$”后，这正是“过$_A$”的特殊之处。

3.2　与格标记“过$_B$”的语义演变和语法化过程

清末民国北京话的与格标记“过$_B$”，在汉语史上经历语义演变和语法化过程也同样有迹可循。

（一）动词“过”引申出“给予”义，并出现在“过+与事宾语”的句法环境中。东汉《论衡·定贤》：“邮人之过书，门者之传教也，封完书不遗，教审令不误者，则为善矣。”句中“过”与“传”同义，“过书”表示邮人传递书信。《敦煌变文·齖䶗书》：“只是使我取此（柴）烧火，独春（舂）独磨，一赏不过，由（犹）嗔嬾惰。”杜甫《夏日李公见访》云：“隔屋唤西家，借问有酒不？墙头过浊醪，展席俯长流。”元贯云石《水仙子·田家》：“邀邻翁为伴，使家僮过盏，直吃的老瓦盆干。”白维国《白话小说语言词典》（第487页）“过”字也列有“交付；递给”的义项。

北京话直到民国时期还可见动词“过”表示给予义。《小额》：“总得先过五百银，空口说白话不行。”老舍《骆驼祥子》：“她亲自去看了车，亲自和二强子讲了价，过了钱，祥子只好等着拉车，没说什么，也不便说什么，钱既不是他自己的。”《老张的哲学》：“这手过钱，那手写字据，绝不会有差错。”

朱德熙（1979）对“给予”动词的意义概括为三点：（1）存在着“与者”和“受者”双方。（2）存在着与者所与亦即受者所受的事物。（3）与者主动地使事物由与者转移至受者。这个阶段动词“过”有时带宾语，但是宾语都是“与者所受的事物”，如上文“书、盏、银、钱”等，没有发现“受者”是表人的名词或代词的情况。“过”与常见的给予义动词“给”意义和用法相同。

（二）“过”做方向补语，句法环境是“给予动词＋过＋方所/受益宾语”，“过”有介词化倾向，相当于介词“到”。至晚在明代，“给予动词＋过”后面可以带方所宾语，《警世通言》33卷：“乔俊听说大喜，即便开箱，取出一千贯文，便教梢工送过夫人船上去。”《海上花列传》38回：“二宝手抓一把，拣一粒松子，剥出仁儿，递过三公子嘴边。”《春阿氏谋夫案》5回：“若堂上问长问知，你就说谋害亲夫，该当何罪，送过刑部去，也就完了。”上例中“夫人船上、三公子嘴边、刑部”既是可以是方所词语，也可以是无生命的受益对象。

（三）有生与格标记“过$_B$”出现，其句法环境是“位移动词 + 过 + 有生与格”。被太田辰夫（1972）称为“比老舍的作品、也比《儿女英雄传》味道更浓的有意思的北京话”小说《小额》中“给予动词 + 过$_B$+ 有生宾语”就有 11 处。

不过标记有生与格“过$_B$”，不仅在清末民国北京话中可见，在其他方言中也不少见。黄晓雪（2007）指出引进与事的介词在汉语方言中有三个来源，其中一个就是从给予义动词虚化而来的。即便清代民国的南方话也有出现，比如湖南话也可见。清方以智的《通雅 · 卷四十九谚原》：“予亦谓之过，辰州人谓以物予人曰过，此语有自。《唐诗纪事》元稹自述曰：延英引对碧衣郎，江砚宣毫各别床。天子下帘亲考试，宫人手里过茶汤。此过予意。”辰州即湖南溆浦，属湘方言区。《汉语方言大词典》“与谓之过”也引用了《通雅》的话。再如湖南籍作者的作品：

（16）周撰说话时，已开好了自己欢喜吃的几样菜，将纸递过成连生，也开好了，交给下女去办。（平江不肖生《留东外史》）

早期广东话也常见“过$_B$”。

（17）（那人）就把手中这个描金篙，轻轻递过两娇娘。（广东木鱼歌《二荷花史 · 乔妆珠女》）

鲁迅《略谈香港》引用了当时《循环日报》上港督金文泰的演说词：

（18）个份杂志，书面题辞，有四句集文选句，十分动

人嘅，我愿借嚟贡献过列位。（1927年8月13日《语丝》周刊第144期）

钱志安（2010）引用清末民国传教士文献的例子：

（19）我交现钱过你。我交现金给你（Bridgman, 1841）

（20）借一个镀过我。借我一个锅子（Dennys, 1874）

（21）个大佬番去送好多银过的父老。大哥回去送很多钱给父老（Wells, 1941）

3.3 “过$_A$”和“过$_B$”语法化的关系模式

吴福祥（2010）曾指出在汉语方言中趋向动词的语法化有几种模式，如从趋向动词 > 比较标记、趋向动词 > 趋向补语 >（结果补语）> 动相补语 > 傀儡补语 > 能性动词、趋向动词 > 趋向补语 > 动相补语 > 傀儡补语 > 状态程度补语标记、趋向动词 > 趋向补语 > 终点介词、趋向动词 > 空间 / 时间 / 与格介词、趋向动词 > 处所动词 > 处所介词等。

清末民国北京话的“过$_A$”和“过$_B$”语义有相同之处。在“过$_A$”结构和“过$_B$”结构中，均有主体发生位移，只是前者发生位移的是施事者，如“我奔过他们去”中“我”，后者发生位移的是“所受之物”，如“交过老张十两银子”的“十两银子”。正如覃东生等（2012）所说：“目标格是终点 / 方向题元，在时间轴上，位移行为总是先起点后终点。与格是交接行为里的接受者，交接行为表达的是实体由原来的物主转移到新的物主，本质上是一种抽象的位移事件，接受者本质上是一种抽象的终点 / 方向题元。”不过由于“过$_A$”和“过$_B$”前面动词的语义差异，一个是位移动词如“扑、奔”，另一个是给予动词如“交、递”，因此“过$_A$”和“过$_B$”就有了不同的标记功能。

“过$_A$”的语法化模式是：

趋向动词 > 趋向补语（结构）> 有生方位标记

“过$_B$”的语法化模式是：

趋向动词 > 方所补语（结构）> 有生与格标记

可以说，清末民国北京话中格标记“过”是趋向动词语法化的新模式。

## 4 方向和与格标记同形现象在汉语史和其他方言、语言中的表现

古代汉语、汉语方言和我国的少数民族语言中，像上述这样方位格和与格标记同形的现象并不少见。

先看在古代汉语的情况。吕叔湘（1942）指出，含有“给与”或“告诉”等意义的动词，通常都需要有“受词”，一句之中又有止词又有受词的时候，可以有三种表现形式：或是用关系来连系，或是止词用关系词来连系，或是两个都不用关系词……连系受词的关系词，白话用“给”，文言用“于”。郭锡良（1997）对介词“于”的起源进行探讨。古代汉语的“于”本是动词，《尔雅·释诂》：“于，往也。”

（22）丁卯卜：真贞：王往，于敦，不左？（合 7945）

（23）贞：王往，出，于敦？贞：王弗往，出，于敦？（合 7943）

（24）丁未贞：王往，于田，无灾？（合 557）

郭先生说：“于”和“往、出”是连动结构，“于田”之“于”虽然仍然是动词，已经抽象化，是“去进行田猎”之义。

在此基础上，“于”逐渐虚化为介词。不仅可以引进有生方位格：

（25）庚午，郑师入郜；辛未，归于我。（《左传·隐公十年》）

也可以引进有生的受益格（与格）：

（26）庄公三年，凡诸侯有四夷之功，则献于王，王以警于夷。（《左传·庄公三年》）

（27）陈知其罪，授手于我。（《左传·襄公二十五年》）

再看方言中的情况。早期吴语中的“来”可以引进受益格和方位格。如明代冯梦龙的《山歌》：

（28）结识私情好像雨伞能，上头云雨下头晴，姐道郎呀，你对孔一插直掮来肩头上，两手撑开水直淋。（《山歌·咏物四句》）

（29）姐儿生得像朵花，十字街头去买茶，姐儿道卖茶客人尔弗要拨个粗枝硬梗屑来我，连起子罗裙凭你桠。（《山歌·私情四句》）

分布在贵州省西部和云南省东北部的赫章、威宁及水城等地的蔡家话是一个具有少数民族语言底层的汉语方言（胡鸿雁，2013）。吕珊珊（2021）指出蔡家话的 ta$^{55}$ 也是既可以做方位格又可以做与格的：

（30）ta$^{55}$ ʑi$^{33}$ mo$^{33}$ ɣa$^{21}$!
$_{LAT}$ 里面 走！
往里走！

（31）pia$^{21}$ sɿ$^{55}$ ta$^{55}$ sɿ$^{55}$lɛ$^{21}$ɔ$^{55}$tso$^{55}$ tɕie$^{55}$ ja$^{21}$pa$^{21}$.
百姓 $_{BEN}$ 地主 做 庄稼。
百姓给地主干活。

湖南乡话的 $kai^{55}$ “跟”也是可以既引进方位格，又引进与格的。Chappell 等（2011: 333）为乡话的“跟”义动词 $kai^{55}$ 构拟了语法功能演化的路径：动词 $kai^{55}$ “跟”分化出顺沿格介词 $kai^{55}$ “跟”和源点介词 $kai^{55}$ “跟”、伴随格介词 $kai^{55}$ “跟”，伴随格介词 $kai^{55}$ “跟”又分化出“受益格”和离格、从格（即方向格）介词 $kai^{55}$（跟）。朱婷婷（2015）指出，广西在田阳壮语的连动结构中，原为“至，到”义的“$po^4$（放）”随着语义的销蚀，由“客体由于主体的某一动作而位移到某个终点”义发展为“达于某一点”义，随着终点 / 方向格介词“$po^4$（放）”语义的进一步虚化和语用环境的进一步扩大，其后由常带无生命的处所名词扩展至可带有生命的指人名词等。另外还有壮侗语之水庆水语中的 $tau^{44}$（转引自覃凤余、王全华，2020），壮侗语之佯僙语的 $taŋ^1$ 等（转引自覃凤余，2020）。吕珊珊（2021）和覃凤余、吴福祥（2009）勾勒的蔡家话的 $ta^{55}$ 和南宁白话与格（接受者）介词“给过”的语法化过程，与清末民国北京话的“过”的语法化路径如出一辙。

## 5 “过$_A$”和“过$_B$”在现代北京话中的衰亡

邓思颖（2003: 66）指出，在目前的香港和广州粤语里，与格介词“过”的使用已不太普遍，颇有消失的趋势。同样在现代北京话中，引进方向和与事的“过”也逐渐消失了。

### 5.1 “过$_A$”被同义现象所代替

“过$_A$”在老舍民国及解放初作品中大致出现的时间和次数可见表 1：

**表1**

| 篇名 | 时间 | 次数 |
|---|---|---|
| 《老张的哲学》 | 1926 | 1 |
| 《赵子曰》 | 1928 | 2 |
| 《二马》 | 1929 | 1 |
| 《猫城记》 | 1932 | 7 |
| 《狗之晨》 | 1933 | 1 |
| 《微神》 | 1933 | 1 |
| 《赶集》 | 1934 | 1 |
| 《牛天赐传》 | 1934 | 1 |
| 《柳屯的》 | 1934 | 1 |
| 《蜕》 | 1938 | 1 |
| 《浴奴》 | 1938 | 1 |
| 《本刊半年来的回顾》 | 1938 | 1 |
| 《残雾》 | 1939 | 6 |
| 《火车集》 | 1939 | 1 |
| 《张自忠》 | 1941 | 1 |
| 《四世同堂》 | 1946 | 10 |
| 《我这一辈子》 | 1947 | 9 |
| 《无名高地有了名》 | 1955 | 1 |
| 《西望长安》 | 1956 | 1 |
| 《茶馆》 | 1958 | 1 |
| 合计 | | 49 |

其中只有《无名高地有了名》和《西望长安》《茶馆》（各1例）是新中国建立初期的作品，其余均是民国时期的作品。但是他后期《红大院》（1959）、全家福（1959）、宝船（1961）、荷珠配（1962）、《陈各庄养猪多》（1966）、《正红旗下》（遗作，1961开始撰写，1979年出版）等中“过$_{A}$”没有再出现。不仅在老舍作品中没有发现，在其他现代作家作品中也未发现。

老舍民国时期的作品中出现大量的“过 $_{A}$”，可能跟他深受到清代曲艺风格影响有关。[③] 以 80 万字《四世同堂》和 21 万字《骆驼祥子》中位移动词“奔”为例，表示方向的同义结构和出现次数见表 2：

**表 2**

| 方向表达式 | 《四世同堂》（1946 年） | | | 《骆驼祥子》（1936 年） | | |
|---|---|---|---|---|---|---|
| | 次数 | 占比 | 例句 | 次数 | 占比 | 例句 |
| “奔（了）+ 处所宾语 + 处所标记” | 18 | 40% | 回到家中，他一直奔了小崔屋中去。（九六） | 13 | 72% | 唉，就是这么个时候，来了个逛的，一直奔了她屋里去。（二三） |
| 奔过 + 有生宾语 | 10 | 23% | 瑞宣奔过她去。（二十） | 0 | 0 | 无 |
| 向 / 朝 / 往 / 冲 + 处所 / 有生宾语 + 奔 | 10 | 23% | 一见她出了屋门，老三就松开了大哥的手，冲妈妈奔过来。（九九） | 4 | 22% | 小贩们慌手忙脚的收拾摊子，行路的加紧往前奔。（十八） |
| 奔（了）+ 有生宾语 | 6 | 14% | 他们打一号和三号门前走过，直奔韵梅。（九一） | 1 | 6% | 二强嫂说了句什么，他奔了她去，一脚踹在小肚子上。（十七） |
| 合计 | 44 | 100% | | 18 | 100% | |

同义结构的使用频率依次是：“奔（了）+ 直接宾语 > 奔过 + 有生宾语 +（去 / 来）> 向 / 朝 / 往 / 冲 + 处所 / 有生宾语 + 奔 > 奔（了）+ 有生宾语”。其中“奔”后直接接宾语在老舍小说中是最强势的表达式，“奔过……（+ 来 / 去）”并不强势。新中国成立以

后，老舍的语言风格发生变化。1955 年他参加了全国文字改革会，分别于 1955 年 10 月 25 日在《北京日报》发表了《拥护文字改革和推广普通话——汉民族共同语》、1955 年在《北京文艺》11 月号发表了《大力推广普通话》的文章。舒乙（1994）提到老舍语言的第六阶段是“使用普通话”：“老舍先生晚年的语言观和他中期的主张有一个重大的不同，那就是他不再强调大量使用方言土语。相反，他提出不宜大量用土语，要少用。”“过$_A$”由于在引进方向格方面本身就不强势，且不甚符合普通话的主流表达（即通常意义上引进方向格的各种用法），因此在老舍建国以后的作品中渐渐消失了，同时在现代汉语其他作家作品中也不再使用。

5.2 “过$_B$”和“与”与“给”的竞争

马贝加（2002）指出，上古中古汉语中表示接受者常常用“于”，“在近代汉语中，在表示接受者时，‘与、给’取代了‘于’。”冯春田（1991）认为，唐代以后，介词“与”已经接近于后来的“给”，“与 N”不仅可以出现在动词之前，也可以出现在动词之后。冯文举例如下：“师过锹子与稳峰。”（《祖堂集》卷四，石头和尚）；“师过净瓶与仰山。”（同上卷十六，沩山和尚）；“将一贴茶来与师赠。”（同上卷十九，大随和尚）；“你若输，则买蝴饼与老僧，老僧若输，则老僧买蝴饼与你。”（同上卷十八，赵州和尚）。有意思的是，冯文中的 4 个例子有两个是“过”“与”同现的，只是“过”的后面插入了宾语。还有“过、与”直接连用的，如唐孟郊《自惜》诗“倾尽眼中力，抄诗过与人。”以及《敦煌曲子词·抛球乐》“当初姊妹分明道，莫把真心过与他。”。《敦煌变文》中“过与”也写作“过以”。《大目干连冥间救母变文》：“长者手中执得饭，过以阇梨发大愿，非但和尚奉慈亲，合狱罪人皆饱满。”蒋礼鸿通释：“‘过以’：王庆菽校作‘过与’，是对的，‘与、以’变文常通用。”

“与”在唐代以后一直是使用频率最高的与格介词，直到逐渐被另一个介词“给”代替。洪波（1994）指出，“给”字从明代开始使用频率逐渐提高，清代以后开始了对同义词“与”字的兴替，并于20世纪完成了这一兴替过程。李炜（2002）对从《红楼梦》和《儿女英雄传》中引进与格的“给”和“与”进行统计，发现《红楼梦》前80回约80万字中“给”出现667次，“与”出现505次；后40回约34万字中“给”出现383次，“与”出现54次。《儿女英雄传》61万字中“给”出现1045次，“与”只有9次。可见清末北京话中引进与格的强势格式已经从原来的“V与”变成“V给”。李炜、李丹丹（2008）又统计了清末《语言自迩集》和《小额》中的表示给予的句式（$N_1$施事，$N_2$与事，$N_3$受事），在《小额》中有十种含“给”表示给予的形式，其出现次数分别是：（1）给，3例；（2）给$N_2$，9例；（3）给$N_3$，12例；（4）给+$N_2$+$N_3$，17例；（5）V给，0例；（6）V+给+$N_2$，11例；（7）V+趋向动词+给+$N_2$，0例；（8）V给+$N_2$+$N_3$，1例；（9）V+$N_3$+给+$N_2$，0例；（10）给+$N_2$+V+$N_3$，73例，共计126例。在所有的表达式中，“给”出现在动词后的（6）和（8）才12例。李炜文没有提到“过$_B$”，“过$_B$”在《小额》中有11例，与引进与格的“给”（6）和（8）比例相当，但在所有表示给予的格式中只占10%。

在老舍作品中，不仅标记与格的“与”，连“过$_B$”也被“给”全面代替了。“过$_B$”在现代北京话中消失了。也就是说，上古中古汉语中标记与格的主要是介词“于”，唐代以后出现了介词“与”，明代之后介词“给”出现，清代北京话中介词“过”和“给”代替了“与”的功能，但是在竞争过程中，“过$_B$”最终被“给”战胜而被淘汰。

## 6 结语

清末民国北京口语中引进有生方位格和与格的“过$_A$”和“过$_B$”虽然在同义表达中并不是最强势的，但它们有语义发生的基础、语义演变的理据、语法化的合理性乃至汉语史和跨方言的意义。虽然最终由于顺应现代汉语句法发展的趋势，在同义竞争中逐渐退出历史舞台，但它们确是汉语史上曾经存在过的一种语法现象，不能被无视。

### 附 注

① 李小军（2022）指出方言中还有表示起点和原点的例子：过小路行快些。从小路比较快。（绩溪方言）——经由；过尔边行。从这边走。——经由/源点。

② 应该注意的是，上古时期可以用名词或者代词表示处所，“我”其实是处所，从《汉书》可以看出，东汉表达处所要用处所词语而不用普通名词或代词。这一点下文会再次提到。

③ 老舍先生在《悼念罗常培先生》中回忆说：“下午放学后，我们每每一同到小茶馆去听评讲《小五义》或《施公案》。”

### 参考文献

储泽祥 2006 《汉语处所词的词类地位及其类型学意义》，《中国语文》第3期。

范继淹　1963 《动词和趋向性后置成分的结构分析》,《中国语文》第 2 期。
郭锡良　1997 《介词“于”的起源和发展》,《中国语文》第 2 期。
何乐士　2007 《汉语语法史断代专书比较研究》，开封：河南大学出版社。
胡鸿雁　2013 《蔡家话代词系统探析》,《民族语文》第 6 期。
黄晓雪　2007 《汉语方言与事介词的三个来源》,《汉语学报》，第 1 期。
黄　阳、程　博　2010 《靖西壮语的方所系统》,《百色学院学报》第 2 期。
李　炜　2002 《从〈红楼梦〉〈儿女英雄传〉看“给”对“与”的取代》,《兰州大学学报（社会科学版）》第 4 期。
李　炜、李丹丹　2008 《清中后期两种北京话口语材料中含“给”字的给予句及其给予义的表达》,《兰州大学学报（社会科学版）》第 2 期。
李小军　2022 《汉语方所格介词的来源及功能扩展模式》,《语言科学》第 2 期。
吕珊珊　2021 《蔡家话“跟”义动词 $ta^{55}$ 的多功能性及其演化路径》,《常熟理工学院学报》第 4 期。
吕叔湘　1942 《中国文法要略》，北京：商务印书馆。
吕叔湘主编　1980 《现代汉语八百词》，北京：商务印书馆。
马贝加　2002 《近代汉语介词》，北京：中华书局。
钱志安　2010 《粤语间接宾语标记的发展和相关语法现象》，见《语言学论丛》(第四十二辑)，北京：商务印书馆。
石汝杰　2007 《吴语“来（在）”类词形式和用法的历史演变》,《语言研究集刊》(第 4 辑)，上海：上海辞书出版社。
舒　乙　1994 《老舍文学语言发展的六个阶段》,《语文建设》第 5 期。
〔日〕太田辰夫　1991 《汉语史通考》，江蓝生、白维国译，重庆：重庆出版社。
覃东生、覃凤余、马文妍、卢业林　2012 《壮语两类语序及其变异的考察》,《汉藏语学报》第 5 期。
覃凤余、王全华　2020 《壮侗语“来”的两种语义演变》，见《语言学论丛》(第六十二辑)，北京：商务印书馆。
覃凤余、吴福祥　2009 《南宁白话“过”的两种特殊用法》,《民族语文》第 3 期。
〔日〕鹈殿伦次　1993　《汉语趋向性复合动词与处所宾语》，靳卫卫译，见〔日〕大河内康宪主编《日本近、现代汉语研究论文选》，北京：北京语言学院出版社。
吴福祥　2010　《汉语方言里与趋向动词相关的几种语法化模式》，《方言》第 2 期。
朱德熙　1979　《与动词“给”相关的句法问题》，《方言》第 2 期。
朱婷婷　2015　《广西田阳壮语“po$^{4}$（放）”的语法化》，《钦州学院学报》第 10 期。
Hilary, Chappell, Alain Peyraube & Wu Yunji　2011　A comitative source for object markers in Sinitic languages: 跟 kai$^{55}$ in Waxiang and 共 kang$^{7}$ in Southern Min. *Journal of East Asian Linguistics* (20): 291—338.

# 泰宁方言话题标记“是”的语义演变及其功能*

肖慧珍

（中国社会科学院大学（研究生院））

## 1 引言

泰宁县地处福建省西北部，武夷山脉中部东南侧，东邻将乐，西接建宁，南依明溪，北靠邵武，西北邻江西黎川。《中国语言地图集（汉语方言卷）》（第2版）（2012：142）将泰宁方言归属于赣语抚广片。

泰宁方言中，以下几种“是”的用法和话题标记相关：

（1）伉[①]是高中老师我是高中老师。　　（系词）

（2）汝食水是，食酒你喝水还是喝酒？　　（选择连词）

（3）汝即只人是你这个人啊。　　（语气词）

（4）落雨是，伉唔去下雨的话，我不去。　　（话题标记）

以往的汉语研究中指出了“是”具有话题标记的用法。例如湖南靖州酸汤话（刘宗艳，2016）、陕北横山话（张军，2012）、

* 本文为中国社会科学院大学（研究生院）研究生科研创新支持计划项目成果。

陕北绥德方言（黑维强，2016）、江西抚州方言（王健、熊远航，2021）、上海话（刘丹青，2005），这些方言中“是”都有用作话题标记的现象。一些研究中指出的“是”的用法与话题标记密切相关，但作者没有明确点明是否属于话题标记，例如甘肃临夏方言“是”（马企平，1984）、南昌方言语气词“是”（徐阳春，1997）。就北京话而言，副词“是”在有的句子中实际上已经初步具有了话题标记的功能；普通话中“是”表示肯定语气的用法为话题标记的最终形成奠定了基础（黑维强，2016）。泰宁方言的“是”相比陕北绥德方言的“是”（黑维强，2016），多了连词用法，相比上海方言的“是”（徐烈炯、刘丹青，2007：89），多了语气词的用法，用法多样，具有研究价值。

在世界一些语言中，系动词结构（copula constructions）是条件连接词（conditional connectives）的来源之一（Hopper & Traugott, 2003: 186）。汉语的“是”已经产生了条件标记（conditional marker）（Alain Peyraube，私人交流），这个过程的概念本质仍然很不清楚，可以设想，这个过程与（>）选择疑问（S-QUESTION）>条件词（CONDITIONAL）路径有关（Heine & Kuteva, 2002: 94—95）。泰宁方言为系词演变为条件标记提供了一个例证。

条件标记和话题标记密切相关。所有表示条件、让步、原因、时间、处所的小句，不外乎是主语（赵元任，1979：69），而主语可以当作话题来看待（赵元任，1979：45）。因此条件标记也可以看作话题标记。话题、条件小句使用同样的形式标记的现象在语言中普遍存在，它们都为下面话语提供框架（Haiman, 1978）。

Ford 和 Thompson（1986）以英语话语分析为基础，认同条件句有话题功能的看法，但是认为条件句的话题性跟分句的语序密切相关，只有前置的条件句才有明显的话题功能（徐烈炯、刘丹青，2007：207；Ford & Thompson, 1986）。而泰宁方言“是”字条件句的话题性跟分句的语序关系不大。这可能与“是”具有语气词用法有关。

综上来看，泰宁方言“是”的用法多样，它和普通话、汉语其他方言、世界其他语言的话题标记有一定区别，因此具有一定的研究价值。

本文首先探讨泰宁方言“是”与话题标记相关的几种用法，以及它们是如何关联的，其次介绍话题标记“是”的功能。

## 2　表达肯定

系词[②]“是”起到肯定和联系的作用。吕叔湘（2015：496—502）指出普通话“是”做动词，主要是肯定和联系的作用，可以表示多种关系，谓语的主要部分在“是”后边。泰宁方言例如：

（5）伉是个只高中老师我是一名高中老师。

当系词前出现“是”时，系词前的这个“是”自然不是表示判断，只是标记前面的成分是话题，话题标记“是”后附于主语，如例（6）。

（6）伉是，是个只高中老师我啊，是一名高中老师。

此时“是”产生叠加，第一个“是”是话题标记，第二个“是”是系词，这体现了“是”的语法化程度进一步加深。

“是”读轻声，出现在停顿之前，可以解读为话题标记。例如：

（7）伉是，唔做声我（啊）不出声。

（8）明朝是，伉唔解去明天啊，我不会去的。

（9）落雨是，伉唔解去下雨的话，我不会去。

例（7）“是”和后续成分读为轻声，例（8）主语是谓语的时间条件，“是”解读为话题标记，例（9）主语是假设小句，“是”只能解读为话题标记。话题标记“是”用在条件句话题后，系词“是”绝不能用在这种句法位置，这表现了系词“是”所不具备的一种新功能。这和上海话等北部吴语的从系词发展来的话题标记“是”相近（参看刘丹青，2005：120—123）。系词和话题标记的“是”都位于主谓之间的关键位置。“是”从出现在停顿之后到出现在停顿之前，停顿的位置发生改变，“是”从系词演变为话题标记，发生了重新分析。重新分析前后的语音、语义、句法表现发生了变化。语音上，语音由读本调到轻声。重新分析前，“是”之前停顿；重新分析后，“是”之后停顿，读轻声或拉长音。语义表现上，重新分析前“是”作为构成命题义的一部分，一般不能删除；重新分析后“是”的删除不影响句子的真值语义信息。句法上，重新分析前“是”可以受否定词修饰，动词性强；重新分析后，“是”附于主语或话题之后，与话题成分之间一般不能插入否定词，动词性弱，依附性强。例如：

（10）伉，唔是个只大学老师我不是一名大学老师。（系词）

（11）汝唔去（是），伉也唔去你不去，我也不去。（话题标记）

从语义、语用和认知来看，系词“是”具有成为话题标记的基础。语义上，系词本身的特性是标示其前为主题其后为论述（周国正，2008）。从语用上看，普通话中“主＋是＋动/形/小句”的“是”不重读时可以省略，只表示一般肯定，例如“这么干我是一百个拥护，一千个赞成”（吕叔湘，2015：499—500）。这种用法是一种肯定的语气，若只表示语气的提顿，就发展为一个典型的话题标记了（黑维强，2016）。从认知上看，“是”在肯定性的句子中，具有增强所肯定的事态的指别度的作用（王冬梅，2014）。所谓指别度，指的是“说话人觉得，他提供的指称词语指示听话人从头脑记忆中或周围环境中搜索、找出目标事物或事件的指示强度。指示强度高的指别度高，指示强度低的指别度低”（沈家煊、完权，2009）。当听话人从头脑记忆中或周围环境中搜索、找出目标事物或事件时，听说双方经常将这个“目标事物或事件”作为谈论的对象，因此“是”逐渐有了话题标记的作用。

综合以上的看法，从共时来看，泰宁方言“是”可以从系词演变为话题标记。

## 3 表达选择

“是”读轻声，连接两个或两个以上表示并列关系的选项，或者说作为联系项位于并列项中间，做选择连词。例如：

（12）汝食茶是食水$_{你喝茶还是喝水}$？

（13）汝食茶是食水是食酒$_{你吃茶还是喝水还是喝酒}$？

普通话“是”也可以作连词，但是一般要和“是”或“还是”共现。普通话选择问句中关联词语“是”必须和“是”或“还是”配合使用（邵敬敏，1994）。一些方言中，“是”的使用比较自由。例如张家口方言“是”作为选择连词非常自由，既可以配套使用，也可以单独使用，主要通过联系项单用成为选择连词（宗守云，2017）。泰宁方言也可以单独用“是”表示选择，并且可以连用多个“是”。这说明泰宁方言“是”表示选择的用法灵活。

连词“是”除了用法灵活之外，还使用范围广泛，不仅可以连接句内成分，还可以连接小句。例如：

（14）汝明朝去是后日朝去你明天走还是后天走？

（15）渠侬爷去了是渠侬嫲去成了他爸走了还是他妈走了？

选择连词和系词“是”联系两个事物时所处的句法位置相近，都可以用“NP1 是 NP2”表示，这体现了选择连词和系词之间的联系。例如：

（16）茶是水茶属于水/（喝）茶还是（喝）水？

（17）食茶是食水喝茶还是喝水？

例（16）“是”读本调时为系词，读轻声时为连词。而例（17）“VP1 是 VP2”不容易理解为两个动作的肯定和联系，而是理解为这两个动作之间的选择关系。

“NP1 是 NP2”单独成句表示选择关系时，其实是对选择某个动作行为进行提问；而“VP1 是 VP2”表示动作之间的选择则很自然。这说明“是”从系词用法向选择连词用法扩展。具体有如下句法表现：

当“是”和谓语主要部分关系紧密，可以解读为系词；当“是”后有并列义的同位成分时，“是”处于停顿之前，前附于主语或话题，可以解读为连词。例如：

（18）汝是高中老师你是高中老师？（系词）

（19）汝是高中老师是初中老师你是高中老师，是/还是初中老师？

（系词，选择连词）

（20）汝是高中老师是，初中老师你是高中老师还是初中老师？

（选择连词）

（21）汝是当高中老师是，当初中老师你是当高中老师还是当初中老师？

（选择连词）

例句（19）的第二个“是”可以理解为判断关系或选择关系，解读为判断关系时，“是”前后紧挨着的NP和主语是归类的关系，“是”在停顿之后，“是”前可以加“汝”，还可以受否定词修饰；解读为选择关系时，第二个“是”前后的NP为两个选项，“是”在停顿之前，如例（20）。但是例（21）的“是”只能理解为选择关系，因为“是”连接两个VP，“是”在停顿之前依附性强，不受否定词修饰，也不能在之前添加“汝”。

从以上我们可以看出，这个选择连词逐渐发展出类似话题标记的用法。选择关系和条件关系相关，可以视为条件关系的一种。赵元任（1979：68）在讨论条件小句时，指出“不是……就是”（条件关系）常用来代替用于逻辑选言命题的“或是……或是”。其实暗含着选择关系也可以视为一种条件关系的这种观点。而表示条件的小句不外乎是主语（赵元任，1979：69）。因此我们可以认为表示选择关系的小句也可以认为是话题句的一种，其中的“是”可以看作话题标记。提出话题之后，提出了另一个选项。另一个选项其实是对前一个选项语义上的扩展，这类似话题和说明之间的关系，说明也是围绕着话题进行扩展。

方梅（2018：250—255）探讨了连词的语义弱化，发现口语交际中弱化连词都不能和语义上相对应的连词搭配使用。泰宁方言“是……是……”表示选择关系，经常用“……是……”单独表示选择，也是这种语义弱化的体现。这也为其发展为话题标记奠定基础。常见的“……是……”选择问句例如：

（22）汝跟渠去是跟伉去你跟她走还是跟我走？

综上所述，共时来看，泰宁方言“是”的语义演变可能为系词 > 连词 > 话题标记。

## 4 表达语气

一些方言中“是”存在语气词的用法。例如陕北神木话准语气词“是”（邢向东，2006）、陕北绥德方言“是”（黑维强，2016）、南昌方言和西南官话“是”（谢留文，1998）。这说明赣语泰宁话“是”具有语气词用法并非孤立的语法现象。

关于语气词“是”的来源，有副词说（黑维强，2016）、移位说和连词说（邢向东，2006）。例如，邢向东（2006）认为神木方言语气副词“是$_1$”通过移位变为准语气词“是$_1$”；“是$_2$”从复句中的连接成分演变为由疑问句形式构成的祈使句末尾的语气成分。泰宁方言语气词“是”，认为是移位的结果则不妥当，因为“倒装”不回原来的位置，例如“汝即个人是你这个人啊。”找不出“是”的原始位置。泰宁方言语气词“是”，也不一定是复句中的连词演变为由疑问句形式构成的句尾的语气成分。例如：

（23）渠明朝去外爿是后日朝去外爿他明天去外地还是后天去外地？

→渠明朝去外爿是他明天如果去外地呢？

（24）？→汝即只人是你这个人啊。

例（23）隐含后半部分后，是表示假设的句子，“是”可以看做句末语气词，但是连词发展为句末语气词的这种说法不能解释更多句类的句子。如例（24）感叹句末尾的语气词“是”找不出原始的选择句。

相比之下，认为语气词“是”是从系词发展而来的结果，则更有可能。例如：

（25）渠明朝去外爿是（伉今朝请渠）他明天去外地的话（我今天请他）。

（26）汝即只人真个是（小气）你这个人真的啊（小气）。

从系词发展而来的明显句法表现是语气词“是”可以加后续成分。语气词“是”主要有三种用法，这三种用法的“是”都可以后接小句，整个句子变成一个整句。

（一）用于感叹句末，表示感叹的语气。

（27）真个是真的啊（怎么样，例如讨厌）。

（二）陈述句或疑问句末，表示假设的语气。谓词性成分前都可以加上“若”。

（28）渠明朝去学书了和伉话个下他明天去读书了，和我说一下。——渠（若）唔去是他（如果）不去（读书）的话。——唔畏，也和伉话个下没事，也和我说一下。

（29）（若）是是？□［$no^{33}$］□［$tsø^{0}$］办是的话，怎么办？

（三）用于句中，表示停顿和引出下文。这和南昌（蒋巷）话的“是”位于句子中间，“是”整个音节拉长，表示停顿和引出下文的语气词用法（谢留文，1998）是类似的。泰宁方言例如：

（30）渠明朝（若）去学书是，和伉话个下他明天（如果）去（读书）的话，和我说一下。

（31）买了个东西唔熝得渠食，渠真个是小气啊买的东西不煮给她吃，他真的小气啊。

后面这两种用法其实具有本质上的相似性。江蓝生（2004）也指出话题句和假设句有同质关系。

当语气词“是”加后续小句后，整个句子构成一个整句。因此句末语气词“是”变成句中语气词（提顿词），这个句中语气词也是话题标记。赵元任（1979：50—51）就指出了主语为问，谓语为答，主语和谓语作为零句，构成一个整句，主语问的疑问助词就是主语或话题的标记。张伯江和方梅（2014：47—69）指出从历史来源来看，汉语口语里的句中语气词都是由句末语气词发展而来的，它们原来在句末的疑问语气、感叹语气都不同程度减弱了，在句首成分后的停顿位置上又产生了一些新的语气意义，总的来看这种新的语义是朝着标示话题、标示主位的方向发展的。泰宁方言的“是”所在的小句作为一个零句，也可以和后续成分构成一个整句，“是”充当句中语气词或话题标记。例如：

（32）做得三斤面粉是做三斤面粉的话。——三斤面粉三十多个仔［tsø$^{0}$］，□［næ$^{51}$］夥啊三斤面粉（能够做）三十多个左右（的包子），（你以为）很多啊？——做五斤面粉是夥哟。做五斤面粉累死做五斤面粉的话很多（包子）哟。做五斤面粉（会）累死。

语气词“是”加后续成分，“是”由句末语气词变成了句中语气词，逐渐具有了话题标记的作用，后面出现的内容变为说明。又例如：

（33）A：□［ua$^{354}$］次汝侬姊姊得伉早□［xua$^{21}$］送货哦，下来送渠去学书，伉话，渠寄宿生全部皆拉起了哟，全部呼噜呼噜上去上去□［ua$^{354}$］底学书，学书到时间下来食饭，食饭又去上课。伉话好是好，汝若唔用几□［xua$^{21}$］钱是那次你姐让我早点送货，下来以后送他去读书，我说，他们寄宿生全部都起来了哟，全部呼噜呼噜上去上去那里读书，读书到时间下来吃饭，吃完饭又去上课。我说好是好，如果不要多少钱的话。

B：钱是唔用几□［xua$^{21}$］，在□［ua$^{354}$］底苦呀钱的话，

不要多少，在那里苦呀。

从说话者 A 方来看，“伉话好是好，汝若唔用几□［$xua^{21}$］钱是。”这个句子，“是”读轻声，位于句末，可以看作句末语气词。在对话中看这个句子，听话人会认为这个句子可能还有后续话语，即需要对这个零句进行说明，因此 B 的回话是对这句话的说明。在 B 的回话中可以看出，“是”已经不带语气意义，仅仅是话题标记了。

有趣的是从这个例子中我们可以看到泰宁方言口语会话中“是”的话题性和小句的语序关系不大。Ford 和 Thompson（1986）以英语话语分析为基础，认为条件句的话题性跟分句的语序密切相关，只有前置的条件句才有明显的话题功能（徐烈炯、刘丹青，2007：207；Ford & Thompson, 1986）。根据语言共性研究，条件句（包括中国语法学说的条件句和假设句）有前置于主句的倾向，汉语条件句后置，多带有易位和追补的性质（刘丹青，2019：54）。“伉话好是好，汝若唔用几□［$xua^{21}$］钱是。”中“是”所在的小句我们可以看作后置的条件句。它不是“易位和追补”的结果，因为前面并没有提到“钱”这件事情，而且“是”可以做句末语气词，表达假设语气。并且，这个后置的条件句也有话题功能，通过会话参与者的答语可以看出“是”的话题作用，“是”在后一个小句中充当了话题标记的作用。因此，我们认为泰宁方言“是”字条件句的话题性跟分句的语序关系不大。这可能与“是”具有语气词用法有关，语气词“是”可以位于句末，也可以位于句中充当句中语气词，演变为话题标记，因此“是”字条件句可以前置也可以后置，不影响其话题性，“是”字条件小句前置时“是”是句中语气词（话题标记），后置时“是”是句末语气词，具有演变为话题标记的可能，因此无论“是”所在的条件小句前置还是后置，都和话题作用相关。

因此我们认为“是”发生了系词 > 句末语气词 > 句中语气词 > 话题标记的语义演变。因为“是”还能做语气词，因此带“是”的条件小句无论前置还是后置，都具有话题性。

## 5 做话题标记

“是”依附于主语或话题后做话题标记，读为轻声，不受否定词修饰，不表示真值语义信息。不具有句法强制性，可以省略。这和假设复句一样，都可以通过意合法表示假设。假设复句可以没有标记，通过意合法表示假设（江蓝生，2002）。“是”用于假设小句时，只能分析为话题标记，而不分析为系词，可以与带“若［$næ^{21}$］”的假设小句替换。例如：

（34）身体好是，解赚呗；身体唔好是，哎身体好的话，能赚钱呗；身体不好的话，哎（不好说）。

→身体若好，解赚呗；身体若唔好，哎身体如果好，能赚钱呗；身体如果不好的话，哎（不好说）。

“是”标记的话题成分，可以是体词性成分、谓词性成分、介词短语、小句。湖南靖州酸汤方言的话题标记“是”（刘宗艳，2016）和抚州方言的话题标记“是”（王健、熊远航，2021）都有相似的用法。泰宁方言例如：

（35）今朝是排队排了几□［$xua^{21}$］仔［$tsø^{0}$］人今天啊排队排了好多人。

（36）得渠得渠去日日去当寄宿生是，辛苦了咯让她让她去天天去当寄宿生的话，辛苦了。

（37）在□［ua354］底是，太远成了得在那里的话，太远了。

（38）汝即只胖子是，太重成了得你这个胖子，太重了。

话题标记“是”用于以下几种语境：

（一）假设条件关系

（39）解学书是，得渠学会读书的话，让他读书。

“是”出现于假设小句的句尾，表示加强假设或条件语气。本来就是假设小句，“是”出现在句尾表示加强语气，假设小句是话题，“是”是话题标记，引出下文。

（二）顺承关系

（40）即话了渠是，汝唔曾见啊，嘟形翘嘴说了他啊，你没有看到啊，（他）翘起嘴不高兴。

用于已然语境，陈述既成事实后发生的事件，“话渠”在前，“嘟形翘嘴”在后。“是”在表示顺承关系的句子中表示话题标记，这些句子本身带有顺承关系，“是”不表示假设，只是语气停顿，引出下文。

（三）让步转折关系

让步转折是在承认既成事实、条件的前提下再做转折，用于已然语境（江蓝生，2002），“是”的语法化程度比假设条件句末的“是”更高，也可以看作话题标记，引出下文。

（41）即么大去了是，什么皆晓得已经这么大了，什么都知道。

（四）体词性成分＋是

“是”表示语气停顿，引出下文，是话题标记。

（42）明朝是，伉是，唔解去明天啊，我啊，不会去的。

此时，“是”与假设条件、时间关系不相关，语法化程度最高。

江蓝生（2002）指出话题标记“时”的演变路径：假设语气助词→一般停顿语气助词→名词话题标记。泰宁方言话题标记“是”也有假设语气助词、一般停顿语气助词、名词话题标记的用法，也可能发生类似的语义演变。

洪波（2000：7）指出古代汉语的指示代词“是”“斯”“兹”和“此”都具有分布于条件复句或因果复句的两个分句之间回指前一分句的功能，当它们的称代作用弱化，相继虚化为联接因果复句或条件复句的连词，例如“且成，孟之保障也，无成是无孟氏也。（左传·定公十二年）”“舜不穷其民，造父不穷其马，是舜无失民，造父无失马也。（荀子·哀公）”。这种“是”如果附属于前一小句，只是起到停顿的作用，则很容易变为话题标记，如泰宁方言的例子。

## 6 话题标记“是”的功能

“是”作为话题标记，使用频率高，功能多样。普通话的研究中，王红旗（2010）探讨了表示等同和归属的“是”字句在话语或篇章中的话语功能，认为“是”字句可以延续或引入句子话题，也可以引入篇章话题；关注的是“是”之后的宾语名词性成分是否做话题。本文探讨的泰宁方言话题标记“是”与之不同之处在于，“是”所标记的话题成分在“是”之前。这种分布的不同，必然导致功能的差异。话题标记“是”具有以下几种功能。

（一）延续话题和设立话题

话题标记“是”具有延续话题和确立话题的作用。“是”可以增强指别度，这与其来源有关，“是”本来是指示词，作用是增强指别度（王冬梅，2014），因此“是”有内指的（endophoric）特征。内指是回指前面言谈中论及的行为或指称与前面言谈中论及的行为相关联的行为；指称行为与指称事物一样，都会以不同方式显示这个被提及的行为与语境中已述行为之间的关系（方梅，2018：149—152）。泰宁方言“是”可以回指前面言谈中论及的事物或行为。这种用法的“是”具有延续话题和设立话题的作用。

（1）延续话题

前面言谈中出现的相同的名词性或动词性短语，加上“是”进行回指。此时“是”具有延续话题的作用。例如：

（43）A：今年工今年……

B：二十、二十、三十皆，汝话到了汝高爿二十、二十、三十都（放炮），我说到了你家那上边。

A：今年工是，最放成了夥炮咯，伉侬□［$ua^{354}$］只小京是，唔晓得外喜欢放炮今年啊，最放了多炮咯，我们那个小京啊，不知道在外面为什么那么爱放炮。

（44）A：渠侬上次食八百块火锅啊他们上次吃了八百块的火锅啊！

B：食火锅是，贵是贵在吃火锅啊，贵是贵在……

C：食火锅是可以有三百个利。即个□［$pi^{51}$］仔［$tsø^{21}$］得，七块八块个利息吃火锅啊，他们可以赚三百的利，这么一点啊，七块八块的利息。

D：欸欸欸，渠就是贵，个□［$pi^{51}$］仔［$tsø^{21}$］就是欸欸欸，它就是贵，只有一点点。

C：食火锅是吃火锅啊……

A：伉装得汝即个盘菜就三块我装给你这一盘菜就三块钱。

“是”前的“今年工$_{\text{今年}}$”名词性成分和“食火锅$_{\text{吃火锅}}$”谓词性成分在上文中已经出现过，“是”体现了话题链，起到了话题延续的作用。

陕北横山话的话题标记“是”将会话中或语境中已知的、处于激活状态的至少是易激活的对象设置为话题，使当前言谈紧接上文（张军，2012），也起到了话题延续的作用。

（2）设立话题

设立话题是指把认识网络里已经存在的一个谈论对象确立为言谈话题，文中没有出现过，但是它和语境中的已有话题存在某种连带关系（方梅，2018：257）。“是”前的 NP/VP 在前面的话语中并未出现，但是先前信息已经涉及。此时“是”是设立话题的重要手段。

如上文例（33）的第一个划线“是”，它前面的“钱”在先前信息中没有明确提到，但是在人们认识网络中“当寄宿生”和“钱”带有认识上的连带关系，听话人可以通过他的知识背景推知，具有可及性，信息的激活有利于“钱”充当话题。“是”辅助“钱”这样一个尚不具有典型话题特征的言谈对象确立其（想要谈论的话题的）话题地位。从认知来看，根据时间顺序，小句排列顺序与概念领域的自然顺序一致，而“是”所在的小句可以放在表示结果的小句后面。先说结果，再说条件，是有标记的，说明它具有一定的话语功能，我们发现这个句末的“是”一般提示可以轮到另一说话者说话了，并且指明想要谈论的下一话题，具有较强的启后性。从答语中也可以看到，答语也将“钱”作为话题，可见之前句末的“是”不仅是语气词，还具有设立话题的作用。

（二）找回话题

在话语中，"是"还可以用于话题找回。

（45）A：汝降渠唔了嘛，天光赖床嘛，睐手机吧，□［$ua^{354}$］就是得渠去当寄宿生咯，苦得渠苦，礼拜六、礼拜五归来厝下是，到礼拜六、礼拜日得两工补个下渠，有什么办法呀，苦得渠苦，……唔食这样，唔食□［$ua^{354}$］样，渠喜欢食拌粉，渠喜欢食拌面你降伏他不了嘛，早上赖床嘛，看手机吧，那就是让他去当寄宿生咯，苦让他苦，礼拜六、礼拜五回来家里啊，到礼拜六、礼拜日用两天补下他，有什么办法呀，苦让他苦，……不吃这样不吃那样，他喜欢吃拌粉，他喜欢吃拌面……

B：渠喜欢食拌面啊他喜欢吃拌面啊。

A：得渠得渠去日日去当寄宿生是，辛苦了咯让他让他去天天去当寄宿生啊，辛苦了咯。

此序列讨论"当寄宿生"的事，但是言谈中一步步偏离了原本讨论的"寄宿生"话题，通过"是"将原来的话题前景化，找回了原来的话题，把上文讨论的话题重新拉回到当前状态。

"是"具有找回话题的作用，还可以通过对比"小句＋是"（如"即只 NP 是"）与"是 +NP"看出。前者的"是"具有充当语气词（话题标记）的作用，而后者"是"只是系词。从信息结构的角度看，语序也可以体现一个叙述对象是否处于叙述的主线或者当前的谈论焦点（方梅，2018：256）。"小句＋是"（如"即只 NP 是"）与"是 +NP"采取了不同的语序手段，其中的 NP 处在两种不同编排方式的语句当中，"小句＋是"（如"即只 NP 是"）中叙述对象 NP 处于叙述的主线或者当前的谈论焦点。通过"是"把话题前景化了，找回了话题。

（46）A：汝即只胖子是，天光掐得饱饱个气出来做生意，接个下汝，□［$lau^{21}$］个得，毛气毛气呀，轮轨皆歪成了哦，哎，倒霉哦，接了汝即只胖子是哦。……咿呀嘞——皆上树呀你这个胖子啊，（我）天亮打得饱饱的气出来做生意，接一下你，看下（车）啊，没气没气呀，轮轨都歪掉了，哎，倒霉哦，接了你这个胖子哦。……咿呀嘞——（我）都上树了呀。

B：伉人皆毛上车嘞我人都没有上车嘞。

A：汝即只胖子是，太重成了得你这个胖子啊，太重了啊。

（47）叫汝去着相机，着了相机用带电池，本来是叫渠去个，汝是话汝用去，……昨日暗暝记得个事，今朝全部还得伉，汝是只猪叫你去拿相机，拿了相机要带电池，本来是叫他去的，你说你要去，……昨天晚上记得的事，今天全部还给我，你是个猪。

例（46）讲的是因为乘客太胖，把摩的司机的车轮子压扁并且把司机翘飞到树上的事情，通过"话题＋是"的结构（"汝即只胖子是"），将乘客太胖这个话题找回。"汝即只胖子"是谈论的话题，后接评价"太重成了得"表示说明。例子（47）中，NP在"是"后提供相关辅助信息，"汝是只猪"是对前文述说的种种表现的总结性评价，相当于背景信息。

（三）话轮转接或话轮延续

话轮转接功能和话轮延续功能是服务于话轮处理的言语行为功能（方梅，2018：261—265）。话轮转接指示一个新话轮的起始，标志一个话轮的结束，或者引入下一个谈话人的话轮（方梅，2018：255）。

在话语中，"是"还具有话轮转接或话轮延续的作用。"是"后常常还会接一个小句，可以是不同说话人的顺次前后相连，作为话轮转接，也可以是话轮延续。在例子（33）中，"是"位于话轮交替处，预示本次话轮就此结束，是邀请下一个话轮的邀请信号，即“是”后说话的机会可以让渡给另一说话人，因此“是”后经常有停顿，用于说话人思考，或者留给另一说话人打断。陆镜光（2000）认为普通话、北京话、上海话和潮州话里，句子成分的后置，可视为话轮交替机制中用以缩减话轮之间的间隙的一种手段。当“话题＋是”后置，标志话轮结束的同时，也提供给了会话参与者一个新话题，从而引入下一个谈话人的话轮。如果会话参与者放弃此次说话机会，则另一会话参与者可以延续此话题，继续前一说话者通过“是”设立的新话题。例如（44）“食火锅是，贵是贵在吃火锅啊，贵是贵在……”可以看出会话参与者B放弃了此时说话机会，于是会话参与者C通过重复“原有的话题＋是”（原话是“食火锅是可以有三百个利吃火锅啊，他们可以赚三百的利”），延续谈话的内容，而B并未回复，并非同等投入，因此可以说“是”起到话轮延续的作用。

## 7 结语

本文以上讨论的这些语义演变路径，是在前人研究的基础上进行的，以往学者相关的研究如下[③]：

系词＞话题标记（刘丹青，2005；黑维强，2016）

系词＞连词（邢向东，2006）

连词＞话题标记（赵元任，1979）

系词＞句末语气词（黑维强，2016）

句末语气词＞句中语气词＞话题标记（赵元任，1979；张伯江、方梅，2014）

假设语气助词＞一般停顿语气助词＞名词话题标记（江蓝

生，2002）

在前人的基础之上，结合泰宁方言“是”的句法分布，从共时来看，泰宁方言“是”可能的演变如下：

（1）系词 > 话题标记

（2）系词 > 连词 > 话题标记

（3）系词 > 句末语气词 > 句中语气词 > 话题标记

（4）话题标记内部语义演变为：假设语气助词 > 一般停顿语气助词 > 名词话题标记

第一条和第三条演变路径不同之处在于：若去掉“是”后成分不成句，例如“明朝是，伉侬去北京明天啊，我们去北京。”这句话去掉“是”的后续成分即“* 明朝是”不成句，则“是”可能发生系词 > 话题标记的语义演变；若去掉“是”后成分成句，例如“汝即个人是，真个小气”去除“是”的后续成分之后即“汝即个人是”，能成句，则“是”可能发生系词 > 句末语气词 > 句中语气词 > 话题标记的语义演变。

泰宁方言句末“是”所在的条件句的话题性跟分句的语序关系不大，后置的条件句也可以具有设立话题的作用。泰宁方言的“是”为从系词中来的条件从句标记提供了一个例证。

## 附 注

① “伉”是俗字，意为第一人称代词“我”，本字可能为“系”加第一人称代词的合音。

② 因为“是”表示焦点标记时，句子可能发生重读现象，这和系词以及话题标记所在的句子不同，因此我们聚焦的是系词到话题标记的演变情况。

③ 以下是大致的演变方向。

## 参考文献


方　梅　2018《浮现语法：基于汉语口语和书面语的研究》，北京：商务印书馆。

黑维强　2016《绥德方言“是”的几种用法及其语法化考察》，《兰州学刊》第8期。

洪　波　2000《论平行虚化》，见《汉语史研究集刊》（第二辑），成都：巴蜀书社。

江蓝生　2002《时间词“时”和“後”的语法化》，《中国语文》第4期。

江蓝生　2004《跨层非短语结构“的话”的词汇化》，《中国语文》第5期。

刘丹青　2005《话题标记从何而来？——语法化中的共性与个性续论》，见沈家煊、吴福祥、马贝加主编《语法化与语法研究》（二），北京：商务印书馆。

刘丹青　2019《语法调查研究手册》（第二版），上海：上海教育出版社。

刘宗艳　2016《湖南靖州酸汤话的话题标记“是”》，《方言》第1期。

陆镜光　2000《句子成分的后置与话轮交替机制中的话轮后续手段》，《中国语文》第4期。

吕叔湘主编　2015《现代汉语八百词》（增订本），北京：商务印书馆。

马企平　1984《临夏方言语法初探》，《兰州学刊》第1期。

邵敬敏　1994《现代汉语选择问研究》，《语言教学与研究》第2期。

沈家煊、完　权　2009《也谈“之字结构”和“之”字的功能》，《语言研究》第2期。

王冬梅　2014《从“是”和“的”、“有”和“了”看肯定和叙述》，《中国语文》第1期。

王红旗　2010《“是”字句的话语功能》，《语文研究》第3期。

王　健、熊远航　2021《江西抚州方言“是”的特殊用法》，《方言》第4期。

谢留文　1998《南昌县（蒋巷）方言的两个虚词“是”与“着”》，《中国语文》第2期。

邢向东　2006《陕北神木话的准语气词“是”及其形成》，《方言》第4期。

徐烈炯、刘丹青　2007 《话题的结构与功能》(增订本)，上海：上海教育出版社。
徐阳春　1997 《南昌话语气词“是”字初探》,《南昌大学学报(社会科学版)》第 2 期。
张伯江、方　梅　2014 《汉语功能语法研究》，北京：商务印书馆。
张　军　2012 《陕北横山话的话题标记“是”》,《语文研究》第 3 期。
赵元任　1979 《汉语口语语法》,北京：商务印书馆。
中国社会科学院语言研究所、中国社会科学院民族学与人类学研究所、香港城市大学语言资讯科学研究中心　2012 《中国语言地图集(汉语方言卷)》(第 2 版)，北京：商务印书馆。
周国正　2008 《“是”的真正身份——论述记号——“是”的句法、语义、语用功能的综合诠释》,《语文研究》第 2 期。
宗守云　2017 《张家口方言一些特殊形式的选择连词——现实性对立和主观性差异》,《中国语文》第 4 期。
Ford, C. & S. Thompson. 1986. Conditionals in discourse: A test-based study from English. In E. Traugott et al. (eds.), *On Conditionals*. Cambridge: Cambridge University Press.
Haiman, J. 1978 Conditionals are topics. *Language* 54(3): 564—589.
Heine, B., & T. Kuteva 2002 *World Lexicon of Grammaticalization*. Cambridge: Cambridge University Press.
Hopper, P. J., & E. C. Traugott 2003 *Grammaticalization* (Second Edition). Cambridge: Cambridge University Press.

# 从指示词到语气词

## ——芮城方言程度指示句中“这”“兀”的语法化*

薛文杰

（广西民族大学）

### 1 引言

芮城县隶属于山西省运城市，位于山西省的西南端，是晋、陕、豫三省交界地带。芮城方言依照《中国语言地图集》(2012)属于中原官话汾河片解州小片。本文讨论的芮城方言相关现象主要以笔者的母语——芮城县城关地区口音作为代表来讨论的。

芮城方言中有这样一类句子①：

（1）这（[tʂuo0]）西瓜就阵⁼②（这么）甜[tʂuo⁰]！（这西瓜就这么甜呀！）

（2）你咋给菜做下阵⁼好吃[tʂuo⁰]！/？（你怎么把菜做得这么好吃呀！）

* 本研究的部分内容曾于“第十二届汉语语法化问题国际学术讨论会”（福建·漳州）会上报告过，在场的董正存、黄晓雪、覃凤余、雷冬平等老师提供了不少宝贵意见，文章内容和一些观点与中山大学硕士生毕原浩学友交流多次，他为我提供了相当多的宝贵意见，在此一并感谢。

（3）你嫑稳$^{=}$（兀么，那么）讨厌人［uo$^0$］。（你不要那么讨厌人。）

（4）她就稳$^{=}$好看［uo$^0$］!（她就那么好看呀！）

（5）你咋阵$^{=}$不像个样儿［tʂuo$^0$］!（你咋这么不像样啊！）

（6）他咋稳$^{=}$不要脸［uo$^0$］!（他咋那么不要脸呀！）

（7）我没有他稳$^{=}$高［uo$^0$］。（我没有他那么高。）

（8）你就阵$^{=}$不爱做作业［tʂuo$^0$］!/。（你就这么不喜欢做作业。）

（9）这儿这（［tʂuo$^0$］）风景没有伢③（人家，他）兀儿稳$^{=}$好看［uo$^0$］。

（这儿的风景没有人家那儿的那么好看。）

（10）你都阵$^{=}$大年纪啦，还不知道勤勤些。

（你都这么大年纪了，还不知道勤奋一些）

我们能够从这些例句中发现很多现象，如：

（一）上述句子基本都有一个相似的不变的结构，即“阵$^{=}$/稳$^{=}$+ADJ+［tʂuo$^0$］/［uo$^0$］（+NP）”。结构的语义重心在“阵$^{=}$/稳$^{=}$+ADJ”，其他的成分则或多或少是可以不出现的（详后），结构中的“阵$^{=}$/稳$^{=}$”发挥的是程度指示副词的功能，因此我们把这类结构统一称之为“程度指示句”。

（二）如果前面的程度指示词用“阵$^{=}$”，后面往往有个“［tʂuo$^0$］”相配；如果用“uən$^{33}$/mən$^{33}$”，则后面往往有“［uo$^0$］”相配。我们将其称之为“程度指示句中的系列对应”。

（三）程度指示词后面跟的成分，有形容词，也有其他类型的短语“不像个样儿、不喜欢做作业”等。但是，它们又有一个明显的句法和语义上的共同点，即它们都可以受程度副词修饰或者用在比较句中（朱德熙，1982），都具有“程度或量”的语义特征，即在“程度量级”上占据某一点或一定的区域（可参看罗琼鹏，2022 等）。因此，它们实际都可以看作是形容词或表现出形容词性的成分，我们记作 ADJ。

（四）程度副词前也可以用否定词“没”进行否定，如例句 7，“没”后的“他”完全可以省略，“没”可以直接修饰后面的“程度指示词 +ADJ”。有的句子可以用“不是”进行否定，不用“不”进行否定，这类结构整体的句法功能是名词性的。陈振宇、张耕（2022：117）中对现代汉语中同样结构的句法功能的鉴定即如此判断。但有的可以用表示祈使的否定副词“要”，同时可以用“不是”进行否定，这部分就除了具有名词性之外还具有谓词性。具有谓词性的这部分其“ADJ”实际是像“讨厌”“调皮”这类具有自主性的动词。

（五）在有的句子中，“ADJ”后面可以直接出现名词“NP”，“NP”是“ADJ”所表示的性状的主体论元，或者多是与“阵$^{=}$/稳$^{=}$+ADJ”前的名词性成分有广义的领属关系的成分。一般在“NP”出现的情况下，其中的“[ tʂuo$^{0}$ ]/[ uo$^{0}$ ]”基本是不可以省略的。例 9 中后面的“[ uo$^{0}$ ]”没出现，但其后的“NP”同样没出现，实际完全可以补出来。而例 10 中“大”和“年纪”中间的“[ tʂuo$^{0}$ ]”可以看作是省略了，甚至不出现才是常态。但这只限于像表达“阵$^{=}$大年纪”“阵$^{=}$长时间”“阵$^{=}$多年”等口语中常用的、有些凝固的固定组合中，或者是“多”“大”特别常用的单音形容词，才可以在程度指示句中形容词的直接跟 NP。

（六）这些句子不少都有明显的感叹语气，或者可以标为感叹句。

（七）“[ tʂuo$^{0}$ ]”和“[ uo$^{0}$ ]”大都出现于句末，也有在句中出现的，但毫无例外都读轻声。于句中出现时（如例 9、10），“[ tʂuo$^{0}$ ]”和“[ uo$^{0}$ ]”起到类似普通话“的”的作用。

实际还反映一些较为隐秘的现象。如自然口语中“阵$^{=}$/稳$^{=}$+ADJ”与“[tʂuo$^{0}$]/[uo$^{0}$]”之间没有明显的停顿，二者中间也不能插入别的成分。这些句子中“阵$^{=}$/稳$^{=}$”可以重读，而“[tʂuo$^{0}$]/[uo$^{0}$]”则只能读轻声，绝对不重读，即已经完全失去本调。另外，上述所有句子“阵$^{=}$”和“稳$^{=}$”都可以互换，句义基本不变。只是相应的后面的“[tʂuo$^{0}$]”“[uo$^{0}$]”一般要换成与之对应的形式（只是一般情况，也有前面用“稳$^{=}$”后面用“[tʂuo$^{0}$]”的，详后）。“阵$^{=}$”和“稳$^{=}$”的区别在于具有所描述的程度、样貌的事物或情景在距离远近上的区别。不过，这里的远和近的区分只是相对的，而使用近指还是远指不仅跟空间距离有关，主观评价等心理因素、说话者所选择的视角等也影响指示词的选择。简言之，远近指示词的选择受多种因素影响，而且只是一种强烈的倾向而不是完全严格的语法规则（杨玉玲，2011；陈玉洁，2010：57—62）。

## 2 程度指示句句末“[tʂuo$^{0}$]”“[uo$^{0}$]”的来源

那么，出现在句末的“[tʂuo$^{0}$]”和“[uo$^{0}$]”是什么成分呢？

对于这个问题，从前面的讨论中我们隐约得出答案，实际上它们分别是由指示词“这（[tʂuo$^{55}$]）”和“兀（[uo$^{55}$]）”语法化后的形式。为何会如此，这种变化又是怎么发生的呢？相应的证据是什么？这些问题牵扯到芮城方言的指示词系统的情况。为了更好理解上述现象和回答上述问题，这里有必要了解一下芮城方言的指示词系统。表1是芮城方言（城关）④指示词系统中的单音节形式简表（双音节或多音节的指示词实际都可以看成是下面的单音节成分跟其他语素组合形成的复合词或具有指示性的短语）⑤：

表 1　芮城（城关）指示词系统中的单音节形式

| 近指系统 | | 远指系统 | | | |
|---|---|---|---|---|---|
| “这”系 | | “兀”系 | | “那”系 | |
| 读音 | 句法分布特征和语义类型 | 读音 | 句法分布特征和语义类型 | 读音 | 句法分布特征和语义类型 |
| 这［tʂuo$^{55}$］（上声） | “这”系里最常用的指示词。名词性的，可以被其他同系指示词修饰，可单独作论元；也可以是形容词性的，所修饰的只限于普通名词（非数量 NP）、处所词。语义上指示距离说话人近的实体（特定的个体和类），相当于“这个”，也相当于“这种、这类”。（“［tʂuo$^{55}$］”疑似是某个“这”系语素与“个”的合音，但目前证据不足。） | 兀［uo$^{55}$］（上声） | “兀”系里最常用的指示词。语法功能表现与“这”同，差别只在于语义上指示距离说话人较远的个体或种类，相当于“那个”或“那种”。（“［uo$^{55}$］”疑似也是某个“兀”系语素跟“个”的合音，但目前证据不足。） | 那［lai$^{55/33}$］（上／去声） | 几乎不单说，不太能自由充当论元，说明名词性不强。主要表现出形容词性，后跟数量 NP（数词一般不是“一”）、普通名词、处所词。<br><br>句法表现和语义上，“那”与“这”、“兀”都有明显的不同。由于“那”名词性不强，一般不好直接按“那个”“那种”来理解。语用功能上它也一般不用于语境直指，多用于回指和认同指。 |

续表

| 近指系统 | | 远指系统 | | | |
| --- | --- | --- | --- | --- | --- |
| “这”系 | | “兀”系 | | “那”系 | |
| 读音 | 句法分布特征和语义类型 | 读音 | 句法分布特征和语义类型 | 读音 | 句法分布特征和语义类型 |
| 这$_{儿}$［tʂɚ$^{55}$］（上声） | 是合音形式。指示处所，与普通话“这儿”大体一致。 | 兀$_{儿}$［uɚ$^{55}$］（上声） | 基本与“这儿”功能一致，只是指远。与普通话“那儿”大体一致。 | | |
| 至$^{=}$［tʂʅ$^{33}$］（去声） | 不可单说，只能做修饰性成分，后跟数量名结构（且数词一般不能是“一”）和处所词等。 | 乌$^{=}$［u$^{33}$］（去声） | 与“至$^{=}$”基本相同，只是语义上指远。 | 那［lai$^{33}$］（去声） | 后跟数量NP（数词一般不是“一”）和处所词，与“至$^{=}$”“乌$^{=}$”的功能部分相同，语义上与“乌$^{=}$”类似。 |
| 者$^{=}$［tʂei$^{31}$］（阴平） | 不可单说，后跟量名短语、时间词等，实际是指示词“至$^{=}$”跟“一”的合音。 | 微$^{=}$［uei$^{31}$］（阴平） | 与“者$^{=}$”功能基本相同，是“乌$^{=}$”与“一”的合音，只是语义上指远。 | 来$^{=}$［lai$^{31}$］（阴平） | 后跟量名短语、时间词，应即“那一”的合音。 |

续表

| 近指系统 | | 远指系统 | | | |
|---|---|---|---|---|---|
| “这”系 | | “兀”系 | | “那”系 | |
| 读音 | 句法分布特征和语义类型 | 读音 | 句法分布特征和语义类型 | 读音 | 句法分布特征和语义类型 |
| 介$^{=}$[tɕiɛ$^{31}$]（阴平） | 可单说，直接修饰其后的普通名词（非数量NP）。指示距离较近的个体。是“者$^{=}$”([tʂei$^{31}$])和“个”([ɛ$^{0}$])的合音，或看作“至$^{=}$”([tʂʅ$^{33}$])与“一个”([iɛ$^{31}$])的合音。 | 越$^{=}$[yɛ$^{31}$]（阴平） | 与“介$^{=}$”基本一致，指示距离较远的个体，是“微$^{=}$”([uei$^{31}$])和“个”([ɛ$^{0}$])的合音，或看作“乌$^{=}$”([u$^{33}$])与“一个”([iɛ$^{31}$])的合音。 | 来$^{=}$[lai$^{31}$]（阴平） | 后跟普通名词（非数量NP），应即“那一个”的合音。意义上与“越$^{=}$”相比，似乎有指示距离相对更远的意味。 |
| 阵$^{=}$[tʂən$^{33}$]（去声） | 单说仅限于对举语境。副词性的，指示性状和程度是其主要的功能。不能用来指示方式。是近指的。（“这么”的合音。） | 稳$^{=}$[uən$^{33}$/mən$^{33}$]（去声） | 它们与“阵$^{=}$”基本相同，但指远。是“兀么”的合音。 | | |

现在我们回到“[tʂuo$^{0}$]”和“[uo$^{0}$]”的来源上来，我们认为其就是虚化的“这”和“兀”。这里最容易干扰我们判断的是完全同音的“着([tʂuo$^{0}$])”。“着”也可以出现在形容词后，意义也很虚灵，甚至也有人会将“阵$^{=}$/稳$^{=}$+ADJ+[tʂuo$^{0}$]”中的“[tʂuo$^{0}$]”写作“着”，这在一些方言的短视频里的字幕中可以看出。我们不认为其是“着”，原因和证据有：“着”并不能解释程度指示句中的程度指示句的“系列对应”的情况，这种“系列对应”与芮城方言里指示词的同类“叠置”有明显的一致性，也即史秀菊（2022）中所揭示的山西方言指示词“叠置”的情况。如果看成“着”，相应的句子里“稳$^{=}$”对应的[uo$^{0}$]的现象就不能解释。同时，“着”可以跟在“形容词”后这种判断也是很不准确的，能跟在形容词后的其实是“着哩（相当于‘着呢’）”，单独的“着”则不行（普通话的表现也类似）。实际“着哩”是加在整个句子上的语气词，不是加在形容词后的。而如果在程度指示句中把“[tʂuo$^{0}$]”替换成“[tʂuo$^{0}$]哩”，则句子完全不能说：“$^{*}$稳$^{=}$好看[tʂuo$^{0}$]哩”。要使这个句子能说，只能把程度指示词换掉。比如换成表达主观性意味的程度副词“可”或“向$^{=}$([ɕiaŋ$^{33}$])”才行，例句如：可/向$^{=}$好看着哩。这类句子是口语特别常用的句子，这类句子的意思与程度指示句有区别，不可相混，其意义上偏重于向听话人传递自己的主观认识判断，而且这种判断是以自身经验为基础的；同时说话人认为这种新的判断特别值得听话人注意，程度指示句则没有“希望听话人注意和接受自己判断”的含义。程度指示句中的“[tʂuo$^{0}$]、[uo$^{0}$]”后面也不能跟“哩”。另外，“着”本身的语法性质也不支持我们做出这种判断，“着”也不能出现在定中之间这个句法位置。一般认为“着”是表示动作的进行或者状态的持续，而状态的持续的意思是不能再在前面加程度指示词来进行修饰的。如果把程度指示句结构中轻声的“[ $tʂuo^0$ ]”换成“着”，即“阵⁼/稳⁼+ADJ+着+NP”，最终造成的是类似“这么好着西瓜”这样的句子，这样的句子显然完全不合语法。

而如果将其看成是“这”“兀”虚化而来的，那么就非常完美地符合我们之前在程度指示句中得出的认识，符合“系列对应”的情况。虚化的“这”“兀”我们分别将其标作“这$^0$”“兀$^0$”。在程度指示句中的“这$^0$”“兀$^0$”只读轻声。把程度指示句还原成“阵⁼/稳⁼+ADJ+这$^0$/兀$^0$+NP”，结合前文的一些例句再进行观察和推测，我们可以有以下发现：“这$^0$/兀$^0$”所在的位置基本相当于结构助词的位置。这暗示句末的“这$^0$/兀$^0$”很可能不是直接从“这/兀”虚化而来的，而是存在一个中间环节，这个中间环节很可能是“这/兀”虚化为“结构助词”，而这个环节在芮城方言中是成立的。“程度指示句”中的“这$^0$/兀$^0$”不能读原调也间接证明了这一点。

## 3 “这、兀”>结构助词的语法化

指示词虚化的过程中除了其形式上的变化（音质逐渐变得含混，读得又弱又轻），往往伴随着其语义功能、语用功能的变化（陈玉洁，2010）。芮城方言的指示词“这、兀”也有一系列虚化用法⑥，处在不同句法位置上的指示词有不同的语法化的方向。如：句首的“这”（也可以换成“兀”）可充当“话题标记”：

这石子儿饼，就是你做去时候儿（做的时候），你不是擀下兀面饼，你给兀贴到兀炕得抛⁼烧（很热）的、瞅着乌黑乌黑的、光光儿的石头子儿上头加热一会儿。炕好了饼子面上就是坑坑洼洼儿的。因为在石头子儿里烤热的，所以叫石子儿饼。

上面一段话也可以反映出指示词"这、兀"可以充当"定冠词"的功能。而在"擀下兀面饼"中的"兀"也可以做结构助词来理解。其中的"擀下兀面饼"的篇章语用功能上是"认同用"的用法，是与"石子儿饼"这个语篇话题自然关联的、易推知的信息。指称上则更像是表示类指，所述的是一般情况，而不指特定的某个"擀下的面饼"。其中的"兀"轻读。下面是更多充当结构助词的例子：

（11）我这0比你这0大。

（12）我这0书比你兀0厚。

（13）你写这0看人能认得吗?（你写的看别人能认得吗？）

（14）你做这0看谁愿意吃？（你做的这看谁愿意吃）

（15）你这0字写得不沾。（你的字写得不好。）

（16）你兀0房子还盖得美哩。（你的房子还盖得好呢。）

（17）你老师教兀0你听懂了吗？（你老师教的你听懂了吗）

与原调相比，其韵母已明显地央化和单音化，声母有变为同部位的近音的趋势，但与程度指示句中的"这⁰/兀⁰"相比还有区别，"这⁰/兀⁰"是纯粹的轻声。上面的例子中"这0"和"兀0"都可以互换，但是语用功能上指近指远的距离意义（也包括心理距离、语篇距离等）还依然存在。轻读时，可以是定指理解，也可以是类指解读。定指理解时指示的是语境中所指的唯一确定的对象，但这种解读已经不是优势理解了。更常见的理解近似于类指解读。类指解读时，有的句子已经更倾向于读轻声了，尤其是后三句。虽然轻声和轻读，其造成的意义的差别可能还不明显，但是能够为我们观察该成分的语法化程度提供形式依据。

从上例看，芮城方言中“这、兀”虚化为结构助词的功能是可以坐实的。这种变化过程是在“定语 + 这 / 兀 + 中心语”的结构中发生的，其变化的机制是重新分析，其句法层次由“[ 定语 + [ 这 / 兀 + 中心语 ] ]”变为“[ [ 定语 + 这 / 兀 ]+ 中心语 ]”。临近方言中存在的类似现象也已有不少讨论，如史秀菊（2003）描写的临猗方言，史秀菊、史荣（2016）中的绛县方言，唐正大（2008）讨论关中永寿方言中的“兀”的关系从句标记功能，等等。史秀菊（2018）、史秀菊（2023a：105—116）结合山西方言材料做了类型归纳，讨论了山西方言中指示词与结构助词的语法共性并归纳了山西方言结构助词的几个类型：（一）晋城型；（二）高平型；（三）陵川型；（四）万荣–临汾型。芮城方言所反映的“这、兀”语法化为结构助词的情况与“万荣–临汾型”基本一致，只是细节上有细微差别。

而从“指示词 > 结构助词”的语法化路径在汉语方言中乃至世界语言中都是较为常见的一种语法化路径，有很多学者从不同角度运用不同材料做出了很多成果。如方梅（2002）、刘丹青（2005）、唐正大（2008）、焦妮娜（2009）、陈玉洁（2010）等，兹不尽举。陈玉洁（2010：206—245）用专章讨论了汉语指示词的定语标记功能及其演变的机制，提到这种语法化过程从类型学角度更概括地讲实际是“指示词 > 连接标记”（Demonstrative>Linker）的过程（陈玉洁，2010：211；Diessel, 1999: 130—132）。Heine 和 Kuteva（2012：150—152）列有“Demonstrative>

Relative”的语法化路径，并认为“指示词很可能是关系小句标记最常见的语法化来源”。李小军（2021：463—464）列出了“指示词 > 关系从句”（按：当为“关系从句标记”）的语法化路径并引了汉语史和北京话与一些方言的例子，对相关研究做了简要概括。

芮城方言中“这、兀”语法化为结构助词伴随着指示词自身指示功能的转变，从用于语境直指到可以表示“认同指”的变化。虚化后的“这 0、兀 0”都轻读，甚至也可以读轻声。当其出现在程度指示句的语境中时，它作为结构助词，联系其前的“阵$^{=}$/ 稳$^{=}$+ADJ”与其后的“NP”，这样造成的是“阵$^{=}$/ 稳$^{=}$+ADJ+ 这 0/ 兀 0+NP”这样的程度指示句。那么，程度指示句中的“这 0/ 兀 0”是如何变成语气词的？它又是否真的完成了到语气词的变化过程呢？

## 4 程度指示句中“这、兀”的语法化

“阵$^{=}$/ 稳$^{=}$+ADJ+ 这 0/ 兀 0+NP”是有歧义的，它可以表示感叹，也可以相当于一个名词性短语，可以做动词的宾语，如“给我寻一个阵$^{=}$长这 0 桌子，我要用哩。”“你买阵$^{=}$厚这 0 书，你能看完吗？”“我买了一个阵$^{=}$大这碗”等。其中的第一句和第三句整个结构是可以表示类指的，是以语境现场说话人的指示或比划的东西做样本，实际指的是具有该性状、样貌的碗或桌子。实际在现场可能并不存在这么一件真实存在的桌子或碗，说话人只是比划出其大概性状而已。而句二，一般指示的是语境现场具体存在的那一本书，做个体指的定指理解，但也并非不能做

类指理解。因为说话人完全可以说的是一般情况，即以语境现场的那本书作为样本，指示的是一类的具有同样特征的书，即整个结构语义上做类指理解。在实际语境中的现场，其实也可以并不存在这么一本具体的书，如以下语境：

（18）A：我要买《资治通鉴》。

B：《资治通鉴》阵$^{=}$厚这0书，你能看完吗？

语境现场完全可以不存在一本具体的《资治通鉴》。B的回答意在表达像具有《资治通鉴》这种体量和厚度的一类的书，A可能都看不完。可见在“阵$^{=}$/稳$^{=}$+ADJ+这0/兀0+NP”中，虽然有时候可以取定指的个体指的解读，但很多时候是倾向于取类指解读的。类指阶段的意义更凸显的是具体性状或者程度，其后的“NP”则是不那么要紧，NP往往与语篇话题是相关的。即使省略，也较容易推知。

而“阵$^{=}$/稳$^{=}$+ADJ+这0/兀0”与“阵$^{=}$/稳$^{=}$+ADJ+这0/兀0+NP”有明显的相关性，前者很明显是后者“删略”了其后的“NP”产生的。前文提到程度指示句中除了“阵$^{=}$/稳$^{=}$+ADJ”，其他成分都是可以不出现的。“NP”为什么能够省略？我们认为这与“NP”自身的语义属性密切相关。在程度指示句中以及具体会话中的“NP”基本上都有较高可及性，其所指对象是很容易推知或者在语境中可以不用说出来的。如果句子有话题，“NP”往往与话题同指，或者存在广义的领属关系。如果话题没有显现，“NP”也未显现时，我们往往可以直接结合语境确定所指。通过“ADJ”的语义、所关涉的性状结合语境，也往往可以推知其所指对象。如：

（19）阵$^{=}$热这0天，你准备上哪呀？

（20）阵$^{=}$热这$^{0}$，你准备上哪呀？

（21）阵$^{=}$重这$^{0}$桌子，你能抬动吗？

（22）阵$^{=}$重这$^{0}$，你能抬动吗？

（23）阵$^{=}$好吃这$^{0}$。

即使省略“NP”所指“天”“桌子”，我们也很容易结合语境推知其所指，形容词本身的性质也很容易帮助我们推断出语境中“NP”的所指。如“热”、“好吃”所涉及的感受在语境中是共同可以感受到的，“ADJ”所涉及的主体“NP”有时甚至无须说出。形容词“好吃”的肯定是食物，而且是语境中说话人正在食用的东西。“热”，一般就指环境、天气的温度高导致感受者自身有“热”的感受，“热”所涉及的主体不用说就可以推导出，或者说虽然“热”有“环境热”“说话者感到热”“天气热”等可能，但在具体的交际中，我们常常不须要点明具体到底是哪种情况，重要的是传达说话人自身的感受或者评价，而这部分的语义是由“阵$^{=}$/稳$^{=}$+ADJ”来承担的。

而从形式上看，在语流中，“阵$^{=}$/稳$^{=}$+ADJ”可以重读，而“NP”则不能重读。整个句子的语义重心或者说说话人想要传达的焦点信息是“阵$^{=}$/稳$^{=}$+ADJ”，而不是“NP”。更多的情况则是句子本身已经有话题，而“NP”与话题同指或存在具体或抽象意义上的领属关系而可以被删略。吴福祥（2023）专门讨论了“删略导致语法化”，所谓“删略”指的是“说话人（或写作者）出于经济、强调、风格等原因有意删除句子或话语中某个（或某些）成分，被删的成分对于所在结构的语义解释和话语理解必不可少，可以通过考察语境而加以恢复”。由于“删略”导致的新的语法化成分产生，这种演变过程就是“删略导致的语法化”。

由于“NP”删略后导致程度指示句中的“这$^{0}$/兀$^{0}$”直接可以居于句末，进而为其语法化为语气词创造了条件。

“NP”删略后的“阵$^{=}$/稳$^{=}$+ADJ+这$^{0}$/兀$^{0}$”句中的“这$^{0}$/兀$^{0}$”只读轻声了，其音值上也变得含混，“这$^{0}$”的原有的“[ tʂ ]”声母在自然口语发音的实际音值已多有弱化为同部位的近音［ɻ］的现象，韵母“[ uo ]”多有弱化为央元音［ɵ］的。

语义上看，“阵$^{=}$/稳$^{=}$+ADJ+这$^{0}$/兀$^{0}$”句也是有歧义的。一种是做陈述句解读，一种是做感叹句解读。如：“阵$^{=}$大这$^{0}$”、“稳$^{=}$重兀$^{0}$”。它们作陈述句解读时，指的是具有语境现场指示或谈论的某物的性状和程度的一类事物。如语境现场有一个桶，“阵$^{=}$大这$^{0}$”语义上指的就是具有那个桶那么大体积的一类的桶，即表示类指，相当于“这么大的”。在这个意义和用法上时，整个“阵$^{=}$/稳$^{=}$+ADJ+这$^{0}$/兀$^{0}$”可以直接充当句子主语或宾语。而做感叹句解读时，句子中的程度指示词有明显的重读，不再适合做类指解读，语义上主要是凸显性状和程度。而有些句子几乎更倾向于只取或者优先取感叹句或凸显性状和程度的语义解读，而不太能有名词性短语的类指义解读。如“他没有稳$^{=}$高兀$^{0}$”“咋阵$^{=}$讨厌人这$^{0}$”等，都基本只作凸显程度义解读。

另外，前面提到程度指示句中的“这$^{0}$/兀$^{0}$”由指示词变到结构助词后，往往还保留有距离意义。如文章开头的那些例子，它们都在形式上形成前后指示词的“系列对应”：前面的程度指示词用“阵$^{=}$”，后面就用“[ tʂuo$^{0}$ ]”；前面用“uən$^{33}$/mən$^{33}$”，则后面往往有“[ uo$^{0}$ ]”相配。不过，我们在自然口语中还经常看到这种情况：

（24）你咋稳$^{=}$讨厌这$^{0}$。

（25）我就不信兀电脑游戏就稳$^{=}$好逛这$^{0}$，能教人一半夜不睡觉在兀儿逛。

（我就不信这电脑游戏就这么好玩，能让人半夜不睡觉在那里玩）

但是像这样的句子就不合法：

*你咋阵$^{=}$讨厌兀$^{0}$。　　*这就阵$^{=}$好逛兀$^{0}$。

前面用的“稳$^{=}$”，后面用“这$^{0}$”是可以的，但是用“阵$^{=}$”，后面用“兀$^{0}$”就不行。我们由此可以说，“兀$^{0}$”在程度指示句的使用中更受限，“这$^{0}$”则更自由。再换句话说，就是“这$^{0}$”的语法化过程比“兀$^{0}$”更高。再进一步说，即程度指示句中结构助词“这$^{0}$、兀$^{0}$”中所残留的距离意义正在消失，“这$^{0}$”消失得最明显。还有一个旁证，我们实际上经常还可以碰到这样的句子：

（26）这娃学得多好这$^{0}$。

（27）？这娃学得多好兀$^{0}$。

后面这个句子很不自然，甚至于不可接受。这里用程度副词“多”，读“[ $tuo^{35}$ ]”，阳平，相当于“多么”。“多 / 多么”一些研究也将其看作代词的一种。它既有疑问代词的用法，同时又有指示代词的用法，在芮城方言中从它与程度指示副词的平行的表现来看，“多”应该也有程度指示的用法，只不过它的内部语义中没有像真正的程度指示词一样编码了“距离”意义。上面例子用“多 +ADJ+ 这$^{=}$”构成了程度指示句，但是它只允许“这$^{0}$”进入，“兀$^{0}$”则不行，也可以看作是“这$^{0}$”的语法化程度更高，其本身所具有的“距离”意义趋于消失。

“这$^{0}$/ 兀$^{0}$”已经虚化的证据除了语音上已经丢失本调，只能读轻声，语义上已经虚灵到甚至内部的“距离”语义也基本丢失。还有一个旁证是其后可以跟特定类型的语气词，造成不同类型语气词的叠加。例如，表示提醒他人注意的“先=/焉=[ɕiɛn⁰/iɛn⁰]”，表示赞同、寻求认可语气的“杭=([xaŋ⁰])”，表示确认、肯定、寻求听话人认同语气的“蛮=([man⁰])(类似于普通话的“嘛”)”。这些语气词往往不跟在结构助词“这 0”“兀 0”后，但是却可以跟在程度指示句中的句末语气词“这⁰”“兀⁰”后（由于“兀⁰”语法化程度不如“这⁰”高，导致这些语气词基本不太能出现在“兀⁰”后）。例如：

（28）你看你写得多好这⁰先=！（你看你写得多好呀！）

（29）阵=美这⁰蛮=！你咋不吃？（这么美嘛！你咋不吃？）

（30）今$_{儿}$个饭还阵=不错这⁰杭=。（今天饭还这么好，是吧？）

综合上面的论述我们可以认为，程度指示句中的句尾的“这⁰”“兀⁰”实际已经语法化为语气词了，且前者的语法化程度更高，后者还有一点受限。

那“这⁰/兀⁰”表示什么语法功能呢，前面提到程度指示句中“这⁰/兀⁰”实际可以不出现，这种不出现不是由于“这⁰/兀⁰”删略了，而是本来就存在“阵=/稳=+ADJ+这⁰/兀⁰”“阵=/稳=+ADJ”这两种句子。我们在日常口语中也经常可以碰到不出现“这⁰/兀⁰”的情况。比较这两类句子，正好形成了“最小对比对”，可以为我们考察“这⁰/兀⁰”的功能提供很好的便利。如下例对话：

（31）A：你买那 0 书有多厚？

B：有阵$^{=}$厚。

A：就阵$^{=}$厚这$^{0}$！

B的回答"阵$^{=}$厚"是客观陈述，其"阵"所指是程度或者性状在语境当中呈现的，发挥的相当于是"语境直指"的语用功能。而A根据B的回答做出了回应，对B表示了自己意见，并认为语境中这本书表现出的"厚"的程度，超出了自己的预期，不仅是"厚"，而且还特别"厚"。"A"的回复中带有表示主观大量的"就"（"就"后紧接的成分如果重读，则"就"取主观大量解读；如果后面的成分不是重音所在，则是主观小量解读。而程度指示词则在这里是要重读的成分），也可以表明这一点。而上述例子中的"就"可以省略，句子依然表示感叹。我们至少可以说"这$^{0}$"意义上是跟说话人主观评价相关语气词，如果更明确地讲出来，就是表示感叹语气（兀$^{0}$亦然）。另外，如果把句中的"就"换成表示"主观小量"的"才"，则与句子表示主观大量的语义冲突，不能说。

句末是诸多语气词最常见的句法位置。句末的虚成分是有可能受整个句子的语气影响因而成为附带表达某语气的语气词的（虚成分自身具有的语法意义也很重要，有很多情况是语气词自身决定整个句子的语气类型的）。如汉语史上表疑问语气的"吗"的产生，一般认为"吗"来自于反复问句中居于句末的"无"（比较早的讨论如王力（1958）、太田辰夫（1958））。"'无'直接居于句末，伴随着句法扩展和语义泛化，这就为其演变成句末语气词创造了条件，其后成为了专职的表示疑问语气的语气词"（殷国光、龙国富、赵彤，2016：295—298）。再如李小军（2021：506）的表中归纳列举的"语气词"的诸多语法化来源，如："指示代词 > 传信（强调语气），语气词"（见该书 72—73 页）中列举有汉语史上的"焉""尔"等，还有西北方言中具有传信功能的语气词"是"等例子。"已然、曾经 > 传信（强调语气），语气词"（见该书第 422—423 页），列举了广东廉江方言的"来"、贵阳方言的"到"、普通话的"来着"等；粤语的"先"体现"先 > 传信（强调语气），语气词"（见该书第 366 页）的语法化过程以及汉语史上的"在、有"是按照"存在 > 传信（强调语气），语气词"（见该书第 60—61 页）路径成为语气词的；还有较常见的"言说 > 传信（强调语气），语气词"（见该书第 394—395 页）等一些路径。黎路遐（2021：87—108）专章讨论了上古汉语中"焉""尔"由指示代词演变为语气词的过程与特点。句末位置是它们实现这样一种语法化的一个主要句法环境。不过，上举这些例子的语法化的过程以及各自所具有的功能是有比较强的个性的，具体的演变细节则可能很不相同。

## 5　程度指示句为何表示感叹

"程度指示句"为何会造成感叹语气呢，陈振宇、张耕（2022）对类似问题做了相当好的解释，我们吸收、借鉴该文的基本观点。感叹语气的来源实际上与"预期"相关。句子能够表示感叹语气的关键在于事物本身的量显著地偏离了说话人主观"预期"的量。放在这里来讲实际就是事物本身所体现的性状、程度是客观量，而我们对事物量的预期的量是"主观量"。主观预期的量与客观量之间差值很大，主观量与客观量之间的显著偏移，就会造成感叹和主观大量的表达效果。"主观量的差值与言者的情感强度成正比，说明主观量与感叹是相互伴随的”（陈振宇、张耕，2022：113）。上文例子中B的回答“阵⁼厚”与A的“阵⁼厚这⁰”之间体现了主观性的有无和强弱。B是客观陈述，而A的应答中渗透了说话人的主观判断与认识等因素。A将事物所体现的性状或程度在自己内心设定的一个心理标尺上进行“度量”后，事物所表现的量或程度在该程度量级标尺上取的值很大。A看到的书的厚度在A内心的“厚度”这个量级标尺的取值范围上处于较高位置，比自己一般认识中的或主观预期的“厚”的区域范围的取值要大要高得多，所以就造成与预期值的显著偏离，造成感叹与主观大量效果。

下面的自然口语的例子很能说明问题，它来自国家语保工程采录展示平台中“芮城方言（古魏城关镇）”（负责人：郭晓瑞），下例选自其中的老年女性的口语长篇语料⑦，并标明了语句所在时点，对有关部分进行了逐词的转写。

（32）（在队家挣工分儿）……评工分儿，伢给伢都评10分哩，8分儿哩，伢我是9分儿，伢我说恓惶（境界凄惨）死了。伢移⁼忙⁼（现在）这年轻人，阵⁼美这⁰。伢我那（[lai³³]）会儿，[tiŋ³⁵paŋ r³⁵]（表示主观评价义副词，往往用于事件达不到预期时），上地、下坡、背草，背不下五十斤，伢不给你记一分儿，不给你记一晌儿。（0：55）

（33）伢、伢花钱，伢、我就给你（说），就跟花纸片子的一样。吃哩、喝哩，闷⁼（[mən³³]）好兀0，伢还嫌瞎（坏，不好）。（8：15）

（34）我跑兀儿去，伢说“这天然气阵⁼方便，你还不，你、你、我给你做。”（21：24）

前两句中的程度指示句都带有句末的语气词“这$^{0}$/兀$^{0}$”，而最后一句没有。考察前两句有明显的感叹和表达主观评价的意味，而且有明显的对比的语境，年轻人富足的生活状态与自己小的时候生活状态的鲜明对比，所描述的性状和程度远超出自己的预期，语气很强烈。实际的发音中“阵$^{=}$美”“闷$^{=}$（[ mən$^{33}$ ]）好”伴随较明显重读，如果去掉句末的语气词，句子的语气和感叹的程度明显要打折扣。

最后一句没有加句末语气词“这$^{0}$”。这部分话语所在的语境是谈论到亲戚来家里，但是对新安装的天然气不敢用，自己不会操作，怕把它弄坏了。而对方则说，“天然气这么方便，你不用，我来用它给你做饭。”在对话中，“天然气”是这一段的篇章话题，在语境中真实存在和凸显的，而天然气的方便在亲戚看来是完全已知的，大家都较为熟悉的认识。因此“天然气的方便”并不造成与说话人预期的不符合显著偏离，也不会造成和引起感叹，也就没有句末的语气词“这$^{0}$”的出现。

为何程度指示词修饰形容词会产生量的解读，进而可以造成事物量与预期量的差异呢？这跟形容词内部的语义特征有关系，客观事物在某一方面的性状可能存在差别，这种差别排列起来就会形成程度和量级的序列（可参看罗琼鹏，2022）。如果我们用指示词对这些性状进行指示，如果不同性状之间存在程度和量的差别或者主观认识上认为存在程度或量的差异，自然就会造成指示词从指示性状到指示程度义的变化。因此，程度指示词应该同时可以指示性状，也可以指示程度，而指示程度的意义是从指示性状的意义中产生的。在获得程度和量的意义后，如果指示词在具体使用过程中伴随“主观性”等因素的参与，就有可能造成主观预期与客观事实之间的差异，甚至显著偏离，促使句子产生感叹语气。这个过程实际上应该包括“性状指示词 > 程度指示词 > 感叹 / 主观大量”的演变过程。前一阶段主要是语义上的变化，后一阶段如果涉及语法性成分的产生，则可以看作是语法化。

程度指示词是可以表示感叹和主观大量的，陈振宇、张耕（2022：117—118）讨论主观量范畴的语用规律时，也讨论了“指示词表示主观大量”的情况，同时也举出了少量跨语言的同类例子，如英语有“think so”（表指代）——“so good”（表程度高），日语有“そんなこと（那样的事情）”（表指示）——“そんなにすくない（那么少）”（表程度高）以及古代汉语的“如此”等都具有表示主观大量的用法。李小军（2021：456—458）列有“指示代词 > 程度”的语法化路径，举例有湖南邵阳方言可以用于指示程度的指示词“个”、浙江路桥方言中的“个”、江淮官话黄姑方言中的“乃、乃么”、洛阳方言中的“恁”等。由此可见，从跨语言角度看，指示词到感叹词应该也是一个较为正常的语法化路径。世界语言中指示词像汉语这样用于表示主观量相关的用法，也还需要更多跨语言的材料和具有类型学意义的探讨。

另外，由上文可知程度指示词可以造成句子语气的变化，使句子可以表达感叹语气。这实际上也就说明了：“程度指示词”可以造成一个比较典型的句法环境，从而影响相关的成分语义的解读甚至造成语义语法性质的改变。进一步说，程度指示句也许是一些成分语法化或语义演变的重要句法环境或条件。张耕、陈振宇（2021）中所描述的四川方言中原为排除义的“只有”到表示主观大量的变化过程就是在“只有 + 这么 / 那么 +X+ 了”这种特定的句法环境下发生的。如文中例句：

（35）最恼火的事情就是找车位，只有那么难了！找了半天都找不到。

（最麻烦的事情就是找车位，太难了！找了很久都找不到。）

其他语言和方言中是否也有一些在程度指示句或类似相关句法环境中促成的相关成分的语法化或语义演变的现象，也是一个值得进一步挖掘的地方。

## 6　余论

程度指示句中指示词“这、兀”语法化为语气词的现象，似还未见有过相关报道。我们通过梳理，发现芮城方言中的这种语法化过程实际上是几种较常见的语法化过程共同作用的结果，多个语法化过程相互联系，最终促成了程度指示句中句末语气词“这 $^{0}$、兀 $^{0}$”的产生，它们主要帮助表达感叹语气。其中“这 $^{0}$”的语法化程度相比更高。这个语法化包含以下路径：

指示词＞结构助词；结构助词＞语气词；性状指示词＞程度指示词＞感叹。

前两个变化是前后相继的，前一个变化是后一个变化得以实现的条件。前一个语法化过程是非常常见的一种语法化过程，机制是重新分析。在这个过程中同时伴随着指示功能的变化，从用于语境直指到语篇回指乃至于认同指，语义上由表示指示特定的个体到用于类指。但是在“这、兀”语法化为结构助词后，结构助词“这 0、兀 0”依然还残留有“距离”意义；后一种变化也稍常见，但存在一个必要的句法条件即句末。芮城方言中的这一变化条件的满足是由于程度指示句中结构助词后“NP”由于有较高的可及性甚至说不说出无关紧要因而可以删略，结构助词“这 0、兀 0”获得句末的句法位置，因而可以被重新分析为语气词。而最后一个过程，可能更适合看作是语义演变，未必是语法化，只是我们认为这个变化会造成句子从陈述语气到感叹语气的变化，所以才列出这一个过程。这个路径是否成立可以讨论，或许描述为“性状指示词 > 程度指示词 > 主观大量”更合适。这个过程与“结构助词 > 语气词”是同时还是有先后顺序，还不好说，但一定是紧密联系的。“这$^{0}$、兀$^{0}$”读音上已经完全不能轻读了，而只读为轻声，音值也变得模糊；语义上，其意义也变得非常虚，以致难以很精准地概括；其原有的、作为指示词时语义中编码的“距离”义在结构助词阶段还保留着，但现在也趋于消失。句法上，表现出语气词的特征，其后可以跟表示其他语气的语气词连用，这种变化在“这$^{0}$”中尤为明显。由此可以断定，句末的“这$^{0}$、兀$^{0}$”确实已经语法化了。

那为什么芮城方言会发生这种变化而其他方言中少见呢？其实，芮城方言的这种变化，笔者也在运城方言中观察到了。类似现象其实在临近方言的短视频中不罕见，如：

（36）A：给我瓜给我送一下。（1：51）（把我的瓜给我送一下）

B：这么沉这$^{0}$，我看你也拿不了，不行下一回再拿。（1：53）

（抖音短视频，用户名：杨皮皮短剧。标题：“今天又是收获满满的一天……@容嘉土特产”）

其中的“这”也读轻声。不过，运城方言中的“这么”依然是两个音节，与芮城方言已经合音的表现不同。学友毕原浩同学告诉我说，合音与否还是有差别，尤其是芮城方言合音变为“阵⁼、稳⁼”之后，对母语人来说，会造成韵律上的一些变化，对 ADJ 后的“这 0、兀 0”的识别产生干扰，更容易使人们将其识别为语气词。这是有道理的。运城方言中该现象的细节尚需进一步揭示。

另外，史秀菊（2023a：108）中描写晋城方言指示词充当结构助词的分布时列有这样一个例子：“这么蓝这（[tiᴀ]）/ 那（[niᴀ]）天！”表明晋城方言中也存在这种现象。但与芮城方言的表现并不完全一致，具体情况也需进一步考察。

上面的例子暗示，本文所讨论的现象很可能不只是有限的几个地方有，临近周边地区应该也有不少类似现象。不过，有的方言可能变得快一些，有的慢一些。同一个语法化项目在不同方言中语法化的程度表现出不同步和差异性是很正常的现象。

最后可能还存留两个问题，其一，芮城方言中的虚化的“那 0”用法上比起“这 0、兀 0”更像结构助词，且其做结构助词时基本已经丢失了“距离”意义，那为什么“那 0”没有变到语气词呢？我们的解释是，“那 0”确实在结构助词的用法上更加典型，但是它不太能出现在程度指示句中。因为芮城方言程度指示句中存在“系列对应”或者叫作指示词的同系列的“叠置”的规律（史秀菊，2022），史文中提到山西方言中指示词叠置有一个很鲜明的特点，就是叠置有固定的语序，而且一般只允许同类指示词的叠置，不能异类叠置（“这”系的跟“这”系的叠置，“兀”系跟“兀”系的叠置，不存在“这”系跟“兀”系的叠置）。叠置的结构中在中原官话汾河片中的表现是后项一般都是基本指示词。具体到芮城方言中就是后项绝大部分情况都只能是“这（[tʂuo$^{55}$]）、兀（[uo$^{55}$]）”（“这$_{儿}$”“兀$_{儿}$”能在很有限的组合中可以充当后项），其他成分一概都不行。而“那”是绝对不能出现在叠置结构中的，前面的芮城方言指示词表中提到“那”的名词性很不强，不像“这、兀”一样可以比较自由地出现于主宾语位置。因此“那”也就没有什么可能出现在叠置指示词的后项。程度指示句可以看作是叠置指示结构的一个特例。史文没有列出程度指示句具有的这种叠置的情况，很可能是由于程度指示的这种叠置与一般的叠置中后项在语义和句法功能上差别较大以及程度指示句中的这种现象本身就相对少见的缘故。典型的指示词叠置里，其后项指示词“这、兀”是绝对不读轻声的，语法性质上是名词性的指示词，发挥的是“称代”功能（史秀菊，2022）；而程度指示句中的“这 0、兀 0”则是绝对要弱读的，语法性质上已经丢失了指示词的功能，更像结构助词。如芮城方言中典型的“这”系指示词叠置（“兀”系表现与“这”完全平行）“至⁼八个这”“至⁼后头这”“者⁼$_{([tʂei^{31}])}$回这”“者⁼年这”“介⁼这”等，后项都是不能读轻声的。而程度指示句中的“这 0、兀 0”要么轻读要么轻声，绝对不读原调。“那 0”参与不到叠置结构中，也就没有什么机会参与后续的变化，进而变为语气词。

其二，会不会在程度指示句中，指示词“这、兀”是在“阵⁼/稳⁼+ADJ+这/兀”结构中直接变为语气词的？我们认为不太可能。因为这种看法存在诸多论证上的困难，有些证据不支持做这样的判断。在“阵⁼/稳⁼+ADJ+这/兀”结构中“这、兀”是完全不能读原调的。如果它们能够读原调，那么“这、兀”必然是按照指示词来理解的，可以用于语境直指。事实上读原调的“这、兀”却无法出现在程度指示句中。如果直接从指示词变来，那么它应该存在一个可以做两解的“临界语境”（critical context）（彭睿，2008），但是却没有。甚至于能够把它当作指示词来理解的例子也找不到。仅这一点就很能说明问题。另外，指示词语法化的过程中，常常伴随着语用功能的弱化（陈玉洁，2010：113），但是这个弱化轨迹在程度指示句中的“这 0、兀 0”上却很不明确。在语义上、指称上，更是只能说清楚整个程度指示句的所指（如果有所指，基本以表示类指为主），却没办法单独说其中的“这$^{0}$、兀$^{0}$”指称的是什么。因此，说程度指示句中的“这$^{0}$、兀$^{0}$”直接从指示词而来面临很多难以回答的问题。

当然对于程度指示句句末的“这$^{0}$、兀$^{0}$”的定性，“它已经语气词化了”，这个论断应该没有什么问题。而对于其表达的意义定性，本文是将其认定为表示感叹的语气词，这样分析我们总觉得还不太够，不够准确，因为句子的感叹语气还更多的是由程度指示词带来的，我们觉得“这$^{0}$、兀$^{0}$”可能还有更加合适或更具类型学意义的定性和分析。[8]

另外，为何山西方言能够出现指示词的叠置，前后项的叠置指示词分别承担“指示”“称代”的功能（史秀菊，2022），以及为何会在芮城、运城等方言中出现“这么 / 兀么 +ADJ+ 这 0/ 兀 0”这类其他方言中少见的结构进而造成其中的“这 0、兀 0”的虚化，这些问题也需要从来源上加以探讨。

对于由指示词到语气词变化的过程，是否还存在其他被忽略的细节，以及其他临近方言中这种现象的表现如何，之后的研究中值得格外关注。另外，程度指示句这一特殊句法环境是否也促使其他语言或方言中的虚成分发生了进一步的句法语义的变化，也是很值得关注的。

## 附　注

① 下文的例句有笔者自省的语料，也有自己收集的零散的口语语料，还有一些是来自网络平台的本地方言语料。后一种来源的语料笔者一般标明来源等信息。

文中平标“0”表示它们都是轻读的，与上标的“0”相区别。后文上标“0”的都绝对是读轻声的，短而弱，调值近似于21，与几乎只读轻声的“着”完全同音；结构助词中的“0”则平标，听感上与上声的原调相近，但读得轻而短，因而与原调还有些区别。

下文在特定字音后标的“=”表示同音以及音近的替代字。

② 下文用同音字“阵⁼”代表“[ tʂən³³ ]”。“[ mən³³ ]”是“[ uən³³ ]”的自由变体，我们分别用近音同音字“稳⁼”、“闷⁼”来代表，下文则大多直接用“稳⁼”代替这两种读音。它们实际分别是“这么”“兀么”的合音。值得注意的是，不要将“阵⁼”与程度副词“真”混淆，后者是阴平，“真”没有下文所述的程度指示词一样的句法表现，口语中一般直接在其后跟形容词（地道的口语里往往并不会在“真”后加“啊、呀”之类语气词）或者使用重叠形式“真真儿＋形容词”来表示感叹。单独的“真+ADJ”用作感叹的使用频率远不如程度指示句。

③ “伢”即“人家”的合音，功能与第三人称“他”类似，但此处的用法与唐正大（2005）所述的关中方言的情况有些相似，“伢”与“他”相比，附加有明显的表示说话人主观情感与倾向性的语义，这是“他”所没有的。因而“伢”的部分语法功能如“可以直接修饰人称代词、指示词及其他名词性短语”是“他”完全不具备的。

④ 李丽《芮城方言研究》（2013）是以芮城县风陵渡镇汉渡村为调查点的，里面有指示词的相关描写，但较简略。从该文所记录的材料看她描写的指示词系统与笔者的城关口音的指示词系统有较明显差别。彼此两处的指示词系统并不能相互代表。风陵渡口音中是否明确反映本文中所描

述的现象，其具体情况尚需深入调查。

⑤ 关于此表有两个说明。其一，“这”系和“兀”系还可以有一个“摘$^{=}$[tʂai$^{55}$]”“歪$^{=}$[uai$^{55}$]”，芮城其他地方有使用，但城关地区不用，它跟城关的“[tʂuo$^{55}$]”“[uo$^{55}$]”近似，但语法功能上也有一些差别，具体情况还比较复杂，尚需调查，这里不在表里列出。

其二，“这”“兀”“那”在名词前的位置都有虚化用法，与方梅（2002）所描述的北京话“这”“那”的表现类似，有类似定冠词的用法。而“那”的虚化功能更复杂，“那”有虚化的结构助词用法，与“这”“兀”的虚化相比，由“那（[lai$^{55/33}$]）”虚化的“[lai$^{0}$]”与纯粹的结构助词“的”更相似，已经完全丢掉指示意味。“那”还有语篇连词用法，相当于连词“那么”。山西方言中“兀”系和“那”系的区别可能在不同方言中表现不同，有的是将其看作是“远指”和“更远指”的区别；有的看作是远指看得见，远指看不见的区别。这些都是好的参照框架，但芮城方言里“兀”系和“那”系是否在距离上有明显差异还是二者是同功能成分在一个指示系统中的叠置并存。这些问题都需要进一步研究和借助一些手段来判断，不好直接下定论。“兀”系和“那”系有的词似乎有时是远指看得见与远指不在眼前的差别，有的又像是远指和更远指的差别。这种差别也常常不明显，有些情况下“那”系和“兀”系语义上几乎说不上什么差别。因此，我们把它们一起放在远指系统下，目前倾向于看作源自两种类型的指示词二分系统在同一方言内部的叠置（张维佳，2005：459；史秀菊，2023，59—61、69）。“那”系更可能是外来的。

⑥ “那”的情况很复杂，与“这”“兀”的句法表现和语义都有一些差异，而且其与“兀”系的关系也不好说清。“那”的虚化用法需要专文讨论。不过芮城方言虚化的“那”（记作“那0”）的表现与史秀菊（2003）中讨论的临汾方言的“奈$^{=}$”以及史秀菊、史荣（2016）讨论的绛县的“兀、乃”表现近似，充当结构助词时已经丢失距离意义。

⑦ 整段长篇语料是老者讲述自己感受到的社会生活的变化，对现在社会的发展和状况表示赞叹。回忆自己小的时候生活艰苦，物资匮乏的状况，要参与集体劳动挣工分儿，非常辛苦和不易。如今几十年过去，物资非常富足，社会美好，年轻人吃穿不愁，与当时的艰苦岁月形成鲜明的

对比。讲述人在对美好社会赞叹的同时也对年轻人的一些消费行为与浪费的行为表达了自己的观点。

⑧ 雷冬平、覃凤余等老师及毕原浩学友曾提议说，似乎可以把这种结构看作一种构式或“框式结构”。这些意见很值得参考，而且本文所描述的这种结构确实与“框式结构”相似。如看作“框式结构”，那么与目前已经揭示出的一些“框式结构”相比又有哪些异同，以及在山西方言和更大范围上还有哪些尚未挖掘出的“框式结构”（这方面的新近研究如史秀菊，2023b 等）等问题，也值得进一步挖掘。

## 参考文献


陈玉洁　2010 《汉语指示词的类型学研究》，北京：中国社会科学出版社。

陈振宇、张　耕　2022 《概述主观量范畴的语用规律》，见中国语文杂志社编《语法研究和探索》（第二十一辑），北京：商务印书馆。

方　梅　2002 《指示词“这”和“那”在北京话中的语法化》，《中国语文》第 4 期。

焦妮娜　2009 《从方言和近代汉语看指示代词到名词化标记的语法化》，见吴福祥、崔希亮主编《语法化与语法研究》（四），北京：商务印书馆。

黎路遐　2021 《上古汉语指示代词演变研究》，北京：商务印书馆。

李　丽　2013 《芮城方言研究》，广西师范大学硕士学位论文。

李小军　2021 《汉语语法化词库》，北京：中国社会科学出版社。

刘丹青　2005 《汉语关系从句标记类型初探汉语关系从句标记类型初探》，《中国语文》第 1 期。

刘丹青编著　2017 《语法调查研究手册》（第二版），上海：上海教育出版社。

刘丹青主编　2012 《名词性短语的类型学研究》，北京：商务印书馆。

罗琼鹏　2022 《程度语义学与汉语语法研究》，南京：南京大学出版社。

彭　睿　2008 《“临界环境—语法化项”关系刍议》，《语言科学》第 3 期。

史秀菊　2003 《临猗方言的结构助词“奈”与“哩”》，《语文研究》第 1 期。

史秀菊　2018 《从指示词到结构助词——山西方言结构助词语法化历程

的考察》，见刘丹青、陆丙甫主编《语言类型学集刊》(第一辑)，北京：世界图书出版公司。
史秀菊　2022　《山西方言叠置指示词的两种功能》,《方言》第 2 期。
史秀菊　2023a　《山西方言语法研究》，北京：商务印书馆。
史秀菊　2023b　《山西方言程度副词的框式结构》,《语言研究集刊》(第 31 辑)，上海：上海辞书出版社。
史秀菊、史　荣　2016　《山西绛县方言指示代词“这、乃、兀”与结构助词“的”的语法共性》,《中北大学学报(社会科学版)》第 1 期。
唐正大　2005　《关中方言第三人称指称形式的类型学研究》,《方言》第 2 期。
唐正大　2008　《关中永寿话的关系从句类型》,《方言》第 3 期。
吴福祥　2023　《试谈删略导致的语法化》,《中国语文》第 3 期。
杨玉玲　2011　《“这”、“那”系词语的篇章用法研究》，北京：中国广播电视出版社。
殷国光、龙国富、赵彤编著　2016　《汉语史纲要》(第二版)，北京：中国人民大学出版社。
张　耕、陈振宇　2021　《论排除义范围副词主观量表达的语用迁移——以“光、净”和四川方言的“只有”为例》,《当代语言学》第 1 期。
张维佳　2005　《山西晋语指示代词三分系统的来源》,《中国语文》第 5 期。
Bernd Heine、Tania Kuteva　2012　《语法化的世界词库》，龙海平、谷峰、肖小平译，洪波、谷峰注释，北京：世界图书出版公司。
Diessel, Holger 1999 *Demonstratives: Form, Function, and Grammaticalization* (Typological studies in language, 42). Amsterdam: John Benjamins.
Himmelmann, Nikolaus P. 1996 Demonstratives in Narrative Discourse: A Taxonomy of Universal Uses. In B. A. Fox (ed.), *Studies in Anaphora*. Amsterdam: John Benjamins.

# 疑问强度与主观化强度

## ——上古汉语语气词“乎”的功能变化

杨荣祥

（大湾区大学人文社科中心 / 北京大学中文系）

## 1 引言

“乎”是上古汉语使用频率很高的一个语气词，传统训诂学认为不同句子中的“乎”表达不同的语气，直到杨树达《词诠》，《汉语大词典》，都列出了“乎”表达多种语气的项目，如：《词诠》列了“乎”的“助句，表有疑而询问者”“反诘时用之”“助句，表感叹”“表商榷”“表推宕”“反诘以引下文”六种用于句末的用法。《汉语大词典》列了句末“乎”的表疑问、表选择、表反问、表揣测、表感叹、表祈使六种用法。《古书虚词集释》罗列的项目更多。麦梅翘（1987）是一篇专门研究《左传》“乎”的论文，基本上是根据句子的语气将“乎”分为若干类，大类有表疑问、表揣测、表反诘、表命令、表劝诫、表祈使、表感叹，大类下还有小类。但分类依据不清，有些是根据句子语气，有些是根据与“乎”搭配的虚词，各类下罗列《左传》中的例句而已。传统训诂学的解释，多受到“随文释义”的讥评，其实这是传统训诂学的研究性质决定的，训诂学要解决的是经学以及古书阅读中的问题，并不是要作语法的研究。《马氏文通》第一次从语法学的角度对语气词“乎”进行了全面研究，认为，“乎”的基本功能是表达疑问语气，这也体现了《文通》研究虚词的一贯思想（如马氏对语气词“也”的研究，对连词“而”的研究，都追求概括性强的统一解释）。后来郭锡良（1988；1989）承继马氏的观念，倡导语气词单功能说，认为先秦汉语的语气词都是单功能的，“乎”的功能就是“传疑”。但随后不久，刘晓南（1991）就提出不同意见，认为语气词从商代到战国末，超过一千年的历史，不可能不发生变化，不能简单地说先秦汉语的语气词都只具有一种功能。刘文认为“乎”可以表达感叹、疑问、反诘、祈使等语气。

通常来讲，虚词尤其是语气词，应该有一个基本功能，语法研究讲究概括性，对语气词的解释，应该避免随文释义，不能把句子所表示的语气看作某个语气词的功能。但是，语气词属于超语段成分，严格地讲，其功能主要是语用功能，所谓语气，实质是表达说话人的主观情绪、态度、神情。既然是这种语用功能，在长期的使用过程中，由于说话人的主观情绪、态度、神情的细微变化，导致某个语气词的功能发生变化，也是很正常的。我们在追求语法现象的概括性解释时，首先还是要尊重语言事实。根据我们对先秦到西汉几种文献的调查，我们认为，上古汉语中的语气词“乎”可以表达不同的语气。

## 2　前人研究述评

什么是语气？什么是语气词？在西方语言学中，语气是和情态结合在一起的，mood“指由动词词形变化表示的一组句法和语义对立，例如直陈语气（无标记形式）、虚拟语气、祈使语气。语义上，这些对立涉及的语义多种多样，主要是说话人对语句事实内容的态度，如不肯定、明确、含糊、推测等。句法上这些对立可用动词的屈折形式或用助动词来表示。”（戴维·克里斯特尔，2000：228）可见，汉语研究中所说的语气词表达的各种“语气”，与印欧语里的mood是不完全对应的①。汉语从古汉语到现代汉语，都有一套语气词系统，用来表示句子的不同语气，《马氏文通》最早发现这是完全不同于印欧语的“华文所独”。但语气词与“语气”不是一回事，任何语言的句子都会带有各种不同的语气，汉语的句子也可以不用语气词而带有不同语气，古今汉语皆然②。但汉语的特别之处是还有一套句末语气词用来标记句子的不同语气。

在汉语语法研究中，对语气有不同的定义，吕叔湘先生《中国文法要略》：“‘语气’可有广狭两解。广义的‘语气’包括‘语意’和‘语势’。所谓‘语意’，指正和反，定和不定，虚和实等的区别。所谓‘语势’，指说话的轻或重，缓或急。除去这两种，剩下的是狭义的语气：假如要给它一个定义，可以说是‘概念内容相同的语句，因使用的目的不同所产生的分别’。”（1982：257）王力先生《中国现代语法》：“咱们说话的时候，往往不能纯然客观地陈说一件事情；在大多数情形之下，每一句话总带着多少情绪。这种情绪，有时候是由语调表示的。但是，语调所能表示的情绪毕竟有限，于是中国语里还有些虚词帮着语调，使各品情绪更加明显。凡语言对于各种情绪的表示方式，叫做语气；表示语气的虚词叫做语气词。”（第160页）郭锡良

（1988）给语气下的定义是："语气就是说话人对所说句子与现实关系所持的态度。通俗地说，就是说这句话的口气，包括思想认识、意志愿望方面的因素，也包括心理状态、感情色彩方面的因素，可以是直陈、疑问，可以是肯定、否定，可以是假设、拟测，可以是商量、命令，可以是赞叹、惊讶。"从这些定义可以看出，语气词的功能主要在于语用方面，但语气词同时也属于汉语的一类虚词，所以自有虚词的语法功能。所以孙锡信（1999：1）认为："A 语气是表示语句的不同作用，适用于不同的交际目的的情绪表现；B 语气是附着于整个句子的；C 语气是语法范畴，不同的语气可以表示不同的语法意义。"语气词就是用来帮助标记不同语气的句末虚词。

语气可以分为很多种类。如黎锦熙《新著国语文法》（1998：228）分为决定、商榷、疑问、惊叹、祈使五类；王力《中国现代语法》分为决定、表明、夸张、疑问、反诘、假设、揣测、祈使、催促、忍受、不平、论理十二类；吕叔湘《中国文法要略》把狭义的语气分为 5 类 11 种以上，广义的语气分为 12 类 20 种以上。郭锡良（1988）专讲先秦汉语语气词，在《马氏文通》"传信""传疑"两大类的基础上分为陈述、疑问、感叹三类，但每类里的各个语气词表达语气的功能几乎都有差别。如本文讨论的"乎"，郭文认为"是一个最纯粹的疑问语气词"，与同为疑问语气词的"与""邪"有区别："用'乎'是纯粹的询问语气，说话者把一件事情全部说出来，要求对方作肯定或否定的答复。用'与'或'邪'，疑问语气没有用'乎'那样纯粹、强烈，它是表示说话人猜想大约是这样，却非深信不疑，要求得到证实，是一种探寻的语气。"可见分类的多与少，实际上是看细分还是粗分。

关于上古汉语语气词“乎”，清代以来的文言虚词著作训释极详，但都不免随文释义之弊。从语法学出发的研究，首先是《马氏文通》，马氏将“乎”的用法分为三种：其一，“‘乎’字之助设问之句者，其常也。”其二，“‘乎’字有助拟议之句者。夫拟议之句，本无可疑之端，而行文亦无句句僵说之法，往往信者疑之，而后信者愈信矣。”其三，“‘乎’字之助咏叹之句者，非其常。”可见虽然马氏认定“乎”是“传疑助字”，但其功用也并非一种。需要特别指出的是，从马氏对大量例句的分析来看，他不仅注意到“乎”的语法功能，如是否与状字搭配，是否能够独立标记疑问，还特别注重从传情达意方面分析其语用功能。郭文极力主张语气词单功能说，认为先秦汉语里的“乎”只有一种功能，就是表示纯粹的疑问，即使像“必也正名乎！”（《论语·子路》）、“善哉！技盖至此乎？”（《庄子·养生主》）这样的句子中，“乎”仍然是表示疑问语气。

吕叔湘《中国文法要略》兼讲文言白话语法，关于“乎”，分别在“传疑”章的“特指问”“是非问”“抉择问”“反诘问”“测度问”中提到，在“行动·感情”章又讲到“表建议或愿望的语气用‘乎’‘欤’等词，大抵皆兼感叹。”（1982：311）“乎”还可用在假设小句后面表示停顿（17.84 小节），表示感叹（17.56 小节）。吕先生认为“乎”是多功能语气词，对此郭锡良（1989）认为吕先生“未能摆脱传统认识的束缚”，“是不正确的”。刘晓南认为，先秦语气词随着历史变化，“层层积累，不同层面的单功能往往经由其历时性积淀而显出多功能特征”。并通过大量的语言材料，证明先秦时期的十个常用语气词都不是单功能的，其中“乎”就可以表示感叹，表示疑问，表示反诘，表示祈使。姚振武（2015：370—372）则认为“‘乎’是一个比较‘广谱’的语气词，可以用于多种句子。”除了用于各类问句（包括是非问句、特指问句、选择问句、反诘问句），“还可用于祈使句，加强命令、祈请、劝诫、禁止等语气”，“还可用于感叹句，加强感叹语气。”李小军（2013：117）也主张上古汉语里“乎”“可以出现在是非问句、特指问句、选择问句、反诘句、感叹句中。”

本文拟通过对语言事实的调查，结合主观化学说，从主观性和疑问度等级互动的角度，探讨上古汉语语气词“乎”的功能变化，并试图证明，一个以“传疑”为其基本功能的语气词是怎样演化出多功能的。

## 3 “乎”表达多种语气

传统训诂学对虚词随文释义的训释方式当然是不可取的，但通过对语言事实的调查，我们确实能够看到，上古汉语的多数语气词也并非是“单功能”的。语气词兼有语法功能和语用功能，用在句子末尾，不参与句法构造，这种虚词，随着其所附句子的变化，发生功能变异是很正常的。我们主张语气词都有其基本功能，但由其基本功能，可以发展出其他功能，就像一个实词都有其本义，同时也可由本义引申发展出别的意义一样。

本文在穷尽调查了《左传》《孟子》《战国策》和《史记》后，认为上古汉语语气词“乎”的基本功能是表询问，但由此扩展变化，也可表示测度问，表示反诘，表示祈使，表示感叹。刘晓南（1991）的判断基本上是正确的，只是他认为“乎”最初是表示感叹，表疑问是从表感叹发展来的，这一点我们有不同看法（详下文）。下面先分类举例说明“乎”所表达的不同语气。

3.1　表询问

吕叔湘（1982：294—295）说：“问句的基本用途当然是询问，就是要求对方破除疑点，但是往往同时兼有副作用，甚至喧宾夺主，全然没有询问的意味。最简单的判别法就是看这句话要不要回答。如果是不要回答（或是问者自答，或是无可回答），那就表示这个问句的作用不在询问。”我们这里说的询问，就是说话人确有疑点，需要得到别人回答的问句。“乎”的基本功能就是表示询问。如：

（1）齐侯曰：“鲁人恐乎？”对曰：“小人恐矣，君子则否。”（左传·僖公二十六年）

（2）晏子对曰：“据亦同也，焉得为和？”公曰：“和与同异乎？”对曰：“异。”（左传·昭公二十年）

（3）秦伯曰：“晋国和乎？”对曰：“不和。”（左传·僖公十五年）

（4）冉有曰：“夫子为卫君乎？”子贡曰：“诺，吾将问之。”（论语·述而）

（5）孟子对曰：“杀人以梃与刃，有以异乎？”曰：“无以异也。”（孟子·梁惠王上）

（6）良曰：“料大王士卒足以当项王乎？”沛公默然，曰：“固不如也，且为之奈何？”（史记·项羽本纪）

（7）冬，晋荐饥，使乞籴于秦。秦伯谓子桑：“与诸乎？”对曰：“重施而报，君将何求？重施而不报，其民必携；携而讨焉，无众，必败。”谓百里：“与诸乎？”对曰：“天灾流行，国家代有。救灾恤邻，道也。行道有福。”（左传·僖公十三年）

例（1）—（6）是听话人直接回答询问，例（7）两个带“乎”句都得到了间接回答。

选择问实际上也是有疑而问。如：

（8）使翦丧吴国而封大异姓乎？其抑亦将卒以祚吴乎？其终不远矣。（左传·昭公三十年）

（9）文子使王孙齐私于皋如，曰：“子将大灭卫乎？抑纳君而已乎？”（左传·哀公十五年）

太田辰夫（1958：370）认为，古代汉语里“事齐乎？事楚乎？”（孟子·梁惠王下）这样的句子“不是选择问，实际上应该说是由两个是非疑问构成的句子”。虽然我们认为这类句子叫做选择问句没有问题，但就询问性质而言，与是非问确实没有什么区别，也是希望得到听话人回答的。《左传》里“乎”用于选择问就上举 2 例，《孟子》里有 8 例，如：

（10）孟子曰：“敬叔父乎？敬弟乎？”（孟子·告子上）

（11）子绝长者乎？长者绝子乎？（孟子·公孙丑下）

《马氏文通》将这类例句归为“无疑而用以拟疑者”，我们认为，这种用“乎”的选择问句，即使说话人自己有倾向性的答案，但仍然希望听话人明确作出选择，所以，我们还是将其归为询问句。

以上“乎”都是用在一个陈述的后面形成是非问句，去掉“乎”，加上语调，句子就成了陈述句；反过来说，一个陈述句，在句末加上“乎”，就成了是非问句，所以说“乎”的功能是表示询问。然而“乎”也可以用于有疑问代词的特指问句。特指问句中已经有疑问代词标记疑问，为什么还要在句末加上“传疑”的“乎”呢？这个问题比较复杂，李晶晶、杨荣祥（2021）有专门的研究，在此只简单讲两点：一、相对于前述表询问的“乎”，这种与疑问代词共现的“乎”产生时代略晚一些，《左传》只有少数用例，战国开始多一些，但在所有“乎”的用例中所占比例仍然很小。二、“乎”与疑问代词共现形成的问句，虽然表示说话人确有所疑，但似乎求答倾向不强，语料显示，很少有听话人对这种提问给予针对性回答的。这种句子总是带有说话人探究或者希望听话人共同探究某种事实、原因、方式等的意味。如果说前述表询问的“乎”类似于现代汉语的语气词“吗”，这种与疑问代词共现的“乎”则类似于现代汉语的语气词“呢”。下面是“乎”用于特指问句的例子：

（12）对曰：“告之以临民，教之以军旅，不共是惧，何故废乎？且子惧不孝，无惧弗得立。修己而不责人，则免于难。”（左传·闵公二年）

（13）先轸曰：“子与之！定人之谓礼，楚一言而定三国，我一言而亡之。我则无礼，何以战乎？……”（左传·僖公二十八年）

（14）霸主将德是以，而二三之，其何以长有诸侯乎？（左传·成公八年）

（15）齐必重于王，则向之攻宋也，且以恐齐而重王。王何恶向之攻宋乎？向以王之明为先知之，故不言。（战国策·秦一）

（16）吾不忠于君，楚亦何以轸为忠乎？忠且见弃，吾

不之楚，何适乎？（战国策·秦策一）

（17）无处而馈之，是货之也；焉有君子而可以货取乎？（孟子·公孙丑下）

（18）夫子胡不入乎？（庄子·德充符第五）

（19）上曰："天下属安定，何故反乎？" 留侯曰……（史记·留侯世家）

这种用法的"乎"与前述表询问的"乎"功能并不完全相同，可以叫做表示探究问，姑附于此，暂不另立一类。

3.2 表测度问

测度问虽然也传疑，但疑问强度不如询问句，说话人已有自己的答案，但疑信不定，希望得到听话人的证实。所以吕叔湘先生（1982：281）说"测度句介乎疑信之间"。这种问句，往往是"乎"与一些表示情态的副词如"其"等呼应，《马氏文通》（1983：266）将许多这类带"乎"的句子归入"助咏叹之句者"一类，属于"非其常"。我们认为，这种句子主要不是用来表示咏叹，而是表示一种推测或测度，也不是"非其常"，《左传》和其他先秦文献中都很常见。这类句子，偏于有疑时，求答性比较强，偏于无疑时，则近似于咏叹。如：

（20）晋侯问於史赵曰："陈其遂亡乎？" 对曰："未也。"（左传·昭公八年）

（21）子干归，韩宣子问於叔向曰："子干其济乎？" 对曰："难。"（左传·昭公十三年）

（22）王送知罃，曰："子其怨我乎？" 对曰……（左传·成公三年）

（23）栾枝曰："未报秦施，而伐其师，其为死君乎？"

（左传·僖公三十二年）

（24）栾怀子曰："其为未卒事於齐故也乎？"（左传·襄公十九年）

（25）今周德既衰，於是乎又渝周、召，以从诸奸，无乃不可乎？（左传·僖公二十四年）

（26）臧孙闻之，曰："国有人焉，谁居？其孟椒乎？"（左传·襄公二十三年）

（27）群臣谏曰："以百金之地，赎一胥靡，无乃不可乎？"（战国策·宋卫策）

（28）今国者，王之丛；势者，王之神。籍人以此，得无危乎？（战国策·秦策三）

（29）鸡其惮为人用乎！人异于是。（左传·昭公二十三年）

（30）仲弓问子桑伯子，子曰："可也简。"仲弓曰："居敬而行简，以临其民，不亦可乎？居简而行简，无乃大简乎？"子曰："雍之言然。"（论语·雍也）

从上下文看，例（20）—（22）求答性比较强，但说话人实际上有倾向性的答案；例（23）—（30）求答性就比较弱，实际上是说话人用问句的形式表明自己的观点，如例（29）下一句就是对上面"乎"字句的肯定，例（30）接下来孔子就直接肯定了仲弓的观点。

表示测度问不一定要与"其"等副词搭配，如：

（31）夏数得天，若火作，其四国当之，在宋、卫、陈、郑乎？（左传·昭公十七年）

这个句子，如果句尾不用"乎"，就是明确的肯定句，带上"乎"，句子就增加了揣度义。

用“其”等副词的句子，如果句尾没有“乎”，也只能视为肯定陈述句。如：

（32）丙寅晦，齐师夜遁。师旷告晋侯曰：“鸟乌之声乐，齐师其遁。”邢伯告中行伯曰：“有班马之声，齐师其遁。”叔向告晋侯曰：“城上有乌，齐师其遁。”（左传·襄公十八年）

三例用“其”的句子，都是说话人根据某个前提得出的结论，如果句尾加“乎”，则成了测度问句。

3.3　表反诘问

反诘问句是无疑而问，或问而无疑。《马氏文通》（1983：363）已经指出这类“乎”字句“本无疑也”，并且发现“句意正者，状字弗之；而句意反者，弗辞反不加焉。”吕叔湘（1982：290）也指出：“反诘实在是一种否定的方式：反诘句里没有否定词，这句话的用意就在否定；反诘句里有否定词，这句话的用意就在肯定。”“反诘句有疑问之形而无疑问之实”（1982：281）。“乎”用于反诘问句，形式上是个问句，但答案是说话人已有的，并且比直接用陈述句表明自己的观点更具有主观强调作用。如：

（33）子展曰：“得罪于二大国，必亡。病不犹愈于亡乎？”（左传·襄公十年）

（34）范文子谓栾武子曰：“季孙于鲁，相二君矣。妾不衣帛，马不食粟，可不谓忠乎？”（左传·成公十六年）

（35）学而时习之，不亦说乎？（论语·学而）

（36）圣人之忧民如此，而暇耕乎？（孟子·滕文公上）

（37）荀叔曰：“吾与先君言矣，不可以贰。能欲复言而爱身乎？虽无益也，将焉辟之？”（左传·僖公九年）

（38）今罪无所，而民皆尽忠以死君命，又可以为京观乎？（左传·宣公十二年）

前三例句中有否定词，说话人要表达的是肯定的观点，后三例句中没有否定词，说话人要表达的是否定的观点。所以说，这些句子虽然句尾有语气词“乎”，但并不是说话人有疑求答。

“乎”用于反诘问经常与一些情态副词搭配。如“岂、独、不亦（《左传》中有71例）、宁、庸、曾”。

（39）子产曰：“人心之不同如其面焉，吾岂敢谓子面如吾面乎？”（左传·襄公三十一年）

（40）若韩子奉命以使而求玉焉，贪淫甚矣，独非罪乎？（左传·昭公十六年）

（41）晋侯谓女叔齐曰：“鲁侯不亦善於礼乎？”（左传·昭公五年）

（42）今由千里之外，欲进美人，所效者庸必得幸乎？假之得幸，庸必为我用乎？（战国策·魏策四）

（43）犀首伐黄，过卫，使人谓卫君曰：“弊邑之师过大国之邻，曾无一介之使以存之乎？敢请其罪。”（战国策·宋卫）

（44）王侯将相，宁有种乎？（史记·陈涉世家）

有些“乎”与“其、得无、无乃”等搭配使用，既可以表示测度问，也可以表示反诘问，需结合上下文判断。

“乎”经常与“况”搭配使用，吕叔湘（1982：441）归到“逼进句”，说“文言的典型的逼进句式则应用‘况’或‘而况’作成反诘句”。查《左传》，“况”表递进义共63例，“（而）况……乎”就多达50例。如：

（45）蔓草犹不可除，况君之宠弟乎？（左传·隐公元年）

（46）公曰："君子不欲多上人，况敢陵天子乎？"（左传·桓公五年）

（47）窃人之财，犹谓之盗，况贪天之功以为己力乎？（左传·僖公二十四年）

"况"不与"乎"在一个句子中共现，只是表示语义递进一层，可见反诘语气主要是由"乎"表达的。如：

（48）苟有明信，涧、溪、沼、沚之毛，苹、蘩、薀藻之菜，筐、筥、锜、釜之器，潢、汙、行潦之水，可荐于鬼神，可羞于王公，而况君子结二国之信，行之以礼，又焉用质？（左传·隐公三年）

3.4　表祈使

"祈使句的作用是要求听话的人做某事。"（朱德熙，1982：23）"就祈使句而言，从句法形式上看，它的谓语主要由表示动作、行为的谓词性词语充当，主语往往是第二人称代词'你''您''你们'或第一人称代词复数式'咱们''我们'；此外，祈使句的主语常常可以略去不说。"（袁毓林，1993：7）"从表意功能上看，祈使句可以表示命令、建议、请求及与之相对的禁止、劝阻、乞免等。"（袁毓林，1993：7）祈使句无疑无问，是说话人提出一个主张，要求听话人执行，但句尾也可以用"乎"。上古汉语里，句尾用"乎"而确乎可以看作祈使句的用例不多。如：

（49）今女有力于王室，吾是以举女。行乎！敬之哉！毋堕乃力！（左传·昭公二十九年）

（50）君曰："余不女忍杀，宥女以远。"勉，速行乎，无重而罪！（左传·昭公元年）

（51）皇非我因子潞、门尹得、左师谋曰：“民与我，逐之乎！”（左传·哀公二十六年）

（52）急子至，曰：“我之求也，此何罪？请杀我乎！”又杀之。（左传·桓公十六年）

（53）兼弱攻昧，武之善经也。子姑整军而经武乎！（左传·宣公十二年）

（54）殖绰、郭最曰：“子殿国师，齐之辱也。子姑先乎！”乃代之殿。（左传·襄公十八年）

（55）原思为之宰，与之粟九百，辞。子曰：“毋！以与尔邻里乡党乎！”（论语·雍也）

（56）先友曰：“中分而金玦之权，在此行也。孺子勉之乎！”（国语·晋语一）

3.5 表感叹

郭锡良（1988）认为“乎”不表示感叹，但无论是传统训诂学的虚词著作，还是《马氏文通》以及后来的学者，都认为“乎”可以用于感叹句。感叹句同样是无疑无问，是说话人对自己确认的事实深信不疑并赋予强烈情感的表达。朱德熙（1982：24）说：“感叹句的作用是表达情感，但同时也报道信息。”所谓报道信息，实际上是说话人对确认的事实表明自己的态度和观点、立场等。上古汉语“乎”确实有用于感叹句的。如：

（57）为宋灾故，诸侯之大夫会，以谋归宋财。冬十月，叔孙豹会晋赵武、齐公孙虿、宋向戌、卫北宫佗、郑罕虎及小邾之大夫会于澶渊。既而无归于宋，故不书其人。君子曰：“信其不可不慎乎！……”（左传·襄公三十年）

（58）蔡侯、许男不书，乘楚车也，谓之失位。君子曰：

“位其不可不慎也乎！蔡、许之君，一失其位，不得列于诸侯，况其下乎！（左传·成公二年）

（59）南蒯之将叛也，其乡人或知之，过之而叹，且言曰：“恤恤乎，湫乎攸乎！深思而浅谋，迩身而远志，家臣而君图，有人矣哉！”（左传·昭公十二年）

（60）（南蒯）将适费，饮乡人酒。乡人或歌之曰：“我有圃，生之杞乎！从我者子乎，去我者鄙乎，倍其邻者耻乎！已乎已乎！非吾党之士乎！”（左传·昭公十二年）

（61）故言有招祸也，行有招辱也，君子慎其所立乎！（荀子·劝学）

（62）或编曲，或鼓琴，相和而歌曰：“嗟来桑户乎！嗟来桑户乎！而已反其真，而我犹为人猗！”（庄子·大宗师）

（63）孔子方负杖逍遥于门，曰：“赐，汝来何其晚也？”孔子因叹，歌曰：“太山坏乎！梁柱摧乎！哲人萎乎！”因以涕下。（史记·孔子世家）

（64）太史公曰：国之将兴，必有祯祥，君子用而小人退。国之将亡，贤人隐，乱臣贵。使楚王戊毋刑申公，遵其言，赵任防与先生，岂有篡杀之谋，为天下僇哉？贤人乎，贤人乎！（史记·楚元王世家）

（65）太史公曰：孔子称曰“居是国必闻其政”，田叔之谓乎！（史记·田叔列传）

上举例中，特意选列了《史记》“太史公曰”二例，这显然是太史公发表的感叹。《左传·昭公十二年》例各“乎”字，皆出现于乡人之歌，显然只能看作感叹句。

上述“乎”出现于五类语气的句子中，即使我们不承认

"乎"本身能够表示五种不同的语气，也必须承认"乎"可以出现在表示五种不同语气的句子的句尾。从语篇的角度看，五种句子是有区别的：询问句有明确的询问对象，且请求作答，所以随后通常有听话人的话语回应（直接回答或间接回答）。测度问句也有询问对象，且希望询问对象对说话人的倾向性的观点态度给予肯定或否定，所以随后可能有听话人的回应。反诘问句虽然通常有具体的听话人（不一定要有特定听话人），但并不求答，因此随后通常没有听话人对相关话题的回应。祈使句有特定听话人，但因无疑无问，所以不要求听话人作言语回答。感叹句没有特定的听话人，所以通常是没有下文的独立的句子。据此，从发展的观点看，说上古汉语语气词"乎"只能表示疑问语气，恐怕是不能成立的。

## 4 "乎"功能变化的解释

语气词"乎"为什么能够出现在不同语气的句子末尾？

我们认为，"乎"的基本功能确实是表示疑问语气，但在上古汉语中，"乎"已经不是单功能语气词。这是因为，作为语气词，"乎"并不参与句子构造，是超语段成分，用在句尾，主要是起加强语气的作用。而语气，是说话人主观情绪和态度的体现，当说话人并非真正有疑而问时，采用问句的形式，往往就会附加上某种情绪和态度，"乎"也就随着经常出现在无疑无问的句子末尾，逐渐减弱了表疑问的功能，而增加了表示非疑问语气的功能。

上一节所列五种用"乎"的句子，第一种是真正的有疑有问，可叫做有疑有问句。第二种，虽然有疑，但说话人自己已经有答案，只是不完全肯定，可叫做疑信不定句。第三种，说话人的答案是明确的，不过是采用问句形式来强调自己的答案，可叫做无疑而问句。第四种，是说话人提出自己的主张，要求听话人执行某种行为，句子完全不再有疑有问，可叫做无疑无问句。第五种，说话人不仅有自己明确的观点和态度，而且加入了自己确信无疑、强烈肯定的情绪，可叫做确信无疑句。可见，五种用"乎"的句子，其差别就在于疑问强度的依次减弱。

用"乎"的句子的疑问强度变化为什么会发生？杨永龙（2003）在研究语气词"吗"的语法化过程和功能扩展过程时发现，"吗"的疑问强度的变化"正好经历了一个主观化过程（subjectivisation），即经历了一个在语言中逐步加入说话人对命题或所说内容的主观态度和倾向性的过程"；而且，"随着时间的推移，从（A）到（B），到（C），到（D），'VP无'格式的疑问程度逐渐减弱，而说话者的主观倾向性逐渐增强，构成一个具有不同主观化等级的连续统（continuum）。见图1：

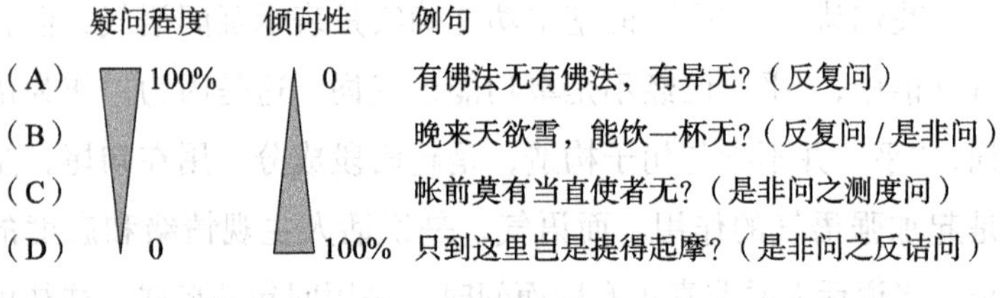


**图1**

这一连续统体现了'VP无'格式的主观化过程，与此同时也体现了"无"从否定词渐变为纯语气词的过程"。

杨文的研究给我们很好的启发。我们看到，"乎"字句疑问强度的减弱的过程，正好是主观化程度加强的过程，也就是说，“乎”字句的疑问强度与其主观化程度是成反比的。我们发现，上古汉语语气词“乎”所表语气的变化，正好可以印证杨文的观点，即“乎”字句的疑问程度不断减弱，而句子的主观化程度则不断增强。

有疑有问句，因有疑而问，疑问是客观存在的，主观性最弱[③]，这从句子中很少出现情态副词可以得到佐证。疑信不定句，说话人既要表明自己的倾向性态度，又想得到听话人对自己倾向性态度的肯定或否定，所以句子中通常有表示推测的情态副词。那么，疑信不定的语义是由表推测的情态副词表达的呢？还是由语气词“乎”表达的呢？我们认为主要是由情态副词表达的，但是“乎”既然能够出现在这样的句子中，就说明“乎”与这种语气是相适应的，同时，由于“乎”经常出现在这样的句子中，因此也就具有了传达这种疑信不定语气的功能。前面 3.2 所举有情态副词“其”不表疑问，加上“乎”才形成测度问的例子就说明了这一点。

疑信不定句是“乎”的功能变化的重要过渡节点。有疑有问的询问句，说话人是没有答案必求答的，而疑信不定句说话人有自己倾向性的答案，这既减弱了疑问度，同时也增加了主观性。反问句（无疑而问）是说话人有自己明确的答案，不过是采用了问句的形式来强化自己的态度，因此疑问度更弱，主观性更强。祈使句（无疑无问）是说话人认定了自己的观点和态度，请求或命令听话人施行某种动作行为，显然主观性更强，疑问度更低，但还有听话人，希望听话人用行动回应。感叹句不仅说话人对自己的观点和态度强烈认可，而且不需要特定的听话人，所以不但无疑，也不可能有问，因此是毫无疑问度可言的，其主观性也是最强的[④]。通常来说，主观性越强的句子，独立性越强；感叹句可以不依赖任何上下文而独立，所以是主观性最强的。询问句需要回答，是不自由不独立的，所以主观性最弱。

认知语言学认为，“疑问和感叹之间存在着内在的认知关系”，“疑问和感叹之间的认知联系是人类语言的一个共性”。（参见石毓智，2004）石毓智（2004）以此为据，论证英语汉语中都存在来自疑问代词的感叹标记，并且认为现代汉语的“吗”也可以用作感叹标记（写作“嘛”）。石文的论证我们并不完全赞同，但有一点，疑问和感叹并非是截然无关的，不过是“言语轻重之间”（《马氏文通》语）而已。不过，就上古汉语语气词“乎”来说，表感叹并不是直接来自表疑问的用法，而是经历了疑问度减弱的逐渐过渡。

刘晓南（1991）曾推测，“‘乎’字传疑是由感叹引申而来的。引申的第一步在口语中表惊异之叹，如‘嘻，善哉！技盖至此乎’（庄子），就在赞同之中含有巨大的佩服与惊诧。惊诧的情绪再引申就成了疑惑。”（“引申”原文作“引伸”）我们认为，从主观化的顺序来说，应该是由表疑问逐渐向表感叹扩展。在上述五种“乎”字句中，感叹句与反诘问句、祈使句是比较接近的，我们今天见到的古书标点本，许多句子，或标问号，或标感叹号，就在于祈使、感叹与反诘的界限难以定夺。

实际上，上述五种“乎”字句本来就是一个疑问度和主观性的反向连续统，祈使与感叹，反诘与感叹，很难截然划清界限，但是典型的用例还是可以区分的。根据典型用例，我们认为上古汉语“乎”可以表达五种不同语气，就上古这一断代平面看，

“乎”是一个多功能语气词。但其基本功能是表示疑问，其他四种语气都是由表疑问扩展而来的。

## 附 注

① 王力《中国语法理论》说：“语气词虽各有其语法上的意义（如决定、疑问、反诘、夸张等），但多少总带着些情绪，所以若译成英语，语气可称为 emotional moods，语气词可称为 emotional particles。”（见《王力文集》第一卷第 216 页）何容《中国文法论》说：“moods 是从动词的形变上寻出来的，这形变所表示的则是说话者对所说的话的心理态度；合起来说，moods 就是说话者的心理态度之表现于动词之形者。”（第 150 页）

② 可参见何容《中国文法论》第八章“助词、语气与句类”。

③ 有疑有问句，是说话人请求回答，不能说完全没有主观性，但是相对于后面几种句子，主观性是最弱的。

④ 祈使和感叹，已经不属于疑问范畴，说其疑问度更低、毫无疑问度可言，是相对于其他几种“乎”字句来说的。感谢中国社会科学院语言研究所研究员李明先生指出这一点。

## 参考文献

〔英〕戴维·克里斯特尔编　2000 《现代语言学词典》，沈家煊译，北京：商务印书馆。

郭锡良　1989 《先秦语气词新探》，《古汉语研究》第 1 期。

何　容　1985 《中国文法论》，北京：商务印书馆。

黎锦熙　1924/1998 《新著国语文法》，北京：商务印书馆。

李晶晶、杨荣祥　2021 《上古汉语语气词“乎”与疑问代词共现现象探析》，《汉语学报》第 4 期。

李小军　2013 《先秦至唐五代语气词的衍生与演变》，北京：北京师范大学出版社。

刘晓南　1991 《先秦语气词的历时多义现象》，《古汉语研究》第 3 期。

吕叔湘　1942/1982《中国文法要略》，北京：商务印书馆。
马建忠　1983《马氏文通》，北京：商务印书馆。
麦梅翘　1987《〈左传〉的“乎”》，见《古汉语研究论文集》（三），北京：北京出版社。
石毓智　2004《疑问和感叹之认知关系》，《外语研究》第6期。
孙锡信　1999《近代汉语语气词》，北京：语文出版社。
〔日〕太田辰夫　1958/2003《中国语历史文法》（修订译本），蒋绍愚、徐昌华译，北京：北京大学出版社。
王　力　1943/1985《中国现代语法》，北京：商务印书馆。
王　力　1944/1984《中国语法理论》，见《王力文集》第一卷，济南：山东教育出版社。
杨永龙　2003《句尾语气词“吗”的语法化过程》，《语言科学》第1期。
姚振武　2015《上古汉语语法史》，上海：上海古籍出版社。
袁毓林　1993《现代汉语祈使句研究》，北京：北京大学出版社。
朱德熙　1982《语法讲义》，北京：商务印书馆。

# 从揣测到选择

## ——汉语未定选择连词的一种语义来源 *

朱　怀　范桂娟

（重庆师范大学文学院）

## 1　引言

选择连词是用于连接具有选择关系选项的连词，这种选择按照选项的确定性可以分为未定选择（或选取式）连词和已定选择（或析取式）连词。未定选择指分别说出两种或几种可能让人从中选择，已定选择指说出选定其中一种可能，舍弃另一种可能。“揣测”义和“选择”义存在较大关联度，前者是说话者根据客观存在的某种事实进行的一种主观的推测或猜测，由于是主观推测或猜测，说话者对事实的认定可能会有不同情况，于是产生多个揣测选项，往往需要就其中一个选项进行选择，“揣测”义便与“选择”义产生关联。

关于“揣测”与“选择”之间的演化关系，学界已有不少

* 本研究得到国家社科基金项目“近代汉语连接范畴的语义演变与类型特征”（项目编号：24BYY031）的资助。

研究，如赵长才（2011）和文桂芳、李小军（2021）发现汉语史中的“为”和“还”从表“追究、探究”的语气副词演变为选择连词，宗守云（2017）发现张家口方言表示言者疑惑的“也不是（知）”演变为选择连词。上述研究很有启发意义，但主要限于个案现象的分析，还未进行系统整理。我们发现汉语揣测义演变为选择义是一种强势语义演变类型，是未定选择连词的一种主要语义来源，汉语普通话、方言和古代汉语中有不少演变案例，如普通话的“要”“还是”，古代汉语的“将”“还”“抑”“为”“可（是）”，漳州方言“抑”、洞口方言“是”、张家口方言的“也不是”等。

本文主要关注如下问题：一、除了学界发现的个案，还有哪些未被发现的样本；二、这些样本的演变过程如何，有无共性和个性；三、从揣测到选择的演变机制是什么，为何有的样本演变成功，有的并未发生演变。限于篇幅，这里仅就其中部分问题展开讨论。

## 2 古代汉语“抑”和漳州方言“抑”

上古汉语“抑”和漳州方言“抑”均有揣测义，表说话人对事实的猜想或假设，例如[①]：

（1）今大夫将问其故，抑寡君实不敢知，其谁实知之？（《左传·昭公十九年》）

（2）这本册抑怀傲是伊的。（这本书恐怕是他的。）

“抑”表揣测常用于谓语动词前或句首位置，表推测、不确定语气或者是对事实的假设，有时这种推测或假设由一个可能性扩展为两种可能性，其中的两个揣测项便构成两个不同选项，例如：

（3）不知天之弃鲁邪，抑鲁君有罪于鬼神故及此也？（《左传·昭公二十六年》）

（4）床笫之不安邪？抑骊姬之不存侧邪？（《国语·晋语一》）

（5）汝来抑怀来？（你来还是不来。）

（6）佪兜好康抑否康？（他家贫穷还是富有呢？）

上面各例的“抑”均用于两项揣测项并列，由于有两个揣测项，故形成选择关系，古代汉语“抑”和漳州“抑”的功能基本一致。“抑”《说文·印部》：“按也，从反印。”段玉裁注：“按当作按印也……玺之抑埴即今俗云以印印泥也，此抑之本义也，引申之为凡按之称。”关于选择连词“抑”的来源主要有两种看法：裘锡圭（1988）和罗耀华、周晨磊（2013）认为其来源于疑问句句末语气词用法，龙国富（2016）认为来源于揣测副词用法。从“抑”的意义和使用情况来看我们认为“抑”不太可能来源于句末疑问语气词的用法，因为首先从句法位置上来看，语气词位于句末、连词一般位于句首，句法位置相差甚远。其次，从语义上来看，“抑”的连词用法多用于疑问选择问，其语义与揣测义副词用法比较接近。

选择连词“抑”主要用于揣测性连接，这一用法在先秦时期比较常见，它们一般用于先揣测一种情况，再提出一个问题，或者先提出一个事实或问题，再进行揣测。“抑”的选择连词用法表选择问，往往兼有揣测义，显然这与揣测副词用法具有较大的相似性，只不过其选择连词用法是对几个选项的揣测，揣测副词用法主要是对一种事实或假设情况进行揣测。由于揣测副词常用于第一个揣测性问句之后、第二个揣测性问句之前进行揣测，形成“A？抑B”结构式，其句法位置与语义均与“抑”的选择连词用法相似，故前者演变为后者。漳州方言“抑”的选择连词用法与古代汉语“抑”用法相同，可能是古代汉语的遗留，也可能是在近现代的揣测用法基础上自行产生的，具体是哪一种情况还需要进一步考证。

## 3 古代汉语“将”“还”

上古汉语的“将”和近代汉语的“还”常用作揣测副词，用于说话者从不同角度提出揣测意见或问题，分别形成至少两个并列揣测项，例如：

（7）不知君将从易而是者乎？将从难而非者乎？（《吕氏春秋·淫辞》）

（8）师曰：“佛还曾迷也无？”对曰：“不曾迷。”（《祖堂集》卷3）

“将”常在前后两个小句中同时出现，表不同的揣测事项，同时兼有选择义；“还”最初用于正反问，从正反两方面提出疑问。

“将”“还”用于揣测与其用于将来事件有关，将来事件的不确定性导致产生揣测语义。“还”本义为“归来、回来”义，后引申为“现象继续存在或动作继续进行”义的副词用法，“现象继续存在或动作继续进行”义常用于疑问句，对动作或现象是否继续或存在提出疑问，由于“还”频繁用于疑问句中，受语境影响产生疑问副词用法。“还”用作疑问副词时，受源义影响，常常对动作或现象是否继续或存在从正反两方面提出疑问，于是产生正反问。文桂芳、李小军（2021）将其分为两个过程，一是“还”在疑问句中客观时间义的脱落，从而演变为时间副词；二是在反复问句中“X”与“非X”中后者变为另一选项“Y”。“还”的正反问用法最初是从正反两方面提出疑问，唐代多用句末语气词“无”帮助表达正反问，后发展为不用“无”而直接将正反项列出的用法，例如：

（9）古人还扶入门，不扶入门。（《祖堂集》卷11）

（10）万物粲然，还同不同？（《朱子语类》卷6）

上例“还”位于两个揣测项前进行揣测，并没有出现在揣测项中间，表明还没有产生选择功能。当“将”“还”位于两个揣测项中间用于连接时，便可以看作选择连词，例如：

（11）人生受命于天乎？将受命于户邪？（《史记·孟尝君列传》）

（12）天先秋而后春乎？将先春而后秋乎？（《法言·先知》）

（13）大学次序，在圣人言之，合下便都能如此，还亦须从致知格物做起？（《朱子语类》卷15）

（14）古者各树其所宜之木以为社。不知以木造主，还便以树为主？（《朱子语类》卷25）

综上，由“时间”功能演化而来的“将”“还”能表“揣测”义，当说话者揣测项有多个可能时，由于“将”“还”位于揣测项中间，便产生连接揣测项表“选择”的功能。

## 4 古代汉语“为”和洞口方言“是”

古代汉语“为”和洞口方言“是”的选择问句都是由两项或

多项揣测项构成，都有两项揣测项句首出现目标词和后项揣测项句首出现目标词的用法，前者例如[②]：

（15）须丈夫也？须小儿也？为取妇人？为取男子？（《佛本行集经》卷47）

（16）己是嗯呢崽是嗯呢侄子呢？（他是你儿子还是你侄子？）

也有“为”“是”只在揣测后项句首或两个揣测项中间出现的，例如：

（17）先有想生然后智？先有智生然后想？为想、智一时俱生耶？（《长阿含经》卷17）

（18）汝问三恶道？为问诸天？（《百喻经》卷3）

（19）嗯恰苹果是恰鸭梨哪？（你是吃苹果还是梨子？）

（20）嗯在工段下车是们下车？（你是在这里下车还是在那里下车？）

关于选择连词“为”的来源，学术界尚有争议，主要有如下几种看法。一是系词说，如李崇兴（1990）、柳士镇（1992）等人认为选择用法由系词直接演变而来。二是假设连词说，如梅祖麟（2000）认为“为”经历了系词到假设连词到选择连词的演化过程。三是疑问副词说，如太田辰夫（1991）认为经历了系词到疑问副词到选择连词的演化过程。四是语气副词说，如赵长才（2011）认为其演化路径为：系词 > 语气副词（表示认定、确认）> 语气副词（表追究、探究）> 选择连词。我们同意语气副词说，从意义上来看“为”作语气副词和选择连词都出现在对话语体中，问话者经常要探究哪一个选项符合事实，希望听话人在两个提供的选项中选择一个作为回答。例如：“尔时，阿那邠邸长者白世尊曰：修摩提女为满富城中满财长者所求，为可与？为不可与乎？”（《增壹阿含经》22）例句中“为”连接项均为相对或相关项，说话者提供两个选择让听话者选择。随着选择义的增强，其探究语气逐渐弱化，后来这种听说者的探究义被选择义替换，从而产生了选择连词用法。由于受源词用法影响，选择连词用法一直只出现在疑问句中。

综上，上面“为”“是”均用于两项揣测项并列的复句，由于并列项有选择关系，且目标词可以只出现在后项句首或两个揣测项中间，故形成选择关系。

## 5 古代汉语“可（是）”和张家口方言“也不是”

近代汉语“可”“可是”表揣测时，也出现说话者将不同揣测项同时并列的情况，冯春田等（2012：655—656）注意到这种情况，列举了一些用例，其中“可”《聊斋俚曲集》5 例、《醒世姻缘传》7 例，“可是”《聊斋俚曲集》1 例、《醒世姻缘传》7 例，例如[③]：

（21）但既生米做成了熟饭，豆腐吊在灰窝里，你可吹的？你可弹的？（《醒世姻缘传》第 8 回）

（22）叫人骑着门子骂，说关着门子别理他，叫人听着，你可是贼呀，你可是忘八呢？（《醒世姻缘传》第 89 回）

（23）你来要帐来呀，可是来探亲来呢，可是看朋友来呢？（《聊斋俚曲集》第 12 回）

大多数“可”“可是”同时出现在两个揣测项中，也有少量“可是”只出现在后一揣测项中的，例如：

（24）咱换了折子钱了？可是咱自己有哩？（《醒世姻缘传》第50回）

（25）二姐，你是本处人，可是远方来的呢？(《聊斋俚曲集》第15回）

“可是”“可”只出现在后一揣测项，表明其选择连词性质已经比较典型了。

“可”“可是”用于揣测义时，说话者揣测事件可能出现多种可能性，当这些可能性并列时，其便演变为多重选择项，“可”“可是”便演变为选择连词。

另外，宗守云（2017）认为张家口“也不是”来源于“也不知”，前者是后者的弱化形式，近代汉语和官话方言中“也不是”都可表“言者疑惑”，例如[④]：

（26）这也不是哪路宾朋，与我夏得贵栽赃。(《大八义》第27回）

（27）“谁他妈的吃了人家口香糖？”“对！也不是谁他妈的要人家的手工纸！”（老舍《牛天赐传》）

宗守云（2017：448）谈及上述“也不知”的揣测义时，指出“在张家口方言中，‘也不是’还可以理解为选择连词”，且张家口“也不是”兼有情态动词和选择连词两种用法，具有过渡性质，例如：

（28）他吃了三个也不是五个。

（29）挪威的也不是丹麦的，反正人家都知道了。

上述“也不是”既有揣测义，也有选择义，且“也不是”可以用于两个揣测项中间表选择，故可看成比较典型的选择连词。

## 6　结语

通过对上述多个样本的讨论，可以发现从揣测到选择是汉语中一种普遍的语义演变模式，此类语义演变的原因在于：揣测表达对某一动作或对象的疑问时，隐含可能出现另一种情况，如“抑”用于揣测回答问题时常常涉及多个答案，故产生多个选择性问题；“还”用作疑问副词时，受源义影响，常常对动作或现象是否继续或存在从正反两方面提出疑问；“为”作语气副词时，问话者经常要探究哪一个选项符合事实，希望听话人在两个提供的选项中选择一个作为回答。正是由于疑问语气这种对真相的不确定性，于是产生多个选项。又由于语气副词修饰谓词，当后面又出现另一选项时，语气副词与其后修饰对象便由修饰关系重新分析为选择关系，揣测义的辖域也随之由单句扩展为关联前后选择项。

### 附　注

① 先秦时期的“抑”除表揣测副词用法外，还用于主语前，似乎有假设连词用法，表猜测的假设义也有揣测义，这里暂时将二者合并讨论。另外，文中例（2）（5）和（6）转引自引自黄淑芬（2010：47）。

② 例（16）（19）和（20）转引自王盼（2019：36）。

③ 例（21）至（23）转引自冯春田等（2012：655—656）。

④ 下面几例均转引自宗守云（2017：448）。

### 参考文献

冯春田等　2012 《明清山东方言语法研究》，济南：山东教育出版社。

黄淑芬　2010《漳州方言连词“抑”的功能及其发展》,《乐山师范学院学报》第10期。
李崇兴　1990《选择问记号“还是”的来历》,《语言研究》第2期。
柳士镇　1992《魏晋南北朝历时语法》，南京：南京大学出版社。
龙国富　2016《假借与语境吸收：论汉语虚词“抑”的演变》,《语文研究》第4期。
罗耀华、周晨磊　2013《“抑”的去语法化》,《语言教学与研究》第4期。
梅祖麟　2000《现代汉语选择问句法的来源》，见《梅祖麟语言学论文集》，北京：商务印书馆。
裘锡圭　1988《关于殷墟卜辞的命辞是否问句的考察》,《中国语文》第1期。
〔日〕太田辰夫　1991《汉语史通考》，江蓝生、白维国译，重庆：重庆出版社。
王　盼　2019《洞口赣方言疑问句研究》，暨南大学硕士学位论文。
文桂芳、李小军　2021《也谈“还”的连词功能的发展》,《新疆大学学报（哲学·人文社会科学版）》第2期。
赵长才　2011《中古汉语选择连词“为”的来源及演变过程》,《中国语文》第3期。
宗守云　2017《张家口方言一些特殊形式的选择连词——现实性对立和主观性差异》,《中国语文》第4期。

# 张呼片晋语多功能虚词“不是”及其语法化历程*

宗守云　张湉虹

（上海师范大学人文学院）

## 1　引言

在普通话中，“不是”功能多样，有否定短语、名词、语气词、话语标记等多种用法（王世凯、张亮，2017）。在一些方言中，“不是”的功能更加多样化，比如张呼片晋语。张呼片晋语主要分布在张家口和呼和浩特一带。在张呼片晋语中，“不是”除了有普通话的用法，还有语气副词、假设连词、句中语气词等用法。许宝华、宫田一郎（1999：613）认为，“不是”在方言中作为虚词有两种用法，一是用作连词，意思是“要不是”，见于中原官话和兰银官话，如“不是等你，我就走咧”；二是用作助词（现在一般称为语气词），用于句末，加强语气，见于冀鲁官话，如“俺猫在屋里，好好儿的卧着不是”（《金瓶梅词话》第

*　本研究是国家社科基金项目“晋冀蒙接缘地带晋语语法深度调查和比较研究”（项目编号：22BYY046）的阶段性成果。

五九回）。“不是”的假设连词用法也见于张呼片晋语，张呼片晋语不但有前件假设连词的用法（意思是“要不是”），还有后件假设连词的用法（意思是“否则”）；而用于句末、加强语气的用法应该是普通话用法，相关研究有郭继懋（1987）、史金生（1997）、王世凯、张亮（2017）等。当然，“不是”的语气词用法在普通话中日趋式微（史金生，1997），而在张呼片晋语中仍旧强势存在着。

本文讨论张呼片晋语多功能虚词“不是”的各种用法，并分析“不是”从否定短语到虚词的语法化历程。本文语料来源：张家口方言的情况由第一作者根据母语语感自拟并经过调查确认后获得；呼和浩特方言的情况委托河套学院王敏老师调查获得。以下是具体讨论分析。

## 2 张呼片晋语多功能虚词“不是”

张呼片晋语“不是”作为多功能虚词，有语气副词、假设连词和语气词等多种用法。

### 2.1 语气副词“不是”

语气副词“不是”用于说话人提醒听话人注意两个事件之间存在着因果联系，“不是”相当于“难怪”，是醒悟义语气副词，提醒听话人注意，实际上就意味着使听话人醒悟。语气副词“不是”反映了说话人对听话人知情状态的预测（宗守云、唐正大，2018）。例如：

（1）他爹回家了么，不是他那么高兴嘞。（他爹回家了嘛，难怪他那么高兴呢。）

（2）下雨了么，不是路那么滑。（下雨了嘛，难怪路那么滑。）

例（1）在说话人看来，听话人知道“他爹回家了”，但不一定知道“他那么高兴”，而且极有可能不知道二者存在着因果联系，说话人提醒听话人，“他爹回家了”和“他那么高兴”之间存在着因果联系。例（2）在说话人看来，听话人知道“下雨了”，但不一定知道“路那么滑”，而且极有可能不知道二者存在着因果联系，说话人提醒听话人，“下雨了”和“路那么滑”之间存在着因果联系。

醒悟义语气副词“不是”具有因果的致使性、交际的在场性和话序的后置性特征（宗守云、唐正大，2018）。进一步说，“不是”有两种指向，一是听者指向，一是结果指向。

先说听者指向。“不是”具有听者指向性，这和“不怨”的言者指向性形成对立。“不是”和“不怨”在知情状态上表现出一定的差异，具体说来，“不是”是说话人提醒听话人知晓事件的因果联系，这是听者指向；“不怨”是说话人对事件因果联系的自我醒悟，这是言者指向。试比较：

（3）杏树开花了，不是这么香嘞。（杏树开花了，难怪这么香呢。）

（4）杏树开花了，不怨这么香嘞。（杏树开花了，难怪这么香呢。）

例（3）用于说话人提醒听话人注意的场合，只有听话人在场的情况下才能这样表达；例（4）说话人可以是对方在场的情况下表达，也可以是自言自语，因为是说话人自己对“杏树开花”和“这么香”之间因果联系的醒悟，听话人可以不在场。

再说结果指向。“不是”指向结果，“不是”所修饰的 VP 表达一个结果意义的事件，这个结果是某种原因造成的，例（1）“他那么高兴”和例（2）“路那么滑”都是结果事件。从形式看，“不是”经常和“就”共现，二者存在共现“偏好”（prefer），例（2）“不是”虽然没有和“就”共现，但加上“就”，说成“不是路就那么滑”，句子仍旧是自然的，容易接受的。再如：

（5）一夜没睡着么，不是他就难受嘞。（一夜没睡着，难怪他难受呢。）

（6）你能干，不是就找你嘞。（你能干，难怪找你呢。）

（7）数九了，不是就冷嘞。（数九了，难怪冷呢。）

（8）爹娘都俊么，不是人家就俊嘞。（爹娘都好看，难怪人家漂亮呢。）

例（5）—（8）“就”是方言用法，普通话不存在。在晋语中，“就”有这样一种用法：用于结果句中表示“会”，具有认识情态性质；用于反问句中，具有否定性质，表相反的意义。“就 VP”相当于“怎么会 VP 呢？”例如：

（9）这么好的天气，就下上雨来了？（这么好的天气，怎么会下雨？）

（10）你不撵，我就跑嘞？（你不追，我怎么会跑呢？）

例（9）意思是“这么好的天气，不会下雨的”，例（10）意思是“你不追，我是不会跑的”，因此，“就”所在的小句或句子有两个属性：一是结果性，所表达的事件是结果事件，是某种原因导致的结果；二是否定性，小句或句子本身相当于一个否定句，这种否定意义是反问带来的。“就”和“不是”都用于结果意义的句子，这是二者具有共现偏好的基础，二者在语义上是相宜的，容易在句子中共现。

例（5）—（8）“就”是在原有用法的基础上意义进一步弱化的结果，拿例（5）来说，“不是他就难受嘞”意思是“不是（一夜没睡着）的话，他就不会难受”，由于反问语气脱落，“不是”发展为醒悟义语气副词，“就”表示“会”的意义进一步漂白，成为一个元语言性质的副词。

2.2 假设连词“不是”

假设连词“不是”又分两种，一是前件假设连词“不是”，相当于“要不是”；二是后件假设连词“不是”，相当于“否则、不然”。

2.2.1 前件假设连词“不是”

前件假设连词“不是”相当于“要不是”。在普通话中，“要不是”是连词，如“要不是你提醒我，这件事我早就忘了”（《现代汉语词典》（第7版）第1526页）。张雪平（2021）认为，“要不是”是专职的反叙实标记，用来表达反叙实假设。“要不是”的反叙实性表现在，它使后一小句事实为假，比如，在“要不是你提醒我，这件事我早就忘了”这句话中，“这件事我早就忘了”事实为假，实际上我并没有忘记这件事。“不是”也用来表达反叙实假设，用法和“要不是”完全相同。前件假设连词“不是”不仅见于中原官话和兰银官话，也见于张呼片晋语。例如：

（11）不是老张，问题就解决不了。（要不是老张，问题就解决不了。）

（12）不是你，我们早把活儿做完了。（要不是你，我们早把活儿做完了。）

（13）不是下雨，肯定能赶上火车。（要不是下雨，肯定能赶上火车。）

（14）不是交警把车扣下，非出事不行。（要不是交警把车扣下，非出事不可。）

例（11）（12）“不是”后接体词性成分，这些体词性成分都是具有高生命度或较高生命度的名词或代词，是导致事件发生的主要致因（cause）。低生命度名词或代词所反映的事物能动性差，不容易导致事件发生，因此“不是”一般不能后接低生命度名词。例（11）“老张”是“问题解决”的主要致因，因为老张，所以问题得到解决，反过来，如果不是老张，问题就不能解决，所以说“不是老张，问题就解决不了”。

例（13）（14）“不是”后接谓词性成分或小句，谓词性成分或小句具有述谓性，是事件发生的理由（reason），例（13）因为下雨，所以没赶上火车，反过来，如果不是下雨，就能赶上火车，所以说“不是下雨，肯定能赶上火车”。

2.2.2 后件假设连词“不是”

后件假设连词“不是”相当于“否则、不然”。在普通话中，“否则、不然”都是连词，意思是“如果不是这样”。“不是”语义上相当于“否则、不然”，但在用法上受到一定的限制，没有“否则、不然”用法自由。

首先，“不是”只能用于现实假设，不能用于非现实假设，而“否则、不然”没有这样的限制。例如：

（15）幸亏我前天去了，不是早出事了。（幸亏我前天去了，否则早出事了。）

（16）他这会儿正玩儿嘞，不是可要闹毛包嘞。（他这会儿正在玩耍，否则就要闹事。）

（17）*明天你去，不是没人去。

（18）*人要讲信用，不是没人信你。

例（15）前一小句是过去发生的事件，例（16）前一小句是现在发生的事件，这两例前一小句都是现实事件，后一小句“不是”用来对现实事件进行反向假设，说明相反的情况下会出现的状况，而这种状况是说话人虚拟的事件，具有反叙实性。例（17）前一小句是将来发生的事件，例（18）前一小句是非时制的条件句，这两例前一小句都是非现实事件，这种情况只能用“否则、不然”，不能用“不是”。

正因为如此，“否则、不然”可以用来表达非叙实假设，即“不能确定真假的假设”，比如“明天你去，否则没人去”“人要讲信用，否则没人信你”；“不是”只能用来表达反叙实假设，即“只能为假的假设”，例（15）（16）都是反叙实假设，“不是”后接的小句事实为假。因此，“不是”作为假设连词，无论是前件假设连词还是后件假设连词，都是用来表达反叙实的假设连词，而且都是前一小句事实为真，后一小句事实为假。

其次，“不是”紧附于所连接的小句，后面不能出现顿断，“否则、不然”后面可以出现顿断。这说明，“否则、不然”已经具有某种程度的语用标记功能，而“不是”还只是连词，尚未向语用标记的方向发展。例如：

（19）走得早，否则（*不是），他就得淋雨。

（20）他这会儿在练功，否则（*不是），就没有机会了。

例（19）（20）“否则、不然”后面可以出现停顿，而“不是”

后面不能出现停顿。

2.3 语气词“不是”

语气词“不是”既可以用在句末，又可以用在句中，分别是句末语气词“不是”和句中语气词“不是”，句末语气词“不是”又有疑问语气词和陈述语气词两种情形。

2.3.1 句末语气词“不是”

首先，句末疑问语气词“不是”。

疑问语气词“不是”出现在句末，大致相当于普通话的“吗”，用于是非问句。例如：

（21）明天走不是？（明天走吗？）

（22）你找我有事嘞不是？（你找我有事吗？）

太田辰夫（2003）指出，“不是”最早用在句末而形成疑问句，是在述语为“是”的时候，比如“你瞧瞧，是这个不是？”（《红楼梦》第31回）太田辰夫（2003）认为，如果把这种“不是”勉强地看作句末语气词，是不妥当的，而下面的用例“不是”才是句末语气词，表示疑问，例如：

（23）在那屋里不是？（《红楼梦》第7回）

（24）他在里间不是？（《红楼梦》第8回）

例（23）（24）“不是”和“吗”性质相同，都用在句末表示疑问语气，应该属于疑问语气词。

疑问语气词“不是”只能用于是非问句，“不是”问句大致相当于普通话的“吗”问句，但和普通话“吗”问句相比，“不是”问句在用法上受到一定限制。具体说来，普通话的“吗”问句可用于各种确信度的句子（郭锐，2000），而“不是”问句只能用于高确信度的句子，例如：

（25）你夜来回来的不是？（你昨天回来的吗？）

（26）苹果熟了不是？（苹果熟了吗？）

例（25）（26）都是“有所猜测的倾向性疑问”（郭锐，2000），说话人倾向认为“你是昨天回来”和“苹果熟了”命题为真。如果是完全无猜测的中性疑问，则应该用正反问形式，试比较：

（27）他爱吃莜面不是？（他爱吃莜面吗？）

（28）他爱吃莜面不爱？

例（27）说话人倾向认为他爱吃莜面，例（28）说话人没有预期倾向性，因此，两者应答形式也不同，是非问句的肯定应答形式是“嗯”，否定应答形式是“不是”；正反问句的肯定、否定应答形式都是具体应答。例如：

（29）A. 他爱吃莜面不是？　B. 嗯（肯定应答）/ 不是（否定应答）。

（30）A. 他爱吃莜面不爱？　B. 爱吃（肯定应答）/ 不爱（否定应答）。

疑问语气词“不是”可以出现在其他语气词后面，说明“不是”有明显的、典型的疑问语气词性质。例如：

（31）年时地震来不是？（去年地震过吗？）

（32）老侯去南方了不是？（老侯去南方了吗？）

（33）砚山开交流会嘞不是？（砚山在开交流会吗？）

（34）你走也不是？（你要走吗？）

上述各例“不是”分别在语气词“来、了、嘞、也”之后，说明“不是”不具有动词短语的性质，而是真正的句末语气词。

其次，句末陈述语气词“不是”。

陈述语气词“不是”用于陈述句末，有加强陈述语气的作用。从句法操作看，“不是”可以删除，删除后命题意义不变，但语气不够强烈。疑问语气词“不是”用于提问，而陈述语气词“不是”用于应答或一般陈述。例如：

（35）A. 他这会儿做啥嘞？　B. 他在南沙河做活嘞不是。

（36）我年时在北京做活，挣了三万块钱不是。

例（35）“不是”用于应答，例（36）“不是”用于一般陈述。在非应答情况下，说话人一般不会说出一个带陈述语气词“不是”的单句，前面有内容相关的小句出现，“不是”才能用于陈述句末。

史金生指出，陈述语气词“不是”在当今北京口语中使用越来越少了，王朔小说《玩的就是心跳》《过把瘾就死》没有一例这样的用法，相应的意义都用“是不是”来表示（郭继懋，1987）。在张呼片晋语中，陈述语气词“不是”在用法上非常显赫，尤其是用作应答语时，可以用在体词性成分、谓词性成分以及小句后面，意义上和普通话一样，都表示“确认”，相当于“就是……嘛”。例如：

（37）A. 那是谁？　B. 三毛蛋不是。（就是三毛蛋嘛。）

（38）A. 他爹是多会儿回来的？　B. 前天不是。（就是前天嘛。）

（39）A. 老四做啥嘞？　B. 扫院嘞不是。（就是在扫院子嘛。）

普通话有一种表确认意义的应答语，其句法形式为“不是……嘛”，这是由于反问语气脱落导致的否定形式表肯定意义。张呼片晋语有“不是……不是”，意义和表达功能和普通话“不是……嘛”相同。例如：

（40）A. 他爱吃啥呀？　B. 不是爱吃槽子糕不是。（不是爱吃蛋糕嘛。）

（41）A. 出啥事了？　B. 不是他娘跟他爹离婚了不是。（不是他爹和他娘离婚了嘛。）

（42）A. 你咋不去地里做活？　B. 不是我舅舅来了不是。（不是我舅舅来了嘛。）

根据王世凯、张亮（2017）的研究，“不是”是一个确认标记，属于表态成分，核心功能是表示确认，具体表现为对客观事实、言者推理、言者预测、言者观点、事理情理、看法意愿等内容的确认，因此，“不是”和表示不肯定意义的“吧”形成功能上的对立。

在张呼片晋语中，“么”也是确认标记，但“么”是泛用性确认标记，可以用在直陈句、虚拟句、祈使句、回声问句、主观弃择句等句子中，而“不是”是专用性确认标记，只能用在直陈句中。在直陈句中，“么”可以和“不是”共现，与单用“么”或“不是”意义相同，体现了两者用法上的“语气和谐”性质。例如：

（43）A. 孩子毕业没有？　B. 毕业了么不是。（当然毕业了嘛。）

（44）夜来把锄撂地里头了，后来又拿回来了么不是。（昨天把锄头落在地里了，后来又拿回来了嘛。）

例（43）（44）是两个确认语气词连用的例子，与单用“么”或“不是”意义相同，都是说话人对事实的确认。

2.3.2　句中语气词“不是”

句中语气词“不是”又分两种情况，一是用于小句后面，一是用于句中某个成分后面。

"不是"用于小句后面，具有背景化功能。

王咸慧（2021）讨论了普通话中小句末尾"嘛"的一种用法，这种用法的"嘛"具有标识事件线索、设置情景、降低权重三种功能，从话语功能来看，"嘛"对于话语前景、后景配置结构具有很大影响，是将信息背景化的一种手段。在张呼片晋语中，"不是"用于小句后面，也有背景化功能。例如：

（45）夜来下了一场雪不是，房上地上全都白了。（昨天下了一场雪嘛，房上地上全都白了。）

（46）老钱是村主任不是，管好些事儿。（老钱是村主任嘛，管好些事儿。）

"不是"用于句中某个成分后面，具有标记化功能。"不是"具有话题标记或主位标记的功能。例如：

（47）那场大火不是，可把家烧了个精光。

（48）老张不是，夜来不是，在县城不是，打了一夜麻将。

例（47）（48）"不是"是话题标记或主位标记。"不是"用作话题标记或主位标记，在张呼片晋语中是常见的方言现象。根据我们目前掌握的材料，山西榆次方言也有这种用法，我们委托晋中学院刘芳老师协助调查，调查地点为榆次市区、榆次鸣谦镇什贴村、榆次郭家堡乡聂村，结果显示，"不是"话题标记或主位标记的用法在榆次方言中也是常见的。

方梅（1994）认为，语气词前的句首成分有五类，包括既是话题也是主语、是话题不一定是主语、是话题不是主语、虚词或起篇章连接作用的短语、非切分语段。这五类句首成分后面都可以用"不是"标记，"不是"具有明显的句中语气词性质。

张呼片晋语的句中语气词还有“来”和“噢”，也具有话题标记或主位标记的功能。“来”“噢”和“不是”在用法上有一定的分工，“来”主要起提顿作用，是说话人自我顿断；“噢”除了提顿，还希望引起听话人的注意；“不是”也有提顿作用，但更主要的是用来提醒听话人注意。因此，三者的主观性程度不同，主观性程度从低到高依次为：来 < 噢 < 不是。

## 3 张呼片晋语虚词“不是”的语法化历程

否定短语“不是”在句前分别语法化为假设连词和语气副词，在句后语法化为句末语气词，句末语气词进一步发展为句中语气词。

### 3.1 从否定短语到假设连词和语气副词

“不是”从否定短语发展为假设连词和语气副词，都是在应答语境中迈出第一步的。当对方陈述一个事件的时候，说话人会在这个事件的基础上联想到另一个事件，这两个事件存在着因果联系。比如，对方说“老四他爹打工回来了”，说话人在这句话的基础上会联想到“老四非常高兴”这个事件，而这两个事件具有因果联系：因为老四他爹打工回来了，所以老四非常高兴。“老四非常高兴”这个事件是说话人所知晓、所熟悉的，而且说话人也知道两个事件存在着因果联系，但对方并不一定知道，对于听话人而言，这是新信息，说话人需要把这个意思表达出来，以便能够让对方了解更多的信息。说话人可以用两种方式表达，一是用现实因果关系形式，“所以老四那么高兴”；一是用虚拟假设关系形式：

（49）不是他爹打工回来，老四不会那么高兴。

（50）不是他爹打工回来，老四那么高兴嘞？

例（49）（50）都由两个小句构成，前一小句都是虚拟假设的条件小句，“不是”是否定短语，“他爹打工回来”是否定内容，“不是他爹打工回来”是虚拟假设小句；后一小句都是表结果的小句，例（49）是否定性陈述句，例（50）是反问性疑问句。例（49）（50）尽管形式不同，但句子意义（客观真值意义）都是相同的。

3.1.1　从否定短语到假设连词

假设连词“不是”是从例（49）这样的句子发展来的。例（49）“不是”可以直接发展为前件假设连词，也可以通过小句紧缩发展为后件假设连词。

先说“不是”直接发展为前件假设连词的过程。

例（49）“不是”一般理解为否定短语，但也不妨理解为假设连词。如果认为是省略了“如果”，即“如果不是他爹打工回来，老四不会那么高兴”这句话中的“如果”被省略没有说出来，那么“不是”只能是否定短语；如果认为“不是”通过语境吸收而容纳了假设意义，也可以认为是假设连词，相当于“要不是”。例（49）是用于应答语境的，当这样的句子形式用于非应答语境时，由于“不是”后面的内容不是对方提供的，而是说话人自己激活的，“不是”就只能理解为假设连词，是前件假设连词，意思是“要不是”。例如：

（51）我跟你说啊，不是我跑得快，早叫蛇给咬了。

（52）跟你说噢，不是他及时赶到这里，我就让人家打死了。

例（51）（52）都不是应答，“不是”是前件假设连词。

再说“不是”通过小句紧缩发展为后件假设连词。

例（49）还可以紧缩为“不是老四不会那么高兴”。在例（49）中，“不是”所否定的内容“他爹打工回来”是对方提供的，对交际双方而言，这一内容是旧信息，是可以不说出来的。如果说话人省去这一信息，“不是”就可以直接附在后一小句上，于是就出现“不是老四不会那么高兴”这样的句子，这是双小句紧缩为单小句的情形。跨语言的研究表明，从双小句结构到单小句结构，是人类语言反复出现的单向的语法化途径，“不是”发展为后件假设连词，符合人类语言普遍的语法化规律。

在“不是老四不会那么高兴”中，“不是”既可以理解为否定短语，也可以理解为假设连词。如果认为“不是”仅仅是紧缩，尚未语法化，就是否定短语，整个结构还是双小句结构；如果“不是”已经语法化，就是假设连词，意思是“否则”，整个结构是单小句结构。应该说，这样的“不是”还处于否定短语和假设连词的依违两可之间，具有处于过渡状态的性质。

“不是”位于句首，或多或少还会有过渡状态的性质，如果进入句中，就只能理解为假设连词，不再是否定短语了。例如：

（53）下雪了么，不是他夜来去县城买年货去了。

（54）下雪了么，他不是夜来去县城买年货去了。

（55）下雪了么，他夜来不是去县城买年货去了。

例（53）—（55）“不是”相当于“否则、不然”，“他夜来去县城买年货去了”是虚拟事件，不是现实事件。例（53）“不是”还是具有过渡状态的性质，例（54）（55）“不是”都已经是真正意义的假设连词，意思是“否则”，其语法化已经彻底完成。

3.1.2 从否定短语到语气副词

“不是”作为语气副词，是从例（50）那样的句子发展来的。例（50）可以紧缩为“不是老四那么高兴嘞？”，这和例（49）紧缩原理相同，“不是”否定的内容都是旧信息，可以省略不说。在“不是老四那么高兴嘞？”中，“不是”仍然是否定短语，尚未语法化为醒悟义语气副词，整个结构还是双小句结构。“不是”是随着所附小句反问语气脱落而语法化为醒悟义语气副词的。在晋语中，反问语气脱落而导致语法成分变化是很常见的，情态动词“待”由于反问语气脱落而造成正反同辞现象，心理动词“怨”也是如此（宗守云、唐正大，2018）。

当反问语气脱落以后，“不是他那么高兴嘞”整体意义就由否定意义变为肯定意义，即“正因为如此，他才那么高兴嘞”。这个意义恰巧是“难怪、怪不得”语义出现的语境，于是“不是”被赋予“难怪、怪不得”这样的语义，由否定短语而语法化为醒悟义语气副词，“不是”就成为真正意义的副词，整个结构是单小句结构。当“不是”出现在句中而不是句首的时候，“不是”作为醒悟义副词的用法就更加成熟、完善。例如：

（56）下雪了么，不是他夜来在家没有出门。

（57）下雪了么，他不是夜来在家没有出门。

（58）下雪了么，他夜来不是在家没有出门。

例（56）—（58）“不是”相当于“难怪”，“他夜来在家没有出门”是现实事件，不是虚拟事件。例（56）“不是”还具有某种程度的过渡性质，例（57）（58）“不是”都是真正意义的语气副词，用来提请对方注意，其语法化已经彻底完成。

早期语法化研究认为，副词演变遵循着“句中副词 > 句首副词 > 话语标记”的演变规律。但近些年的相关研究表明，副词演变也存在着“句首副词 > 句中副词”演变的情形，比如汉语副词“果然”的演变，这种演变不是特例，而是跨语言存在着的（Long et al., 2022）。张呼片晋语“不是”从否定短语发展为语气副词的事实进一步表明，“句首副词 > 句中副词”的演变在语言中不是个别现象，是常见的副词演变现象。这说明，副词演变既有“句中副词 > 句首副词”的演变路径，也有“句首副词 > 句中副词”的演变路径，这其中应该有一定的规律可循，而这是将来语法化研究需要解决的问题。

兹将“不是”从否定短语到连词、副词的发展演化图示如下：

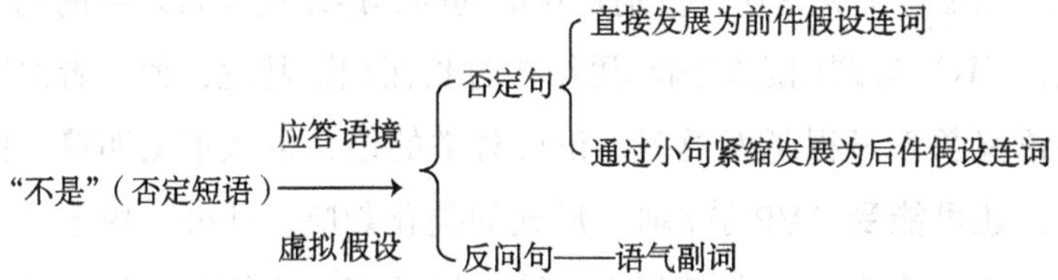


3.2　从否定短语到语气词

史金生（1997）认为，句末语气词“不是”是从“是 X 不是”这样的“肯定 + 否定”结构演化而来。王世凯、张亮（2017）同意这一看法，并对句末语气词“不是”的形成进行了细致分析，他们认为，“不是”的语气词用法源于正反问句，最早为“是 X 不是 X”形式，由于经济原则的制约，后面的 X 可以省略，于是出现“是 X 不是”形式；由于“不是”处在句末位置，而且正反问框架消解，“不是”不再表否定判断，转而用于反问，表示说话人对信息的确认。这些学者对句末语气词“不是”来源的分析是准确的，特别是王世凯、张亮（2017）的研究，在历时材料的基础上细致地分析了句末语气词“不是”的形成过程，即从“是X不是X”疑问句到“是X不是”疑问句，再到“X不是”疑问句，最后到“X不是”反问句，“不是”最终成为句末语气词，表确认意义。

王世凯、张亮（2017）认为句末语气词“不是”的形成是因为“不是”的句尾化导致的。确实，否定词用在句尾位置，很容易发展出语气词用法，正如吴福祥（1997）在分析否定词“不（否）”语气词化所说：“‘不’最初的位置是居于谓词之前，用作状语。当‘VP不’格式产生后，‘不’便离开其正常的位置被置于句尾。这种句法位置及组合关系的变化使‘不’与谓词间的关系变得不大密切，特别是在谓词的宾语结构异常复杂的句子里，‘不’与谓词之间因宾语结构过长而相隔甚远，使二者之间的语义关系显得越发模糊，正反对举的语义也就不太明确。同时，还可能受‘VP乎/耶’形式的类化影响。此外，由于‘不（否）’久处句末，易读轻声。这些因素交互作用的结果，导致‘不（否）’词义逐渐虚化，变为语气词。”“不是”也是如此，当“不是”与谓语之间关系模糊，正反对举语义也不够明确时，“不是”就变为语气词。

在张呼片晋语中，“不是”可以出现在“是X不是X”“是X不是”中，“不是”是否定短语。“不是”也可以出现在“X不是”中，如果X是谓词性成分，且“X不是”是疑问句，“不是”就是疑问语气词，相当于“吗”。“X不是”作为疑问句，可以用于询问，也可以用于反问，例如：

（59）梨树开花儿了不是？

例（59）如果是询问，说明说话人对信息是不确定的，需要对方告知；如果是反问，说明说话人对信息是确定的，不需要对方告知，说话人这样说，是实施一种行为，比如“既然梨树开花儿了，那么你就应该去授粉”。当反问语气脱落，“不是”就成为陈述句末语气词，表确认意义，例如：

（60）梨树开花儿了不是。

例（60）是陈述句，说话人旨在告知对方一个确定的信息。反问句和陈述句在语音上有差异，例（59）是反问句，“不”不轻读，“是”轻读；例（60）是陈述句，“不”“是”都轻读。

“不是”由句末语气词进一步发展为句中语气词。句中语气词可以是在小句后面，也可以是在话题或某一成分后面。例如：

（61）梨树开花儿了不是，你去授粉吧。

（62）梨树不是，开花儿了么。

例（61）“不是”作为句中语气词，用在小句后面；例（62）“不是”用在话题后面，是话题标记。

句中语气词都是从句末语气词发展而来的。“从历史来源看，现代汉语里的句中语气词都是由句末语气词发展而来的。这个过程中，它们原来在句末所具有的明显的疑问语气、感叹语气都不同程度地减弱了。同时，在句首成分后的停顿位置上，又产生了一些新的语气意义。而总的来看，这种新的语义大致是向着标示话题、标示主位的方向发展的。”（方梅，1994）

从像似性原则来看，“不是”无论在句末位置还是在句中位置，都具有相同的话语功能，“不是”在疑问句末用于问答，问答具有“话题—说明”关系；而作为句中语气词，前后成分或小句也具有“话题—说明”关系，这种相同的话语功能用相同的语言形式，符合“意义相似，形式相近”的象似性原则（沈家煊，1993）。

兹将“不是”从否定短语到语气词的发展演化图示如下：

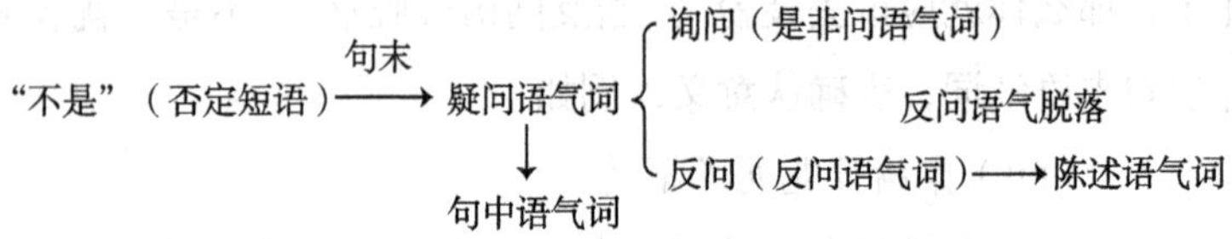


## 4 结语

张呼片晋语虚词“不是”的语法化都是从“不是”的否定短语用法开始的，“不是”用于句首，表达虚拟假设意义，发展出假设连词和语气副词用法；“不是”用于句末，表达疑问，发展出句末语气词和句中语气词用法。这些用法在普通话中或者不存在，或者不发达，而在张呼片晋语中都特别常见，甚至呈现出比较强势的存在趋势。

描写并解释这些方言语法现象，一方面可以丰富方言语法的研究，“地区方言对于语言学家是有头等重要性的”，另一方面可以促进语法化理论的发展。本研究可以为语法化理论提供方言材料，有些材料符合早期发现的语法化规律，比如从双小句结构到单小句结构的演变；有些材料符合后期发现的语法化规律，比如从句首副词到句中副词的演变；而系统性的研究材料可以构建一个特定的语法化研究个案，这既可以充实汉语语法化词库和世界语法化词库，也可以深化语法化理论研究，从而使语法化研究走向深入。

## 参考文献

〔美〕布龙菲尔德 1980 《语言论》，袁家骅等译，北京：商务印书馆。
方 梅 1994 《北京话句中语气词的功能研究》，《中国语文》第2期。
郭继懋 1987 《谈表提醒的“不是”》，《中国语文》第2期。
郭 锐 2000 《“吗”问句的确信度和回答方式》，《世界汉语教学》第2期。
沈家煊 1993 《句法的象似性问题》，《外语教学与研究》第1期。
史金生 1997 《表反问的“不是”》，《中国语文》第1期。
〔日〕太田辰夫 2003 《中国语历史文法》，北京：北京大学出版社。
王世凯、张 亮 2017 《句尾“不是”的来源、功能及其词汇化》，《语言教学与研究》第6期。
王咸慧 2021 《语气词“嘛”背景信息共识化功能初探》，《中国语文》第6期。
吴福祥 1997 《从“VP-neg”式反复问句的分化谈语气词“麼”的产生》，《中国语文》第1期。
吴福祥 2005 《语法化演变的共相与殊相》，见沈家煊、吴福祥、马贝加主编《语法化与语法研究》(二)，北京：商务印书馆。
许宝华、〔日〕宫田一郎 1999 《汉语方言大词典》，北京：中华书局。
张雪平 2021 《“X不是/没有”的假设表义功能》，《汉语学习》第5期。
中国社会科学院语言研究所词典编辑室编 2016 《现代汉语词典》(第7版)，北京：商务印书馆。
宗守云 2015 《晋方言情态动词“待”及其否定关联和意外性质》，《中国语文》第4期。
宗守云、唐正大 2018 《张家口晋语醒悟义副词“不X”的知情状态及其熔合演成》，《河北师范大学学报》第2期。
Long, Haiping, Francesco Ursini, Bernd Heine & Yaohua Luo 2022 From separate clause to epistemic adverbial, the neglected source construction and initial-to-medial pathway: Chinese *guoran* ‘it really happens’. *Australian Journal of Linguistics* 5: 226—250.

# The perspective shift from grammaticalization to constructionalization: The case of aspectual particle *liǎo*

QI Xuemei　LIU Meichun

(Department of Linguistics and Translation

City University of Hong Kong)

## 1　Introduction

In Mandarin Chinese, the grammatical morpheme with this character and atonal pronunciation, 了 *le*, can appear at two sentential positions, e.g., the verb-final and sentence-final positions. In the following examples retrieved from the BCC Corpus①, *le* in (1a) occurs in the slot between the verb 吃 *chī* 'eat' and the noun phrase 一个火龙果 *yīgè huǒlóngguǒ* 'a pitaya'; *le* in (1b) occurs at the sentence-final position in the slot following the nominal object 感情 *gǎnqíng* 'affection'.

(1) a. 我　吃　了　一个　火龙果

*wǒ　chī　le　yī-gè　huǒlóngguǒ*

SG1　eat　LE　one-CL　pitaya

'I ate a pitaya.'

b. 你 都 不 相信 感情 了

*nǐ dōu bù xiāngxìn gǎnqíng le*

SG2 already NEG believe affection LE

'You already do not believe in affection.'

The verbal *le* and the sentential *le* are traditionally treated as two separate morphemes, i.e., *le*1 and *le*2. Specifically, corresponding to the distinguished sentential positions, *le*'s appearing in the two positions are assumed to have different grammatical functions. Corresponding to the dual-*le* hypothesis in the studies investigating the functions of *le*'s, *le*1 is traditionally termed 动态助词 *dòngtài zhùcí* '(lit.) aspectual particle', and *le*2 is usually termed 事态助词 *shìtài zhùcí* '(lit.) sentence-final particle' or 词气词 *yǔqì cí* '(lit.) modal particle' in the research investigating the historical development and evolution process of *le*'s.

As for the origin of *le*, a consensus has been reached among scholars, i.e., *le* evolved from the verb 了 *liǎo* 'to finish, to complete'. *Liǎo*, as a verb encoding the lexical meaning of completion (CV hereinafter), began to be used in the Jin Dynasty (265—420CE) and gradually became the most generally used CV in the Tang Dynasty (618—907CE). The frequently observed usage patterns of the CV *liǎo* during the period can be shown in the following examples.

(2) NP+ADV+*liǎo*:

今 到 此间，勾当 事 未 了

*jīn dào cǐjiān, gōudàng shì wèi liǎo*

present arrive here deal with affair NEG finish

'Now that (I) have come here and not finished dealing with my affairs.'

Volume 3, *Rutang qiufa xunli xingji* (838—847CE)

(3) V+NP+*liǎo*, (CONJ) VP:

a. 饮 水 了 便 来

*yǐn shuǐ liǎo biàn lái*

drink water finish as soon as come

'(He) came as soon as he finished drinking water.'

Volume 3, *Dunhuang bianwenji xinshu* (800—950CE)[2]

b. 晚 际， 辞 一寺 僧

*wǎn jì, cí yī-sì sēng*

evening when bid farewell one-temple monk

了，便 著 俗衣

*liǎo, biàn zhuó sú-yī*

ACTL then wear mortal-clothes

'In the evening, I bid farewell to the monks of the entire temple and put on mortal clothes.'

Volume 4, *Rutang qiufa xunli xingji* (838—847CE)

(4) NP+V+*liǎo*, (CONJ) VP:

a. 饭 食 了， 便 散 其 房

*fàn shí liǎo, biàn sàn qí fáng*

meal eat finish as soon as disperse PL3 room

'After finishing their meal, they dispersed back to their own room.'

Volume 1, *Rutang qiufa xunli xingji* (838—847CE)

b. 天 明 了， 其 鬼使 来 太安寺 里

*tiān míng liǎo, qí guǐ-shǐ lái tàiān-sì lǐ*

sky light ACTL that ghost-envoy come PN-temple alley

'At dawn, the ghost envoy came to the alley of Tai'an temple.'

Volume 14, *Zutangji* (952 CE)

In (2), the CV *liǎo* serves as the predicate and is modified by the negative adverb 未 *wèi* 'NEG'. *Liǎo* in (3—4) is combined with another verb or verb-object phrase to serve as the predicate of the clause followed by another clause. In existent research, *liǎo* following the verb or verb-object phrase has usually been determined as the phase complement (PC hereinafter) that supplements the phase information of the predicate verb or verb-object phrase, e.g., completion or realization (Cao, 1995; Jiang, 2001; Shi, 2000; Wu, 1998). Specifically, *liǎo* in (3a) and (4a) indicates the completion of the activity of drinking water or having a meal; *liǎo* in (3b) and (4b) encodes the happening or actualization of farewell and departure or brightening up, as glossed as ACTL in the two examples.

Examples in (3—4) illustrate that the use of *liǎo* has the structure of [V (NP) *liǎo*]. Nevertheless, another structure of *liǎo*, e.g., [V *liǎo* NP], first appeared in the late Tang and Five Dynasties (907—960CE), as demonstrated by the example below.

| | | | | |
|---|---|---|---|---|
| (5) 寻时 | 缚 | 了 | 彩楼, | 集得 |
| *xúnshí* | *fù* | *liǎo* | *cǎi-lóu,* | *jí-dé* |
| soon after | tie | PFV | colored silk-shed frame | assemble-obtain |

| | | | |
|---|---|---|---|
| 千 | 万 | 个 | 室女 |
| *qiān* | *wàn* | *gè* | *shìnǚ* |
| thousand | ten thousand | CL | unmarried girl |

'After soon, (they) tied colored silks to shed frame and assembled thousands of unmarried girls.'

Volume 3, *Dunhuang bianwenji xinshu* (800—950CE)

Only a few occurrences of *liǎo* have the structure [V *liǎo* NP] during the late Tang and Five Dynasties. However, it has received intensive attention and discussions to date for two main reasons. First, *liǎo* occurs immediately after the verb even though the object appears in the sentence, which is consistent with the usage pattern of the verbal *le* in modern Mandarin. Therefore, the form [V *liǎo* NP] has been generally taken as the emergence signal of the perfective aspect particle *liǎo* (e.g., Cao, 1986; Jiang, 2005; Mei, 1981; Wang, 1958), as glossed as PFV in the above example. Second, the emergence of the structure [V *liǎo* NP] represents a positional change of *liǎo*, for which an account is necessary.

## 2 Debates on the emergence of the aspectual particle *liǎo*

Following Hopper and Traugott (2003[1993])'s classification of grammatical form, *le* can be regarded as a grammatical morpheme or a clitic because it owns relative phonological and syntactic independence. Also, the expression of *le* is periphrastic, not morphological. In the consensus of Chinese grammarians, *le* originates from the CV *liǎo*. Then, the evolution pathway from a CV to an aspectual particle is a typical grammaticalization case. Many scholars have investigated the emergence and development of *le* within the framework of grammaticalization.

As mentioned, most scholars investigating the historical development of the aspectual particle *le*/*liǎo* consider the V+*liǎo*+O structure as the emergence signal of the aspectual particle *liǎo*. Because the salient grammatical feature of this structure lies in that *liǎo* occurs in the slot between the predicate verb and the patient object performed by the postverbal noun phrase, and this syntactic position is in line with the syntactic position of *le* in the V+*le*+O structure in modern Mandarin. Nevertheless, some scholars suggest that the grammatical sign of the emergence of the aspectual particle *liǎo* should be the V+C+*liǎo*+O structure (Wu, 1998; Shi, 2000).

Based on existing historical documents, the earliest uses of V+*liǎo*+O can be found in the late Tang and Five Dynasties. Researchers have suggested two main opposing hypotheses for the origin of the structure. Among them, instead of attributing the occurrence of V+*liǎo*+O to the forward movement of *liǎo* in the V+O+*liǎo* structure (Cao, 1986, 1995, 2000; Jiang, 2001; Mei, 1981, 1994, 1999; Wang, 1958), some scholars (Dong, 2002; Li & Shi, 1997; Wu, 1996, 1998) propose that it is the post-attachment of the object to the V+*liǎo* structure that lead to the emergence of V+*liǎo*+O. In Sections 2.1 and 2.2, five specific proposals on the evolution pathway and mechanism of V+*liǎo*+O will be discussed.

2.1 V+O+*liǎo* > V+*liǎo*+O

When taking the V+*liǎo*+O structure as the sign of the emergence of the aspectual particle *liǎo*, the main research question will be: what did V+*liǎo*+O evolve from? It has been widely suggested that the V+*liǎo*+O structure directly adapted from the V+O+*liǎo* structure (Cao, 1986, 1995, 2000; Mei, 1981, 1994, 1999; etc.), as schematized as V+O+*liǎo* > V+*liǎo*+O. Under this assumption, Mei (1981) initially stepped further and proposed that the structure V+O+*liǎo* originated from the V+O+CV structure in the Northern and Southern Dynasties (420—589CE), which is widely adopted among scholars. Then, the evolution pathway of the V+*liǎo*+O structure can be summarized as follows: V+O+CV > V+O+*liǎo* > V+*liǎo*+O. The following is a summary of Mei (1981)'s analyses.

In the Northern and Southern Dynasties, the CVs that appear in the V+O+CV structure include 已 *yǐ*, 竟 *jìng*, 讫 *qì*, and 毕 *bì*. In the following examples, (6a) illustrates the use of *jìng* in the V+O+CV structure; (6b) shows that CVs that appear in the V+O+CV structure may be modified by an adverb of time.

(6) a. 谢公 与 人 围棋，俄而 谢玄 淮上

*xiè-gōng yǔ rén wéiqí, éér xièxuán huáishàng*

PN-duke with people Go soon PN PN-up

信 至，看 书 竟，默然 无言

*xìn zhì, kàn shū jìng, mòrán wú-yán*

letter arrive read letter finish silent NEG-say

'Duke Xie played Go with others. And soon the letter from Xie Xuan in the Huai River arrived. He finished reading the letter and kept silent.'

*Yaliang*, *Shishuo xinyu* (Mei, 1981: 68)

b. 叙 情 既 毕，便 深

*xù qíng jì bì, biàn shēn*

narrate condition already finish as soon as deep

自 陈 结

*zì chén jié*

self state connect

'After (he) finished his narration, (he) sincerely expressed his desire to know each other.'

*Yanyu*, *Shishuo xinyu* (Mei 1981: 69)

Then, in the Tang Dynasty, *liǎo* gradually replaced other CVs and became the most generally used CV in the V+O+CV structure. Correspondingly, the V+O+*liǎo* structure emerged, as illustrated by the example below.

(7) 子胥 解 梦 了

*zǐxū jiě mèng liǎo*

PN interpret dream finish

'Zi Xu finished interpreting the dream.'

*Dunhuang bianwenji* (Mei, 1981: 72)

However, even though scholars have the same opinion that the V+*liǎo*+O structure evolved from the V+O+*liǎo* structure, they hold different viewpoints on what motivated this structural change, e.g., the possible mechanism of this change.

2.1.1 Analogy of the resultative complement

Mei (1981) suggests that the forward movement of the aspectual particle *liǎo* mainly came from the modeling of the resultative complement (from now on RC) because both *liǎo* and RC indicate the perfective aspect, which is termed 完成貌 *wánchéng mào* in Chinese linguistic literature. Specifically, in the Tang Dynasty, RC can appear after the verb-object phrase or occupy the slot between the verb and the object. The two sentential positions of RC are illustrated in (8) below. In contrast, *liǎo* can only appear after the verb-object phrase during the same period. As a result, the V+*liǎo*+O structure emerged out of the analogy of the V+RC+O structure.

(8) a. 谁 能 折 笼 破
*shuí néng zhé lóng pò*
who can break cage broken
'Who can break the cage?'
poetry of Bai Juyi (Mei 1981: 72)

b. 折 断 绿 杨枝
*zhé duàn lǜ yang-zhī*
break broken green polar-branch
'(It) broke the polar branch.'
poetry of Li Bai (Mei, 1981: 72)

Although Mei (1981) proposes that both *liǎo* and RC encode the perfective aspect, there is still a problem unsettled in his analysis. That is, as he (1981: 72) states, the semantic relations between the object and

RC and between the verb-object phrase and *liǎo* are not parallel: 折笼破 *zhé lóng pò* 'break the cage broken' indicates that the cage was broken after breaking it, while 子胥解梦了 *zǐxū jiě mèng liǎo* 'Zi Xu finished interpreting the dream' does not mean that the dream finished after Zi Xu's interpretation, but it is the event that Zi Xu interpreted the dream that ended. Simply put, *liǎo* does not encode the resultant state of the patient object as the RC. Then the question is, since the functions of *liǎo* and RC are inconsistent, how can *liǎo* model the RC?

2.1.2 Analogy of the perfective-aspect structure of *què*

Cao (1986) proposes that 却 *què* is a widely used perfective aspect particle in the Tang Dynasty, indicating the completion of an action or the occurrence of a result; the forward movement of *liǎo* was influenced by the widely used perfective-aspect structure of *què*, e.g., V+*què*+O; and the verb *liǎo* was grammaticalized into a particle after its forward movement.

Cao (2009 [1986]: 106) proposes two types of perfective-aspect structures in the Tang Dynasty: one is the V(+O)+CV structure, in which *liǎo* became the dominant CV in the late Tang Dynasty; the other type is the structures of the aspect particle *què*, including the V+*què* structure and the V+*què*+O structure. Below is one set of examples to show the usages of the perfective aspect particle *què*, the CV *liǎo*, and the perfective aspect particle *liǎo*.

(9) a.

| | | | | | | |
|---|---|---|---|---|---|---|
| 太宗 | 尝 | 罢朝， | 自 | 言： | "杀 | 却 |
| *tàizōng* | *cháng* | *bà-cháo,* | *zì* | *yán:* | *"shā* | *què* |
| Taizong | once | return-court | self | say | kill | PFV |
| 此 | 田舍 | 汉！" | | | | |
| *cǐ* | *tián-shè* | *hàn!"* | | | | |
| this | farmhouse | man | | | | |

'Taizong once ended the court and said to himself: "Kill

this rustic!" '

*Datang xinyu* (Cao, 2009 [1986]: 105)

b. 过 江 了，向 行者 云："你

*guò jiāng liǎo, xiàng xíng-zhě yún: "nǐ*

cross river finish towards walk-person say SG2

好 去。"

*hǎo qù."*

good go

'After crossing the river, (he) said to the monk: "Go well." '

*Zutangji* (Cao, 2009 [1986]: 106)

c. 爱 揾 了 双 眉，索 人

*ài wèn liǎo shuāng méi, suǒ rén*

like wipe PFV pair eyebrow demand people

重 画

*chóng huà*

again draw

'(She) likes to wipe her eyebrows and ask someone to draw again.'

Ci-poetry of Liu Yong (Cao, 2009 [1986]: 106)

(9b) and (9c) can show the difference in sentential positions between the verb *liǎo* and the aspectual particle *liǎo*, while (9a) and (9c) can show that *liǎo* occupies the same sentential position as *què*. However, a question is unanswered in Cao (1986)'s analysis: how can the structure of CVs be functionally consistent with the structure of the aspectual particle *què*? Or, in other words, how is the lexical meaning of a CV equivalent to the grammatical function of an aspectual particle? Specifically, in (9a), *què* is glossed as PFV, indicating the perfective aspect of the killing action. In contrast, (9b) illustrates the typical verbal use of *liǎo*, expressing the completion of crossing the river.

2.1.3 Analogy of the phase complement

After noting the dialectal evidence that although the V+RC+O structure exists, e.g., 拍死伊 *pāi-sǐ yī* 'beat-die him', no verb suffix emerged in the Minnan dialect, Mei (2000 [1994]) disapproved his (1981) viewpoint and instead proposed that the forward movement of *liǎo* was influenced by the assimilation of the syntactic position of PCs, e.g., 却 *què* 'retreat', 着 *zhuó* 'touch', 得 *dé* 'get', etc. In other words, he basically accepted Cao (1986)'s proposal, and two main differences can be found in their analyses.

First, Mei (2000 [1994]) expands the scope of the words with assimilation effect on *liǎo*, namely, *què*, *zhuó*, *dé*, etc., but based on his analysis, the syntactic status of these words is the PC, not the verb suffix. As he (2000 [1994]: 250) states, "until the late Tang Dynasty, there was no verb suffix encoding the aspect like ZHE, LE, and GUO in Chinese. In other words, it was not possible to insert the aspectual suffix between the verb and the object."

Second, before the forward movement, *liǎo* had already acted as the PC in the V+O+*liǎo* structure. After the forward movement, *liǎo* initially still served as the PC and was then grammaticalized into a verb suffix in the V+*liǎo*+O structure. In brief, Mei (2000 [1994]) separates the grammaticalization pathway of *liǎo* into three stages, presented as the following evolutionary chain: predicate verb > PC > verb suffix. Compared to Cao (1986)'s two-stage (verb and aspectual particle) analysis of *liǎo*, a stage of PC is added. Below are two examples illustrating the PC uses of *liǎo*.

(10) a.

| | | | | | | |
|---|---|---|---|---|---|---|
| 子胥 | 祭 | 了， | 发 | 声 | 大 | 哭 |
| *zǐxū* | *jì* | *liǎo,* | *fā* | *shēng* | *dà* | *kū* |
| PN | offer a sacrifice | finish | let off | sound | big | cry |

'Zi Xu finished the sacrifice and cried loudly.'

*Dunhuang bianwenji*

b.

| | | | | | |
|---|---|---|---|---|---|
| 我 | 写 | 了 | 这个 | 契 | 了 |
| *wǒ* | *xiě* | *liǎo* | *zhè-gè* | *qì* | *liǎo* |
| SG1 | write | finish | this-CL | deed | MOD |

'I have finished writing this deed.'

*Laoqida* (Mei, 2000 [1994]: 265)

Mei (2000 [1994])'s proposal has an advantage in explaining the positional change of *liǎo*: when both *liǎo* and words such as *què*, *zhuó*, and *dé* serve as the PC in a sentence, then *liǎo* can naturally appear at the same syntactic position as them. However, Mei's analysis does not provide a detailed account of the evolution from the PC to the verb suffix.

2.1.4 Analogy of the intransitive verb

Cao (2000) proposed that the intransitive verb *liǎo* could enter the serial verb construction Vt+Vi+O after the intransitivization of the second transitive verb, e.g., 得 *dé* 'get', 却 *què* 'retreat', 取 *qǔ* 'take', in the serial verb structure of Vt1+Vt2+O. However, he still believed that the grammaticalization of *liǎo* occurred only after it entered the Vt+Vi+O structure. His analysis is summarized as follows. Firstly, there were two serial verb constructions from the pre-Qin period (before 221 BCE) to the Han Dynasties (202 BCE—220 CE), namely, Vt1+Vt2+O and Vt+O+Vi, as shown in (11a—b) below. Secondly, some transitive verbs in Vt1+Vt2+O became intransitive verbs after the Han Dynasties, manifested by the fact that these verbs no longer dominate the subsequent objects in semantics. These intransitive verbs, transformed from transitive verbs, can act as RCs or PCs, as shown in (12a—b) below.

(11) a. 至 之罘，见 巨 鱼，射 杀 一 鱼
*zhì zhīfú, jiàn jù yú, shè shā yī yú*
arrive PN see giant fish shoot kill one fish
'When (he) arrived in Zhifu, (he) saw giant fish and shot and killed one.'

*Qinshihuang benji*, *Shiji* (Cao, 2000: 75)

b. 右贤王 以为 汉 兵 不 能 至，
*yòuxián-wáng yǐwéi hàn bīng bù néng zhì,*
PN-king think Han soldier not able arrive
饮 酒 醉
*yǐn jiǔ zuì*
drink liquor drunk
'King Youxian thought that Han soldiers could not come, so he drank and got drunk.'

*Xiongnu liezhuan*, *Shiji* (Cao, 2000: 76)

(12) a. *què* acting as the RC:
或有 彩女，掷 却 箜篌，置
*huòyǒu cǎinǚ, zhì què kōnghóu, zhì*
some palace maid throw off harp put
于 一边，而 倚 身 卧
*yú yī-biān, ér yǐ shēn wò*
on one-side and lean body lie
'Some palace maids threw away the harp and lay down on one side.'

Volume 14, *Fobenxing jijing*

b. *què* acting as the PC:

| | | | | | | | |
|---|---|---|---|---|---|---|---|
| 锋 | 以 | 手 | 击 | 却 | 数 | 人, | 皆 |
| *fēng* | *yǐ* | *shǒu* | *jī* | *què* | *shù* | *rén,* | *jiē* |
| Feng | with | hand | hit | off | several | people | all |

| | | |
|---|---|---|
| 应时 | 倒 | 地 |
| *yìngshí* | *dǎo* | *dì* |
| at once | fall | ground |

'Feng hit several people with his hand, and all fell to the ground at once.'

Volume 35, *Nanqi shu* (Cao, 2000: 78)

In short, Cao (2000) still believes that the forward movement of *liǎo* is affected by the verbs *dé*, *què*, *qǔ*, etc., and he also maintains his two-stage analysis of *liǎo*, e.g., verb and particle. But instead of suggesting that the V+*liǎo*+O structure originated from the analogy of another perfective-aspect structure, e.g., V+*què*+O, he proposes that it is the intransitivization of verbs such as *dé*, *què*, and *qǔ* that enables other intransitive verbs such as *liǎo* enter the Vt+Vi+O structure. There is a problem in Cao (2000)'s proposal. As Dong (2002) argued, after the intransitivization of the second transitive verb in the serial verb construction, there is a tendency to lexicalize the two consecutive verbs. For instance, two verbs like *jī-què* in (12b), are more likely to condense into one single unit of a verb and occupy one syntactic position only.

2.2 V+*liǎo* > V+*liǎo*+O

Some scholars suggest that there are unsolved problems in the forward-movement hypothesis, that is, how to prove that *liǎo* was grammaticalized in V+O+*liǎo*, and how could the forward movement occur if *liǎo* was not grammaticalized in V+O+*liǎo*. As another solution, they propose that the direct source of the V+*liǎo*+O structure is the V+*liǎo* structure. That is to say, the emergence of V+*liǎo*+O is not due to the forward movement of *liǎo* but because the object occurs after the V+*liǎo* structure (Li & Shi, 1997; Wu, 1998; Dong, 2002).

2.2.1 Reanalysis of V+*liǎo* as a morphological constituent

Li and Shi (1997) believe that the long-term use of the V+*liǎo* structure makes the verb and the complement *liǎo* undergo a morphologization and condense into a syntactic unit that an object can follow. They (ibid.: 82) determine that aspect markers are a type of verbal complement. As a result, the condition of appearance of the aspect markers will be affected by the development of the verb-complement (V-C) structure. They (ibid.: 85) distinguished the verb complement in modern Mandarin into four types as follows:

(13) A. subject-pertaining complement, e.g., 吃饱饭 *chī bǎo fàn* 'eat a full meal'

B. verb-pertaining complement, e.g., 吃完饭 *chī wán fàn* 'finish eating'

C. object-direction complement, which is an intransitive verb or adjective, e.g., 叫醒他 *jiào xǐng tā* 'wake him up', or 洗净衣服 *xǐ jìng yīfu* 'wash clothes clean'

D. object-direction complement, which is a transitive verb or causative adjective, e.g., 看见人 *kàn jiàn rén* 'see someone', or 打破杯子 *dǎ pò bēizi* 'break a cup'

Following their classification, the intransitive verb *liǎo* should be included in type B. Based on their discussion, before the Han Dynasties, an object could not follow the other three complements except for type D because they were intransitive. If there is an object, the object should appear in front of the three types of complements. However, in the Song dynasties (960—1279 CE), the three types of complements also appear before the object, like type D. And they (ibid.: 87) attribute this phenomenon to the long-term use of the V-C structure, which makes the verb and complement undergo morphologization and become one syntactic unit; when people treat the V-C structure as a single unit, they will add an object after it. The following are two examples of type B to illustrate this change.

(14) a. 袁彦伯 作 名士传 成，见
*yuányànbó zuò míngshì-zhuàn chéng, jiàn*
Yuan Yanbo write celebrity-biography finish meet
谢公
*xiè-gōng*
Xie-Mr.
'Yuan Yanbo finished the Biography of celebrities and visited Mr. Xie.'

*Wenxue*, *Shishuo xinyu*

b. 赵正 看罢了 书，伸着
*zhàozhèng kàn-bà-le shū, shēn-zhe*
Zhao Zheng read-finish-LE book stretch-ZHE
舌头 缩不上
*shétóu suō-bù-shàng*
tongue contract-not-up
'After reading the book, Zhao Zheng stuck out his tongue and could not retract it.'

Volume 36, *Yushi mingyan* (Li & Shi, 1997: 86)

However, there is still an unresolved issue in Li and Shi (1997)'s proposal. That is, when aspect markers are also considered verbal complements, why can *le* only appear after another verbal complement, as demonstrated in (14b)?

Wu (1998: 452) proposes that *liǎo* is initially grammaticalized into a PC in the V+*liǎo* structure, then takes the object to form the V+*liǎo*+O structure, and the PC *liǎo* is further grammaticalized into the perfective aspect particle in V+*liǎo*+O. Firstly, he reasserts the view that *liǎo* in V+O+*liǎo* can only be a verb, acting as the predicate of the sentence. And the evidence supporting this view is that when an adverb modifies the structure, it appears between the verb-object phrase and *liǎo*, rather than before the verb (ibid.: 454). Below are two examples to illustrate this observation:

(15) a. 师 游 西院 了 归
*shī* *yóu* *xī-yuàn* *liǎo* *guī*
master tour west-yard finish return
山次
*shān-cì*
mountain-stopover
'After visiting the west courtyard, the master returned to the residence on the mountain.'

Volume 2, *Zutangji* (Wu, 1998: 453)

b. 地上 筑 境（坟） 犹 未 了，
*dì-shàng* *zhù* *fén* *yóu* *wèi* *liǎo,*
ground-on build grave yet not finish
泉下 惟 闻 叫 哭 声
*quán-xià* *wéi* *wén* *jiào* *kū* *shēng*
spring-down only hear shout cry sound
'The construction of graves on the ground was not finished, but cries came from under the spring.'

*Dunhuang bianwenji* (Wu, 1998: 454)

Secondly, he (ibid.: 454) determines V+*liǎo* as a V-C construction. He regarded *liǎo* as a RC for two reasons: (i) The semantic direction of *liǎo* is the preceding verb, indicating the completion result of the action expressed by the verb. (ii) When an adverb modifies this construction, the adverb usually appears before the verb, not *liǎo*. Below are two examples to show the two cases:

(16) a. 军官 食 了, 便即 渡 江

*jūnguān shí liǎo, biànjí dù jiāng*

officer eat finish as soon as ferry river

'The officers finished eating and immediately crossed the river.'

b. 圣君 才 见 了, 流 泪 两 三 行

*shèngjūn cái jiàn liǎo liú lèi liǎng sān háng*

emperor just see finish shed tear two three line

'The emperor wept as soon as he saw (her).'

*Dunhuang Bianwenji* (Wu, 1998: 454)

He further indicates that when the verbs used in V+*liǎo* are punctual verbs, state verbs, adjectives, or in the V-C structure, the RC *liǎo* is grammaticalized into the PC *liǎo*, indicating the realization of an instantaneous action or state. Then as a PC, *liǎo* can be affected by other PCs in the same period, such as 得 *dé* 'get', 却 *què* 'retreat', and 取 *qǔ* 'take'. And the V+*liǎo*+O structure emerges from modeling the structure of other PCs, e.g., V+PC+O. This analysis of the motivation is consistent with Cao (1986, 2000) and Mei (2000 [1994]). On the other hand, he believes that *liǎo* in V+*liǎo*+O is still a PC, not an aspectual particle, and the sign of the aspectual particle *liǎo* should be the V+C+*liǎo*+O structure.

Nevertheless, the PC hypothesis of *liǎo* still leaves the following question a puzzle: how and when the functional meaning of realization extended from the collocation with non-durative verbs to the co-occurrence with durative verbs.

## 3 Debates on the emergence of the sentence-final particle *liǎo*

In modern Mandarin, *le* can occur in two positions, namely, verb-final and sentence-final positions. However, until the 9th century CE, the predominant structure of *liǎo* was V+(O)+*liǎo*. As reviewed in the previous section, the researchers assume that the V+(O)+*liǎo* structure is the source of the V+*liǎo*+O structure. And no matter how they determine the grammaticalization degree of *liǎo*, e.g., PC or aspectual particle, in V+*liǎo*+O, V+*liǎo*+O is undoubtedly closely related to the verbal *le* in modern Mandarin. Then the next question to be answered is, what is the origin of the sentential *le*? There are mainly two standpoints on the origin of the sentential *le*, namely, the combination of *liǎo* and *yě*, or the verb *liǎo* that occupies the sentence-final position of the modal particle *yě*. In the following discussion, three specific proposals on the diachronic evolution of the sentence-final particle *liǎo* will be discussed.

Liu (1985) suggests that the sentential *le* comes from *liǎo-yě* in the Five Dynasties. Based on his investigation of *Zutangji*, *liǎo* can appear in three sentential positions, respectively represented as ‘VP+*liǎo*+VP’ (sentence-internal *liǎo*), ‘VP+*liǎo*’ (clause-final *liǎo*) and ‘VP+*liǎo-yě*’ (sentence-final *liǎo-yě*). He (ibid.: 131) summarizes these observations: when the V(+O)+*liǎo* structure appears without the help of *yě*, it is bound to be followed by another VP. Since the V+*le*+O structure is not self-sufficient, the modal particle *le* can make a sentence self-contained. He asserts that the V(+O)+*liăo*+(#)+VP structure should be regarded as the origin of the V+*le*+O structure, and the modal particle *le* comes from *liăo-yě*.

Like Liu (1985), Wei (2002) also notices the restricted syntactic position of *liăo* in the Five Dynasties; that is, it can only appear at the end of a temporal clause, or it can appear at the end of a main clause when accompanied by *yě*. He also believes the clause-final *liăo* (*liăo*$_a$) is the predecessor of *le*1; however, he thinks the *liăo*$_a$ is already a particle in the Tang Dynasty. After investigation, he suggests that in *Zutangii*, most usages of *liăo* in *liăo-yě* (*liăo*$_b$) should also be regarded as the particle. And since *liăo-yě* appears later than *liăo*$_a$, he assumes that *liăo*$_b$ inherits the function of *liăo*$_a$. Then, it can be inferred that the functions of *liăo*$_a$ and *liăo*$_b$ are consistent with the function of *le*1. Finally, *liăo*a and the forward-moving *liăo*$_b$ evolved into *le*1, while the remaining non-moving *liăo*$_b$ evolved into *le*2 through the disappearance of *yě* or the combination with *yě*.

Different from Liu (1985), Cao (1987) ignored the combination of *liăo* and *yě* occupying the sentence-final position. Instead, he proposed that after the middle and late Tang Dynasty, with the large increase in the use of the V(+O)+*liăo* structure, the structure appears at the end of compound sentences, as (17a) shown below. Such usage first appeared during the middle Tang Dynasty, and the *liăo* at the compound sentence-final position is still a verb. While *liăo* occupies the new syntactic position, another newly emergent structure still indicates the perfective aspect of the Tang Dynasty, the V+*què*+O structure, as (17b) shown below. Then, the coexistence of these two perfective aspect structures finally led to the emergence of V+*què*+O+*liăo* in the late Tang to Five Dynasties, as (17c) shown below.

(17) a. 皇帝 答 问头， 此 时 只 用
huángdì dá wèntóu, cǐ shí zhǐ yòng
emperor answer question this time only use
六 字 便 答 了
liù zì biàn dá liǎo
six character as soon as answer finish
'The emperor answered the question, and he answered it in only six words this time.'

*Tang Taizong rumingji*, *Dunhuang bianwenji*

b. 挂却 衣冠 披 薜荔， 世
guà-què yī-guān pī bìlì, shì
hang-PFV clothes-hat wear plant name world
人 应 是 笑 狂 愚
rén yīng shì xiào kuáng yú
people should Shi laugh crazy stupid
'After wearing clothes and hats and putting on the plant, the world should laugh at my madness and stupidity.'

poetry of Liu Shang

c. 雪峰 便 放却 垸 水 了
xuěfēng biàn fang-què yuàn shuǐ liǎo
Xuefeng as soon as put-PFV bowl water finish
云：
yún:
say
'Xuefeng put down a bowl of water and said:'

*Zutangji* (Cao, 1987: 11)

He (1987: 12) suggests that V(+O)+*liǎo* at the sentence-final position occupies the syntactic position for the sentence-completing function;

the V+*liǎo*+O structure and the V+*què*+O+*liǎo* structure provide the necessary conditions for the grammaticalization of the modal particle *liǎo* (or *le*2). Then, in the Northern Song Dynasty (960—1127 CE), as the structures V(+O)+*liǎo* and V+*què*+O+*liǎo* appeared at the sentence-final position more often, *liǎo* in the two structures began to evolve into a modal particle. With the wide use of V+*liǎo*+O, it replaced V+*què*+O, and the structure V+*liǎo*+O+*liǎo* emerged in the middle to late Southern Song Dynasty (1127—1279 CE). By then, *le*2 finally appeared.

All in all, different opinions have been proposed in past studies, and the debate on the grammaticalization of *le* has yet to end. It also shows that even if a certain form is taken as a sign of the end of the grammaticalization process, there are still many possibilities in specific accounts. The underlying problem is, when focusing on the grammatical status of the atomic word *liǎo*, neither relying on semantics nor relying on syntax can eliminate the divergences, which can be considered a disadvantage of the framework of grammaticalization. On the contrary, several previous studies (e.g., Zhan, 2012; Zhan & Traugott, 2019) have already shown the effectiveness of the constructionalization approach in dealing with the development issues of Chinese grammatical morphemes. Therefore, instead of from the traditional grammaticalization perspective, the development issue of *le* can be revisited within the framework of constructionalization.

## 4 From grammaticalization to constructionalization

As Hopper and Traugott (2003 [1993]) pinpointed, grammaticalization, as a research framework, is mainly concerned with questions like "how lexical items and constructions come in certain linguistic contexts to serve grammatical functions or how grammatical items develop new grammatical functions" (ibid.: 1); as language phenomena, it mainly refers to "the steps whereby particular items become more grammatical through time" (ibid.: 2). It can be noticed that constructions can also be units undergoing grammaticalization. As Hopper and Traugott (ibid.: 4) state, "[q]uite often what is grammaticalized is not a single content word but an entire construction that includes that word, as for example Old English *pa hwile pe* 'that time that' > *hwile* 'while' (a temporal connective)." But as Traugott and Trousdale (2013: 31) indicates, the "construction" used by historical linguistics should be interpreted as "a syntactic notion and refers to a syntactic string or constituent" if they "do not have constructionalist accounts in mind" and do not "align themselves with construction grammar" . This explains Hilpert (2008: 2)'s comments on studies of grammaticalization: "[s]tudies of grammaticalization have often focused on the semantic development of items at the word level, so that a shift in perspective towards the constructional level promises new insights and a refined view of the workings of grammaticalization."

Traugott and Trousdale (2013) adopt a constructional approach called constructionalization in their research on language change. Constructionalization can be understood as "a constructionalist approach to language change" (ibid.: 1). In constructional models, a construction is a form-meaning pairing, and a construction can be a linguistic pattern whose form or meaning cannot be predicted from its component parts or a pattern whose meaning is predictable from its components, but which occurs with sufficient frequency (Goldberg, 2003: 219—220). Constructions range from contentful (lexical) expressions to procedural (grammatical) expressions. Hence, a constructional approach has the advantage of not distinguishing lexical and grammatical expressions. In this way, constructionalization can be a combined framework of the traditional approaches of grammaticalization and lexicalization because there are two main kinds of constructionalization, namely grammatical constructionalization and lexical constructionalization. But only the outputs of grammatical constructionalization are "constructions that encode grammatical form-meaning pairs that differ from their lexical sources in being less referential, more abstract and procedural" (Traugott & Trousdale, 2013: 23).

Grammatical constructionalization has a lot in common with grammaticalization, e.g., mechanisms and motivations. In the model of constructionalization, two mechanisms of change are neoanalysis and analogization. Neoanalysis has been known as reanalysis, and analogization has been known as analogy. Based on Hopper and Traugott (2003: 63—64), reanalysis refers to the covert replacement of a new structure for an old one; analogy refers to the overt attraction of extant form to pre-existent constructions. Reanalysis can create new grammatical structures by reorganization of linear syntagm; analogy can help with the identification of the covert change brought about by reanalysis by providing overt change, e.g., "paradigmatic organization", "change in surface collocations", and "change in patterns of use" (ibid.: 68).

Based on Traugott and Trousdale (2013: 36), there are two problems with "reanalysis". From the terminological perspective, be 're'-analysis is inappropriate because a structure cannot 're'-analyzed before it is internalized by a language user. The second problem is that only when a covert analysis is evidenced with new distributions can we know the structure is neoanalyzed. "Neoanalysis" can be understood as a "change in the structure of an expression or class of expressions that does not involve any immediate or intrinsic modification of its surface manifestation" , which is the definition of reanalysis provided by Langacker (1977: 58). Traugott and Trousdale (2013: 36) regard it as "a micro-step in a constructional change" , instead of a "large-scale" or "catastrophic" change. Neoanalysis helps distinguish constructionalization from constructional changes. That is, constructionalization should at least include neoanalysis of morphosyntactic form and neoanalysis of semantic/pragmatic meaning. The above discussion also shows the differences between grammaticalization and constructionalization.

## 5 Conclusion

In existent research, different syntactic structures or semantic changes have been taken as the grammaticalization signal of the grammatical marker *le*. No consensus has been achieved so far. After adopting the constructionalization model, the constructionalization of *le*/*liǎo* can be re-examined. The constructionalization of *le*/*liǎo* consists of several small-step micro-changes, e.g., semantic neoanalysis and morphosyntactic neoanalysis. Form-meaning mismatch and form-meaning match appear one after another. Moreover, networks among constructions help account for the mechanisms of the changes.

**Notes**

① The full name of BCC Corpus is BLCU Corpus Center, and the website is http://bcc.blcu.edu.cn (Xun et al. 2016).

② The era of *Dunhuang bianwen* is based on Wang (1982).

## References


Cao, Guangshun 1987 Yuqici "le" yuanliu qianshuo [On the origin and development of the sentence-final particle "le" ]. *Yuwen yanjiu* 2: 10—15.

Cao, Guangshun 1995 *Jindai hanyu zhuci yanjiu* [A study on particles in early Mandarin Chinese]. Beijing: Language & Culture Press.

Cao, Guangshun 2000 Shilun hanyu dongtai zhuci de xingcheng guocheng [On the formation process of aspectual particles in Chinese]. *Hanyushi yanjiu jikan* 2: 74—89.

Cao, Guangshun 2009 [1986] Zutangji zhong de "di (di)" , "que (le)" , "zhe" [ "Di (di)" , "que (le)" , and "zhe" in Zutangji]. In Feng Li, Yang Yonglong & Zhao Changcai (eds.), *Hanyu shiti de lishi yanjiu*, 100—115. Beijing: Language & Culture Press.

Dong, Xiufang 2002 Xinxi fenbu yuanze, yunlü yu yuxu biandong, tibiaoji "liao" de chansheng [Principles of information distribution, rhythm and word order changes, and the emergence of the aspectual marker liao]. *Hanyushi yanjiu jikan* 5: 95—109.

Goldberg, Adele E. 2003 Constructions: A new theoretical approach to language. *Trends in Cognitive Sciences* 7(5): 219—224.

Hilpert, Martin 2008 *Germanic Future Constructions: A Usage-based Approach to Language Change*. Amsterdam/Philadelphia: John Benjamins Publishing Company.

Hopper, Paul J. & Elizabeth Closs Traugott 2003[1993] *Grammaticalization*, 2nd edn. Cambridge: Cambridge University Press.

Jiang, Shaoyu 2001 Shishuo xinyu, Qimin yaoshu, Luoyang qielanji, Xianyujing, Baiyujing zhong de "yǐ" ,"jìng" , "qì" , "bì" [ "Yi" , "jing" , "qi" , and "bi" in *Shishuo xinyu*, *Qimin yaoshu*, *Luoyang qielanji*, *Xianyujing*, and *Baiyujing*]. *Yuyan yanjiu* 1: 73—78.

Jiang, Shaoyu 2005 *Jindai hanyu yanjiu gaiyao* [Summary of early Mandarin Chinese research]. Beijing: Peking University Press.

Langacker, Ronald W 1977 Syntactic reanalysis. In Li Charles N. (ed.), *Mechanisms of Syntactic Change*, 57—139. Texas, Austin: University of Texas Press.

Li, Charles N. & Yuzhi Shi 1997 Lun hanyu tibiaoji dansheng de jizhi [On the emergence mechanism of Chinese aspectual markers]. *Zhongguo yuwen* 2: 82—96.

Liu, Xunning 1985 Xiandai hanyu juwei "le" de laiyuan [The Origin of the sentence-final particle "le" in Modern Chinese]. *Fangyan* 2: 128—133.

Mei, Tsu-lin 1981 Xiandai hanyu wanchengmao jushi he ciwei de laiyuan [The origin of the perfective sentence pattern and suffix in Modern Chinese]. *Yuyan yanjiu* 0: 65—77.

Mei, Tsu-lin 2000 [1994] Tangdai, Songdai gongtongyu de yufa he xiandai fangyan de yufa [The grammar of T'ang-Sung koine and the grammar of Modern Chinese dialects]. In Tsu-lin Mei, *Mei Tsu-lin yuyanxue lunwenji*, 247—285. Beijing: The Commercial Press.

Mei, Tsu-lin 1999 Xianqin lianghan de yizhong wanchengmao jushi – Jianlun xiandai hanyu wanchengmao jushi de laiyuan [A perfective sentence pattern in the Pre Qin and Han Dynasties – Also on the origin of the perfective sentence pattern in Modern Chinese]. *Zhongguo yuwen* 4: 285—294.

Shi, Qin 2000 Qiantan zhuci "le" yufahua guocheng zhong de jige wenti [On several issues in the grammaticalization process of the particle "le" ]. *Hanyushi yanjiu jikan* 2: 90—105.

Traugott, Elizabeth Closs & Graeme Trousdale 2013 *Constructionalization and Constructional Changes*. Oxford: Oxford University Press.

Wang, Chongmin 1982 Dunhuang bianwen yanjiu [Research on Dunhuang bianwen]. In Zhou Shaoliang & Bai Huawen (eds.), *Dunhuang bianwen lunwenji*, 273—326. Shanghai: Shanghai guji chubanshe.

Wang, Li 2004 [1958] *Hanyu shigao* [History of the Chinese Language]. Beijing: Zhonghua Book Company.

Wei, Pei-chuan 2002 Zutangji zhong de zhuci "ye" – jianlun xiandai hanyu zhuci "le" de laiyuan [The sentence final particle ye in the Zutangji and discussion on the source of particle le in modern Chinese]. In *Han zhang guang hua: Dai Lianzhang xiansheng qizhi zhedan lunwenji*, 491—543. Taipei: Liren Press.

Wu, Fuxiang 1996 *Dunhuang bianwen yufa yanjiu* [A study on the grammar of Dunhuang bianwen]. Changsha: Yuelu shushe.

Wu, Fuxiang 1998 Chongtan "V+le+O" geshi de laiyuan he wanchengti zhuci "le" de chansheng [Further discussion on the origin of "V+le+O" and the formation of the perfective particle "le" ]. *Zhongguo yuwen*. 6: 452—462.

Xun, Endong, Gaoqi Rao, Xiaoyue Xiao & Jiaojiao Zhang 2016 Dashuju beijing xia BCC yuliaoku de yanzhi [The construction of the BCC Corpus in the age of Big Data]. *Yuliaoku yuyanxue* 3(1): 93—109.

Zhan, Fangqiong 2012 The Structure and Function of the Chinese Copular Construction. Doctoral dissertation. Stanford, CA: Standford University.

Zhan, Fangqiong & Elizabeth Closs Traugott 2019 The development of the Chinese copula shì construction: A diachronic constructional perspective. *Functions of Language* 26(2): 139—176.

# 后　记

2023 年 11 月 4 日至 5 日，第十二届汉语语法化问题国际学术研讨会在闽南师范大学召开。会议由中国社会科学院语言研究所、北京语言大学语言科学院和闽南师范大学文学院联合主办，闽南师范大学文学院承办，商务印书馆协办。来自海内外的 109 位语言学者通过线上和线下的方式出席了会议，会议收到论文 104 篇。

现将部分会议论文辑成《语法化与语法研究》（十二）。收入本集的论文大都在会上宣读过，会后又经作者认真修改。由于各种原因，还有一些会议论文未能收入本集，这是我们引以为憾的。

本论文集的编辑和出版得到商务印书馆的大力支持，谨致谢忱。

《语法化与语法研究》（十二）编委会

2024 年 12 月